HERMANN SCHREIBER

Marie Antoinette

Die unglückliche Königin

LIST VERLAG

Umschlagentwurf: Kaselow Design, München
Das Bild zeigt Marie Antoinette »à la rose«,
gemalt 1783 von Elisabeth Vigée-Lebrun
(Musée de Versailles, Cliché des Musées Nationaux)

ISBN 3-471-78745-3

Satz: Fotosatz B. Leingärtner, Nabburg
Druck und Bindung: Wiener Verlag, Himberg

Inhalt

»Es ist ein großer Unterschied zwischen dem Mord an Marie Antoinette und dem Mord an Ludwig XVI., obwohl auch dieser sein Unglück nicht verdient hat. Das ist eben die Lage der Könige: ihr Leben gehört der ganzen Welt.

Aber eine Frau, die nichts als Ehrenrechte hatte ohne Macht, eine ausländische Prinzessin, die heiligste der Geiseln – eine solche Frau vom Thron weg zum Schafott zu schleppen unter jeder Art von Beschimpfung, das ist noch viel häßlicher als Königsmord.

Am Wiener Hof war es Grundsatz, tiefstes Stillschweigen über die Königin von Frankreich zu bewahren. Beim Namen der Marie Antoinette senkten sie alle den Blick und wechselten in auffälliger Weise das Thema, um einer Erinnerung zu entrinnen, die für sie alle unangenehm war und sie in Bedrängnis brachte.«

NAPOLEON I.

Vorwort

Es gibt historische Gestalten, die jede Generation aufs neue dazu verlocken, sich mit ihrem Leben zu befassen, und es ist wohl kein Zufall, daß unter ihnen die Frauen dominieren: Maria Stuart, Elisabeth I., Marie Antoinette, nach und neben ihnen dann wohl Eleonore von Aquitanien, Lucrezia Borgia, Katharina II. Männer, die stärkeres Interesse finden als dieses halbe Dutzend Frauen, dürfen nicht Jahrhundertereignisse sein, sondern müssen ein Jahrtausend beherrscht haben wie Cäsar oder Napoleon.

Das scheint mir nicht nur damit zusammenzuhängen, daß schon seit mindestens zweihundert Jahren die Frauen mehr lesen als die Männer und in ihrer Lektüre naturgemäß Lebensbeschreibungen ihrer Geschlechtsgenossinnen bevorzugen; es hat wohl auch damit zu tun, daß große Frauen der Weltgeschichte stets weniger berechenbar sind als Männer in gleicher Position und gleichen Ruhmes, daß die weiblichen Charaktere, und seien sie noch so hoch gestellt, uns die reizvollsten Überraschungen gewähren. Natürlich kommt es vor, daß auch Frauen auf dem Thron erstarren, daß sie ein Leben lang kaum wandelbar dem Gesetz unterworfen bleiben, nach dem sie angetreten sind; solche Erscheinungen – Victoria, die große Queen gehört wohl hierher – sind aber die Ausnahme. Im allgemeinen läßt sich sagen, daß auch die größten Frauen der Geschichte, jene, deren Werk oder Aufgabe ein Leben voll Kraft, Mut und Ausdauer erforderte, uns innerhalb dieser Lebensleistung durch Wandlungen ihres Charakters, durch reizvolle Inkonsequenzen und nicht selten bizarre Peripetien ihrer Lebensführung für die eindrucksvolle Monotonie des historischen Ablaufs entschädigen.

Die berühmteste und bis heute als Lesestück faszinierende Biographie der Marie Antoinette wurde in jener Welt von gestern geschrieben, die Stefan Zweig eine »Welt der Sicherheit« genannt und der er in seiner Autobiographie ein unvergeßliches Denkmal gesetzt hat. In Wahrheit erwies sich diese Welt der Sicherheit als eine von glücklicher, ja beinahe trunkener Kreativität erfüllte Zwischenkriegszeit, an ihrem Beginn und an ihrem Ende bereits wieder von Unruhe erschüttert. Sie ist heute eigentlich nur noch Beweis und Symptom dafür, was Nationen leisten können, wenn der Druck von ihnen genommen wird, wenn Frieden einkehrt und die Hoffnung die schöpferischen Geister beflügelt.

Blicken wir heute auf die Jahre zwischen 1919 und 1933 zurück, so wird die Welt von gestern zu einer Welt von vorgestern, und manches, was damals die Gemüter bewegte, reduziert sich zur unterhaltsamen Idylle wie etwa die zwischen älteren Biographen der Marie Antoinette heftig umstrittene Frage, was denn wohl ihren jungen Gatten gehindert haben möge, ihr in befriedigender Weise beizuwohnen, und durch welche Schnitte oder Schnittchen Abhilfe geschaffen wurde. Entscheidende historische Bedeutung hätte dieses Problem nur erlangt, wenn dem Königspaar Nachwuchs überhaupt verwehrt worden wäre, oder wenn Marie Antoinette, wie etwa die gleichzeitig lebende Gemahlin Karls IV. von Spanien, einen mächtigen Günstling erkoren hätte. Da weder der eine noch der andere Umstand eintrat, beschäftigte mich mehr als diese medizinische Detailfrage was sonst an diesem Lebenslauf überraschend war oder doch als rätselhaft galt: Der unbändige Haß, der dieser Königin entgegenschlug, mehr als jeder der großen, kostspieligen und intriganten Mätressen, die Frankreich in diesem Jahrhundert kennengelernt hatte, ein Haß, der sich unter den Frauen der Millionenstadt Paris deutlicher und wütender manifestierte als unter den Männern der Zeit. Nächst ihm, der als Phänomen wohl einzig dasteht, registrierte ich immer wieder betroffen das Umschlagen der Volksstimmung von der Sanftmut des Jahrhunderts der Vernunft, in dem es nicht einmal mehr religiöse Verfolgungen in Frankreich gab, in die Mordlust, in den hemmungslosen Tötungswahn einer Gruppe von Männern, von denen jeder einzelne intelligenter und gebildeter war als ein Halbdutzend legitimer Könige zusammengenommen. Und schließlich ging ich dem für mich unverständlichen Faktum nach, daß die damalige Großmacht Österreich in immerhin vier Jahren keine Möglichkeit wahrnahm, Marie Antoinette und ihre Kinder zu retten, in welchem Zusammenhang sich mir manche Erkenntnisse über die historische Bedeutung lächerlicher Zufälle aufdrängten, aber auch die tödlichen Auswirkungen kanzlistisch-provinzieller Engstirnigkeit. Betrachtet aus einer Welt, in der wir täglich mit Terrorakten, Entführungen, Freipressungen und anderen gewaltsamen Korrekturen rechtlicher Abläufe konfrontiert werden, erlangten die Vorgänge zwischen Paris, Brüssel und Wien den Rang eines grotesken Widerspiels: Es zeigte mir nämlich, daß man aus lauter Betulichkeit und Vorsicht ebenso sicher zum Mörder werden kann wie mit der Bombe in der Hand.

München, im Sommer 1987   Hermann Schreiber

ERSTES BUCH
Sonnentage an der Seine

Zwei Tage große Gala

Wir tauchen in eine Welt ein, deren Sprache wir kaum mehr verstehen:»Den 2. November 1755 wurde die Kaiserin von einer Erzherzogin entbunden«, schreibt Johann Joseph Graf Khevenhüller-Metsch in sein Amtstagebuch als Oberstkämmerer, und wenige Zeilen später:»Die neugeborene Frau wurde im Namen des Königs und der Königin von Portugal vom Erzherzog Joseph und der Erzherzogin Maria Anna zur Taufe gehalten und Maria Antonia Anna Josepha Johanna benannt«, Namen, die man vergessen wird über der koketten Zusammenziehung Marie Antoinette.

Wenn Maria Theresia, Erzherzogin von Österreich, Königin von Ungarn und Böhmen, ein Kind zur Welt bringt, ist es mit dem ersten Atemzug seines zarten Lebens schon eine Erzherzogin und für die liebenswürdig-trockene Buchführung des Grafen Khevenhüller eine »neugeborne Frau«, weil der allerhöchste Haushalt nach Frauen und Männern geschieden ist und das Alter für den Oberstkämmerer erst in zweiter Linie kommt. Ungleich wichtiger sind die Rituale: daß für den ersten und den zweiten Tag nach der Geburt die »Große Gala« angeordnet wurde, für den dritten nur noch die »Kleine Gala«, daß man sich freute, aber Maß hielt, weil es sich schließlich um ein Mädchen handelte, das zudem das fünfzehnte Kind war. Und man hätte auch die wenigen Gala-Tage gewiß abgesagt, wäre am 2. November 1755 in Wien bekannt gewesen, was sich tags zuvor in Lissabon ereignet hatte, wo die königlichen Paten der neugeborenen Erzherzogin regierten: das furchtbarste Erdbeben seit Menschengedenken, bei dem binnen acht Minuten an die 50 000 Menschen erschlagen oder verschüttet wurden oder in ihren Häusern verbrannten – ein Erdbeben, das man von Griechenland bis Schottland wahrnahm, nicht aber in Wien.

Und so gingen denn die großen und die kleinen Galatage vorüber, ein wenig glanzloser als sonst, hatte doch der Kaiser, wie Khevenhüller es ausdrückt, sich nicht entschließen können, öffentlich zu speisen, vermutlich, weil Maria Theresia, obwohl erst achtunddreißig Jahre alt, nach der Geburt lange geschwächt blieb und der traditionelle »Hervorgang«, das Wiedersehen des Hofes mit der fünfzehnfachen Mutter, erst am 14. Dezember erfolgen konnte. Und da war niemand mehr zum Feiern zumute, denn inzwischen hatte sich die Kunde von dem entsetzlichen Unglück in

Europas fernem Südwesten bis nach Wien herumgesprochen, ja die ersten Augenzeugen waren zu Schiff in adriatischen und deutschen Häfen eingetroffen und hatten Einzelheiten berichtet, die einem das Blut in den Adern gefrieren ließen. Die Wiener, als Großstädter im allgemeinen nicht sonderlich abergläubisch, empfanden das nun bekannte Zusammentreffen umso mehr als düsteres Vorzeichen für das Leben der kleinen Erzherzogin, als das Unglück sich ja im Land der Taufpaten ereignet hatte. Und wer der Astrologie ein wenig kundig war, ermittelte, daß Maria Antonia in ihrem Geburtshoroskop den unheilschwangeren Planeten Uranus im Zehnten Haus stehen habe, in welchem er besonders starke Wirkungen entfaltete.

Das Volk von Wien hatte am 5. und 6. November ohne zu bezahlen ins Theater gehen dürfen, und an den Stadttoren waren keine Sperrkreuzer eingehoben worden. Man hatte sich also freuen dürfen, ein paar Tage lang, und nun versammelte man sich bedrückt und doch auch dankbar gestimmt in der Hofkapelle, wo nach ein wenig Kammermusik die genesene Mutter erschien. Sie lächelte matt den älteren Erzherzoginnen zu, die gemeinsam mit den Damen Rosenberg und Salaburg an den Instrumenten saßen und brav musizierten.

Es ist charakteristisch für das Zeitalter, in das die kleine Erzherzogin hineingeboren wurde, daß das große Desaster von Lissabon keine erkennbaren Wirkungen nach Wien entsandte, während merkwürdige und sogar lächerliche Kleinigkeiten sich in ihr Schicksal verflochten, ja es vorbereiteten, noch ehe sie geboren war. Und diese Fäden spannen sich zwischen Versailles und Potsdam, spannen sich an und zerrissen im Geburtsjahr der Maria Antonia: Preußens König, der francophile zweite Friedrich, hatte Ludwig XV. von Frankreich gebeten, ihm den Dichter und Hofhistoriographen Voltaire zu überlassen. Es war eine Höflichkeit unter Verbündeten, die Ludwig nicht sonderlich berührte; er ließ Voltaire ziehen, machte Charles Duclos zum Hofhistoriographen und bezeigte dem mißliebigen Spötter seine Verachtung auf die Weise, in der man das damals machte – er beließ ihm die Bezüge, die er gehabt hatte, immerhin 2000 Livres im Jahr. Die Marquise von Pompadour hingegen, die sich für Frankreichs Politik verantwortlich fühlte, empfing Voltaire zu einer Abschiedsaudienz; sie trug ihm herzliche Grüße und höfliche Empfehlungen an seinen königlichen Freund und Verehrer auf und schuf Voltaire damit erste Verlegenheiten: Als er nämlich die Bestellung an den großen

Friedrich ausrichtete, antwortete dieser trocken, er kenne diese Dame nicht. Er sagte es natürlich französisch, was die Sache nicht viel besser machte, und Voltaire drechselte einen mühsamen Vers, um alles zu kaschieren, Verse, in denen Friedrich als Achilles bezeichnet wird und die Pompadour als Venus.

Dann aber kam jenes große Zerwürfnis, Voltaires Beinahe-Flucht aus Berlin, angeblich um Bäder in Frankreich zu gebrauchen, die Verhaftung seiner jungen und schönen, von ihm standhaft verehrten Nichte in Frankfurt, weil dem Preußenkönig wichtige Papiere fehlten. Es kam der von Voltaire ganz Europa bekanntgemachte Affront, daß die Schöne die Wachsoldaten selbst in ihrem Schlafzimmer hatte dulden müssen. Nun barsten alle Schleusen, die Pompadour erhielt bestätigt, was ihre Späher in Potsdam ohnedies schon beobachtet hatten: Daß Friedrich einen seiner Hunde nach ihr benannt und sich in einem Brief geweigert habe, jene Mademoiselle Poisson, die arrogant sei und es an Respekt vor gekrönten Häuptern fehlen lasse, überhaupt zur Kenntnis zu nehmen. Das schlimmste an dieser Briefkopie war, daß die Marquise tatsächlich ein Fräulein Fisch (poisson) gewesen war, daß ihre Mutter sie aus eigenen Erfahrungen von Kindheit auf zur Geliebten eines großen Herrn erzogen und dem vielliebenden fünfzehnten Ludwig mit allen zweckdienlichen Listen durch den Kammerdiener Lebel zugeführt hatte.

Eine Königin hätte solche Schmach vielleicht mit einem ärgerlichen Lachen quittiert; eine Maitresse, eine Frau in einer nur in Versailles anerkannten Position, mußte nach einer maßlosen Rache suchen oder abdanken, und so traf Maria Theresias Staatskanzler Fürst Kaunitz – dem so allerlei zugetragen worden war und der das Pariser Parkett bestens kannte – auf geneigte Stimmungen, als er begann, die Tiefgekränkte mit Geschenken und jenem Charme zu umgarnen, der den österreichischen Diplomaten in ihren besten Stunden so sehr zustatten gekommen ist. In der reizvoll-höfischen Verpackung aber gab es ein paar Zeilen, aus denen Staatenschicksal klang:

»Graf Starhemberg hat dem König Vorschläge von größter Bedeutung vorzutragen, und sie sind von der Art, daß sie nicht mit irgendjemandem besprochen werden können, sondern nur mit einer Persönlichkeit, der Seine allerchristlichste Majestät vollstes Vertrauen entgegenbringt.«

Es war die große Stunde der Rache für Jeanne-Antoinette Poisson, nunmehr Marquise von Pompadour, und es war die große Stunde für eine ihrer Kreaturen, für den Abbé de Bernis, Comte de

Lyon, einen Schönling aus verarmtem Adel, der jedes hübsche Nönnchen bedichtete und die Geheimdiplomatie als Gesandter bei der Venezianischen Republik erlernt hatte, somit in einer unübertrefflichen Schule.

Bernis und Starhemberg trafen sich auf Schloß Babiole, einer kleinen Besitzung auf einem Hügel oberhalb Meudon, die heute Bellevue heißt, weil niemand mehr weiß, was *babiole* bedeutet – nämlich soviel wie Kinderspielzeug oder auch Bagatelle.

Es war freilich alles andere als eine Bagatelle, worum es zwischen den Grafen Starhemberg und Bernis ging, es war nicht mehr und nicht weniger als ein Bündnisangebot Maria Theresias an Ludwig XV. von Frankreich und naturgemäß gegen den Preußenkönig gerichtet, dem das österreichische Vorland Schlesien wieder entrissen werden sollte. Dafür war Wien bereit, das Bergwerksrevier von Mons und Luxembourg den Franzosen zu überlassen und die Niederlande einem spanischen Bourbonen!

So verborgen Bellevue auch lag, es waren doch nur elf Kilometer nach Versailles, und Friedrich II. bekam Wind von der Affaire. Bernis und Starhemberg mußten sich beeilen, Bernis schrieb sich die Finger wund, denn alles war so überaus geheim, daß kein Schreiber eingeweiht werden durfte, und im Mai 1756 wurde jener Vertrag unterzeichnet, der als *Renversement des alliances*, als die Umkehrung der Bündnisse, nicht nur in die Geschichte eingehen, sondern auch das Schicksal der kleinen Erzherzogin besiegeln sollte. Sie war zu diesem Zeitpunkt etwa ein halbes Jahr alt, und schon schwebte über ihr jene groß und düster dräuende Zukunft, zu der Uranus die Seinen ruft. Kaunitz aber schrieb an die Pompadour jenen Dankesbrief, der bis heute bestätigt, wer diese Knoten geknüpft hatte: »Es sind Ihre Ausdauer und Ihre Klugheit, Madame, der wir die nunmehr abgeschlossene Allianz verdanken. Ich bin mir darüber durchaus im Klaren.«

Friedrichs neuer Verbündeter, die Briten, versenkten nun zwar ein französisches Schiff nach dem anderen, aber der Preußenkönig hat sich vielleicht doch gesagt, daß ihn all die Unhöflichkeiten gegenüber einer schönen und empfindlichen Frau noch sehr viel Untertanenblut kosten würden. Das Wort, daß man im Deutschen lüge, wenn man höflich sei, war damals noch nicht gesprochen, und es läßt sich auf diesen Fall auch nicht anwenden: Friedrich sprach und schrieb nämlich französisch . . .

Maria Antonia machte inzwischen in Wien nicht sonderlich von sich reden. Sie galt vom frühesten Kindesalter an als hübsch, fiel aber in der großen Kinderschar umso weniger auf, als der ganze Hof ja sehr lebhaft war. Die Tagebücher Khevenhüllers spiegeln nicht jenen betäubenden Luxus, wie er in Versailles und zeitweise in Dresden herrschte, aber eine muntere und vor allem kunstsinnige Gemeinschaft, in der das Theater, die Liebhaberbühnen und die Hausmusik jene Zeiträume füllten, die in Versailles und den Schlössern ringsum den Galanterien vorbehalten blieben. Die Frauenbildung steckte da wie dort noch in den Kinderschuhen.

Daß das Fräulein Poisson, als es königliche Mätresse wurde, einen eigenen Lehrer für höfische Ausdrucksweise und entsprechendes Benehmen erhielt, ist nicht sehr verwunderlich; daß aber eine Erzherzogin von allen Unterrichtsgegenständen nur der Religion einigermaßen aufmerksam folgte, daß sie schlechtes Französisch mit starkem wienerischen Akzent sprach und in ihren Vergnügungen und Neigungen stets oberflächlich blieb, ist schon erstaunlicher. Es unterrichtete sie nämlich einer der größten Musiker der Zeit, Georg Christoph Wagenseil, und zudem hatte sie einen keineswegs überbeschäftigten, intelligenten und gebildeten Vater, dessen Lieblingstöchterl sie angeblich war.

Franz Stephan von Lothringen starb jedoch schon 1765, also noch ehe Marie Antoinette ihr zehntes Lebensjahr vollendete, und es hätte vielleicht ihr Verständnis für die Finanzen eines Staates gehoben, wäre dieser merkantil hochbegabte Vater länger an ihrer Seite geblieben.

Das Interesse an der Ausbildung dieser von ihren ersten Erzieherinnen kritiklos verehrten hübschen Prinzessin stellte sich spät und plötzlich ein. Frankreich und Österreich hatten den dritten Schlesischen, den sogenannten Siebenjährigen Krieg, im letzten Augenblick dadurch verloren, daß in Rußland der verstandesschwache Peter III. auf den Thron gekommen war, ein glühender Verehrer des Preußenkönigs, und daß auch nach seiner Ermordung die neue Zarin, die große Katharina, nicht wieder in das Bündnis gegen Preußen eintrat. Die schönste Allianz war eben nur so viel wert gewesen wie ihre Generale, und wenn auch die Franzosen die kläglichen Niederlagen zu verbuchen hatten und die Österreicher ein ungefähres Gleichgewicht zwischen Sieg und Verlust vorweisen durften, der Hubertusburger Friede von 1763 zeigte den Franzosen doch, daß sie ihre wertvollsten überseeischen Besitzungen eingebüßt hatten, wovon der Verlust Kanadas, wie man weiß, Frankreich bis heute schmerzt.

Da sich alle Beteiligten auf den Schlachtfeldern verblutet und maßlos überschuldet hatten, kamen als neue Mittel der Politik nur

Österreichs seit alters erfolgreiche Heirats-Strategien in Frage, und wenn auch nicht mehr alle ihrer sechzehn Kinder lebten, Maria Theresia hatte dabei doch die besten Trümpfe in der Hand gegenüber Preußen, wo es keinen Nachwuchs gab, gegenüber England, wo der beschränkte Georg III. keine Kinder hatte, und gegenüber Frankreich, wo Krankheiten so furchtbar in der Thronfolge gewütet hatten wie schon im Jahrhundert zuvor: Ludwig XV., selbst als Urenkel auf den Thron gekommen, hatte neben drei ältlichen Töchtern nur noch Enkel als mögliche Thronfolger anzubieten.

Die Stärkung von Bündnissen durch Heiraten, ihre Wiederbelebung durch Kinderehen, das sind Mittel der Politik, die noch nicht lange zurückliegen, aber doch kaum mehr vorstellbar sind; man müßte sie schon mit den Zweckehen in der modernen Großindustrie vergleichen. Auf die hübscheste Erzherzogin wartete also der französische Thron, da Joseph II., seit 1765 Kaiser des Heiligen Römischen Reiches, auch in seiner zweiten Ehe keine Neigung gezeigt hatte, eine Tochter des fünfzehnten Ludwig zur Frau zu nehmen: Sie waren alle drei um einiges älter als er und blieben wegen ihrer tantenhaften Auftritte der Schrecken des leichtlebigen Hofes und seiner neuen Mätresse, der Dubarry.

Wenn es um die Stiftung einer Ehe geht, und gar auf solchem Niveau, reden stets viele durcheinander, und so werden auch für die Idee, Marie Antoinette mit dem späteren Ludwig XVI. zu verbinden (der damals, wie üblich, als Dauphin noch einen Grafentitel trug) die verschiedensten Intrigen und Intriganten angeführt, deren es jedoch gar nicht bedurfte. Frankreich hatte seinen Außenminister Bernis in dem Augenblick in die Wüste geschickt, als er begann, für einen Sonderfrieden mit Preußen zu plädieren. Der Hut, den er nehmen mußte, war freilich kostbar: Der Kardinalshut mit dem Erzbischofssitz in Albi, wo sein Wirken für Kirche und Kunst heute noch gerühmt wird.

Die Pompadour hatte dies bewirkt, war bald darauf aber gestorben. Maria Theresia hatte aufgeatmet, weil es ihr jahrelang sehr zuwider gewesen war, mit so liderlichen Frauenzimmern wie Mätressen, wenn auch nicht selbst zu korrespondieren, so doch politisch rechnen zu müssen. Aber was nachgekommen war, eine mit einem bankrotten Grafen zweckverheiratete Spielsalon-Schlepperin (um die diskreteste aller möglichen Bezeichnungen zu wählen), das war noch sehr viel schlimmer und rief selbst in Frankreich Gegner der neuen Machthaberin auf den Plan.

Es war also gewiß so, daß der Hauptgegner der Dubarry, der

Erstminister, der Herzog von Choiseul, und der ihm ebenbürtige Fürst Kaunitz dieses Familienband gemeinsam ausgeheckt hatten, und daß Maria Theresia, als dies klar war, eilends für eine entsprechende Schnellkurs-Ausbildung der künftigen Dauphine und späteren Königin zu sorgen hatte.

Von den neuen Lehrern hatte Jean-Georges Noverre den größten Erfolg; er war mit seinen vierzig Jahren kein simpler Ballettmeister, sondern ein Reformer seiner Kunst mit theoretischen Schriften, ein Mann von Geist, vielleicht sogar von Genie, dem Marie Antoinette später durch eine Berufung nach Paris dankte. Er erzog der jungen Erzherzogin jenen bezaubernd leichten Gang an, ihre eleganten Bewegungen und die anmutige Arroganz, wie sie in solcher Perfektion keine andere Dauphine dem verwöhnten Hof jemals vorgeführt hatte. Er bestimmte damit allerdings auch ein äußeres Erscheinungsbild, das vor allem auf einfache Frauen herausfordernd wirken mußte. Noverre konnte freilich nicht ahnen, daß seine Schülerin eines Tages mit den untersten Schichten einer Großstadtbevölkerung hautnah konfrontiert sein würde.

Der andere Lehrer aus jener Vorbereitungszeit spielte in ungleich höherem Maß Schicksal. Es war der Abbé Matthieu-Jacques de Vermond, 1735 an unbekanntem Ort als Sohn eines Dorfarztes geboren, an der Sorbonne gebildet und später Bibliothekar jenes Collège Mazarin, aus dem die bis heute wertvollsten Bestände der Pariser Nationalbibliothek stammen. In den Registern des französischen Adels scheinen die Vermond nicht auf, auch ist die Bezeichnung *chirurgien*, die der Große Larousse für Vermonds Vater verwendet, nach den Bräuchen jener Zeit noch nicht mit dem examinierten Arzt gleichzusetzen und wird häufig für Feldscher angewendet, die sich in Friedenszeiten dann auf Dörfern niederlassen, wo niemand nach ihrer Approbation verlangt.

Vermond ist also das, was man heute einen Aufsteiger nennt; die große Chance seines Lebens verdankt er dem Erzbischof von Orléans, der ihn für die Verwendung in Wien vorschlägt, und die französischen Quellen beurteilen seine Erfolge in der Erziehung der jungen Erzherzogin, aber auch seinen Einfluß auf ihr Gemüt in seiner Eigenschaft als *Directeur de conscience* (etwa: geistlicher Berater) höchst negativ: Er habe »nicht ohne seinen Schützling zu brüskieren« und im übrigen ergebnislos versucht, Marie Antoinette eine ernsthaftere Lebensauffassung und tiefer greifende geistige Interessen zu vermitteln.

Seine aufschlußreiche und mitunter geschwätzig-gewundene Korrespondenz mit Österreichs Botschafter in Paris und von Paris aus mit Wien ist zwar als Quelle unentbehrlich, in ihrem Gehalt an Fakten jedoch mit Vorsicht zu verwerten, da sich Vermond spätestens in den *Grands Communs*, den Nebengebäuden, in denen man ihn in Versailles unterbringt, in einen Intriganten *par excellence* verwandelt, den ein härterer Monarch als Ludwig XVI. ohne weiteres als Spion hätte einsperren lassen.

Zunächst freilich vollzog sich alles noch an dem in den Zeiten von Maria Theresiens Witwenschaft etwas stiller gewordenen Wiener Hof, unter der Oberaufsicht einer Monarchin, die ihre Töchter zwar ohne Rücksicht auf deren Neigungen an jeden Fürsten verheiratete, der für Österreich interessant werden konnte, andererseits aber diesen halben Kindern auf dem Weg zu ihren verkommenen Gatten intensivste religiöse Ratschläge mitgab (»mindestens einmal im Monat zu lesen«).

Vermond hatte also, in seiner Eigenschaft als gebildeter Abbé und Protektionskind eines Kirchenfürsten, freie Bahn für seine Unterweisungen, und er hatte damit genug zu tun. Am 21. Januar 1769 berichtet der Abbé, daß die zu diesem Zeitpunkt immerhin mehr als dreizehn Jahre alte Marie Antoinette im Grunde nur neun Monate Unterricht genossen habe, soferne man von der Religion und der Musik absah. Die Gräfin Brandis habe in ihrer Eigenschaft als Erzieherin Marie Antoinette sehr geliebt und verwöhnt, ihr aber keinerlei ernsthafte Unterweisung zugemutet.

Da nicht mehr viel Zeit zur Verfügung stand, mußte Vermond ein Programm des Allernötigsten entwerfen: »Die Religion, die französische Geschichte, aus der ich vor allem herausgreifen will, was unsere Sitten und Gebräuche charakterisiert, dazu die Kenntnis der großen Familien, vor allem jener, die bei Hof eine Rolle spielen; ferner ein flüchtiges Gemälde der französischen Literatur und genaueste Unterweisungen in der französischen Sprache und Rechtschreibung.«

Um diesen umfangreichen Stoff nicht allzu ermüdend werden zu lassen, versuchte Vermond, ihn im Rahmen von Unterhaltungen zu servieren, sah sich aber dabei durch die Lebhaftigkeit der Erzherzogin ebenso behindert wie durch die häufigen Zerstreuungen am Hof. Gelinde Verzweiflung läßt auch Vermonds Bemerkung erkennen, daß man der Erzherzogin einen reinen französischen Tonfall in Wien kaum werde beibringen können, in einer Stadt und an einem Hof, wo die Gesellschaft durchwegs drei Sprachen spreche. Eine davon war Französisch (neben Deutsch und Italienisch), aber man kann sich vorstellen, daß der Abbé mit den Intonationen, die diese Sprache in Wien erfuhr, nicht sehr glücklich war. Sehr köstlich sind in diesen brieflichen Berichten an den Grafen Mercy d'Argenteau nach Paris enthüllende Wendungen, die dem Abbé trotz aller Gewandtheit in die Feder fließen: »Je ne puis assez *me louer de la douceur et de la complaisance de Son Altesse*«, also: Vermond kann sich selbst nicht genug loben wegen der Sanftmut und Geneigtheit Ihrer Kaiserlichen Hoheit, und tatsächlich sind all diese Briefe neben ihrem objektiven Zweck zweifellos auch geschrieben, um sich zu berühmen, wie man Vermonds *se louer* übersetzen könnte.

Im Juni 1769, am Vorabend des Sankt-Antonius-Tages, gab Maria Theresia für ihre Tochter ein Sommerfest in Laxenburg, wo ihr verstorbener Gemahl so gerne geweilt hatte. Die Ausbildung der Erzherzogin hatte sich intensiviert, Vermond hatte die Erlaubnis erhalten, sich stets um Marie Antoinette anzunehmen, wenn nicht irgendwelche anderen Verpflichtungen vorlägen, und auch sie selbst schien erkannt zu haben, wie wichtig jede Stunde der Konversation mit dem zweifellos geistvollen und gebildeten und überdies noch nicht alten Geistlichen für sie sei. Maria Theresia äußerte einmal scherzhaft, ihre Tochter habe sich den Abbé gleichsam unterworfen und wollte ihn durch die Einladung nach Laxenburg für seinen Eifer vor dem ganzen Hof auszeichnen.

Fürst Kaunitz sah bei dieser Gelegenheit Marie Antoinette nach einer längeren Pause wieder und war verblüfft über ihre Fortschritte, vor allem was Wuchs, Haltung und Gang betraf. Noverre also hatte seine Arbeit mit Erfolg geleistet und schneller abgeschlossen; Vermond hatte freilich das ungleich größere Gebiet und seufzte wegen der Kürze der Zeit, die ihm noch blieb – und über den kleinen Wuchs der Fünfzehnjährigen:

»Das Fest in Laxenburg währte vom Diner bis halb zwölf Uhr nachts: gemeinsames Essen an großen Tafeln, Reiherjagd auf den Teichen, Spiel, Festbeleuchtung und Feuerwerk. Ihre Kaiserliche Hoheit hat alle Blicke auf sich gezogen und viel Beifall gefunden. Ihr Gang und ihre Haltung haben nun einen Charakter der Noblesse, der für ihre jungen Jahre erstaunlich ist. Falls sie noch ein wenig wächst, so würden schon ihre äußeren Vorzüge genügen, um den Franzosen zu zeigen, wer ihre Königin ist« (21.6.1769 an Mercy).

Monsieur l'Abbé ist in einer etwas befremdlichen Weise an der äußeren Erscheinung seiner Schülerin interessiert, die ihn doch zweifellos weniger angeht als den Tanzmeister Noverre; er schildert immer wieder ihr Gesicht, ihren Wuchs, ihre Bewegungen, kommt dann allerdings auch auf ihre Sprechweise und ihre Art, sich zu geben. Befriedigt stellt er fest, daß der freie Wiener Umgangston nach und nach aus ihren Reden verschwindet, wenn auch immer noch mehr davon übrigblieb als ihm lieb ist. Er gestattet ihr Güte und Herablassung, aber keine Familiarität, und da er solche Mühe hat, diese Veränderung herbeizuführen, können wir wiederum erkennen, daß es innerhalb dieser hochgeborenen Jugend und ihrer Spielgefährten in der Donauresidenz freier zuging, als man allgemein annehmen möchte. Das hatte natürlich auch seine Schattenseiten. Wir dürfen es Vermond glauben – und es gibt kein anderes gleichwertiges Zeugnis über die Jugend der Marie Antoinette – daß das charmante Kind bis zum zwölften Lebensjahr zu keinerlei geistigen Anstrengungen veranlaßt wurde. »Eine gewisse Faulheit und sehr viel Leichtsinn haben meine Aufgabe obendrein erschwert«, schreibt Vermond am 14. Oktober 1768 an Mercy. »Ich verwandte sechs Wochen auf die Grundlagen der Schönen Künste. Sie begriff sehr gut, wenn ich ihr die Ideen als solche darlegte . . . aber ich konnte sie nicht dazu bringen, in einen Gegenstand tiefer einzudringen, obwohl ich das Gefühl hatte, sie sei dazu fähig. Ich bilde mir ein, gesehen zu haben, daß man ihren Verstand nur beschäftigen kann, indem man ihn amüsiert.«

Das ist, in der Nußschale ihrer vierzehn Jahre, noch nicht die ganze Marie Antoinette, aber es ist schon sehr viel von ihr, und noch mehr sagt es, wenn Maria Theresia ihrer Tochter zwei Stunden lang zuhört und danach dem Abbé versichert, sie sei ebenso überrascht wie zufriedengestellt. Da die militärischen Verhältnisse in Frankreich die kleine Erzherzogin zu amüsieren scheinen (und andere Gefühle konnten sie nach den bisweilen lächerlichen Niederlagen des Prinzen Soubise auch kaum mehr erwecken) ist Vermond sicher, »schon bald nach ihrer Hochzeit wird sie die Inhaber der Regimenter mit Namen nennen können und sowohl die Farben als auch die Nummern dieser Truppenkörper kennen«.

Zum Schluß dieses sehr bezeichnenden Briefes berichtet Vermond, daß er dem Erzbischof von Orléans, seinem Gönner Louis Sextins de Jarente de la Bruyère, über den Wuchs der Erzherzogin genaue Nachrichten habe zukommen lassen: Marie Antoinette sei zwischen dem 13. Februar und dem 5. Oktober um *quinze lignes* gewachsen, also um 34 Millimeter. Auch der 108. Bischof der schönen Stadt Orléans hatte damals also keine größeren Sorgen als die unzureichende Größe der künftigen Königin von Frankreich . . .

Da Graf Mercy d'Argenteau im Spätherbst 1769 nach Wien kam, trat in der Korrespondenz eine längere Pause ein, vielleicht haben sich auch nicht alle Briefe des schönrednerischen Abbés in den Papieren der Pariser Botschaft erhalten. Als der Gedankenaustausch wieder einsetzt, steht die Abreise schon bevor und damit die dreitägige Klausur, eine kurze Phase der Zurückgezogenheit, die am Wiener Hof üblich war, ehe ein Mitglied der Familie in die Fremde zog. Nun erst schien Marie Antoinette so wirklich zu begreifen, was auf sie zukam. Sie empfand nun selbst das Bedürfnis, sich zu eröffnen und beraten zu lassen, wenn sie zu Vermond äußerte: »Ich glaube, ich sollte viel mehr Zeit haben, um mit Ihnen über all das zu sprechen, was mir jetzt durch den Kopf geht.« Ein einziger Satz des Bekenntnisses inmitten von unendlich viel Veranstaltungen, Zurichtungen, Apparat; und es ist ein erschütternder Satz in seiner ahnungsvollen Hilfsbedürftigkeit.

Auch die Gesundheit des Mädchens litt unter den sich verstärkenden Belastungen seelischer Natur, unter der bevorstehenden Trennung von einer Welt, die sie so schützend umgeben und in gewissem Sinn eben darum ahnungslos gelassen hatte. Vermond durfte nun gar nicht mehr fehlen und wurde zu den Abendunterhaltungen nicht nur zugelassen, sondern beinahe verpflichtet. Ein Wettrennen mit der Zeit hatte begonnen, und auch Vermond ahnte, daß seine beste Zeit nun zu Ende ging, ohne daß er wußte, was nachher kam. Die kleine Erzherzogin würde kaum viel zu sagen haben in ihren ersten Monaten bei Hofe; für Wien eine höchst angenehme Erscheinung, war Vermond in Versailles doch ein Nichts unter den vielen anderen Abbés von Adel und Vermögen, und so findet sich in diesem Brief an Mercy, dem letzten aus Wien, die Bitte, dem so ergebenen Abbé nun doch zu einer kleinen Abtei zu verhelfen, damit sein Titel nicht länger auf dem Papier stünde: Der Graf möge sich doch bitte beim Bischof von Orléans dafür einsetzen, daß die erledigte Abtei von Montier-Ramay Vermond zufalle, da der gelehrte Abbé Henri-Philippe de Chauvelin doch nun gestorben sei.

Vermond war gut unterrichtet: Chauvelin starb am 14. Januar, und schon am 14. März bat er um die Stelle des streitbaren, aber entsetzlich häßlichen Geistlichen. Doch die kleine Erzherzogin wird Vermond die Treue halten, mehr als der Bischof von Orléans, und statt in die verlassene Abtei wird Vermond die Ehre haben, in die *Grands Communs* einzuziehen, die kein Geringerer als Jules Hardouin-Mansart dem Schloß von Versailles für die eifrigsten Diener der großen Herren und Damen zugesellt hat.

Es gibt im Zusammenhang mit der französisch-österreichischen Hochzeit des Jahrhunderts nicht wenige Legenden, denn wenn auch Frankreich wie Österreich im Grunde absolutistisch regiert wurde, so redeten doch umsomehr Herren und Damen bei allem mit, ohne eigentlich etwas zu sagen zu haben. Daß die Ehe in irgendeinem Zeitpunkt nach 1767 noch gefährdet gewesen sei, daß Maria Theresia sich gegen tausend Intrigen habe durchsetzen und um den glanzvollen Thron für Marie Antoinette habe kämpfen müssen, läßt sich aus den Korrespondenzen nicht belegen. Frankreichs großer Politiker jener Zeit, der Herzog von Choiseul, operierte ungleich rücksichtsloser als Kaunitz dies neben einer so energischen Herrscherin wie Maria Theresia tun konnte, und somit gilt Guglias eindeutiges Wort: »Im Frühjahr 1768 konnte die Sache als abgeschlossen gelten«, und schon vorher: »Die erste Anregung ... ging vom französischen Hofe aus; es bedurfte von Seiten der Kaiserin keiner besonderen Bemühung.«

Die andere Legende hat Eduard Vehse in die Welt gesetzt, und sie ist, wie alles, was der Vielwisser Vehse über die verschiedenen europäischen Höfe zu erzählen weiß, eine schwer zu ergründende Mischung aus Dichtung und Wahrheit, weil Vehse, Jurist, Archivar und über den 48 Bänden seines Monsterwerkes schließlich erblindet, noch so manches aus persönlicher Überlieferung und privaten Aufzeichnungen erschlossen hat. »Als die Heirat arrangiert ward«, schreibt Vehse, »besuchte Maria Theresia, deren Religion sie nicht hinderte, sich abergläubischen Gelüsten hinzugeben, eine Nonne in einem benachbarten Kloster von Wien, die in dem Rufe stand, in die Zukunft sehen zu können. Sie sprach ihr ihre Besorgnisse um das Seelenheil ihres frommen, guten Kindes aus, das nun für den Rest ihres Lebens von ihr getrennt werden und an einen so verdorbenen Hof sich begeben werde, wie es der Ludwigs XV. von Frankreich war.« Jene Nonne, wenn es sie gegeben hat, deutete zum Entsetzen der Kaiserin an, daß Marie Antoinette in Paris die Beute des Unglaubens werden, schließlich aber zur wahren Religion zurückfinden würde. Da die faktischen Schicksale des französischen Königspaars in der Revolution als durchaus unvorstellbar gelten durften und folglich selbst einer visionären Nonne unbegreiflich gewesen wären, könnte die Umschreibung mit dem Unglauben die religionsfeindliche Tendenz der Jakobiner wiedergegeben haben, und die Prophezeiung wäre in die nicht ganz seltenen Vorausahnungen des großen französischen Umsturzes einzureihen. Maria Theresia jedenfalls sei, nach Vehse, tief betroffen gewesen, habe aber doch genug gesunden Hausverstand besessen, die aussichtsreichen Verhandlungen nicht abzubrechen, sondern den Dingen ihren Lauf zu lassen.

Somit erschien am Vorabend des Osterfestes 1770 Frankreichs Gesandter in Wien bei Hofe und überreichte die offizielle Werbung um die Hand der Erzherzogin Marie Antoinette, natürlich nur noch eine Formsache, war doch auch das Fest im Belvedere, das diesem Akt folgte, längst beschlossen und arrangiert. Dank Marie Antoinette erwachte der Hof also, wie man sieht, aus der langen Trauer, die Maria Theresia mit einem gewissen Eigensinn seit dem frühen Tod ihres Gatten durchhielt. Laxenburg war ein Auftakt gewesen; das Fest im Lustschloß des Prinzen Eugen auf dem herrlichen Hügel, von dem aus man die schönste Sicht auf die Kaiserstadt hat, war der Höhepunkt. Erzherzog Ferdinand, eineinhalb Jahre älter als Marie Antoinette, vertrat den fernen Dauphin in der Eheschließung *per procurationem*, wie sie damals in der Zeit endloser Wagenreisen unumgänglich war, und wer wäre als Pseudobräutigam geeigneter gewesen als der Bruder, somit ein junger Mann, dessen Verhältnis zur Braut geklärt und über jeden Verdacht erhaben war.

Frankreich wie Österreich hatten einen verlustreichen und kostspieligen Krieg hinter sich, aber diese Heirat sollte ganz offensichtlich vor den Augen der Welt dokumentieren, daß man schneller darüber hinweggekommen sei als das ausgeblutete Preußen mit seinen kargen Böden. Weder Paris noch Wien ließen sich lumpen, man wetteiferte im Prunk der Karossen und der Ausstattungen, und als die noch nicht fünfzehnjährige Erzherzogin am 21. April 1770 unter Tränen von den Ihren Abschied nahm, war sie von all den Festlichkeiten und dem Gepränge noch so benommen, daß es Stunden währte, ehe sie die Fassung wiedererlangte.

Über die drei Tage während Klausur hinaus sollte eine Anweisung wirken, die Maria Theresia ihr, wie schon ihrer älteren Schwester Karoline, mitgegeben hatte; der Karoline, die zwei Jahre zuvor nach Neapel geheiratet hatte. Vom Aufbruchstag datiert und französisch abgefaßt, sollte das *Règlement* offensichtlich auch unter den neuen Pariser Verhältnissen seinen guten Zweck erfüllen. Die erste Seite gehört der Religion: Die Kaiserin gibt der künftigen Königin von Frankreich exakte Anweisungen über die täglich zu verrichtenden Gebete, angefangen von einem Morgengebet und geistlicher Lektüre »vor dem Gespräch mit irgendjemandem«, schwer zu befolgen an einem Hof, wo das Lever ein Ritual war, wo ein Halbdutzend von Damen die Dauphine schon betreuen mußte, noch ehe sie das Nachthemd mit anderen Kleidungsstücken vertauscht hatte.

Nach der religiösen Ermahnung kam der weise Rat, keine Wiener Gebräuche in Versailles einzuführen oder auch nur einen Versuch in dieser Richtung zu unternehmen. Nach diesen vier Zeilen konkreter Hilfe folgt wieder Religion, das Benehmen in den Kirchen, die Lektüre (»in Frankreich gibt es eine Menge Bücher, die unter dem Deckmantel der Bildung und der Achtbarkeit der Religion gegenüber ebenso verderblich sind wie hinsichtlich der Sitten«). Und dann wieder die solide Klugheit der Kaiserin mit dem Rat, niemanden zu empfehlen, auf niemanden zu hören, nicht neugierig zu sein und nicht zu vertraut mit der Dienerschaft.

Interessant sind auch die Anweisungen, welche Bittschriften betreffen; diese waren, in einem so großen Reich wie der Habsburger Monarchie und bei so schleppenden amtlichen Erledigungen, wie in allen noch höchst unzureichend organisierten Großstaaten, der direkte Weg der Bevölkerung zum Hof und zum Herzen so populärer Herrscher, wie es die Habsburger waren. Marie Antoinette durfte bis zur Grenze, also bis Straßburg, solche Petitionen entgegennehmen, aber keinerlei andere Zusagen als das Versprechen der Weiterleitung machen. »Depuis Strasbourg, vous n'accepterez plus rien«, heißt es dann kategorisch. Auf französischem Boden sei in jedem solchen Fall die Zustimmung des Ehepaars Noailles einzuholen – der Herzog war der Bevollmächtigte des französischen Hofes für die Übernahme der Dauphine, seine Frau Obersthofmeisterin in der Suite Marie Antoinettes.

Den Schluß bildeten die wichtigsten praktischen Ratschläge. Sie betrafen die Korrespondenz und lassen erkennen, daß auch unter Verbündeten das Post- und Briefgeheimnis keineswegs als gesichert gelten durfte. Der gewöhnlichen Post sollte Marie Antoinette nur Unerhebliches anvertrauen. Hingegen werde allmonatlich ein Kurier aus Wien Post vom Hof bringen und vorbereitete Briefe der Dauphine für den sicheren Rücktransport übernehmen. »Déchirez mes lettres«, zerreißen Sie meine Briefe, befiehlt die Kaiserin, »damit ich ganz offen schreiben kann«, und sie rät, auch nach Neapel, an Marie Antoinettes Schwester, nur Dinge zu schreiben, die jeder lesen kann.

Es war, das sagen diese Zeilen mit trostloser Deutlichkeit, ein Abschied fürs Leben. Man reiste zwar viel im achtzehnten Jahrhundert, aber Frankreichs Könige durften ihr Land nicht verlassen, und Maria Theresia konnte schon gar nicht an eine Paris-Reise denken. Das dünne Band einer gefährdeten und belauschten Korrespondenz war alles, was für eine Familie übrigblieb, in der eine beim französischen Adel nur selten anzutreffende Herzlichkeit, ein beinahe bürgerlicher Zusammenhalt der Geschwister und der Gespielen die Stimmung gekennzeichnet hatten.

Vom 21. April neun Uhr morgens bis zum 6. Mai, also mehr als zwei Wochen, war Marie Antoinette unterwegs auf jenem beschwerlichen Weg, der aus den österreichischen Bergen heraus und durch das südliche Deutschland bis an den Rhein führt, fünfzehn Tage, in denen sie der Suada des *Directeur de conscience* so gut wie widerstandslos preisgegeben war, während der Trennungsschmerz sie verzehrte, war sie doch zum erstenmal von zu Hause weg und hatte auch kaum Anspruch auf die Hoffnung, Wien eines Tages wiederzusehen. Gewiß, es ging in den Herrscherfamilien der Welt seit Jahrhunderten, ja seit Jahrtausenden so zu; die Chinesen schickten ihre feinen, kleinen Prinzessinnen in die Zelte der Mongolenkhane, und die hochgebildeten Kaisertöchter aus Byzanz waren ins halbbarbarische Europa entsandt worden. Aber trotz aller Staatsraison blieben diese kleinen Menschenwesen doch Mädchen, Kinder, hilflos und mutterseelenallein, umsomehr, als ihre Mütter selbst die Last der Herrschaft trugen und ihre Ermahnungen darum weniger herzlich als sachlich gehalten hatten.

Maria Theresia ist da wenig vorzuwerfen; ja es zeugt sogar von ungewöhnlich viel Verständnis für ihre jüngste Tochter, daß diese in den letzten Wiener Nächten in ihrem Schlafgemach, an der Seite der Mutter, nächtigen durfte. Aber nun war das Mädchen eben allein, und von dem, was jenseits des Rheins beginnen würde, hatten ihr die vielen Worte und Namen, mit denen Vermond sie überfallen hatte, gewiß eine eher verworrene als eine beruhigende Vorstellung gegeben.

In Kehl, bei der Umkleidezeremonie, die nicht ganz so mittelalterlich-barbarisch vor sich ging wie die Campan sie geschildert und wie Zweig sie nacherzählt hat, war es dann um die Fassung der kleinen Erzherzogin geschehen. An die ihr zugeteilte Suite aus Versailles übergeben, warf sie sich der Dame an die Brust, die diese Suite fortan dirigieren sollte, aber die Comtesse de Noailles war aus Versailles so spontane Ausbrüche echten Gefühls nicht gewöhnt: sie rang nach Luft und begann, der Dauphine die Damen ihrer Suite vorzustellen, noch ehe Marie Antoinette ihre Tränen getrocknet hatte. Es war die erste Lektion in jenen kuriosen Weisheiten, die der Sonnenkönig vorexerziert hatte: daß die Etikette, daß die Regeln in ihrer bisweilen lächerlichen Kompliziertheit auch ein Korsett darzustellen vermögen, ein Haltegestänge. Er selbst hatte dessen in Alter und Krankheit bedurft, und die kleine

Erzherzogin, die jetzt an der Fischbeinbrust der Comtesse de No-ailles ruht, wird eines Tages selbst dieses Haltes bedürfen.

Im Elsaß verstand man stets zu feiern; man wollte hier einstmals zur Schweizer Eidgenossenschaft und hatte das Glück, daß die Schweizer die losen Elsässer ablehnten. Dann wurde man kaiser-lich, und das nahe Vorderösterreich tat ein übriges, damit Marie Antoinette sich in der Heimat ihres Vaters wohlfühlen könne. Aber Paris wartete, die alte Universitätsstadt am Rhein illumi-nierte sich zwar, und selbst Goethe, der neben allen anderen Ga-ben auch den Genius besaß, an wichtigen Orten und Zeitpunkten ebenfalls präsent zu sein, erhaschte nur einen Blick in jenen Roh-ziegelbau auf einer Rhein-Insel, in dem sich die Übergabe der Österreicherin an Frankreich vollzogen hatte – ein sehr geheimnis-voller Bau, ja ein prächtiger Pavillon in den Erinnerungen der Campan, eine Bretterbude bei Zweig, ein Lehmbunker bei Caste-lot. Fest steht nur, daß er in größter Eile errichtet werden mußte, weil man – obwohl Marie Antoinette gewiß nicht die erste Dau-phine aus dem Ausland war – wieder einmal nicht einig gewesen war über die Formen und ob die Übergabe auf dem französischen oder dem österreichischen Rheinufer vor sich gehen sollte. Der Ausweg, eine der Rhein-Sandbänke als Übergabeort zu wählen, so wie man einst mit Spanien auf einer Grenzfluß-Insel verhandelt hatte, wurde im letzten Augenblick gefunden, zum Glück für die Staatskassen, die andernfalls einen kleinen Palast hätten bezahlen müssen.

Von Straßburg nach Westen reiste man erstaunlich schnell auf den guten und schnurgeraden Straßen, wie sie einst Minister Col-bert hatte anlegen lassen. Schon am 13. Mai, nach anderen Quellen erst am 14., was wahrscheinlicher ist, erreichte man über Nancy und Chalons-sur-Marne jenen Wald von Compiègne, wo Frank-reichs Könige so gerne jagten. Ludwig XV. und sein ältester En-kel, der Thronfolger, hielten sich inmitten des Gefolges am Wald-rand auf, während der Premierminister, Herzog von Choiseul, der Dauphine in seiner Karosse entgegenfuhr, ein Privileg, das er sich wahrlich verdient hatte. Mit einundfünfzig Jahren nicht mehr jung, entstieg er doch behende seinem Wagen, beugte das Knie vor der künftigen Königin Frankreichs und empfing von ihr neben ei-nem freundlichen Lächeln die wohleinstudierte Begrüßungs-phrase:

»Ich werde nie vergessen, was Sie, Herzog, für mein Glück ge-tan haben.«

»Und für das Glück Frankreichs«, antwortete Choiseul, der vor freudiger Erregung blaß geworden war. Jahrelang hatte er auf diesen Augenblick hingearbeitet, und nun stand er vor der Kindfrau, die seine Position, ja vielleicht sein Leben retten sollte. Denn die mächtigste Frau von Versailles, die zur Gräfin gemachte Mätresse, die hatte der Herzog inzwischen mehr als einmal tödlich beleidigt.

Über all dem war man im Wald von Compiègne ungeduldig geworden; Bouret, ein Kabinetts-Sekretär, hat uns die Unterhaltung überliefert, die sich entspann, als er dem König den Übergabe-Kontrakt von Kehl überreichte:

»Sie haben Madame la Dauphine also gesehen, Bouret? Wie ist sie? Hat sie eine gute Brust?«

Bouret stammelte verlegen, daß die junge Dame sehr hübsch sei und wunderbare Augen habe.

»Davon rede ich nicht«, beharrte der König, »Ich will wissen, wie es mit ihrer Brust steht!«

Bouret schlug die Augen nieder:

»Sire«, antwortete er, »ich habe mir nicht die Freiheit genommen, dorthin zu sehen . . .!«

»Sie sind ein Dummkopf, Bouret«, antwortete Ludwig XV. lachend, »das ist doch die Gegend, wo man bei Frauen zuallererst hinsehen muß«!

Seine Majestät wählte für diesen freundschaftlichen Verweis das Wort *nigaud*, das man auch mit Einfaltspinsel übersetzen könnte, und das klar macht, daß zwischen dem König und einigen seiner treuesten Diener erhebliche Auffassungsunterschiede darüber bestanden, was an einer künftigen Königin Frankreichs das Wichtigste sei.

Wenige Minuten später flog Marie Antoinette mit dem elfenhaften Balletteusenschritt, den Maître Noverre ihr antrainiert hatte, über den Rasen auf Frankreichs allerchristlichste Majestät zu und sank vor Ludwig in die Knie. Gerührt hob Ludwig die Frau des Enkels auf, zog sie an sich und küßte sie, ein gefälliges Bild, da der König sehr wohl wußte, wie man sich in solchen Szenen anstellt, und weil er noch immer ein schöner Mann war. Und vielleicht hat er in diesem Augenblick bedauert, daß nicht er, der Witwer, der Gemahl dieser jungen Blüte aus Wien sei, sondern sein blöde lächelnder Enkel neben ihm, der von all dem nichts zu begreifen schien.

Der Gemahl

Mancher historische Augenblick hat neben dem festlichen Charakter auch etwas Beklemmendes. Das gilt für Krönungen, von denen in der Regel niemand weiß, was sie bringen werden, und das gilt für Königs-Hochzeiten, die sich ja einst dadurch vom Üblichen abhoben, daß die zur Herrschaft berufenen jungen Gatten einander vorher nicht gesehen hatten. Hasardspiele dieser Art gab es auch im 18. Jahrhundert nur auf den höchsten und auf den tiefsten Ebenen, nur zwischen Herrscherfamilien oder dann, wenn Frauenschiffe in Louisiana landeten und die Pflanzer unter den Ankommenden blitzschnell wählen mußten. Der Enkel des vielliebenden Ludwig XV. freilich hatte überhaupt keine Wahl gehabt, ihm war nicht die Gnade seiner Vorgänger zuteil geworden, unterwürfige und unansehnliche Prinzessinnen zugeteilt zu erhalten, die sich ein Leben lang nicht zeigen oder sonst bemerkbar machen würden: Er war mit einer schönen, gesunden, intelligenten jungen Dame aus Europas erster Familie verbunden worden, und von jenen, die dies zustandebrachten, hatten höchstens die scharfsinnigen Minister Kaunitz und Choiseul Vorstellungsvermögen genug, sich Ehe und Herrschaft dieses Paares auszumalen und damit zufrieden zu sein: Choiseul, weil nun die Dubarry eine überlegene Rivalin erhielt, Kaunitz, weil fortan eine Erzherzogin im Hauptquartier dieses unsicheren Verbündeten das Wetter machen würde.

Der junge Gemahl hieß, wenn man genau sein will, Louis-Auguste de Bourbon, Duc de Berry und Dauphin de France. Das große Frankreich hatte ja schöne Landschaften genug, nach denen es, ähnlich wie bis heute Großbritannien, seine Prinzen benennen konnte. Louis-Auguste war, als er verheiratet wurde, noch nicht sechzehn Jahre alt; erst im August 1770 sollte er diesen Geburtstag feiern, der ihn zum Manne machen würde. Marie Antoinette war also vierzehn Monate jünger, wirkte aber trotz ihrer außerordentlichen Schlankheit durch ihre Haltung, ihren wachen, allzu beweglichen Verstand und ihren hoheitsvollen Charme weit eher erwachsen als der Thronfolger, den die Natur nur mit ihren bescheidensten Gaben ausgestattet hatte. Ludwig XV. hatte eine Reihe sehr wohlgeratener natürlicher Söhne in die Welt gesetzt, teils intelligente und beliebte Gelehrtennaturen wie den Abbé de Bourbon, teils begabte und feurige Generale wie Beaufranchet. Die Pflichtübungen mit der polnischen Prinzessin, seiner Gemahlin, jedoch hatten nur zu einem einzigen Sohn geführt, der das Mannesalter erreicht hatte. Dieser Dauphin war nur 36 Jahre alt geworden, er war wie seine Frau an einer Lungenkrankheit gestorben, die in den sechziger Jahren des 18. Jahrhunderts beinahe so grausige Ernten gehalten hatte wie unter dem Sonnenkönig die Pocken.

Ganze Generationen waren durch Seuchen und Infektionskrankheiten für die Nachfolge ausgefallen, weniger in Wien, wo man gesund lebte, als am französischen Hof: Ludwig XV. war als Urenkel des Sonnenkönigs dessen Nachfolger geworden, und nun war Louis-Auguste als Enkel zum Dauphin von Frankreich avanciert, anstelle seines Vaters. Die Mutter des Dauphin war eine sächsische Prinzessin gewesen, vom glanzvollen Dresdener Hof, den inzwischen der Preußenkönig so entsetzlich gedemütigt hatte, und diese ebenfalls verstorbene Mutter hatte einem Beichtvater völlig vertraut, der sich auch des merkwürdigen, linkischen, kurzsichtigen und gelegentlich stammelnden Thronerben angenommen hatte. Dieser Pater Soltini, von dem sich in der Literatur nur sehr dürftige Spuren finden, war lange Zeit der einzige Freund des kleinen Herzogs von Berry gewesen in dessen schwerster Zeit – den Jahren nach dem qualvollen Tuberkulosetod des älteren Bruders. Louis-Auguste, Herzog von Berry, hatte als Kind ein halbes Jahr im Zimmer des schwerkranken und schließlich sterbenden Bruders zubringen müssen, damit dieser nicht allein sei, sondern einen Gefährten habe. Er war nach dem Tod des Bruders selbst schwer erkrankt und hatte Blut gehustet und war, seitdem vielfach geschädigt, in der Entwicklung zurückgeblieben, schwach und scheu, so daß Soltini ihm nur wünschen konnte, möglichst spät auf den Thron berufen zu werden, den Thron, den der immer noch lebenslustige und durch eine neue Mätresse verjüngte Großvater innehatte.

Es ist schwer zu beurteilen, wie weit Marie Antoinette auf diesen Gemahl vorbereitet worden war. Mercy, der stellvertretende österreichische Botschafter, hatte schon vor der Eheschließung vertraulich nach Wien berichtet, die Erzherzogin möge sich keinen Illusionen hingeben: der Dauphin sei nur mit dem allernötigsten an Verstand ausgestattet. Nun sind das Urteile, die man nicht unbedingt wörtlich nehmen muß. Mercy d'Argenteau hatte kaum Gelegenheit gehabt, mit dem Dauphin allein und ausführlich zu sprechen, er folgte jener allgemeinen Annahme, die sich auf die

Zweckpropaganda des Herzogs von Choiseul stützte. Der nämlich machte seinem Ärger über den in den Banden einer Nobelhure schmachtenden König gerne Luft, war überzeugt, daß nach politischen und militärischen Fehlschlägen nur er, Choiseul, Frankreich gerettet habe, und ließ erkennen, daß es eine Gnade sei, wenn er seine brillante Intelligenz und sein *savoir-faire* einer niedergehenden, mit einigen Kretins ausgestatteten Herrscherfamilie zur Verfügung stelle und damit das leiste, was eigentlich die Aufgabe der Bourbonen gewesen wäre: Das geschlagene Frankreich zu neuer Geltung zu führen.

Das hatte leider viel Wahres, denn Ludwig XV., der in früheren Jahren nicht selten eine gute Hand bei der Wahl seiner Berater gehabt hatte, hörte nun auch bei Personalentscheidungen auf die Dubarry, und wie diese aussahen, konnte man sich vorstellen. Choiseul brauchte nichts so dringend wie eine Gegenkraft gegen diese mit der Rücksichtslosigkeit des Halbweltkampfes nach Versailles vorgedrungene Schönheit, und diese Gegenkraft konnte eben der schwache und unsichere Dauphin nicht sein. Da brauchte es schon den Hintergrund eines Kaiserhauses, das Selbstgefühl einer Kaiserin-Mutter im Erbe, einen Kaiser als Bruder und das solide intellektuelle Erbe des Franz Stephan von Lothringen.

Die Begegnung dieser beiden so ungleichen Partner am Waldesrand von Compiègne hatte somit für die Umstehenden, für die Informierten über den Anlaß hinaus sensationellen Charakter. Sie fand auf dem einzigen Gebiet statt, das der Dauphin einigermaßen kannte, denn er hatte mit Hilfe seiner Lehrer ein kleines Werkchen über den Wald von Compiègne zustandegebracht und drucken lassen; das waren so die Visitenkarten in einer Zeit, in der man auch von Prinzen eine gewisse literarische Aktivität erwartete.

Louis-Auguste also trat, nachdem er die Zärtlichkeiten seines Großvaters gegenüber seiner Frau ohne Ungeduld mit angesehen hatte, auf Marie Antoinette zu und umarmte sie. Dabei wurde er plötzlich leichenblaß, während sich das frische Gesichtchen der jungen Erzherzogin mit einem charmanten Erröten des Augenblicks würdig erwies. Man applaudierte denn auch: Endlich kam eine Dauphine nach Frankreich, die es mit den vielen Schönheiten bei Hof aufnehmen konnte, eine graziöse junge Person, die vergessen machen würde, daß der Sonnenkönig eine armselige, bucklige Frau aus Spanien hatte heimführen müssen anstelle der geliebten Maria Mancini und Ludwig XV. eine unansehnliche Prinzessin aus Polen, dem Land der schönsten Frauen.

Hätte dieses Wunderwesen nun einen Prinzen vorgefunden, der

dem Großvater glich, *Louis le bien aimé*, dem schönsten Mann und ersten Kavalier des Jahrhunderts – aus der Hochzeit des Jahres hätte die Ehe des Jahrhunderts werden können. Aber man hatte den armen Louis-Auguste ja sehenden Auges ruiniert; seine gesünderen und lebhafteren jüngeren Brüder trieben ihren Spott mit ihm, und nur die Dubarry war ein wenig nett zu ihm, weil sie sah, daß der König ihn mochte und beschützte und weil der Dauphin in der Gesellschaft des Großvaters und seiner von ganz unten kommenden Mätresse sich nicht beobachtet, kritisiert, korrigiert zu fühlen brauchte.

Es mag stimmen, daß in der kleinsten Hütte Raum für ein glücklich liebendes Paar ist; noch sicherer aber kann auch eine glückliche Liebe an einer zu großen Hütte, an einem Riesenschloß mit elfhundert Dauergästen, zugrunde gehen. Der Hof, das war in Versailles etwas ganz anderes als in Wien. Er war das Machtinstrument des Sonnenkönigs gewesen, der seine Adelsfamilien an den Hof gezogen hatte, weil sie dann von ihm, seinen Gnaden und den vergebenen Ehren abhängig wurden. Der Adel des Habsburgerreiches hingegen war im allgemeinen wirtschaftlich unabhängig genug, um nicht jahrelang auf Gunstbezeugungen warten zu müssen. Zwischen tausend Augen, die der Glanz des Hofes für alles andere abgestumpft hat, begann die Ehe von Louis-Auguste, Duc de Berry, und der Erzherzogin Marie Antoinette mit einem Souper im Château de la Muette im heutigen 16. Arrondissement von Paris.

Ort und Gäste waren bemerkenswert, ein vielsagender Auftakt: Das charmante Schlößchen zwischen dem damaligen Paris und dem Bois de Boulogne hatte 1716 der Regent erworben, der vielverlästerte Herzog von Orléans, der während der Minderjährigkeit des fünfzehnten Ludwig Frankreich ausgezeichnet regiert hatte. Er bestimmte La Muette zum Wohnsitz seiner schönen Tochter, der Herzogin von Berry, die eine seiner vielen Geliebten wurde und schon mit vierundzwanzig Jahren starb. Mit dem Duc de Berry, der an diesem Abend hier gefeiert wurde, hatte sie außer dem Titel nichts gemein, aber jeder der Anwesenden, Marie Antoinette ausgenommen, wußte, was sich hier abgespielt hatte, und daß ihre Kinderehe an der Stätte sublimster Orgien, ja des Inzests, begann.

Ludwig XV. hatte La Muette erneuern und ein Stockwerk aufsetzen lassen; verschiedene seiner Mätressen hatten hier gewohnt, und nun, nun brachte er es zuwege, die Dubarry zu diesem Souper

zu laden, eine Frau, die von den großen Familien, den Töchtern des Königs, dem Premierminister und eigentlich jedem, der es sich leisten konnte, abgelehnt und gesellschaftlich geschnitten wurde. Solch eine Situation verpflichtete natürlich zu einem besonderen Auftritt; die Dubarry hatte ihn, was die Robe, die Schönheit, die Alluren betraf, und die noch nicht fünfzehnjährige Dauphine reckte das Näschen und fragte treuherzig, den Blick auf die in weißem Brokat und Goldschnüren strahlende Unbekannte gerichtet:
»Wer bitte ist diese schöne Dame?«
Die Nachbarin der Dauphine schwieg eine Sekunde betreten, dann entschloß sie sich, nur das Nötigste zu antworten:
»Madame du Barry, votre Altesse . . .«
»Et quelles sont ses fonctions à la Cour?«
Eine Frage, die man französisch hierhersetzen muß, weil unser Wort Funktionen nicht die Bandbreite hat, um die ungewollte Zweideutigkeit der Frage nachempfinden zu lassen. Marie Antoinette erhielt keine Antwort, entsann sich vielleicht dessen, was man ihr in Wien über die Dubarry erzählt hatte, und errötete wohl mehr aus Ärger über sich selbst als weil sie sich schämte. Es zeigte sich aber bald, daß sie diesen Abend nicht vergaß, mochten auch eine Woche lang die Feuerwerke in den Himmel über Paris donnern, als Türken verkleidete Musiker ohrenbetäubend musizieren und die endlosen Rituale einer königlichen Hochzeit sowohl den Dauphin als auch das Kind an seiner Seite maßlos überfordern. Schlimmer als die tausend Augen, als die Entkleidungszeremonien in den ehelichen Gemächern, das Beilager vor versammeltem Hochadel und die maliziösen Kommentare einer Gesellschaft, in der alles schon dagewesen war, mußte für Marie Antoinette die maßlose Indiskretion all dieser Vorgänge sein, in denen es ja stets nur um das eine ging, um den Vollzug einer Ehe, für die beide noch zu jung waren und den man denn doch nicht als öffentliches Schauspiel fordern durfte. Unter den strengen Augen der Maria Theresia wäre alles Ähnliche völlig undenkbar gewesen; sie hatte ein Leben lang gegen die Liebschaften des Gatten, den Libertinismus des Fürsten Kaunitz und die freien Sitten ihres Sohnes Joseph gekämpft und unter ihnen gelitten. Und nun stand ihre Tochter in einem als äußerst reizvoll bezeichneten Nachthemd einer nicht ganz kleinen Menge bis zum Hals bekleideter Damen und Herren gegenüber und mußte noch freundlich lächeln.

Es hatte seinen guten Sinn; alle Anwesenden wußten, daß Ludwig XIII. und Anna von Österreich eine einzige gewittrige Nacht unter dem gleichen Dach verbracht hatten, in der für die Zeugung des Sonnenkönigs in Frage kommenden Zeit, und daß Ludwig XIV. weder nach dem Urteil der Ärzte noch nach dem Augenschein irgendetwas mit seinem angeblichen Vater gemeinsam hatte. Und da war nun also wieder eine Österreicherin in Paris, der allzu muntere Schatten der Anne d'Autriche wurde beschworen, und die zwei Jungvermählten mußten eigentlich schon durch den gemeinsamen Abscheu all diesem Getue gegenüber zueinander getrieben werden.

Tatsächlich entwickelte sich aus den gemeinsamen Strapazen des Einwochenfestes eine Art Kamaraderie, die sich festigte, als das große Unglück auf der Place de la Concorde die beiden ahnen ließ, daß über ihrer Verbindung vielleicht gemeinsames Unheil schwebe und daß die düsteren Vorzeichen sie beide beträfen:

Der Beschluß der Hochzeitsfeierlichkeiten war auf den 30. Mai angesetzt worden, und natürlich mußte er durch ein gewaltiges Feuerwerk begangen werden, das die letzte Mainacht erhellen sollte. Als Schauplatz des großen Spektakels war die Place Louis Quince ausersehen, die heutige Place de la Concorde und damals im Grunde eine riesige Baustelle, denn der Bruder der Marquise de Pompadour hatte schon Jahre zuvor den Auftrag erhalten, auf diesem Gelände an der Seine einen großartigen Platz zu machen und Prachtbauten aufzuführen. Die Kenntnis der Pläne, ehe noch irgend jemand anderer sie zu Gesicht bekommen hatte, war für die Pompadour und ihren inzwischen selbst zum Marquis erhobenen Bruder naturgemäß zu einer Quelle außerordentlicher Bereicherungen geworden, aber das störte die Menge nicht, die an diesem Abend zur Place Louis XV strömte – nicht nur wegen des Feuerwerks, sondern weil ein neuntägiger Freimarkt angekündigt worden war. Das war ein Einfall Choiseuls. Er wollte das aufmüpfige Volk von Paris, das zwei Wochen lang aufwendigen höfischen Festen zugesehen hatte, an der Festesfreude dadurch teilhaben lassen, daß neun Tage lang Lebensmittel aller Art gegen einen geringen Obulus abgegeben werden sollten, gegen das, was man heute eine Schutzgebühr nennt.

Paris erneuerte sich damals, schon der Sonnenkönig hatte die Befestigungen niederreißen und prächtige Boulevards anlegen lassen, weil, wie er sagte, Frankreich keinen Feind mehr zu fürchten brauche, und so brannten in dieser Nacht nun 360 Lampen auf den Zufahrtsstraßen und an dem Platz zu einer Zeit, da manch andere europäische Großstadt noch völlig im Dunkeln lag. Inmitten des Platzes erhob sich das Reiterstandbild des Königs, von den Meistern Bouchardon und Pigalle geschaffen, eine kriegerische Attitude für einen Monarchen, von dem man wußte, daß er ganz andere Leibesübungen vorzog. Dahinter, im Dunkel, öffneten sich tiefe Baugruben für palastähnliche Bauten, und um das Ganze noch unübersichtlicher zu gestalten, hatte man schnell einen Pavillon des Gottes Hymen aufgerichtet, eine Heiratsgottheit höchst ungewisser Funktion, deren Namen peinlicherweise mit dem jenes Häutchens übereinstimmte, das am 30. Mai noch absolut unverletzt war, nach zwei Wochen königlicher Ehegemeinschaft.

Jene Pariser, die schon am Nachmittag gekommen waren, fanden bei Tageslicht ihre Plätze, sahen die Raketenbündel hinter dem wunderschönen Bouchardon-Pferd und kamen ungefährdet durch den Baustellenmorast, den die Regenfälle der letzten Tage geschaffen hatten. Abends dann kamen aber die Karossen, drängten sich zwei-, vier- und sechsspännig durch die Menge auf die Vorzugsplätze für den Adel; die ersten Raketen gingen los, noch ehe die Wagen vom Hof in die für sie freigehaltene Gasse einfuhren, verzischten aber ohne Schaden zu stiften in der Seine. Die besonders prächtigen Funkenhauben der nächsten Raketen setzten jedoch die Papierblumengestecke über dem Pavillon in Brand, und dieser Brand wiederum ließ alle Raketen hinter dem Reiterstandbild auf einmal und ungeregelt explodieren. Alles, was an Feuerwerkskörpern zwischen dem erzenen König und dem zarten Tempelchen gelagert worden war, ging in die Luft und, was schlimmer war, fuhr krachend und zischend in die versammelte Menge, die inzwischen so dicht gedrängt stand, daß kaum jemand sich zu bewegen oder gar zu fliehen vermochte. Ludwig XV., der Vielgeliebte, drohte plötzlich schwarz vor dem grellen Hintergrund der bunten Eruptionen. Der Zeitplan war völlig durcheinandergeraten, die noch auf den Anmarschstraßen heranwallenden Menschen fürchteten, etwas zu versäumen und drängten auf den Platz, auf dem die zuvorderst Stehenden sich inzwischen zu retten suchten, und die feuchte Finsternis außerhalb der Raketen-Leuchtschirme ließ keine Orientierung mehr zu. Geblendet, erkannten die Menschen nicht mehr die dünnen Brettchen und Bänder, welche bei Tag einigermaßen zureichend gewesen sein mochten, um die tiefen Gruben abzuschirmen, und wer sah, vor welchem Abgrund er stand, hatte keine Chance mehr, weil die anderen nachdrängten. Die ersten Schreie abstürzender Menschen mengten sich mit den Flüchen der anderen, die in der zu schmal gewordenen Wagengasse von den Hufen scheuender Pferde getroffen wurden. Im Angesicht der explodierenden Raketen brachen die Pferde dorthin aus, wo es finster und ruhig war – gegen die Seine zu – und stürzten dort ins

Wasser, Kutschen und Insassen mit sich reißend. Im Widerschein der Feuerwerkskörper matt schimmernd, schien der Fluß wie eine riesige Schlange auf seine Beute zu lauern, während am anderen Ende des Platzes die Pariser zu Hunderten in die offenen Baugruben stürzten und, mit gebrochenen Gliedern auf deren Grund liegend, von den nächsten Opfern erdrückt wurden . . .

Da die Vornehmsten zuletzt kommen wollten, war ihnen nichts geschehen; die Toten kamen aus jenen Schichten, die man mit dem Luxus der Feste hatte versöhnen wollen, und darum erhielt die zarte Freundschaft zwischen der jungen Dauphine und dem Volk von Paris ihre ersten Risse. Niemand glaubte an die einige Tage später verlautbarte Ziffer von 139 Toten, obwohl auch sie schon eine Katastrophe bewies. Die Zahl der Verletzten, die in den nächsten Tagen und Wochen noch starben, weil die Unfallchirurgie ja noch in den Kinderschuhen stak, blieb ebenso unbekannt wie die der Krüppel, die in einer Zeit ohne Sozialfürsorge dem Elend preisgegeben waren.

Louis-Auguste war tief betroffen und spendete, was er hatte: die Apanage eines Monats. Marie Antoinette aber mochte an die Feste gedacht haben, die man zu ihrer Verabschiedung aus Wien veranstaltet hatte, die sechstausend Gäste eines riesigen Banketts, den glatten Ablauf, der nur durch ein paar Eifersüchteleien über den Rang kompliziert worden war, weil der Marquis de Durfort als französischer Gesandter nicht hinter dem Herzog von Sachsen-Teschen zurückstehen wollte. Hier, in Paris, war alles anders, es war wirklich und gnadenlos, und diese Welt war nun die ihre, weil sie vor der Trauung auf alle Erbansprüche in Österreich hatte verzichten müssen. Sie hatte sich von der Heimat losgesagt und diese von ihr, und in ihrer neuen Hauptstadt, in Paris, begann man zu raunen, daß die Österreicherin dem Lande Unglück bringe: Lissabon sei das erste und das Unglück von der Place Louis Quince sei das zweite Vorzeichen gewesen.

Paris war damals, man staunt es zu hören, eine Stadt mit besonders schlechter Luft, zum größten Teil mittelalterlich eng und dort, wo seit Ludwig XIV. Schneisen in die alte Bausubstanz gerissen wurden, von den Staubwolken riesiger Baustellen erfüllt. Es fehlten die langen Alleen, die großzügigen Plätze, die schnurgerade in die Richtung der wichtigsten Überlandstraßen hinauslaufenden Verkehrslinien, so daß die Seine selbst und ihre erst zum Teil zugedeckten Nebenflüsse im Verein mit dem Unrat einer Millionenstadt allerlei Dünste in die engen Gassen schickten, denen sich jeder entzog, der es sich leisten konnte. Es gab Winkel in Paris, vor allem über aufgelassenen Friedhöfen und Wasenmeistereien, wo die Pest nie völlig erlosch, wo es eigentlich immer Cholerafälle und andere Seuchen gab, ohne daß die Stadt insgesamt davon häufiger heimgesucht wurde als London oder Marseille oder Wien.

Der Hof hatte sich aus dem zwischen Seine-Armen häufig im Nebel liegenden Stadtschloß, dem Louvre, aufs Land, nach Versailles, begeben und bevölkerte auch die umliegenden Schlösser und die angenehmen kleinen Orte an den Seine-Schleifen. Man zirkulierte zwischen diesen Zentren eines gesellschaftlichen Lebens und vergaß die Stadt Paris umso lieber, als sie seit den ersten Handwerkerunruhen im Mittelalter niemandem von Stand so recht geheuer war, weder, was das rechte Ufer der Händlerschaft und der Manufakturen betraf, noch gar auf ihrem linken Ufer, das seit alters die Studenten bevölkerten und dabei so taten, als sei ihr Paris ein Staat für sich mit eigenen Gesetzen und eigener Gerichtsbarkeit.

Es mußte darum nicht unbedingt eine Folge des großen Unglücks und des zu früh verpufften Feuerwerks des sonst so tüchtigen Ruggieri sein, daß die Dauphine und notwendigerweise auch ihr Mann von der Stadt ferngehalten wurden, in der sie sich auf so makabre Weise eingeführt hatten. Hoheiten können nun einmal nicht einfach in den Wagen steigen und ihre Hauptstadt aufsuchen, sie mußten begrüßt werden, empfangen, herumgeführt, und für all das schien dem Herzog von Choiseul nach allem, was sich ereignet hatte, der Augenblick noch nicht gekommen.

So war die Erzherzogin auf Versailles beschränkt, auf den berühmten Park und das, was man in den Wäldern ringsum unternehmen konnte, und das allgemeine Interesse spitzte sich in einer heute kaum mehr begreiflichen Weise und Ausschließlichkeit auf die Frage zu, ob der Dauphin seine Ehe nun konsumiert habe oder nicht. Dazu muß man sich vergegenwärtigen, daß es um einen Jungen von eben sechzehn und ein Mädchen von noch nicht ganz fünfzehn Jahren ging. Jeder vernünftige Mensch hätte den beiden zu dem raten müssen, was man heute Petting nennt; alle ernsthafteren Aktivitäten hingegen wären im Hinblick auf gesunde und kräftige Nachkommenschaft am besten aufgeschoben worden, bis Louis-Auguste die Folgen seiner Lungenerkrankung überstanden haben würde und Marie Antoinette vom Mädchen zur jungen Frau geworden war. Aber das immense Geschnatter von elfhundert Mäulern erzeugte nicht nur eine ebenso immense Neugierde, es umgab leider auch die kleine Erzherzogin mit jenem gefährlichen Brodem, der den Verstand so lange benebelt, bis man schließlich das Spiel der anderen spielt. Und so setzte denn die Dauphine selbst, wenn auch in allen Formen und behutsam, dem scheuen und störrischen, immer wieder zu Jagden aufbrechenden Gatten zu und beging die Unklugheit, die erhaltenen Antworten nicht immer bei sich zu behalten.

So kulminierte denn die allgemeine Erwartung bald an diesem, bald an jenem Tag; aus einem höchst privaten Vorgang wurde ein Schwank von der derbsten Art, und Marie Antoinette selbst mußte nicht nur Diener und Zofen, sondern auch Herren von Rang und Namen von den Türen des ehelichen Schlafgemachs und den Schlüssellöchern wegscheuchen. Vermond, nicht Beichtvater, sondern nur Vorleser der Dauphine und als solcher unbeschäftigt, weil es praktisch keine Lektüre gab, die sie interessierte, Vermond also sah sich in diesen Wochen und Monaten vom kleinen Provinz-Geistlichen zum Auguren emporwachsen und hätte wohl noch mehr ausgeplaudert als die Dauphine selbst, wäre ihm nicht der besonnene Graf Mercy d'Argenteau im Nacken gesessen, Österreichs Geschäftsträger an der Seine, der einzige ruhige Fels in all diesen Brandungen.

Glaubt man klassischen Psychologen wie etwa der unübertroffenen Charlotte Bühler, so wäre für dieses Paar der Oberschicht eine Vereinigung ab dem achtzehnten Lebensjahr des weiblichen Teils das Natürliche gewesen. Aber was durfte natürlich bleiben, auf natürliche Weise vor sich gehen an einem Hof, wo der König vor den Toren von Versailles in zwei Häusern einen Kinderharem hielt, der Hirschpark genannt, für den unter den kleinbürgerlichen Familien von Paris andauernd nach hübschen und vor allem gesunden Töchtern gefahndet wurde? Was durfte den Gesetzen der Natur gehorchen, wenn die größten und reichsten Familien ihre Töchter am deutlichsten als königliche Mätressen offerierten und der Monarch sich keineswegs aus diesem weiß Gott ansehnlichen Reservoir bedient hatte, sondern aus dem Salon einer Modistin?

Vor diesem Hintergrund erlangte eine viel zu früh gestellte Frage eine absurde Bedeutung, woran am wichtigsten ist, daß der unter Druck gesetzte und fortwährend gedemütigte, ja bloßgestellte Dauphin in eine irreversible Abhängigkeit von seiner Frau geriet. Es war die Possensituation der vielen Renaissancestücke über Liebesproben. Auch die erfahrensten Recken versagen unter dem Erwartungsdruck, wie sehr also mußte der friedfertige, ungeschickte, aber aufrichtige Dauphin unter dieser Situation leiden! Der einzige, der ihm hätte helfen können, wäre sein königlicher

Großvater gewesen. Er besaß Autorität und Kenntnis genug, um den Hof zur Raison zu bringen und zu sagen, laßt die Kinder in Ruhe, in zwei Jahren reden wir weiter. Aber eben dieser König hatte nun einmal seinen Hirschpark, dessen prominenteste Insassin, die von François Boucher verewigte Louison O'Murphy, nicht älter als Marie Antoinette gewesen war und ihm, noch ehe sie sechzehn wurde, schon das erste Kind geboren hatte.

Das Selbstverständliche wurde zum Ereignis. Zu Aktivitäten gedrängt, die ihn einfach noch nicht interessierten – jedenfalls weniger als die Jagd, seine Uhren und seine Schlosserwerkstatt – ließ es Louis-Auguste an jenem Impetus fehlen, der seine vermutlich nur leichte Behinderung, eine auch bei einem seiner Brüder festgestellte Phimose, mit einem kurzen Schmerz beseitigt hätte: »Avec l'entraînement de la passion, un gémissement et de la bonne volonté«, wie der spanische Botschafter an seine Regierung berichtete, und da es sich dabei nicht um irgend einen Diplomaten handelte, sondern um den Grafen Aranda, einen der besten politischen Köpfe der Zeit, ist es kaum gestattet, wie Vincent Cronin seinen langen und detaillierten Bericht mit der Bemerkung *ad acta* zu legen, das Vorhandensein einer Phimose, also einer Vorhaut-Verengung, sei keineswegs bewiesen.

Angesichts der Jugend des Thronfolgerpaares und der Tatsache, daß sich schließlich doch Kinder einstellten, könnte man diese Phase in der Ehe Marie Antoinettes vergessen oder übergehen. Aber sie erhielt ihre Bedeutung dadurch, daß sie dem Dauphin jede Chance nahm, an Autorität gegenüber seiner Frau zuzunehmen. Vermutlich nicht viel intelligenter als er, war sie, dank ihrer gesünderen Erziehung, doch beweglicheren Geistes, unbefangener und mit jenem Selbstgefühl ausgestattet, das auch das Zutrauen zu den eigenen Fähigkeiten steigert und deren Entwicklung fördert. Ihn hingegen hatte man stets zurückgesetzt.

Bedenkt man, daß der Aranda-Brief vom 5. August 1774 datiert ist, so ergibt sich ein Vierjahreszeitraum absolut abnormer Verhältnisse bei Hof, die erst mit dem Tod Ludwigs XV. am 10. Mai dieses Jahres insofern gemildert wurden, als nun Marie Antoinette die Stimmung in Versailles durch konkrete Maßnahmen verändern konnte. Noch aber ist es nicht so weit . . .

Ludwig XV. war gegen Unglücksfälle aus heiterem Himmel stets besonders empfindlich, weil er in ihnen eine Strafe des Himmels sah und weiß Gott Grund genug hatte, allerlei Strafen zu fürchten – beileibe nicht nur wegen seines Liebeslebens, sondern auch wegen seiner Auseinandersetzungen mit einigen selbstherrlichen Prälaten und mit allzu mächtig gewordenen Orden. Während sich in ganz Paris die Ärzte nach dem Feuerwerk die Beine abliefen, um zumindest die wohlhabenden Verletzten zu pflegen, tat der König, was Machthaber in solch einer Lage am liebsten tun: Er setzte eine Kommission ein, welche die Schuldfrage untersuchen sollte. Es war an jenem Abend des 30. Mai nämlich zu Vieles schiefgegangen und so vielerlei, daß man an einen Zufall nicht mehr zu glauben wagte. Da hatte jemand ein Pasquill an das Bouchardon-Roß geklebt, so wie man in Rom die Schmähbriefe und Proteste und Spottgedichte dem Pasquino an den Torso geheftet hatte. Und der Zettel an dem königlichen Pferd, am ehrfurchtgebietenden Standbild des Monarchen, war mit einer so diabolischen Paste festgemacht worden, daß man ihn schlechterdings nicht mehr entfernen konnte. Die offenen Baugruben konnten eine Schlamperei gewesen sein, aber auch eine kalkulierte Bosheit aus dem Pompadour-Clan, dem man die Leitung der Arbeiten entzogen hatte. Und der in ganz Europa als Feuerzauber-Experte gesuchte Ruggieri tat es seinem großen Vorfahren vom Hof der Valois nach, wenn er behauptete, eine innere Stimme habe ihm gesagt, es seien böse Hände am Werk gewesen, um seinen Triumph zu verhindern.

Von diesen bösen Händen wußte keiner so viel wie Premierminister Choiseul, und noch ehe die Rue Royale von allen Verletzten geräumt worden war, die man dort zusammengetragen hatte, noch ehe die Gräber auf dem Magdalenenfriedhof sich über den Toten geschlossen hatten, ermittelten die Getreuesten unter seinen Polizisten in zwei Richtungen: Gegen das stets oppositionelle Haus Orléans, die Nebenlinie der Bourbonen, die inzwischen aber reicher war als das regierende und stark angeschlagene Äderchen der Ludwige, und gegen die *Maîtresse en titre*, mit der Choiseul ja im offenen Krieg der Worte lag. Und zumindest bei der Dubarry ergaben sich Verdachtsmomente, weil sie nämlich mit ihrem Wagen völlig außerhalb des Geschehens geblieben war. Weil sie notorisch unpünktlich sei, erklärten die einen, weil sie gewußt habe, was kommen werde, behaupteten die anderen. Choiseul war geneigt, der schönen Frau alles in die winzigen Schühchen zu schieben, aber es war auch möglich, daß sich angesichts der uralten Feindschaft zwischen den rivalisierenden Hauptstädten Europas, zwischen Paris und Wien, und nach den Niederlagen im Siebenjährigen Krieg eine antiösterreichische Partei neu formiert hatte, mit der zu rechnen sein würde.

Schon wenige Wochen später kam es zu einem offenen Streit

zwischen den Parteien, als die *Comédiens du Roi* in einem kleinen Saal eine ihrer Aufführungen für die wichtigsten Hundert gaben und die Dubarry natürlich wieder zu spät kam. Alle, die Bescheid wußten, waren bereits anwesend und nahmen die besten Plätze ein, und als die Dubarry mit ihren engsten Freundinnen, zwei ruinierten Herzoginnen, eintraf, gab es nicht das kleinste Plätzchen mehr für sie. Mit großer Gebärde und erhobener Stimme verlangte sie einen Platz. Wäre der König anwesend gewesen, er hätte ihr den seinen angeboten und die Situation bereinigt, so aber kam es zu einem Auftritt zwischen der Dubarry und der Duchesse de Gramont, der hochfahrenden Schwester des Premiers, bei der das Schimpfwort *chipie* fiel. Es bezeichnet in sehr abschätziger Weise zanksüchtige Weiber, hatte aber auch noch andere mit anklingende Bedeutungen, die sich im davon abgeleiteten deutschen Wort Kebsweib deutlicher erhalten haben. Die Dubarry, die, wenn sie wütend war, in die Ausdrucksweise ihrer Herkunft zurückfiel (was den König nur amüsierte), die Dubarry also warf das Wort *chipie* der Béatrix de Choiseul-Stainville, Duchesse de Gramont, an den Kopf und diese antwortete ruhig, aber sehr vernehmlich, daß sie ihrerseits solch ein Wort niemals in den Mund nehmen würde, es könne allenfalls dazu dienen, die Dubarry damit zu bezeichnen.

Tags darauf war die Herzogin vom Hof verbannt, was zwar nur bedeutete, daß sie sich Versailles allenfalls bis auf eine Entfernung von fünfzehn Meilen nähern durfte, aber für die herrschsüchtige Vierzigerin gleichbedeutend war mit dem gesellschaftlichen Tod.

Der nächste Waffengang vollzog sich darum zwischen Choiseul selbst und der Dubarry, die – wie bis heute nur vermutet werden kann – das Kind einer hübschen Näherin und eines Abbé war, der Gomard oder Picpus hieß und sich ihrer Erziehung in den ersten Jahren auch väterlich angenommen hatte. Bei einer Abendgesellschaft griff die Dubarry die Geistlichkeit an, die ihrem königlichen Freund damals viel zu schaffen machte, und Choiseul verteidigte die Abbés mit dem Bemerken:

»Eines muß man ihnen aber lassen: sie machen schöne Kinder!«

Darüber hätte sie lachen können, aber da die Sache eben stimmte und die Lage schon gespannt war, tat sie es nicht, und so wurde, nach vielen ähnlichen Szenen, dieser Auftritt, den uns Louis Petit de Bachaumont reportiert, zum auslösenden Moment für den Sturz des bis dahin allmächtigen Ministers.

Der Vorgang, aber auch Bachaumont bedingen einen Exkurs, weil nichts für eine Biographie gefährlicher ist, als einer Pointe die Fakten zu opfern. Choiseul war gegen die Dubarry nicht zu halten, und die Dubarry war für den König nicht mehr entbehrlich, weil seine Potenz für die bei Hof anzutreffenden Damen oder sagen wir: für Damen überhaupt, nicht mehr ausreichte. Es mußte also eines Tages zum Eclat kommen, und beide, die Mätresse und der Minister, steuerten auf die Auseinandersetzung zu. Bachaumont ist nur einer von vielen Zeugen dafür, aber seine *Mémoires secrets* sind nicht nur für die Brüder Goncourt das interessanteste Zeugnis für diesen Krieg der Salons und der Couloirs.

Bachaumont war sehr reich, sein Großvater war Leibarzt der königlichen Familie gewesen, sein Vater Auditor im Finanzministerium. Er selbst lebte – in benachbarten Wohnungen – mit der um dreizehn Jahre älteren Witwe Doublet, die einen berühmten Salon hielt: An jedem Samstag traf man sich dort, vierzig Jahre lang, und die Dauergäste residierten unter ihren Portraits und redigierten gemeinsam die *Mémoires secrets*, für die zwei Eintragungs-Bücher auflagen – das eine für die sicheren Berichte, das andere für Interessantes vom Hörensagen, die *on dits*.

In welchem der beiden Register nun auch Choiseuls Ausspruch stand, oder in welches er gehörte – im Dezember 1770, ein halbes Jahr nach Marie Antoinettes Ankunft in Versailles, überbrachte ein Vertrauter der Dubarry den vom König unterzeichneten Befehl an Choiseul, Versailles binnen zwei Stunden (!) zu verlassen und Paris innerhalb der nächsten vierundzwanzig Stunden. Auch Choiseul war also verbannt, wenn auch seine prächtige Besitzung Chanteloup bei Amboise an der Loire in der Folge zum Mekka aller einsichtigen Franzosen und jener großen Familien wurde, die sich nicht durch eine Modistin von leichten Sitten beherrschen lassen wollten.

Es war der Augenblick, da die Dauphine zwischen allen Stühlen saß. In Österreich hatte sie, wie es sein mußte, auf alles verzichtet. In Versailles waren ihr die Felle davongeschwommen, weil der Befürworter der österreichfreundlichen Politik und Initiator der Ehe in Ungnade gefallen war. Und ihr Mann, passiv, von schwacher Gesundheit und so ungewisser Intelligenz, daß man ihn nicht einmal zum Staatsrat zuließ, dieser Ehemann hätte ihre Position nur dadurch aufwerten können, daß er mit ihr einen Sohn zeugte. Aber sie war noch immer Jungfrau, und das an einem Hof wie Versailles, im Angesicht einer Mätresse, die tagtäglich die einzigen Waffen, über die sie verfügte, vor aller Augen glänzen ließ und sich den König völlig unterworfen hatte. Sie ermöglichte ihm nicht nur, nach einem Leben mit vielen, vielen Frauen, die Fortsetzung dieser seiner Lieblingsbeschäftigung, was schon viel bedeutete – sie amüsierte ihn auch noch. Ludwig, lange Zeit unterschätzt, hatte im Alter zu Weisheit und zu Distanz gefunden, der Hof selbst ödete ihn an, aber dieses laszive Geschöpf aus dem Pariser Milieu, munter, hinreißend schön und eben aus einer anderen Welt kommend, war für ihn ungleich interessanter als der allabendliche Aufzug der gepuderten, geschminkten, geschmückten und auf ihren Hofrang pochenden altadeligen Herrschaften, deren Bonmots Ludwig alle längst kannte und deren Affairen ihn nun völlig gleichgültig ließen.

Die kleine Dauphine, *la petite rousse* (die kleine Rothaarige), wie die Dubarry sie nannte, die interessierte den König noch, erstens, weil er an seiner Familie nach wie vor mit väterlich-großväterlicher Zärtlichkeit hing und selbst seine wohlgeratenen unehelichen Töchter an sein großes Herz nahm. Zum andern aber, weil die junge Erzherzogin doch von einem anderen Schlag war als der seit dem Sonnenkönig domestizierte Adel Frankreichs. Man hat ein Buch über Karoline von Neapel sehr zutreffend mit dem Titel *Ich, eine Tochter Maria Theresias* überschrieben. Aber Marie Antoinette lebte ungleich konsequenter nach dieser Maxime als ihre ältere Schwester, wenn auch nicht jede dieser Konsequenzen ganz freiwillig war.

Die Entlassung des Ministers, den man mit einigem Recht *Roi Choiseul* genannt hatte, war mehr als eine Sensation, sie war eine Revolution, und die Umstände dieser Entlassung, die Fristen, die man dem großen Mann gesetzt hatte, waren ein Skandal, denn sie wahrten ja nicht einmal die Formen. Die Gesellschaft defilierte vor dem Stadtpalais des Herzogs und trug sich in eine Sympathieliste ein, und die Kuriere jagten in alle Himmelsrichtungen davon, um die Nachricht zu verbreiten, nicht nur nach Spanien, Savoyen und England, sondern natürlich auch in die entfernteren Metropolen wie Wien.

Maria Theresia erfuhr am 5. Januar, was sich am 24. Dezember in Paris ereignet hatte, und schrieb am 6.1.1771 ungewöhnlich bestimmt und sehr ernst an Marie Antoinette:

»Ich gestehe, ich bin von dem allen sehr bewegt; ich hatte im Verhalten der Regierung Choiseul nie etwas anderes gesehen als Treue zu unserer Allianz, Rechtschaffenheit und Menschlichkeit. Im übrigen aber äußere ich mich nicht zu den Gründen, die der König gehabt hat und Sie werden dies noch weniger tun . . . Sie werden, meine liebe Tochter, mehr denn je die Ratschläge des Grafen Mercy brauchen . . . lassen Sie sich in keine Partei einbeziehen, bleiben Sie neutral und sehen Sie Ihr Heil ausschließlich im guten Einvernehmen mit dem König und mit Ihrem Gemahl.«

Darauf folgt die Ermahnung, wenigstens jetzt im Winter zu lesen, und zum Schluß abermals die Warnung vor Intrigen: selbst gegenüber den Tanten, den drei Töchtern des Königs, solle Marie Antoinette reserviert bleiben und sich vor allem nicht zu vertraulichen Äußerungen hinreißen lassen; es gebe da Gefahren, die auch Mercy nicht kenne.

Wir blicken in ein durchaus modernes Gespinst der Informationen, der Informanten und der geheimen Aktivitäten gelegentlicher Besucher, an denen das Köstlichste ist, daß nicht nur der Botschafter von seiner eigenen Herrin überwacht wurde, sondern auch Ludwig XV. offensichtlich genaue Kenntnis der Anweisungen hatte, die aus Wien für die Dauphine kamen. Als sie nämlich – höchst unklug und gegen den Willen ihrer Mutter – den König bat, nun, da Choiseul verbannt sei, doch wenigstens seine Schwester, die Herzogin von Gramont, an den Hof zurückkehren zu lassen, sagte Ludwig, der seine Schwiegerenkelin sehr mochte, mit deutlicher Verstimmung: »Sie sind sehr schlecht beraten, meine liebe Tochter, wenn Sie die Rückkehr der Madame de Gramont verlangen; das kann Ihnen nur durch die Partei Choiseuls, von der Sie umgeben sind, eingeflüstert worden sein. Der Zutritt, den Sie diesen Leuten gewähren, verträgt sich nicht mit den klugen Ratschlägen, die Ihnen die Kaiserin gibt, und daher glaube ich, es ist am besten für Sie, wenn Sie über Ihre Bitte mit niemandem sprechen.« Danach habe er, berichtet Bernard Fay, dem ich diesen Ausspruch nachzitiere, der Dauphine den Rücken gekehrt.

Es waren nicht die einzigen Unüberlegtheiten, zu denen sich die Erzherzogin in ihrer neuen Situation hinreißen ließ. Die verständlichste, wenn auch ebenfalls ein wenig panikartige Reaktion war, daß sie Vauguyon die Tür wies, dem Erzieher ihres Gemahls, der an der unglückseligen Erscheinung, die Louis-Auguste abgab, ein wohlgerütteltes Maß von Schuld trug und darüber hinaus alles tat, um zwischen den Gatten seine inzwischen ja tatsächlich überflüssig gewordene Rolle weiterspielen zu können. »Sein bißchen Geist«, schreiben die Goncourts über den Herzog von Vauguyon, »war von der Etikette aufgezehrt worden. Von der Größe schwebte ihm nur der Begriff der Wichtigtuerei, von dem Adel nur der der Hoffahrt vor, und alle Dinge wußte er nur von ihrer gröbsten und folglich unangenehmsten Seite zu betrachten . . . Was war von diesem Mann . . . in Betreff gediegenen Unterrichts zu erwarten, durch den ein König auf seine Herrschaft vorbereitet . . . werden muß? Der Herzog von Vauguyon war noch schlimmer als untüchtig zu so einer Aufgabe, er war fromm, aber von so engherziger Frömmigkeit, daß sie den König von seinen Pflichten, den Gatten von seinen Rechten freisprach.«

Porträts dieser Art sind die Glanzpunkte der nur in Einzelheiten überholten Biographie, welche die Brüder Goncourt Marie Antoinette widmeten, und sie machen uns klar, daß die Dauphine, wenn auch nicht immer, so doch gewiß in diesem Fall im Recht war, wenn sie mit erzherzoglicher Hochnäsigkeit dem Herzog mit den zwanzig Adelstiteln sagte: »Monsieur le Duc, der Dauphin ist verheiratet und in einem Alter, in dem er einen Prinzenerzieher nicht mehr nötig hat, und ich für meine Person, ich brauche keinen Spion. Ich bitte Sie daher, vor mir nicht mehr zu erscheinen.«

So einfach ging das, wenn man genug Selbstvertrauen hatte und eine Maria Theresia hinter sich wußte. Aber wenn sich eine unserer Eigenschaften nicht dosieren läßt, so ist es eben dieses Selbstvertrauen, und dies führte zu Mésaventuren, die man einer jungen Frau, die noch immer keine sein durfte, wohl wird nachsehen müssen.

Harmlos, wenn auch häufig besprochen, war die Vorliebe der Dauphine für das Amateurtheater, bei dem sie ihre jungen Schwägerinnen als Mitaktricen und den Dauphin als dankbar applaudierenden Zuschauer hatte. Häufiger kritisiert wurde ihr Umgang mit den Brüdern des Dauphin, dem Grafen von Provence und dem Grafen von Artois, der jünger war als Marie Antoinette und mit ihr in keineswegs königlicher Weise herumtollte. Dieser Ausgelassenheit mußte man es zuschreiben, daß Marie Antoinette bei einem Jagdritt in hohem Bogen vom Pferd stürzte und so unglücklich in ein Gebüsch fiel, daß ihre Röcke über ihren Kopf geschlagen wurden – genau der Gesprächsstoff, den Versailles liebte, umsomehr, als die Erzherzogin der verdutzten, verlegenen oder amüsierten Runde, als sie sich wieder erhoben hatte, munter sagte: »Man muß eben zu fallen wissen, meine Damen.«

Es konnte nicht ausbleiben, daß das Haus Orléans in seiner unablässigen Rivalität den Vorfall aufgriff und beim traditionellen Opernball daran erinnerte, war doch die Oper gleichsam Besitz der Orléans in ihrem Palais Royal, das bis heute wie ein Kastell mitten in Paris liegt. Louis Philippe Joseph, Herzog von Orléans und Gastgeber des Balls, leistete sich den diskutablen Scherz, mit zwei jungen Frauen auf den Maskenball zu gehen, wobei die eine die Dubarry, die andere aber die Dauphine darstellte. Er selbst hielt die Mitte zwischen den beiden Kontrahentinnen, von denen die *soi-disant* Dubarry oben verschwenderisch dekolletiert war, während das Double der Marie Antoinette in Anspielung auf den Unfall im Wald von Compiègne eine durchsichtige Krinoline trug.

Es war wohl kein Zufall, sondern Neugier aus Folge einer Indiskretion, daß die Dauphine, ohne die Erlaubnis des Königs zu erbitten und heimlich, nur von einer Vertrauten begleitet, auf diesen Ball ging, im Schutz der Maske, wie sie meinte, und vergessend, daß in Versailles nichts geheim blieb. Es gibt wohl kein deutlicheres Anzeichen für die Verwirrung der Gefühle und des Verhaltens als dieser vielumraunte Ballbesuch bei dem reichsten Lebemann von Paris, der später als Philippe Egalité für den Tod Ludwigs XVI. stimmen wird, er, dem man als einzigem das Nein verziehen hätte. Und es gibt Hinweise darauf, daß Marie Antoinette von den zweifelhaften Späßen des Herzogs dadurch abgelenkt wurde, daß ein junger Attaché der Schwedischen Botschaft sich intensiv für sie interessierte, ein großer und sehr schlanker Graf namens Johan Axel von Fersen.

Daran, daß solche Eskapaden möglich waren und praktisch folgenlos blieben, ist zu erkennen, daß Marie Antoinette, so jung sie auch war, es inzwischen verstanden hatte, sich der lästigen Aufpasser zu entledigen. Man kann sie nicht alle aufzählen, sie wechselten auch und es wechselte die Intensität ihrer Bemühungen, und so wichtig diese persönliche Konstellation in der nächsten Umgebung für die Dauphine auch gewesen sein mag, so besteht heute doch kaum noch ein ernsthafter Grund, sich mit Intrigantinnen wie einer Madame de Marsan eingehend zu beschäftigen oder auch mit der Gräfin von Noailles, einer zweifellos vornehmen und wie sich zeigen sollte integren Natur, die dennoch in viele Beziehungen der jungen Dauphine eingriff.

Größere Bedeutung hatten die sogenannten Tanten der Dauphine, drei Töchter des Königs, die Ende dreißig und ledig waren, weil der Hof – wie schon unter dem Sonnenkönig – die in solchen Fällen zwangsläufig hohe Mitgift hatte sparen wollen. Das Trio war durch die Ankunft der Dauphine einerseits ein wenig in den Hintergrund gedrängt, denn bis dahin hatten die gewichtigen Damen so manches Fest für den König arrangiert, der ja die als Gräfin durchaus unglaubwürdige und nirgends akzeptierte Dubarry für Unternehmungen dieser Art nicht einsetzen konnte. Die anfängliche Distanz zur Dauphine hatte sich jedoch bald verringert, da man eine gemeinsame Gegnerin in der schnell zur Geltung gelangten Dubarry hatte. Die Tanten versorgten Marie Antoinette mit nicht immer uneigennützigen Ratschlägen, und sie wiederum versteckte sich hinter den dreien, wenn sie bei einer Einladung darum herumkommen wollte, die Dubarry zu berücksichtigen. Es genügte dann, die Tanten zu bitten, von denen man wußte, daß sie nur kamen, wenn die Mätresse nicht geladen wurde, und der König – der dieses Spiel natürlich durchschaute – konnte nur ärgerlich die Nase rümpfen, aber nicht mehr. Diese und andere Winkelzüge berichten die *Anecdotes sur la Comtesse Dubarri* (sic), unter welchem bescheidenen Titel sich eine genaue und aus engster Kenntnis geschriebene Biographie der Mätresse verbirgt, anonym, aber im Sachgehalt den apokryphen Memoiren unbedingt vorzuziehen, weswegen sie Octave Uzanne 1880 in einer revidierten Ausgabe neu herausbrachte.

Die in der Korrespondenz mit Wien so oft auftauchenden und von Maria Theresia zu Recht beargwöhnten Tanten mögen im einzelnen manches für die Dauphine getan haben und sind negativ eigentlich nur in Erscheinung getreten, als sich der Gegensatz zwischen der Dauphine und der *Maîtresse en titre* deutlicher herausbildete. Aber man darf sicher sein, daß die mit dem vollen Selbstgefühl der ersten Familie Europas ausgestattete Habsburgerin zwar möglicherweise früheren Mätressen wie der Herzogin von Châteauroux freundlicher entgegengekommen wäre, allenfalls auch der ihr wesensverwandten de Romans, niemals aber einem jener Geschöpfe, die Maria Theresia in Wien zur Strafe den Graben fegen ließ.

Wichtig wurde in jedem Fall, daß die drei Königstöchter sich für Marie Antoinette von einer Kammerfrau, Vorleserin oder Gesellschafterin trennten, die nach und nach eine gewisse Distanz zwischen der Dauphine und dem klebrigen Abbé de Vermond zu schaffen verstand, nämlich von Madame Campan. Diese in ihren eigenen Aufzeichnungen nicht immer ganz zuverlässige, in ihrer Anhänglichkeit an Marie Antoinette aber unwandelbare junge Frau wird von den Biographen sehr unterschiedlich beurteilt, aber da wir inzwischen ja längst ihren ganzen Lebensweg und ihr Verhalten überblicken, muß man sagen, daß ihr Einfluß auf die Erzherzogin zu den wenigen guten Einwirkungen gehörte. Sie, Mercy d'Argenteau und Joseph II. hätten, wären sie gehört worden, ebenso wie später dann die Grafen de la Marck und Mirabeau das düstere Schicksal vielleicht wenden können.

Jeanne Louise Henriette Genet war 1752 in Paris zur Welt gekommen, also nur drei Jahre älter als Marie Antoinette, was angesichts des verzweifelten Hanges nach Jugend, den die Dauphine an den Tag legte, zweifellos günstig war. Monsieur Genet *père* war ein hoher Beamter im Ministerium des Äußeren und hatte seiner Tochter eine brillante Erziehung angedeihen lassen. Von ihren Lehrern sind heute noch Goldoni, Marmontel und der hochgebildete Salonlöwe Duclos bekannt. Mit fünfzehn Jahren, als Marie Antoinette nicht einmal das Französische fehlerfrei schrieb, beherrschte die spätere Madame Campan neben ihrer Muttersprache das Englische und Italienische, sang angenehm und war als Vorleserin bereits eine kleine Berühmtheit. Ludwig XV. sorgte durch eine Mitgift dafür, daß sie den königlichen Sekretär Campan heiraten konnte, und sie blieb von 1770 an so lange an der Seite Marie Antoinettes, wie diese in Freiheit war. Vorgreifend sei hier gesagt, daß sie während der Revolution, eben wegen ihrer mutigen Anhänglichkeit, tödliche Gefahren lief, daß sie mit schwersten Schicksalsschlägen und völliger Verarmung fertig wurde und endlich einen Protektor in Napoleon fand, der ja starke Begabungen unbefangen zu erkennen vermochte. Ihre erzieherischen Ideen wurden in verschiedenen staatlichen Institutionen in die Tat umgesetzt, aber, da sie sehr fortschrittlich auch die Töchter von Arbeiterfamilien einbezogen, nach der Rückkehr der Bourbonen schon 1816 wieder abgewürgt, so daß die Campan verarmt und vergessen bei einer ihrer Schülerinnen das Gnadenbrot essen mußte, bis sie 1822 in Mantes, also unweit von Paris, starb.

Die zahllosen Einzelheiten, die sich in den *Mémoires sur la vie privée de la reine Marie Antoinette* finden, die Madame Campan 1823 publizierte, sind naturgemäß von der Zuneigung und Verehrung der Kammerfrau gefärbt und enthalten dort Fehler, wo die Campan nicht selbst sah oder hörte wie zum Beispiel beim Grenzübertritts-Ritual. Der Campan verdanken wir die Berichte über jene kleinen Zwischenfälle mit Bauern, die bei einer Jagd verwundet wurden, oder Möbelpackern, die sich in den Räumen der Dauphine verletzten, Gelegenheiten, bei denen Marie Antoinette sofort eingriff, ohne ihre Kutsche oder ihre Kleidung zu schonen und wie eine Samariterin half, was offenbar nicht als selbstverständlich angesehen wurde. Aufschlußreicher ist ein Vorgang rund um ein Duell, bei dem ein junger Mann getötet wurde und seine Familie die harte Bestrafung seines Duellgegners forderte. Das Duell-Unwesen hatte schon Kardinal Richelieu bekämpft, dem friedlichen Gemüt Ludwigs XV. war es in der Seele zuwider, und so war der Sieger unter Anklage gestellt worden. Die Mutter des ebenfalls jungen Mannes warf sich dem König zu Füßen, wie die Campan andeutet, um das Leben ihres Sohnes zu retten, und Marie Antoinette tat sich mit den Prinzen zusammen, um den König umzustimmen, was auch endlich gelang. Eine der hochgeborenen Intrigantinnen bei Hof, die Campan schreibt nur *une grande dame*, beeilte sich, der Dauphine zu hinterbringen, daß jene Mutter auch bei der Dubarry um eine Intervention gebeten habe. »Das beweist mir nur, daß ich mich in meinem Urteil über diese mutige Frau nicht geirrt habe«, antwortete Marie Antoinette. »Ich jedenfalls hätte, um meinen Sohn zu retten, mich sogar Zamore zu Füßen geworfen« – Zamore war der kleine Inder, der die Schleppe der Dubarry trug.

Schon daß solche und andere Vor- und Zwischenfälle sorglich verzeichnet wurden und aus den zeitgenössischen Schriften ihren Weg in die Geschichtsschreibung antraten, beweist uns, daß unter den Verhältnissen von Versailles auch die ja noch keineswegs voll kontrollierte, dem Verstand vollständig unterworfene Existenz eines jungen, sehr jungen Weibes ihre Bedeutung erlangte. Und vieles wurde gewiß überbewertet, als das Schicksal die Dauphine zur geschichtlichen Figur, zu Frankreichs letzter Königin im Sinn des *Ancien Régime* werden ließ. Da sich das Material seit der zweiten Hälfte des vorigen Jahrhunderts nicht mehr vermehrt hat, gilt über diese erste Phase von Marie Antoinettes höfischer Existenz in Versailles noch immer, was die Brüder Goncourt in wohltuender Sympathie für ihre Heldin so formuliert haben:

»Die Dauphine liebte alles, was die Phantasie beschäftigen konnte, die Genüsse, welche Frauen gefallen und junge Fürstinnen zerstreuen können: Familienleben, um sich an der Freundschaft zu laben; die trauten Plaudereien, in denen der Geist frei seine Sprünge macht; die Natur als eine Freundin; die Wälder als Vertraute; Feld und Himmel, wo Blick und Gedanken sich ins Unendliche verlieren, und Blumen und Blüten, welche die Erde schmückten.«

Wäre es nur das gewesen, man hätte allenfalls angemerkt, daß sie nicht reifer sei als der so sichtlich zurückgebliebene Dauphin. Aber das Temperament einer jungen Frau, die jahrelang, Nacht für Nacht unbefriedigt in der erotisierten Atmosphäre des Versailler Hofes lebt, sie hätte nicht normal, sondern ein frigider Blaustrumpf sein müssen, um an sich zu halten, um in keiner Hinsicht über die Stränge zu schlagen, um nicht zu jenen bekannten Sublimierungs-Techniken ihre Zuflucht zu nehmen, die wir aus jeder Generation kennen. Man konnte auch dies noch positiv sehen, vor allem, da sie ja nicht viel dafür konnte, und sagen »ihre Ausgelassenheit erfüllte ganz Versailles mit Leben und Bewegung; ihr Lachen hörte nicht auf, das große alte Palais zu necken; ihr Mutwille, ihre Naivität, Unbesonnenheit und lärmende Verschwendung von Liebenswürdigkeit betäubten die Umgebung« (Goncourts).

Zweifellos war sie zwischen Larven eine fühlende Brust, und das war es wohl, was die andere Novizin bei Hofe, die Dubarry, mit einer gewissen amüsierten Sympathie *pour la petite rousse* erfüllte. Zumindest meint man dies herauszuhören, wenn sie mehr befriedigt als skandalisiert eines abends ihrem königlichen Freund sagt: »La petite rousse se fait trousser par Artois«, ein schönes Beispiel für die der Dubarry eigene freie Ausdrucksweise auch gegenüber Ludwig, womit nicht mehr und nicht weniger gesagt ist, als daß Marie Antoinette für ihren jungen Schwager, den Grafen von Artois, die Röcke hebt.

Wäre es so gewesen, man könnte es ihr nicht verdenken bei solch einem Ehemann, aber man möchte – ohne freilich Näheres zu wissen – doch annehmen, daß es bei den zwei Teenagern aus dem Herrscherhaus eher um jene erotischen Spielchen ging, für die der große Park mit den gestutzten Hecken eine Szenerie klassischer Kuppelei schuf. Die Äußerung der Dubarry ist verschiedentlich überliefert, manchmal mit, manchmal ohne Namen des männlichen Partners, denn das, was bei der Dubarry gesprochen wurde, war womöglich noch öffentlicher als das Couloirgeflüster von Versailles.

Zwischen Spione und Gouvernanten gesperrt, nur im Spiel und in den Gärten Fluchtmöglichkeiten wahrnehmend, sehnte sich Marie Antoinette nach wirklichen Menschen, nach einem Volk, wie sie es aus Wien kannte, wo die Kaiserin von einem Balkon herunter eine Geburt im Erzhaus mit den Worten ankündigen konnte: »Weaner, der Poldl hat an Buam« (Wiener, der Erzherzog Leopold hat einen Sohn). Das war 1768 gewesen, als Marie Antoinette schon auf Versailles vorbereitet wurde, und der »Bua«, der wurde später Kaiser Franz II., auf den Thron gelangt, als Marie Antoinette den ihren verlor.

Es scheint, daß auch die gewandtesten Federn der Zeit Mühe hatten, die Einstellung großer Geister zum Dauerkarneval von Versailles zu beschreiben. Vermutlich, weil sich nichts schwerer zu Papier bringen läßt als stummes Kopfschütteln. Fassen wir uns also zu einem neuen Kapitel in der Geschichte jenes Zweifrontenkampfes, den Marie Antoinette so lange austragen mußte, bis sie von der Dauphine zur Königin geworden war, des Kampfes gegen die unbotmäßige Stadt Paris, in der es etwas gab, was Wien bislang noch souverän ignorierte: ein Proletariat, und des Kampfes gegen die *Maîtresse en titre*, das Geschöpf aus dem unergründlichen Sumpf der Pariser Prostitution.

An der Stadt Paris hatte Marie Antoinette eine einzige kurze Ballnacht hindurch genippt wie an einem aphrodisischen Trank. In wenigen erregenden Stunden hatte sie eine Welt kennengelernt, in der nicht die prüden Habsburger regierten, aber auch nicht die zu monströser Trägheit degenerierten Bourbonen, sondern das Haus Orléans, und das seit hundert Jahren. Diese Herzöge und Prinzen, reicher und höher begabt als das Herrscherhaus, unabhängig, lüstern und bildungssüchtig, hatten sich das Herz von Paris unterworfen, denn sie hatten seit jeher mit der alten Seinestadt vertrauter gelebt und intimer zu leben verstanden als die Könige in ihren Schlössern am Rande, nahe den Forsten und den Jagden, wo sie so lebten wie die Valois an der Loire und die Könige von Navarra im äußersten Süden Frankreichs. Trotz ihres Monsterpalastes, in dem sie mit hochgetürmten Frisuren und geschminkt wie Lemuren, die ihre Todesblässe zu verheimlichen trachten, ein überlebtes Ritual zelebrierten, waren sie Landadel geblieben, während das Haus Orléans Pariser hervorgebracht hatte, Männer von Geist und Eleganz, die an die Stelle der naiven Großkonsumation, wie sie der vierzehnte und der fünfzehnte Ludwig als Lebenserfüllung ansahen, das Raffinement der Genüsse gesetzt hatten. Vielleicht hat die kleine Erzherzogin in den wenigen Stunden geahnt oder sogar begriffen, daß Frankreich und Paris längst an dem Termitenbau von Versailles vorbeilebten und daß der Großvater ihres Gatten in einem Hörselberg aus Schulden saß, aus dem es nach den Methoden bisherigen Regierens keinen Ausweg mehr gab.

Weil der entlassene Herzog von Choiseul das Bündnis mit

Österreich favorisiert hatte, fühlte sich sein Nachfolger, der Herzog von Aiguillon, verpflichtet, eine Annäherung an Preußen zu suchen. Ganz Frankreich hatte diesen Minister, einen Bretonen, der gigantische Schwindeleien begangen hatte, so sehr gehaßt, ja verachtet, daß sein Aufstieg zum Premierminister die absolute Macht der Dubarry deutlicher zeigt als jedes andere Ereignis, zugleich aber auch die Dauphine von der Anklage freispricht, sich in die Politik gemischt zu haben. Was in diesen ersten Jahren ihres Lebens in Paris geschah, beweist, daß sie im wesentlichen nach den Ratschlägen ihrer Mutter verfuhr und – daß diese Ratschläge ungemein vorsichtig waren, ganz so, als wolle die Kaiserin zu Wien das Problem Dubarry nicht einmal mit der Kohlenzange anfassen. So fromm und brav sie war, diese kaiserliche Mutter von sechzehn Kindern, so hatte sie als Frau doch eingesehen, einsehen müssen, daß die Dubarry aufsteigen ließ, wen sie wollte, mit Methoden, von denen allenfalls die Wände ihres Schlafzimmers etwas hätten erzählen können. Der König jedenfalls, der so viele Minister hatte kommen und gehen sehen, schien fest entschlossen, seine letzten Lebensjahre den nächtlichen Genüssen zu unterwerfen und dem täglichen Vergnügen im Anblick dieser hübschen und zu allem bereiten Frau. Frankreich zählte daneben nicht mehr wie früher, es bereitete ihm zuviel Ärger und seinem nicht sehr leistungsfähigen Kopf unerfreuliche *vapeurs*. Die Herren von den Provinz-Parlamenten, diese völlig überflüssige *Noblesse de Robe*, die sich auf ihre juristischen Studien soviel einbildete, die sollte man am besten mit der Garde zur Raison bringen. Zumindest hatte die Dubarry hin und wieder derlei geraten, wenn sie ihren königlichen Geliebten über komplizierten Aktenstücken brüten sah.

Demgegenüber war es nicht mehr als eine hilflos-stumme Demonstration, wenn Ludwigs Schwiegerenkelin sich weigerte, der *Maîtresse en titre* auch nur die Gunst eines einzigen direkten Wortes, einer sogenannten Ansprache bei Hof, zu gewähren. Aus Wien und durch Mercy gedrängt, diskret umworben vom König selbst, hatte Marie Antoinette schon einmal solch einen Miniatur-Wortwechsel mit der Gräfin in Aussicht gestellt, nicht in prächtig-offiziellem Rahmen, sondern im *Cercle*, nach dem Kartenspiel, und die Bedingung der Dauphine war strikte Geheimhaltung gewesen, damit die Dubarry aus der Szene nicht einen großen Auftritt machen könne.

Aber so wie Mercy drei Spione in Versailles besoldete, hatte die Dubarry ihren Beobachter in der österreichischen Botschaft, erfuhr, was geplant war und hatte eine Phalanx von Getreuen mitgebracht. Unruhig wartete sie, denn die Dauphine genoß es, die Rivalin warten zu lassen, und dann geschah, was beide überraschte: Eben, als die Erzherzogin auf Mercy und die Dubarry zutreten wollte zu dem arrangierten Gespräch, sprang die füllige Königstochter Adelaide auf, ergriff die Hand Marie Antoinettes und zog sie mit einem gebieterischen »Komm, es ist höchste Zeit, der König erwartet uns« aus dem verblüfft schweigenden Kreis. Mercy als Regisseur hatte mit den drei Tanten nicht gerechnet, und die Dubarry blieb, mit den Tränen kämpfend, im Spielsalon zurück.

Seine Majestät hatte daraufhin eine der schlechtesten Nächte seines Lebens, denn an wem sollte die Dubarry sonst ihre Launen auslassen? Der kleine Zamor hätte doch nur die Hälfte begriffen. Wer nicht Herr im eigenen Haus war, hatte auch keine Chance, Herr im Bett zu sein, eine Spielregel, die vermutlich auch für Könige gilt. Es gab Kämpfe, Tränen, Bitten und Zornesausbrüche und endlich Versprechungen mit morgendlichen Versöhnungsritualen. Mercy, den die Dauphine zum dritten der Familiarbotschafter hatte ernennen lassen, konnte unangemeldet im Schloß auftauchen wie die Kollegen aus Spanien und Savoyen, und er wurde an jenem Morgen sogleich zur Audienz befohlen, nicht in die Amtsräume des Königs, sondern ins Boudoir der Dubarry. Jene merkwürdigen Chronisten, die durch Ochsen- oder andere Augen offenbar alles erfahren, berichteten von einer gewissen Befangenheit des belgischen Grafen angesichts dieses Vordringens in die allerheiligste *Camera obscura* des königlichen Lasters.

Ludwig war noch im Hausrock, die Dubarry hingegen in einem Negligé, das einem weniger erfahrenen Diplomaten das Gehirn vereist hätte: Es war nicht in ihrer Lieblingsfarbe Weiß gehalten, sondern aus schwarzem Tüll, um die Mitte lässig gegürtet, so daß es über der Brust und über den Schenkeln von Zeit zu Zeit aufging, sich öffnete wie ein Spalt der Hölle. Mercy mußte sich väterliche Ermahnungen des Königs anhören, über die große Jugend der Dauphine, und sanfte Drohungen über die Auswirkungen der erzherzoglichen Halsstarrigkeiten auf die Beziehungen zwischen Frankreich und Österreich, und so kam es schließlich zu jener in allen Biographien verzeichneten, heute zur Lächerlichkeit gewordenen Entrevue der Gegnerinnen im großen Hofzeremoniell.

Es war das Défilé der Geladenen mit den Verbeugungen und Knicksen, bei denen es kein Entrinnen gab, nichts Unvorhergesehenes, keine Vorwände und Tücken – und damit auch nicht den sonst so erfolgreichen Sturmangriff der Tanten. Die Damen zogen höchst gesittet an der Dauphine vorbei, die nach dem Tod der Königin ja nun die erste Dame des Hofes war, mit noch nicht siebzehn Jahren! Sie hatte denn auch für jede ein kleines freundliches Wort und für jene, die sie nicht mochte, ein zerstreut herablassendes Lächeln. Die Dubarry erschien neben der Herzogin von Aiguillon, Gemahlin jenes nun mächtigsten Ministers, der die Niederschlagung einer Korruptions-Anklage ebenso der Mätresse verdankte wie seinen Posten überhaupt. Marie Antoinette richtete ein paar Worte an die Herzogin und blickte dann zwischen dieser und der Dubarry hindurch: Und so, halb ins Leere, halb zu der Gräfin, die sie so lange übersehen hatte, sagte sie die vereinbarten, im voraus so lange diskutierten Worte, die auf deutsch ebenso nichtssagend sind wie sie es französisch waren: »Es sind heute sehr viele Menschen in Versailles.«

Acht Worte also, und wenn man es genau nimmt, enthielten sie sogar eine Unhöflichkeit, denn zu jenen Vielzuvielen in Versailles gehörte zuvörderst natürlich die von ganz unten Gekommene, gehörte Jeanne Bécu, verehelichte Gräfin Dubarry. In der allgemeinen Entspannung, ja Erlösung, die diese Szene brachte, bemerkte aber wohl niemand diese so niedlich verpackte Spitze, eher hörte man den Felsen fallen, der sich vom Herzen des treuen Mercy d'Argenteau löste, des Botschafters, den Maria Theresia ihrer Tochter allzu oft ans Herz legte und der, wenn Wien weniger gedrängt hätte, vielleicht mehr hätte erreichen und der Dauphine ein engerer, väterlicher Freund werden können.

Der Brief der kaiserlichen Mutter, der dies alles endlich, zur Jahreswende 1771/72, herbeigeführt hatte, war allerdings deutlich genug gewesen, vor allem auch hinsichtlich der drei Tanten: »*Madame ma chère fille* (alle Briefe aus Wien waren französisch gehalten, in einem besseren Französisch, als es das der Dauphine war) Ich schätze und liebe Ihre Tanten, aber sie haben es nie verstanden, sich bei ihrer Familie oder beim Volk Achtung zu erwerben, und Sie wollen nun denselben Weg einschlagen! Diese Furcht und Verlegenheit, mit dem König zu sprechen, dem besten aller Väter, und mit den Leuten, mit denen man Ihnen zu sprechen rät! . . . Ein Wort über ein Kleid, irgendeine Nichtigkeit kostet Sie so viele Grimassen, reine Grimassen und noch Ärgeres! Sie haben sich in eine solche Sklaverei ziehen lassen, daß die Vernunft und sogar die Pflicht keine Kraft mehr haben, Sie zu überzeugen. Ich kann nicht mehr schweigen, nachdem der König mit Ihnen gesprochen hat und Ihnen gesagt hat, was der König wünscht und was Ihre Pflicht verlangt, und daß Sie es wagen, sich dagegen aufzulehnen. Welchen guten Grund haben Sie dagegen einzuwenden? Gar keinen.

Sie haben die Dubarry weder anders zu kennen noch anders anzusehen als jede andere Dame, die bei Hofe und in die Gesellschaft des Königs zugelassen ist . . . Forderte man von Ihnen Erniedrigungen, Vertraulichkeiten, so würde weder ich noch irgend jemand sonst Ihnen dazu raten, aber ein gleichgültiges Wort . . . kann man verlangen.«

Maria Theresia hätte nicht so gedrängt, hätte nicht Sonderbotschafter nach Versailles geschickt, die Marie Antoinette empfangen mußte, hätte nicht Mercy zur Berichterstattung nach Wien befohlen, wäre es nicht um sehr viel mehr gegangen als die Dubarry: Die erste Teilung Polens zwischen Rußland, Preußen und Österreich stand bevor, ein bedeutender Landgewinn für die Donaumonarchie – falls Maria Theresia den Rücken frei und die moralische Unterstützung Frankreichs hatte. Maria Theresia kannte das zynische Wort ihres unversöhnlichen Gegners zu Potsdam, daß er und die Zarin Katharina seit jeher Banditen gewesen seien, weswegen ihnen die Zerstückelung des heiligen Polen keine sonderlichen Gewissensbisse bereite; wie aber würde sich die fromme Kaiserin in dieser Lage verhalten, *la dévote de Schoenbrünn?* Sie, die frömmste aller damaligen Herrscherinnen, brauchte für diesen Fall die Absolution durch Ludwig XV., den sündigsten aller Könige, der, was sein politisches Gewicht betraf, noch immer als der allerchristlichste König galt, mochte ihn der Klerus des eigenen Landes auch längst in die Hölle wünschen.

Sie erhielten alle ihren Lohn: Österreich trat am 4. März, wenige Monate nach Marie Antoinettes Selbstüberwindung, dem zwischen Preußen und Rußland bereits existierenden Teilungsvertrag bei und erhielt im offiziellen Dokument von Petersburg Ostgalizien und das Gebiet von Ladomir mit zehntausend Einwohnern, wovon sechstausend Juden waren. Und die Dauphine durfte endlich, mit dem König versöhnt, ihren Einzug in Paris halten, ziemlich genau drei (!) Jahre nach ihrem Eintreffen in Compiègne.

Das ganze Seine-Tal, die Reihe der Schlösser zwischen der Stadt und den Wäldern, alles schwamm bereits in sommerlich-lauer Luft an diesem Junitag. An der langen Anfahrtstraße hatte sich das junge Volk von Paris eingefunden, die wenigen Vornehmen dazwischen verloren sich in dieser festlich gestimmten Menge. Gewiß, der Marschall von Brissac, Herr eines wunderschönen Loire-Schlosses, hatte als Gouverneur von Paris die Schlüssel der alten Stadt überreicht, auf einem silbernen Tablett, auf dem die Dauphine sich selbst und ihren Gemahl nebeneinander sehen konnte.

Dann aber gehörte der Tag den Frauen und Mädchen von der Straße, welche die Männer in die zweite Reihe abgedrängt hatten. Als Marie Antoinette im offenen Wagen herankam, begann das ausgelassene Rufen und Winken und Applaudieren, so jung und so schön war diese Frau, so schlank und hoheitsvoll reckte sie den Hals, wenn sie um sich sah.

Es war ein Dienstag, aber niemand schien arbeiten zu wollen. Hüte wurden geschwenkt und Kinder in die Höhe gehalten, Tücher wirbelten durch die Luft. Völlig neu war für die Erzherzogin, daß es ihrem Wagen widerfahren konnte, in der Menge stecken zu bleiben, es mit Menschen zu tun zu haben, die auch einem wappengeschmückten Hofwagen nur widerwillig die Passage freigaben. Und vielleicht mengte sich ein wenig Beklommenheit in die Festesfreude und ihr Staunen über dieses Maß an Begeisterung, wenn ihr klar wurde, daß zwischen ihrer eigenen geheiligten Person und dieser geschobenen und gestoßenen, dieser in unergründlichen Wellen hin und her brandenden Menschenmenge nichts anderes sei als die feine Lackholzwand ihrer Kutsche. Die Tausende um sie herum sollten gelegentlich hungern, hatte ihr der Abbé de Terray berichtet, wenn er eine ihrer apodiktischen Anweisungen mit dem Zahlungsbefehl zu diskutieren wagte. Sie hatten nicht immer genug zu essen, sie hungerten bisweilen monatelang vor sich hin, und jene, die ein wenig verdienten, die wurden arg von den Steuern bedrückt, Steuern, die Frankreichs Kirche kaum und Frankreichs Adel überhaupt nicht zur Kenntnis zu nehmen wünschte. Da war es innerhalb der Kutsche doch ganz anders, man war fein und zart und liebte die Wohlgerüche und den Schmuck, während Menschen, die in der Junihitze den Wagen umdrängten, freudig transpirierten und dabei *odeurs* ausströmten, die Marie Antoinette gemeinhin nicht nahe kamen. Wieviel Volk es doch gab, wie gewaltig dieses Volk ganz einfach durch seine große Zahl war, und wie laut es werden konnte, wenn es sich in einem an sich löblichen Gefühl vereinte, wenn die unendlich vielen Gesichter lachend und schreiend zu einem einzigen wurden!

»Im Tuileriengarten«, schrieb die Erzherzogin wenig später an ihre Mutter nach Wien, »war eine so ungeheure Menge, daß wir drei Viertelstunden lang weder vor- noch rückwärts konnten, und auf dem Rückweg sind wir dann noch eine halbe Stunde lang auf einer offenen Terrasse geblieben. Ich kann Ihnen, meine teure Mutter, nicht die Ausbrüche der Liebe und Freude schildern, die man uns in diesem Augenblick bezeugte. Ehe wir uns zurückzogen, haben wir noch mit der Hand das Volk begrüßt, das darob große

Freude empfand. Wie glücklich ist man doch in unserem Stand, daß man die Freundschaft eines ganzen Volkes so leicht gewinnen kann.«

Sie schrieb: »*à si bon marché*«, also so billig, aber der nächste Satz besserte diesen Ausdruck schnell wieder aus, indem sie hinzusetzte: »Und doch gibt es nichts Kostbareres, ich habe das wohl gefühlt, und ich werde es nie vergessen.«

Das Herz wird einem schwer, wenn man solch ahnungsvolle Sätze liest, zwanzig Jahre vor dem schwarzen Tag ihres Lebensendes geschrieben, oder wenn man erfährt, daß Marie Antoinette und der Dauphin befohlen hatten, die Menge dürfe auch bei ärgstem Gedränge nicht geschlagen oder mit der Waffe bedroht werden. Es hatte darum auch, trotz einiger bedrohlicher Augenblicke, an diesem Tag nicht eine Verletzung gegeben, welche die Freude getrübt hätte. Man hatte offensichtlich aus dem desaströsen Geschehen beim Feuerwerk gelernt, und Marie Antoinette lobte die gut funktionierende Regie.

Auffälliger ist freilich ein anderes in diesem Brief enthaltenes Lob: es betrifft den Dauphin. Er habe sich prächtig betragen, habe auf alle Ansprachen wohlgesetzt geantwortet und »sehr viel Güte« gezeigt, seit alters die Umschreibung für das Verhalten eines Monarchen, dem es an Geist fehlt oder an dem Talent, sich entsprechend in Szene zu setzen.

Die Versöhnung mit Paris war vollzogen, die kleine Österreicherin war von einem Volk bejubelt worden, das zumindest aus den wütenden Kanzelreden erfahren haben mußte, daß Ludwig XV. ein zweiter Salomo sei und aus dem lästerlichen Umkreis seiner Sybaritinnen alsbald zur Hölle fahren werde. Marie Antoinette registrierte euphorisch, daß nun, nach drei Jahren, auch die glanzvolle Gefangenschaft von Versailles endgültig beendet sei: man werde in die Oper gehen, in die Comédie Française (die damals in der Straße spielte, die heute Rue de l'Ancienne Comédie heißt) und zu den italienischen Komödianten. Um die allgemeine Freude zu steigern, hatte der König 320 Gefangene aus dem Schuldturm befreien lassen, aber wie sie hineinkamen, das ist eine Geschichte, die der Dauphine eigentlich hätte zu denken geben müssen: Sie hatten nämlich die Ammen nicht bezahlen können, die kräftigen Jungbäuerinnen aus dem Elsaß und dem Morvan, die sich auf diese Weise nach Paris verdingt hatten.

Der Brief schließt so, daß wir die Erzherzogin mit all ihren leider nicht unerheblichen Fehlern wiederfinden: Die Einkehrübungen, die sie für die Wiederkehr ihres Hochzeitstages hätte machen sollen, wurden verschoben, es hatte einen Abend mit Chansons und Feuerwerk gegeben . . .

Vergessen wir jedoch nicht, daß Marie Antoinette allen Grund hatte, sich abzulenken, und zwar gerade an ihrem dritten Hochzeitstag. Sie würde, das zeichnete sich in der hemmungslosen Lebensweise des Königs ab, bald Königin von Frankreich sein, ohne daß sie im wahrsten Wortsinn die Gemahlin des Dauphins geworden war. Denn die Ehe mit dem Dauphin mußte ja konsumiert werden, wie die widerliche Bezeichnung lautet, und während Marie Antoinettes Schwager, der Comte de Provence, die stämmige Königstochter aus Turin allnächtlich mit seiner Gunst beehrte, befand sie, die Schönere und Stolzere, sich noch immer im Stande der Unschuld, ein königliches Mädchen, eine widerwillige Heilige. Kinder freilich ließen auch beim Grafen der Provence auf sich warten, obwohl er seit nunmehr zwei Jahren mit Louise von Savoyen verheiratet war.

Nach der Bereinigung des Zwistes um die Dubarry war dieser Umstand nun die Hauptsorge der Maria Theresia und des Grafen Mercy, und dies läßt sich schon eher begreifen. Die Mutter in Wien, die ein Kind um das andere zur Welt gebracht hatte, war so gut wie nie geritten. Obwohl ihr doch Mercy klar gemacht haben mußte, woran es lag, daß die Dauphine noch kein Kind erwartete, schien Maria Theresia zumindest eine Mitschuld bei ihrer Tochter zu sehen und schalt Marie Antoinette für jede Jagd, bei der sie ritt. Auch bei Hofe, in Versailles, schienen manche Damen es nicht wahrhaben zu wollen, daß der Dauphin an der absonderlichen Lage die Alleinschuld trage. Madame Campan berichtet in ihrem kurzen Kapitel *Froideur du Dauphin* von einem ältlichen Fräulein, einer Hofdame, die Marie Antoinette mit ihren ständigen Ermahnungen, doch lieber nicht in den Sattel zu steigen, schließlich um die Fassung brachte und die deutliche Antwort erhielt: »Lassen Sie mich um Gotteswillen in Ruhe, Mademoiselle, und seien Sie sicher, daß ich, indem ich reite, keinen Thronerben gefährde«, – ein Aufschrei, der alles sagt.

Ungelöst blieb weiterhin die Frage der Lektüre. Maria Theresia maß diesem Punkt so große Bedeutung bei, daß sie sich zunächst von ihrer Tochter die Autoren und die Bücher nennen ließ, mit denen diese sich beschäftigte, dann aber diese Bücher- oder Lektürelisten vom Abbé de Vermond erbat. Das eine wie das andere erwies sich schließlich als völlig illusorisch. Marie Antoinette führte wohl ein paar Mal Titel an, und wenn sie überaus fromm und außerordentlich langweilig waren, erntete sie damit auch Beifall bei ihrer Mutter. Vermond hingegen, den die Campan offensichtlich überhaupt nicht leiden konnte und mehrfach als faul und eitel bezeichnet, scheint seiner Verpflichtung, die Lektüre der Dauphine zu überwachen und für Wien aufzuzeichnen, bald überhaupt nicht mehr nachgekommen zu sein, vor allem wohl, weil Marie Antoinette nach übereinstimmenden Berichten nun sehr, sehr wenig las. Ihre Beschäftigung mit Literatur hatte nämlich neue Formen angenommen: Man spielte Theater, man hatte ganz heimlich eine Truppe zusammengebracht, die vor allem in jenen Jahren, in denen die Dauphine noch nicht nach Paris durfte, die bekanntesten Komödien in den ausgedehnten Kellerräumen und Tiefgeschossen von Versailles nachspielte.

Das Geheimnis wurde erstaunlich lange gewahrt, und das war auch notwendig, denn wenn man auch natürlich keine unanständigen Stücke spielte, so galt doch nicht nur für Maria Theresia im fernen Wien, sondern auch zum Beispiel für die drei Tanten die Komödie an sich schon als anstößig. Denn französische und italienische Komödien kommen eben ohne Liebesgeschichten und eine Buffo-Handlung nicht aus.

Schutzpatron dieser an sich unschuldigen Vergnügungen, in die später sehr viel Unzutreffendes hineingeheimnist wurde, war der Schwiegervater der Madame Campan, ein bürgerlicher, aber gut plazierter Hofbeamter. Als eines Tages während einer Probe, bei der alles schon Kostüm trug, Campan ein Geräusch in einem anderen Kellerraum hörte, verließ er seine Damen und begab sich dorthin. Ein Bediensteter hatte das Geräusch ebenfalls gehört und hielt Nachschau, so daß Campan – da er ja ein verräterisches historisches Kostüm trug – rasch hinter eine Türe trat. Als der andere dann diese Türe schließen wollte, sah er Campan in der seltsamen Verkleidung, hielt ihn für ein Gespenst und rannte schreiend davon, was die Theaterspielerei der Dauphine, ihrer Schwägerinnen und jungen Freundinnen publik und fürderhin noch viel schwieriger machte.

Ein Tod, der alles ändert

Nach allem, was sich zwischen der Gräfin Dubarry und Marie Antoinette abgespielt hatte, zweifelte niemand daran, daß die Favoritin Ludwigs XV. am Tag nach dem Tod dieses Monarchen mit Schimpf und Schande aus Versailles verwiesen werden würde. Obwohl sie mächtige Freunde hatte, obwohl ihr die ganze 1771 neu eingesetzte Regierung hörig war, gab sie sich wohl selbst auch keinen Illusionen hin, was ihre Zukunft unter dem nächsten König betraf. Umso mehr muß es überraschen, daß sie – wenn auch auf verschlungenen Wegen – den Tod des Monarchen gewissermaßen selbst herbeiführte, ritt Ludwig XV. doch noch mit 64 Jahren zur Jagd, ging seinen Geschäften nach, gab seinen Freunden intime Soupers, bei denen er gelegentlich sogar selbst kochte und hatte, zum Unterschied vom Sonnenkönig, außer vagen *vapeurs* von der allzu reichlichen Nahrung keine ernsthaften Leiden, keine heimlichen Krankheiten, die sein Leben abzukürzen imstande gewesen wären.

Die kluge Pompadour hatte ihn viel besser gekannt. Sie hatte seinem Dauerappetit nach neuen erotischen Erlebnissen eine für alle Beteiligten vorteilhafte Befriedigung organisiert, indem sie den *Parc aux Cerfs* einrichtete, die zwei unscheinbaren Häuser für einige wenige Mädchen, mit denen sich der König nach Lust und Laune auf eine seinem Alter angemessene Weise vergnügen konnte. Sie forderten ihm keine Hochleistungen ab, nötigten ihn nicht, bis tief in die Nacht hinein die Rolle als erster Kavalier des Landes zu spielen, und sie ersparten ihm auch das nach wie vor bedeutende Risiko, sich eine venerische Krankheit oder gar die dauernd grassierenden Pocken zu holen. Jedes dieser Mädchen nämlich wurde, ehe man es in den Hirschpark brachte, monatelang beobachtet, die Lebensumstände der Eltern wurden ergründet, die Gesundheit der Geschwister geprüft. *Le règne des petites filles*, die Herrschaft der kleinen Mädchen, wie die französische Geschichtsschreibung diese Phase im Liebesleben Ludwigs nennt, war eine fühlbare Entlastung der tuberkulosekranken Pompadour gewesen, ohne daß eine dieser Bürgerstöchter irgendwelche Ansprüche auf den Rang einer vollwertigen Mätresse hätte erheben können, auch wenn der Marquis d'Argenson, der alle diese Debütantinnen in seinem Journal verzeichnet, immer wieder hoffte, eine von ihnen würde die Pompadour entthronen. Neben d'Argenson sind die polizeilichen Erhebungen über die jungen Damen und deren Lebensumstände die Hauptquellen für dieses selbst in Frankreich einzigartige Privatleben des Königs, bis hin zur Verheiratung dieser Mädchen, die bis zu 200 000 Livres Mitgift erhielten, also eine Summe, von der ihre ganze Familie hundert Jahre leben konnte. Für die Pompadour hatten diese Mädchen als Rivalinnen nicht existiert und waren es auch nicht gewesen. Für die Dubarry waren sie Schwestern aus dem Volk von Paris, ja sie hatten alle ehrbare, wenn auch ärmliche Familien, kurz, die Dubarry war zu eifersüchtig, um eine Einrichtung wie den Hirschpark weiter zu dulden und wäre natürlich, schön und jung wie sie war, für einen Sechziger Wunscherfüllung genug gewesen. Aber Ludwig war eben Abwechslung gewöhnt, und da man ihm die kleinen Mädchen verwehrte, bediente er sich aus dem großen Reservoir der Pariser Halbwelt. Hier gab es nichts zu beobachten und abzuwägen, hier konnte man nicht mit Eltern verhandeln und Geschwister ärztlich untersuchen lassen, hier war das volle Risiko in Kauf zu nehmen, und so geschah es denn, daß eine wegen ihrer vielen und leidenschaftlichen Affairen *la louve* (die Wölfin) genannte junge Schauspielerin in jene Gemächer vorzudringen vermochte, in denen die Dubarry keine andere Frau duldete. *Les Petits Appartements* spielten im Leben dieses Königs, der auch als alter Mann noch von seiner mutterlosen Kindheit her bestimmt war, eine besondere Rolle. Er hatte die Räume nach seinen persönlichsten Wünschen einrichten und ausstatten lassen, als die Entfremdung von der bigotten Königin aus Polen offensichtlich geworden war und die ständigen Quertreibereien ihrer geistlichen Berater eine Versöhnung verhinderten. In den *Petits Appartements* hatte sich der König inmitten des riesigen und ungemütlichen Schlosses einen privaten Bezirk geschaffen, in dem er seine Mätressen zwar empfing, aber nur ausnahmsweise und stets nur für kurze Zeit auch wohnen ließ; es mußte daher die Dubarry in Alarmstimmung versetzen, wenn dort eine andere als sie empfangen wurde und sich aufhalten durfte.

Dennoch ist bis heute nicht völlig klar, was sich zwischen der *Maîtresse en titre* und der jungen Schauspielerin abgespielt hat, deren Name Raucourt zu gut klingt, um ganz echt zu sein (Bühnennamen waren damals eher die Regel als die Ausnahme). Jedenfalls wurde sie verletzt, vielleicht mit einer Schere, und es wiederholte sich, was ganz Versailles in Aufregung versetzt hatte, als 1757, also siebzehn Jahre zuvor, der König durch den Attentäter Damiens leicht verwundet worden war: In dem ganzen Riesenbau war kein

Arzt zu finden, um die Raucourt zu verbinden, und der kuriose Mediziner, den man endlich fand, sprach einen so starken Saintonge-Akzent, daß man ihn kaum verstand.

Er verband die kleine, aber stark blutende Wunde, untersuchte dann routinegemäß die vor Schrecken zunächst ohnmächtig gewordene Schauspielerin und erklärte dann seine zufällige Anwesenheit in Versailles damit, daß er dem König ein Projekt zur Trockenlegung der Sumpfgebiete rund um die alte Stadt Saintes vortragen wolle. Wenn diese Anmerkung in den *Souvenirs d'un homme de Cour* stimmt, ist auch die Identität des Arztes klar, denn das Trockenlegungsprojekt ist aktenkundig und bereits die zweite wissenschaftliche Arbeit des Arztes Ignace Guillotin; seine dritte war die Konstruktion einer Hinrichtungsmaschine.

Obwohl es an sich verwunderlich war, daß eine junge und kräftige Person wie die Raucourt wegen eines Scherenstiches in Ohnmacht fiel, schien Guillotin über die Ursachen – wenn er sie entdeckte – geschwiegen zu haben, bis klar wurde, daß die vielliebende Schauspielerin die Pocken in einem Frühstadium gehabt und den König damit angesteckt habe. Selbst der entsetzliche Verlauf der Krankheit, während der nur die drei Tanten es wagten, den von Schwären bedeckten und sehr übel riechenden Leib Ludwigs zu versorgen, schuf für die Zeitgenossen noch keine absolute Gewißheit darüber, daß es die Pocken gewesen seien. Sie wurden nämlich als eine Strafe des Himmels angesehen, und man verbreitete verharmlosend das Gerücht, Ludwig habe lediglich die Windpocken gehabt, französisch *la petite vérole*, die kleinen Pocken genannt. Der Pater Superior des Priesterseminars von Saint-Sulpice wurde von einem angehenden Gottesdiener denn auch gefragt, wie es denn zugegangen sei, daß der König noch mit vierundsechzig Jahren die »kleinen Pocken« habe bekommen können und antwortete: »Monsieur, es gibt nichts Kleines bei den Großen« – eines der schönsten Beispiele kirchlicher Diplomatie.

Das Sterben Ludwigs währte vom 27. April, dem Tag, an dem er wegen starker Schüttelfröste eine Jagd abbrechen mußte, bis zum 10. Mai. Der Leibarzt La Martinière glaubte noch immer an ein sogenanntes Militärfieber, wie es bei Belagerungen vor feuchten Stadtgräben häufig auftritt, als in der Comédie Française schon die Vorstellungen abgesagt und in den Kirchen die Reliquien ausgestellt wurden, damit das Volk von Paris für seinen König beten könne.

Die Tage, bevor Marie Antoinette nun Königin von Frankreich werden sollte, brachten die letzte und für viele unerwartete Krise in der Thronfolge-Frage: Der Zweig Orléans des Königshauses, also die Nachfahren der Lieselotte von der Pfalz und Monsieurs, des Bruders von Ludwig XVI., hatten sich allesamt impfen lassen. Die *Inoculation*, wie man damals sagte und wie sie der junge englische Arzt Edward Jenner in Berkeley eben entwickelt hatte, war in Frankreich noch nicht eingeführt, doch ließen sich später auch Ludwig XVI. und Marie Antoinette impfen, worüber ausführliche Berichte nach Wien gingen.

Zunächst freilich war das Haus Orléans im Vorteil; man bewegte sich im Vertrauen auf Jenner ungehindert in Versailles, schirmte den König ab und wollte dafür sorgen, daß er mit der dem ganzen Volk bekannten Last seiner Sünden in die Grube fahre. Dann wäre es möglich gewesen, die an sich unanzweifelbare Thronfolgeregelung zugunsten der oppositionellen Linie Orléans gleichsam *per acclamationem* und mit Hilfe der Kirche zu ändern. Die hohe Geistlichkeit machte mit, indem sie dem gepeinigten, röchelnden, stinkenden und nur zeitweise klaren König immer neue Vorschriften machte, die zu erfüllen seien, ehe man ihm die Beichte abnehmen werde. Da auch der Gaumen von Pusteln befallen war, konnte der König nur noch mühsam sprechen, und da die sich öffnenden Pusteln den ganzen Raum bis hinein in die Vorzimmer mit unerträglichem Gestank erfüllten, hielten sich die Interessierten und Abwartenden meist auf Treppen und Gängen auf. Nur die Königstöchter, die vielgeschmähten Tanten, umgaben den Todkranken mit ihrer Fürsorge, und das Haus Orléans, das den Herzog von Duras zu seinem Sachwalter bestimmt hatte, umzog das Sterbelager mit einem undurchdringlichen Kordon.

Als an einem Abend gegen zehn Uhr die Dubarry erschien, hinderte sie freilich niemand, zu Ludwig vorzudringen. Jeder, der ihre makellose Schönheit kannte, wußte, daß sie noch nie die Pokken gehabt hatte; sie gab also den ersten von vielen Mutbeweisen, die ihr die kommenden Jahre noch abnötigen sollten. Sie kniete neben dem Krankenbett, auf dem das von Krusten und Pusteln entstellte Gesicht des Königs im Halbdunkel glücklicherweise nur umrißhaft zu erkennen war. Der von starken Parfüms nicht behobene, sondern nur veränderte Geruch der tödlichen Krankheit lag über beiden, als der König mühsam sagte:

»Hätte ich früher gewußt, was ich jetzt weiß, so hätte ich Sie nicht mehr kommen lassen . . . Ich gehöre fortan nur noch meinem Volk. Es ist unvermeidlich, daß Sie sich morgen zurückziehen, Madame!«

Die Dubarry brach in Tränen aus und hatte auch allen Grund dazu; sie hatte allmonatlich dreihundert Beamtengehälter verbraucht, das war nun sehr plötzlich zu Ende, und sie sah den Mann sterben, der sie aus der Pariser Halbwelt ans Licht der Geschichte gehoben hatte. Aiguillon, der Minister von ihren Gnaden, hob sie auf und führte sie fort, und am nächsten Tag war es die Herzogin von Aiguillon, die der gestürzten Mätresse das Geleit nach Rueil gab, weil das anspruchsvolle Schloß Louveciennes angesichts der neuen Lage ja doch nicht gehalten werden konnte.

Obwohl damit nun die von der Kirche verlangte Haupt-Voraussetzung für die Absolution erfüllt war, entstand rund um den König keine Bewegung, niemand holte einen Priester. Die Begründung dafür war, daß Seine Majestät eingeschlafen sei. Tatsächlich war Ludwig, als dann doch der Erzbischof von Paris erschien, nicht ansprechbar und erbat eine Verschiebung der Beichte. Das Haus Orléans sah seinen Weizen blühen: Erwachte der König nicht mehr, so starb er in all seinen Sünden, und die Bourbonen waren für mindestens eine Herrschergeneration kompromittiert.

Im Fieber, die eiterverkrusteten Augen geschlossen, kämpfte der König seinen letzten, seinen einsamsten Kampf. Vor Metz, im Feldlager, war er schon einmal schwer erkrankt, als junger Mann, und von den Priestern ebenso aufgegeben wie von den Ärzten. Damals hatte man ihm seine ersten Freundinnen vorgeworfen, die zutraulichen Schwestern aus dem Hause de Mailly, und als er sich nicht von ihnen trennen wollte, hatte man ihn einfach in seinem Zelt vergessen, hatte dem Thronfolger gehuldigt, einem ratlosen Knaben. Ludwig wäre gestorben, ohne die Pompadour und die Dubarry jemals kennengelernt zu haben, hätte nicht ein alter Schäfer, nun, da der Hof sich entfernt hatte, den Weg ans Feldbett des Fiebernden gewagt, ein gutes Tränklein angeboten und später noch einmal gebracht, was den König rettete.

Nun freilich gab es kein Zelt und keine Felder und keine Chance auf Hilfe, nur den Trost, daß der allerchristlichste König ja doch keinesfalls zur Hölle fahren könne, mochte er auch noch so viel geliebt haben; beinahe alle anderen Monarchen seiner Zeit hatten darüber hinaus viel schlimmere Dinge getan. All das nun irgendeinem kleinen Landpfarrer aus der Nähe zu erzählen, der nichts von ihm wußte, das mochte dem Todkranken wohl unmöglich erschienen sein, darum bewegte er in der Nacht auf den 8. Mai, es war gegen halb vier Uhr, seinen Kopf so auffällig hin und her, daß man ihn schließlich nach seinen Befehlen fragte. Da bat er um Maudoux, den Abbé, dem er nun schon seit einigen Jahren seine Sünden gebeichtet hatte.

Es war tiefe Nacht, aber das große Zimmer, in dem zwischen offenen Fenstern der Todkranke ruhte, war an den Wänden voll von Menschen, die vor sich hindösten, an den Möbeln lehnten, im Schutz des Dunkels auch auf dem Boden saßen. Obwohl Ludwig leise gesprochen hatte, mußten einige seine Worte gehört haben, darunter auch der dem Bett zunächst stehende Herzog von Duras aus dem mächtigen Clan der Durfort, der so viele militärische Großtaten vollbracht hatte, daß auch dieser Spätgeborene eines Tages Marschall von Frankreich sein würde, ohne je im Feld gewesen zu sein. Es war eine Familie mit so reichen geistigen Traditionen, daß Duras zweifellos in die Académie Française einziehen würde, ohne jemals eine Zeile geschrieben zu haben. Duras, genauer gesagt Emmanuel Felicité de Durfort, Duc de Duras et Pair de France, war der erste Kammerherr des Königs, er wich und wankte nicht neben dem Bett, an ihm vorbei führte kein Weg in die ewige Seligkeit.

Duras also tat, als habe er nicht gehört oder nicht richtig verstanden und trat ein wenig näher an das Bett des Königs.

»Ja, meinen Beichtvater«, wiederholte Ludwig ungeduldig, »den Abbé Maudoux, lassen Sie ihn kommen!«

Es gab zwar noch einen zweiten »Ersten Kammerherrn«, für ein Jahr ernannt, das war der Herzog von Aumont. Dennoch mußte Duras wissen, wo der Abbé Maudoux zu finden sei, aber er tat nichts und es geschah nichts, bis sich dann doch offenbar jemand davonstahl, aus jenen hinteren Rängen, die von den Zuträgern des Hauses Orléans nicht überwacht wurden, und Maudoux holte. Damit war er zwar noch nicht beim König, aber der Sterbende verlangte zum dritten Mal nach dem Abbé in dem Augenblick, da dieser verwirrt und schlaftrunken das Zimmer betrat. Und nun nahmen ihn einige Ehrenmänner in die Mitte – der österreichische Botschafter Mercy d'Argenteau wurde dabei gesehen und der Herzog von Croy – und durchbrachen den Ring der Orléanisten um das Bett.

Paravents wurden aufgestellt, galante Spanische Wände mit durchaus unheiligen Motiven, die dennoch das Ihre taten, um den König und den Abbé abzuschirmen. Nur unverständlich drang das Gemurmel des Beichtenden in den Raum, etwas deutlicher der Zuspruch des Priesters. Dann gab es eine Pause, während deren Maudoux ans Fenster trat und in den erwachenden Tag hinauslauschte. Dann ging es weiter bis zum Morgen, bis der Arzt kam und beinahe gleichzeitig der Großalmosenier von Frankreich, der Kardinal de la Roche-Aymon, der die Befehle des Königs hinsichtlich der Sterbesakramente erbat.

Aber Ludwig war erschöpft. Zwar ging, wie La Martinière feststellte, der Puls ruhiger; die lange Beichte hatte zwar angestrengt, aber auch beruhigt. Dennoch bat der Arzt Seine Majestät, mit den Sterbesakramenten nicht zu warten, sie würden auf jeden Fall zu einer weiteren Beruhigung beitragen.

Das Thronfolgerpaar wurde von all dem ferngehalten. Es war einer der ersten Befehle des Königs gewesen, als sich herausgestellt hatte, daß er an den Pocken erkrankt sei. Längst hätte der Dauphin Befehle für die ersten Tage nach dem Tod seines Vorgängers geben müssen, die Arrangements für das Begräbnis besprechen; aber der Dauphin tat nichts und sprach nicht. Nur einmal begab er sich mit Marie Antoinette an eine jener Türen, von denen aus man einen Blick auf das Krankenlager werfen konnte; im übrigen blieb er in seinen Gemächern, deren Türen fest verschlossen gehalten wurden, um jenen unwürdigen Ansturm der Höflinge abzuwehren, der beim Sterben Ludwigs XIV. eingesetzt hatte, noch ehe der Sonnenkönig tot war.

In einem merkwürdigen Aufbäumen der letzten Kräfte wurde aber Ludwig XV. selbst noch einmal tätig, als habe ihm das Sakrament neue Kräfte gegeben. Er diktierte dem Kardinal eine kurze, von den Kanzeln zu verlesende Erklärung, durch die er sich von seinem Volk verabschiedete und die Skandale seiner privaten Lebensführung bedauerte. Der Außenminister wurde gerufen wegen der Arrangements im Trauerzug, Töchter und Enkelkinder durften einen letzten Blick aus sicherer Entfernung auf den Sterbenden werfen, während der Dauphin auf der Treppe kniend betete. Außer dem Arzt standen nun nur Geistliche um das Bett: Die Orléanisten hatten verloren, warum sollten sie sich weiter gefährden. Auf die letzte Ölung, einen Brauch aus Paris, verzichtete man, sie war im Gemeindebereich von Versailles nicht üblich. Doch bat der König den Bischof von Senlis, ihm in den Mund zu sehen, ob er die Hostie auch tatsächlich verschluckt habe. Gaumen und Zahnfleisch waren bereits so stark angegriffen, daß er kein Gefühl mehr habe. Der Bischof beruhigte ihn, ein Gewitter ging nieder, und die gereinigte Luft, durch die Fenster hereindringend, erquickte den König. Er gestand Maudoux, daß er glücklich sei, so zu leiden: das gebe ihm doch die Gewißheit, seine Sünden abzubüßen, und das Sterben begann.

Indessen trafen die ersten Geistlichen aus den Provinzen des Königreichs ein, beugten das Knie im Sterbezimmer und nahmen mit brennenden Kerzen so viel Sauerstoff aus der Luft, daß man sie bitten mußte, sich auf die Treppen zurückzuziehen. Es war ein Vorgang, der den Dauphin aus seiner Erstarrung zu lösen schien, als sei ihm in Gestalt dieser vom Weg verschmutzten, mit gerafften Kutten heraneilenden Gottesdiener sein Volk begegnet und mit ihm seine Aufgabe. Er besprach sich mit dem Abbé de Terray, Frankreichs Finanzminister. Dies war ein energischer Mann, der sein Amt auch bekommen hätte, wäre seine Tochter nicht eine der Geliebten des Königs gewesen. Terray ließ im Auftrag des Dauphins 200 000 Livres an die Armen der Hauptstadt und des Städtchens Versailles verteilen, aber sie bedurften des Trostes nicht, im Gegenteil: Das ungebärdige Volk von Paris begleitete den Trauerzug mit höhnischen Kommentaren, Liedern und Tänzen und bewies, daß die Nation sich nach dem 10. Mai, dem Sterbetag, in zwei Lager geteilt habe: jene, die weinten und beteten, und die anderen, die nach keinem weiteren König dieser Art und aus diesem Haus verlangten.

Der Herzog von Liancourt hatte im Schloß einen Kammerdiener weinen sehen und ihn mitfühlend angesprochen. Der aber verwahrte sich sogleich dagegen, um den König zu weinen: ihn daure nur sein Diener-Kollege, der noch nie die Pocken gehabt habe und sie wegen seiner Handreichungen für den Sterbenden nun wohl bekommen und daran sterben werde.

Dem Leibarzt, der zehn Tage lang immer nur stundenweise geschlafen und die Gefahr der Ansteckung pflichtgemäß auf sich genommen hatte, befahl der Herzog von Aumont in seiner Eigenschaft als Kammerherr des Jahres, den königlichen Leichnam zu öffnen und einbalsamieren zu lassen, ein Befehl, der einem Todesurteil nahekam. La Martinière soll geantwortet haben: »Ich werde es tun, Monsieur le Duc, wenn Sie den Kopf des Königs halten.« Die Leichenöffnung unterblieb, Ludwig XV. wurde nicht einbalsamiert, der Sarg wurde sorgfältig verlötet, und dennoch behaupteten viele, der Geruch dieses langen Sterbens habe den Metallsarg durch Paris begleitet bis hinaus zum Kloster von Saint-Denis im Norden von Paris.

»Der Transport des Leichnams nach Saint-Denis«, schreibt der Baron de Besenval in seinen Memoiren, »glich der Wagenfahrt eines Bündels, das jeder so schnell wie möglich loswerden wollte. Da der König an einer ansteckenden Krankheit gestorben war, unterblieben auch alle Zeremonien und verderblichen Dummheiten, die man sonst bei solchen Gelegenheiten mit einem Toten anstellt, und man fuhr und ritt so schnell, daß man schon nach drei Stunden, um elf Uhr abends, in Saint-Denis eintraf.«

Der heilige Dionysius hatte hier die letzte Ruhe gefunden, nach seinem berühmten Abstieg vom Montmartre nach Norden, den eigenen Kopf in den Händen. Das war mehr als eineinhalb Jahrtausende her. Nun aber hatten die Könige von Frankreich in dieser ihrer Ruhestätte nur noch achtzehn Jahre ungestörten Friedens vor sich. Dann würden die Jakobiner kommen, die Särge ans Tageslicht zerren und die Gebeine der Männer und Frauen zerstreuen, die einst über Frankreich geherrscht hatten . . .

Die Kreatur

Wenn Briefe unter starken Eindrücken oder gar in einer gewissen Erregung geschrieben werden, dann durchbricht die Wahrheit auch den schönsten höfischen Briefstil. Zu den aufschlußreichsten Schreiben in der im ganzen natürlich unentbehrlichen Korrespondenz zwischen Marie Antoinette und ihrer Mutter gehören darum die Briefe unmittelbar nach dem Tod Ludwigs XV. Sie haben einander gekreuzt, denn Marie Antoinette hatte am 14. Mai, also vier Tage nach dem Ereignis, geschrieben, Maria Theresia am 18. Mai, am Tag nachdem die Nachricht Wien erreicht hatte. Selbst eine Botschaft von so großer Bedeutung wie diese hatte also zwischen Paris und Wien noch sieben Tage gebraucht, ein Beispiel dafür, wie sehr die Eisenbahn und nach ihr die Telegrafie die Verhältnisse ändern mußten.

Marie Antoinette schreibt aus Choisy, dem Schlößchen innerhalb des heutigen Paris, wo sie vor der Ansteckung sicher war. Die ersten Sätze sind noch wohlüberlegt, sie sprechen von dem erbaulichen Ende des Königs (»sa fin a été fort édifiante«) und bestätigen die erstaunliche Tatsache, daß Ludwig XVI. mit seinen Ministern zunächst nur schriftlich verkehrte. Auch eine Bemerkung, daß man von dem neuen Monarchen vor allem Sparsamkeit erhoffe, ist aufschlußreich aus dem Mund einer jungen Königin, die in ihrem kurzen Leben kein Wort häufiger schreiben wird als das herrische *Payez!*, die Aufforderung an Finanzbeamte und Minister, ihre Rechnungen zu bezahlen.

Dann aber geht das Temperament mit Marie Antoinette durch, und man spürt, welcher Stau an Ärger und Wut sich nun plötzlich entlädt, wenn sie an ihre Mutter schreibt: »Le roi s'est borné à envoyer la créature en couvent.« Der König hat sich darauf beschränkt, die Kreatur ins Kloster zu schicken, eine Sofort-Aktion, die der träge neue König ganz zweifellos aus eigenem nicht so schnell unternommen hätte, war doch die Dubarry ohnedies bereits aus Versailles verbannt und in der Obhut eines Ministers, der in den nächsten Tagen entlassen werden mußte. Die Dubarry ins Kloster zu schicken, war also eine sachlich überflüssige Demonstration in einem Augenblick, wo dringendere Geschäfte und vor allem die Bildung einer neuen Regierung anstanden. Marie Antoinette empfindet denn auch das Bedürfnis, sich zu rechtfertigen und verweist darauf, daß Bürger von Versailles eine der Dubarry ergebene Hofdame, Madame de Mazarin, beschimpft und angegriffen hätten, es sei also notwendig gewesen, das Volk schnell zu beruhigen.

Man kann sich vorstellen, welche Unruhe der Tod eines so mächtigen Beschützers in Versailles hervorrufen mußte, hatten doch bis dahin nicht wenige auch hochadelige Familien wie die ruinierten Valentinois und Monaco die Sympathien der Dubarry genossen und genutzt. Sie alle konnten nun eigentlich nichts anderes tun, als sich der neuen Herrin zu Füßen werfen, denn der neue König ließ sich ja nicht sprechen. »Ich bin in dieser Hinsicht durchaus geneigt«, gesteht oder behauptet Marie Antoinette, aber mehr als alle Fehlspekulanten von Versailles interessiert sie der Charmeur Esterházy, der, sehr zum Ärger der Kaiserin in Wien, nicht nur seine Frau betrügt, sondern dies auch noch mit einer verheirateten Frau tut, für die er gewaltige Summen ausgibt. Marie Antoinette verwendet gut ein Drittel des Briefes, in dem sie immerhin über den Tod Ludwigs XV. zu berichten hat, auf Entschuldigungs-Tournuren für den Springinsfeld aus Ungarn, der weder auf seinen Onkel Franz, den ungarischen Kanzler, hört, noch auf die Kaiserin. Und Marie Antoinette riskiert die Wendung, daß sie weit davon entfernt sei, ihrer Mutter Ratschläge zu geben.

Es gibt viele Beweise und Zeugen für die schicksalhafte Oberflächlichkeit dieser in jeder Hinsicht so anziehenden Frau, aber der Brief vom 14. Mai 1774 zeigt uns auch, worin die Versuchungen lagen: Es waren Gefühle und Sympathien, persönliche Vorlieben und vage Neigungen zu Menschen und Dingen, die sie weglockten von dem, was zwar in erster Linie ihren Gatten, aber doch auch sie beschäftigen sollte. Und vielleicht dachte sie an die souveräne Lebensart der Esterházy, wenn sie den Umstand, daß Ludwig XVI. keinen Brief nach Wien schrieb, sondern nur ein hastiges Post-skriptum, mit seiner Scheu und seiner natürlichen Schüchternheit entschuldigt (»sa timidité et embarras naturel«).

Deutlicher, als Marie Antoinette es voraussehen konnte, erkannte ihre Mutter, was nun auf das junge Königspaar zukommen würde. Ihre Ratschläge könnten in einem Lesebuch für Königskinder einen Ehrenplatz beanspruchen: Zunächst nichts ändern, der Wirbel wird auch ohne brüske Neuerungen noch groß genug. Die Dubarry mit Milde behandeln und für sie sorgen, damit der Clan nicht revoltiert. Und man erkennt die große Sorge der erfahrenen Herrscherin, die in dem Augenblick, da ihre eigene Aufgabe begann, den Weltmann Franz Stephan von Lothringen an der Seite hatte, während Marie Antoinette in ihrer Unerfahrenheit und ohne nennenswerte Kenntnisse an der Seite eines sehr jungen Königs leben mußte, der zumindest für die nächsten Jahre vollständig in den Händen seiner Minister sein würde und die einzig richtige Lösung, die Rückberufung des klugen Choiseul, aus Ehrfurcht vor dem eben verstorbenen Monarchen nicht auf sich nehmen wollte.

Interessant und in gewissem Sinn rührend ist, daß sich Ludwig XVI. in diesem sehr plötzlich gekommenen Augenblick der Entscheidungen an seinen toten Vater erinnert, obwohl er beim frühen Sterben dieses Dauphins ja erst elf Jahre alt war, also unmittelbare Vermächtnisse nicht empfangen oder jedenfalls nicht verstanden haben kann. Er greift, nach bezeichnendem Schwanken, das die Campan mit dramatischen Details schildert, auf den dreiundsiebzigjährigen Jean Frédéric Phélippeaux, Comte de Maurepas, zurück, den einst die Pompadour vom Hof verbannt hatte, als er noch im Vollbesitz seiner Energien war.

Marie Antoinette, von der immer behauptet wird, sie habe den schwachen Mann an ihrer Seite gouverniert, ist in diesem Augenblick, am Beginn ihrer großen Rolle als Königin, offensichtlich nur in den Maßnahmen aktiv geworden und entschlossen geblieben, welche das weitere Schicksal der Dubarry regelten. Diese letzte der großen Mätressen hat es darum verdient, daß man sie nicht allzu plötzlich aus den Augen verliert.

Der erste Verbannungsort, den die Entthronte nach einigen Nächten im Schloß der Aiguillons aufsuchen mußte, war das halb verfallene, weithin unbekannte Kloster Pont-aux-Dames, wo man sich nach frommem Sträuben gegen die Sünderin schließlich eifrig ihrer Geldmittel bediente, um die dringendsten Reparaturen durchzuführen. Irgendwelchen Drangsalen war die Dubarry dort nicht ausgesetzt, doch behinderte sie die Entfernung von Paris in der Regelung ihrer Angelegenheiten, und sie war schutzlos: Jeder, den sie geschädigt, angeschwärzt oder um einen Posten gebracht hatte, wäre imstande gewesen, sie dort in seine Gewalt zu bringen, sich an ihr zu rächen. Wenn man bedenkt, daß zum Beispiel die sächsische Mätresse Gräfin Cosel nach einer Verhaftung sogleich von den Dragonern vergewaltigt wurde, muß man sagen, daß die Dubarry noch Glück hatte.

Da Ludwig XVI. als Dauphin nicht ungern bei der Dubarry zu Gast gewesen war und zweifellos weichherziger reagierte als Marie Antoinette, gelang es verschiedenen Fürsprechern bald, einen angenehmeren Verbannungsort für die Gräfin zu erwirken. Sie durfte das Schloß Saint-Vrain unweit von Corbeil erstehen, ein durch Mauern und Grabensysteme gut geschütztes, wenn auch für die unübersichtlichen Vermögensverhältnisse der Dubarry doch recht aufwendiges Bauwerk. (Die ausgedehnte Anlage am Ufer der Juine ist heute ein vielbesuchter Safari-Park!)

Nun konnte die Dubarry wieder ein wenig Hof halten, sie ließ täglich vierundzwanzig Gedecke auflegen, und sie blieb nicht allein, gab es doch Geächtete und Verbannte, Schmollende und Immernochschmeichler in ausreichender Anzahl. Von ihrem Vermögensverwalter nach vielen vergeblichen Versuchen endlich zur Raison gebracht, begann die Dubarry sich in ihr neues Los zu fügen, ja sie entdeckte ihre Sympathien auch für ein Königshaus, in dem sie keinen Protektor mehr hatte. Nach 1789 behandelten die Revolutionäre die Dubarry als ein Kind des Volkes zunächst mit verblüffender Schonung und gestatteten ihr sogar die Ausreise nach England, als dort angeblich ein Prozeß stattfand, in dem es unter anderem um Schmuckstücke ging, die der Dubarry entwendet worden waren. Reicher als ein Gutteil der Emigranten, hätte die Dubarry folglich auf der Insel ihr Leben zu Ende leben können, ja als interessante und immer noch schöne Frau hätte sie gewiß einen vermögenden Snob als zweiten Gatten gefunden. Aber so wie sie gewiß nur das Werkzeug von Choiseuls Gegnern war und keine selbständige Politik zu machen versuchte, ließ sie eben auch gegen Ende ihres Lebens Weitblick und Urteil vermissen und nützte erstaunlicherweise auch die Sicherheit in England nicht aus. Sie spendete reichlich für royalistische Umtriebe, glaubte aber doch, nichts zu riskieren, als sie sich nach Frankreich zurückbegab und starb am 8. Dezember 1793 unter dem Fallbeil.

Obwohl sie alles versuchte, um ihren Kopf zu retten, obwohl sie ihren Mördern Informationen anbot und hemmungslos denunzierte, mündet das Schicksal dieser Frau ebenso in die Tragödie wie das der früh verstorbenen Pompadour, und wer immer diesen glanzvollen Existenzen die Jahre im Luxus nicht neidet, wird für sie Verständnis aufbringen. Pont-aux-Dames, das Bernhardiner-Kloster zwischen Lagny und Meaux, ist als Name heute vielen Franzosen bekannt, nicht wegen der Dubarry, sondern weil der Schauspieler Coquelin hier 1902 ein Altersheim für Schauspieler einrichtete. Und da die Pariser an den Größen ihrer Bühnen auch dann noch hängen, wenn sie die Herren und Damen nicht mehr auf den Brettern sehen können, sind Reportagen aus Pont-aux-Dames ein beliebter Lesestoff geblieben.

Vergessen sind hingegen die Nebenfiguren der Tragikomödie,

der junge Dubarry, ein Sohn des Roué, des Grafen, der die ganze Inszenierung besorgte und die Ehe mit seinem bankrotten Bruder arrangierte. Der Sohn dieses von ganz Paris verachteten Mannes trug das Odium eines Namens, für das er nichts konnte, warb vergeblich um die Hand einer natürlichen Tochter Ludwigs XV. und fiel in einem Duell. Der andere Ehrenmann war Hercule-Timoléon, Comte und später Duc de Cossé-Brissac, Sproß aus einer Familie, die in direkter Linie bis ins 15. Jahrhundert zurückgeht, deren Schlösser jahrhundertelang im Familienbesitz blieben, deren Männer auf allen Schlachtfeldern Frankreich gedient hatten. Der letzte Herzog teilte fünfzehn Jahre lang das Exil der Dubarry, einer Geächteten, als diese schließlich wieder nach Louveciennes zurückkehren durfte und das kostspielige Saint-Vrain aufgegeben hatte, und beinahe selbstverständlich starb Cossé-Brissac, »massacré 1792 pour crime de fidelité envers Louis XVI«, wie sich der sonst so zurückhaltende *Große Larousse* ausdrückt: Abgeschlachtet wegen des Verbrechens, König Ludwig XVI. die Treue gehalten zu haben. Sie war so abergläubisch gewesen, diese hübsche Gräfin aus der Gosse, aber ihre wirklichen Schicksale übertrafen die absurdesten Prophezeiungen.

Die Kreatur also war verbannt und völlig entmachtet, die Kreaturen der Kreatur, wenn man bei diesen Bezeichnungen bleiben will, waren um allen Einfluß gebracht. Sie waren es schon zufrieden, wenn sie in heimlichen Demarchen bei einem weichen, alle Konfrontationen scheuenden König wenigstens das vermeiden konnten, was in jedem anderen Land auf sie zugekommen wäre: Bereicherungs-Anklagen, Untersuchungen, Enteignungen unter der Drohung der Haft. All das hatte es früher auch in Frankreich gegeben, ja der Reichtum an sich hatte schon genügt, Verdacht zu erwecken, etwa als der Templerorden zerschlagen wurde und seine Häupter den Holzstoß besteigen mußten, oder als Ludwig XIV. dem Intendanten Foucquet den Prozeß machte, weil dieser Finanzminister so unklug gewesen war, den jungen König allzu prachtvoll zu empfangen.

Und nun, unter dem sechzehnten Ludwig? Es geschah nichts von alledem, selbst Aiguillon, dessen Prozeß wegen massiver Unterschlagungen in der Bretagne ganz Frankreich erregt hatte, wurde nach seiner Entlassung nicht neuerlich vor Gericht gestellt, sondern blieb ungeschoren und mußte es nicht einmal mehr erleben, daß sein Sohn – abermals einer, der sich von dem korrupten Vater lossagt – auf den Adel verzichtete und für die junge Republik ins Feld zog.

Aiguillons treuer Parteigänger Maupeou, ein Minister ohne Charakter, der seinen Gönner Choiseul verraten hatte, war ein guter Kopf und hatte ein taugliches Konzept, die Rechtspflege in Frankreich neu zu organisieren, den Provinzparlamenten wegzunehmen und Gerichtshöfe im modernen Sinn einzurichten. Ludwig XVI. aber wagte den kompromittierten Mann nicht zu halten, was freilich nichts änderte: Auch die Reform der Rechtspflege, eine Erneuerung an einer Ecke, hätte das ganze Gebäude nicht zu retten vermocht. Maupeou beweist nur, daß es richtige Erkenntnisse und Ideen gab, auf verschiedene Gehirne verteilt, zu denen freilich das des Königs nicht gehörte.

Die Widersacherin war froh, ihre Haut gerettet zu haben, die Widersacher aus dem Kreis um die Favoritin ebenfalls. Aber an einem Hof wie dem von Versailles bildeten sich neue Widerstände und Gegenkräfte mit der Selbstverständlichkeit von Naturgesetzen. Das Haus Orléans gab nicht auf, so lange Marie Antoinette noch kein Kind geboren oder auch nur empfangen hatte, und der Comte de Provence, als nächstjüngerer Bruder des Königs nun mit dem Titel *Monsieur* ausgezeichnet, schürte die Kritik an der österreichischen Schwägerin umso eifriger, als die ersten Wochen der neuen Herrschaft alle Befürchtungen bestätigten, mit denen man der Thronfolge entgegengesehen hatte. Nur eines war ausgeblieben: Marie Antoinette setzte sich nicht als die neue Herrin in Szene, sie verlangte keinen Sitz im Kronrat, sie machte keine ernsthaften Versuche, in Versailles österreichische Politik durchzusetzen, so sehr ihr dies auch aus Wien nahegelegt wurde.

Diese Tatsache widerspricht dem, was die Republik der letzten Königin Frankreichs vorwerfen wird, aber die ernsthaften Biographen sind sich weitgehend einig; nur die Gründe, die für die Zurückhaltung der Königin genannt werden, sind sehr unterschiedlich. Hilaire Belloc zum Beispiel behauptet, sie habe schon darum nicht für ihren Bruder, Kaiser Joseph II., die freie Schiffahrt in der Scheldemündung verlangen können, weil sie außerstande gewesen wäre, den Herren am grünen Tisch die Schelde auf der Landkarte zu zeigen. Und Zweig ist überzeugt, daß Marie Antoinette viel zu sehr mit ihren *vapeurs* beschäftigt war, um sich für Politik anhaltend zu interessieren – mit jenen von den anderen belächelten, von der Betroffenen aber erlittenen Zuständen einer jungen Frau, die inmitten eines galanten Hofes als einzige in unerfüllter Ehe, in freudlosen Nächten dahinleben mußte und als Königin nicht jene Auswege suchen durfte, die anderen Damen so reichlich zur Verfügung standen. Sie hatte nichts als die Unterhaltungen, die Vergnügungen, die Freundschaften zu jungen Frauen, und sie bildete sich in dem äußerlich bescheidenen, aber ganz ihrem Geschmack entsprechenden Schlößchen Trianon einen zweiten, kleineren Ersatz-Hof, in dem sie nur von unterhaltsamen jungen Leuten umgeben war. Wir verstehen zwar, daß ihr diese muntere und zunächst wohl auch harmlose Clique die große Familie ersetzen sollte, inmitten derer sie in Wien aufgewachsen war. Aber selbst wenn die Damen Lamballe oder Polignac an sich nur Freundinnen sein wollten, selbst wenn sie zunächst an keine Vorteile dachten, so standen hinter ihnen und den anderen Mitgliedern dieses bevorzugten Kreises doch wiederum Familien mit Ambitionen, Interessen, laufenden Prozessen und unversorgten Jungmännern, für die königliche Gunstbeweise erbeten wurden.

Es ist heute müßig, sich mit den jungen Damen und den wohlerzogenen Edelleuten rund um Marie Antoinette im einzelnen zu beschäftigen; die Polignac wird durch ihre Intrigen Geschichte machen und die arme Prinzessin Lamballe durch ihren grauenhaften Tod. Im Schicksal der Marie Antoinette hatten sie alle gemeinsam etwa die gleiche Funktion: Sie schlossen die verspielte, nach Ablenkung gierende und in die Fremde verbannte Erzherzogin vom Zentrum der Geschehnisse ab. Sie ersparten es Marie Antoinette zwar, allzuoft ihrem Gatten zu begegnen, der sich im Bewußtsein seines Ungenügens scheu an ihr vorbeidrückte, aber sie bildeten auch eine Barriere zwischen der jungen und schönen Königin und dem französischen Volk. Das ist nicht nur erstaunlich, es ist auch unerwartet, hatten doch die Habsburger immer wieder Persönlichkeiten, die auf eine ungesuchte Weise die allgemeinen Sympathien auf sich zu vereinen vermochten: Marie Antoinettes Mutter, ihr Bruder, der Kaiser, und später zum Beispiel der Erzherzog Johann oder der ehrwürdige, rechtschaffene und fleißige Franz Joseph I., der heute zu einer Art Inbegriff der Kaiser-Existenz geworden ist. Nichts von all dem erwacht in Marie Antoinette, sie beträgt sich wie ein Comtesserl auf einem Landgut und sieht die Wolken am Himmel nicht.

»Marie Antoinette begibt sich beinahe allnächtlich nach Trianon« schreibt ein *libelliste à gages*, ein von ihrem Schwager bezahlter Skandalautor, »wo sie sich, als Amazone gekleidet, in einem Kreis junger Damen und Herren jenen Vergnügungen hingibt, die in ihrem Leben stets so viel Raum eingenommen haben. Unter den Athleten dieser nächtlichen Leibesübungen fällt ein junger Mann von etwa siebzehn Jahren auf, schön, wie man uns Adonis darstellt, ein Sekretär im Kriegsministerium. Seine angenehmen Züge, der zarte Flaum erster Männlichkeit an seinem Kinn, seine glatte Haut und sein graziöser Wuchs haben das Interesse der abenteuersüchtigen Marie Antoinette erweckt, die den Jüngling denn auch durch Monsieur Campan, den Intendanten ihrer Vergnügungen, in ihre Privatgemächer geleiten ließ.«

Damit war eine durchaus zufällige und weitgehend unschuldige Begegnung der kleinen Gesellschaft mit jenem Sekretär, die tatsächlich im nächtlichen Park von Trianon stattgefunden hatte, zum Salzkorn der Wahrheit in einem Gebäude von Gerüchten geworden. Monsieur Campan, der – wie erwähnt – über das Theaterspiel hinaus tatsächlich vielfach um Marie Antoinette besorgt war, hätte als Mann von Ehre niemals einen Fremden in die Gemächer der Königin gebracht, und wenn es geschehen wäre, hätte seine Schwiegertochter, Kammerfrau der Königin, auf dieses Verbrechen doch nicht dadurch aufmerksam gemacht, daß sie die Begegnung im Park erwähnte. Marie Antoinette spielte, und es war unter den Zwängen ihrer jungen und gesunden Natur nicht selten ein Spiel mit dem Feuer. Außer dem älteren Grafen Mercy, der ihr längst auf die Nerven ging, und dem Schwätzer Vermond hatte sie niemanden, mit dem sie ein ernstes Wort hätte reden können, also blieb es bei den Spielen, bei einem Taumel der Vergnügungen, in dem sie als einzige nicht den Kopf verlieren durfte. Während in Ludwig XVI. immer deutlicher eine echte und tiefe Zuneigung zu diesem wunderbaren Geschöpf an seiner Seite erwachte, entbehrte sie noch immer, was Gatten letztlich zusammenführt, und es gab auch sonst kein festeres Band: »Auch im Geist Ludwigs XVI. lag für die Königin keine Verführung« schreiben die Goncourts. »Es war zwar ein tauglicher, allgemein interessierter Verstand und nicht unbedeutend, wenn der König sich in der Stille seines Kabinetts allein und ungestört wußte, aber doch ohne Reiz, ohne Festigkeit, allzu geregelt und im Grunde schläfrig. Solch ein Geist ist eine traurige Gesellschaft für eine Frau, welche alle Lebendigkeit, alle Finessen und Mutwilligkeiten im Umgang mit der französischen Sprache aus täglichem Umgang gewohnt war, die Ohren voll von den Bonmots und den Anspielungen eines Beaumarchais, von den Anekdoten und Aussprüchen eines Chamfort.«

So lange Ludwig nichts anderes war als ein wohlerzogener Herr an der Seite der Marie Antoinette, konnte er gegenüber dem Funkenwerk des Geistes im Rokoko, im untergehenden Paris des *Ancien Régime*, keine gute Figur machen, ja nicht einmal in Erscheinung treten.

»Der König«, schreibt Marie Antoinette am 12. November

1775 an ihre Mutter nach Wien, »scheint seine freundschaftlichen Gefühle für mich und sein Vertrauen zu mir zu verdoppeln, und was das betrifft, bleibt tatsächlich kein Wunsch offen. Jenes andere Thema betreffend, dessen Bedeutung meine Mutter so sehr beunruhigt, muß ich zu meinem größten Bedauern sagen, daß es nichts Neues gibt. Die Gleichgültigkeit (Nachlässigkeit, Versäumnis) kommt jedenfalls nicht von meiner Seite. Ich fühle deutlicher als je zuvor, wie sehr dieser Umstand mein eigenes Schicksal beeinflußt, aber meine teure Mutter möge mir glauben, daß meine Situation merkwürdig genug ist und mir keine anderen Möglichkeiten läßt als Geduld und Verständnis.«

Die Erzherzogin hat inzwischen gelernt, französische Worte zu setzen, sie verkehrt mit geistvollen und gebildeten Leuten, und wenn sie schreibt *je suis bien fachée,* so heißt das nicht nur, daß sie bedauert, sondern daß sie auch sehr verärgert und betroffen ist. Niemand glaubte ihr das mehr als der gute Mercy, ein erfahrener Mann, ein Glücksfall für die Königin, auch wenn sie es nicht immer wahrhaben will oder wenn er – gelegentlich – in seiner Treue zur Kaiserin zu hartnäckig wird. Man darf es glauben, daß es Mercy d'Argenteau war, der in diesen Nöten nach Joseph II. rief, dem Bruder Marie Antoinettes, der als Kaiser einen auch in Frankreich respektierten Rang hatte, der Bruder, dem ein gewisser Ruf als Lebemann vorausging und der als Schwager Ludwigs XVI. mit diesem offener sprechen konnte als die intriganten Brüder, die aus der zeitweisen Impotenz Ludwigs ihre Hoffnungen nährten. Marie Antoinette spricht 1776 in ihren Briefen noch recht zaghaft von der Reise Josephs II. nach Paris; man meint zu erkennen, daß sie eine Beeinträchtigung ihrer Vergnügungen fürchtet, wenn sie rät, daß der Besuch nicht in den Karneval fallen sollte. Aber insgeheim hat sie sicherlich auch Hoffnung empfunden, denn so wie es war, konnte es schließlich nicht bleiben.

Kaiser Joseph II. als allerhöchster Nothelfer

Die Reise, die Joseph II. im Frühjahr 1777 nach Paris führte, nimmt in dem kurzen Leben dieses Monarchen einen besonderen Platz ein und wird, wie übrigens auch Joseph II. selbst, sehr unterschiedlich beurteilt. Joseph Hillary Pierre Belloc nennt sie »den einen und einzigen Erfolg in Josephs taktloser und unkluger Laufbahn«, Viktor Bibl aber, Josephs Biograph, erwähnt das, was Belloc den einzigen Erfolg nennt – die glücklichen, wenn auch späten Unterweisungen an Ludwig XVI. – überhaupt nicht. Und Adalbert Wahl, dem wir das bis heute nicht übertroffene Werk über die Vorgeschichte der Französischen Revolution verdanken, schrieb über die Konstellation, die Joseph II. antraf:

»(Ludwig XVI.) vermochte es, neben dem reizendsten Weibe dahinzuleben, ohne ihr Gatte anders als nur dem Namen nach zu sein. Der Zug ist – und nur deswegen durfte er hier Aufnahme finden – für Ludwig XVI. vollkommen charakteristisch. Dieser Mann hat nichts mit Leidenschaft begehrt und empfunden. Eine gewisse Gleichgültigkeit . . . ist geradezu der Grundzug seines Wesens. Wir finden ihn ebenso beim König wie beim Manne . . . Marie Antoinette verzieh Ludwig XVI. sein Verhalten nie, und konnte sie es? . . . Als das Verhalten Ludwigs sich endlich (d.h. nach dem Zusammentreffen mit Joseph II.) änderte, war es zu spät, um eine wirklich glückliche Ehe herbeizuführen, eine solche, die den Hauptinhalt des Lebens der Königin gebildet hätte. Aus diesen intimsten Bedingungen entsprang das ganze leichtfertige Verhalten Marie Antoinettes, das so unendlich viel zur Herabsetzung des Ansehens der Monarchie beigetragen hat.«

Wenn der große Tübinger Gelehrte sich dazu versteht, allerprivatesten Verhältnissen einige Seiten zu widmen, dann sind sie kein Gerücht und es geht auch heute nicht an, die zu Dutzenden vorliegenden Belege darüber zu ignorieren oder umzudeuten. Wenn wir bedenken, welche Staatsaffäre die bekannte Darmfistel von Ludwig XIV. war, weil der Sonnenkönig den Ärzten seiner Zeit mit Recht mißtraute, dann müssen wir sagen, daß die Groteske eigentlich nur darin lag, jenes an sich verständliche Zögern auf sieben Jahre auszudehnen. Dazu mußte man wirklich ein sehr anspruchsloses Gemüt besitzen und ein Maß an Gleichgültigkeit, das man heute gewiß pathologisch nennen würde.

Das zweite Kuriosum der kaiserlichen Reise liegt in ihrem technischen Ablauf. Wir wissen aus Khevenhüllers Tagebüchern vom Hof der Maria Theresia, daß eine hochoffizielle Reise Unsummen verschlang, obwohl das Zeremoniell in Österreich nicht bis zu jener absurden Perfektion entwickelt worden war wie in Versailles. Regierende Herrschaften, die ja alle über zahlreiche Besitzungen, Güter und Burgen mit Adelstiteln verfügten, benannten sich darum nach einem Ort ihrer Wahl, und diese dürftige Tarnung, die auch vom Reisenden selbst nicht ernst genommen wurde, machte den großen Apparat unterwegs und bei den Empfängen entbehrlich. Das konnte zu Verlegenheiten führen, wenn ein allzu junger und etwas linkischer Erzherzog wie Maximilian (geboren 1756) nach Paris kam und sich dort, unter Hinweis auf das Inkognito, weigerte, den Prinzen von Geblüt seine Aufwartung zu machen. Reiste aber ein Kaiser wie Joseph II., dessen Intelligenz und Bildung das ganze intellektuelle Europa schätzte, lagen die Dinge natürlich anders. Das galt vor allem für Ostfrankreich, das damals noch sehr viel deutlicher aus germanischen Elementen lebte, für die gerade erst hundert Jahre französische Franche-Comté, die an seinen Reiseweg grenzte, und die deutschen Landschaften Elsaß und Lothringen. Hier ließ man sich nicht dadurch beirren, daß nur ein Graf von Falkenstein einreiste. Ein Gefolge von dreißig Personen mit Reisemarschall, Leibarzt, Mundkoch, Geheimsekretär und vier Kammerdienern war für einen Grafen, auch wenn er Vermögen hatte, entschieden überdimensioniert, ganz zu schweigen von den großen Herren im Gefolge, einem Grafen Rosenberg aus dem alten böhmischen Geschlecht und den anderen Kavalieren. Schon in München und in Stuttgart hatte man alles durchschaut, und die Münchner hatten Joseph zugejubelt, obwohl doch er der Mann war, der sich zumindest einige Teile Bayerns einverleiben wollte, während seine Mutter die reichen Niederlande zu behalten wünschte und von den Bayern als Volk herzlich wenig hielt.

Nach dem Passieren der Rheinbrücke teilte Joseph seine Kolonne, behielt nur eine kleine Suite mit seinem Freund Rosenberg bei sich, ließ die Grafen Cobenzl und Colloredo im Prachtwagen reisen und den Koch die Troßkolonne dirigieren, um unbeachtet durch die deutschsprachigen Gebiete reisen zu können, fern von der Hauptstraße nach Paris. Als er sich dann dieser wieder näherte, kam es in Vitry-le-François, dem heute so still gewordenen alten Knotenpunkt, zu jener köstlichen Szene, daß der Posthalter gerade Kindstaufe feierte und Joseph den Paten machte. Dabei mußte er, da dem Pfarrer der Vorname nicht genügte und man in der Kirche nicht lügen durfte, sein Inkognito allerdings lüften, und die hübsche Posthalterin wurde mit einer kaiserlichen Schnupftabakdose beehrt, die Joseph noch mit galanten Komplimenten begleitete. Vierzehn Jahre später wird die Aufmerksamkeit des Posthalters von Sainte-Menehould, wenige Kilometer von Vitry entfernt, Josephs Schwester das Leben kosten . . .

In Versailles hatte man eine ganze Flucht von Zimmern für den Kaiser freigemacht. Boten meldeten jede Station, die der angebliche Graf von Falkenstein passierte, und Marie Antoinette selbst hatte ihren engsten Damenkreis zusammengebeten, um während der Wartezeiten nicht allein zu sein.

Weniger freudig sah die eigentliche Regierung der Ankunft des Kaisers entgegen. Ludwig XVI. mußte in seiner natürlichen Unsicherheit den als hochintelligent und weltläufig, aber auch als sehr direkt und mitunter verletzend geltenden kaiserlichen Schwager vielleicht nicht gerade fürchten, aber ein gewisses Unbehagen haben die ihm Nahestehenden jedenfalls registriert. Er besprach sich intensiver als sonst mit dem nun schon sehr alten Premierminister Maurepas und mit dem Grafen Vergennes, wohl dem besten Außenminister, den Frankreich vor Talleyrand hatte. Man traute Joseph zu, eine Wiedereinsetzung des Herzogs von Choiseul erreichen zu wollen, eines Mannes, der zwar den Vater Ludwigs XVI. gewiß nicht vergiftet hatte, aber den anhaltende Gerüchte noch immer mit dem schnellen Tod jenes Dauphins in Verbindung gebracht hatten, weil dieser dem Bündnis mit Österreich sehr ablehnend gegenüber stand.

Konkreter waren die aktuellen Themen: Österreichs Ansprüche auf Bayern, wo man mit dem Ableben Kurfürst Maximilians III. Joseph für die nächste Zukunft rechnete und diesen letzten bayerischen Wittelsbacher zu beerben gedachte. In solch einem Fall war es wichtig, daß Frankreich deutlich, ja drohend für Österreich Partei ergriff, denn Friedrich der Große, mochte er inzwischen auch ein alter Herr sein, war durchaus imstande, gegen solch eine Vergrößerung Österreichs eine Armee ins Feld zu schicken.

Das possenhafte Inkognito erreichte seinen Höhepunkt, als Joseph endlich tatsächlich in Paris eintraf, sich nicht nach Versailles begab, sondern in der Stadt ein Hotelzimmer bezog und das Schloß von Versailles schließlich über einen Nebeneingang betrat. Die seit sieben Jahren von ihrer Familie getrennte Erzherzogin, die auf Briefe und Mittelsleute angewiesene Marie Antoinette, erwartete den Bruder mit begreiflicher Freude, hatte sie doch in all diesen Jahren niemanden gehabt, mit dem sie ein wirklich offenes, ein wirklich vertrautes und erleichterndes Wort reden konnte. Die Szene hat die Mit- und Nachwelt nachhaltig beschäftigt, umso mehr, als man sich ja mit den behaupteten Amouren dieser schönen jungen Frau bis 1918 nicht ernsthaft zu beschäftigen wagte. Wie das vorige Jahrhundert sich den 19. April 1777 vorstellte, muß man etwa bei Luise Mühlbach nachlesen:

»Die Thür da drüben öffnete sich, eine männliche Gestalt erschien auf der Schwelle, ein lächelndes Antlitz ward sichtbar, ein paar große blaue Augen schauten sie an. Marie Antoinette stieß einen Schrei aus und aller Rücksicht und aller Etikette vergessend, stürzte sie vorwärts. Mein Bruder! Mein geliebter Bruder! rief sie mit hellem Liebeston. Meine Schwester! Meine geliebte Antoinette! antwortete ihr ein ebensolcher Ton, und Joseph öffnete seine Arme, und Marie Antoinette stürzte sich an sein Herz; weinend vor seliger Lust drückte sie ihre Lippen fest auf die Lippen ihres Bruders und lachte unter Thränen und hieß ihn willkommen mit einzelnen abgebrochenen Worten ohne Zusammenhang . . . Tief gerührt, mit Thränen in den Augen, standen die Damen der Königin an der anderen Seite des Saals . . . Nur ein Herz blieb ungerührt, nur ein Paar Augen blieben trocken – das waren die Augen und das Herz des Königs.«

Ludwig muß sich dann doch mit seinem Schwager auch über sehr persönliche Dinge unterhalten haben, über Themen, die mit Bayern, den Türken und dem großen Friedrich absolut nichts zu tun hatten, denn der Kaiser schreibt am 9. Juni 1777 einen der kuriosesten Briefe, die je von einem Kaiser verfaßt und aus seiner Korrespondenz veröffentlicht wurden:»Er (Ludwig XVI.) ist ein bißchen ein Schwächling, aber kein Dummkopf; er hat bestimmte Vorstellungen und ein gesundes Urteilsvermögen, ist aber körperlich und geistig apathisch. Er spricht ganz vernünftig, zeigt aber keinen Wissensdurst, keine Neugier; kurz und gut, das *fiat lux* ist noch nicht gesprochen, die Materie ist noch amorph . . .

Das Geheimnis liegt im Ehebett. Er hat ausgezeichnete Erektionen, führt sein Glied ein, verharrt dort regungslos vielleicht zwei Minuten lang, und ohne sich zu ergießen, zieht er sein immer noch aufrecht stehendes Glied zurück und wünscht seiner Frau Gutenacht. Das Ganze ist unbegreiflich, da er manchmal feuchte Träume hat. Er ist völlig zufrieden und gibt offen zu, daß er den Akt nur als Pflichtübung betrachtet und keinerlei Vergnügen daran findet. Ach wenn ich nur einmal hätte dabei sein können, ich hätte es ihm schon beigebracht! Man sollte ihn auspeitschen wie einen Esel, damit er ejakuliert.«

Dann kommt ein Satz, der eine von der allgemeinen Annahme unterschiedliche Meinung über Marie Antoinette äußert und als Urteil des Bruders natürlich besonderes Gewicht hat:

»Was meine Schwester betrifft, ist sie auch nicht gerade sinnlich veranlagt, und beide zusammen sind ein Paar von ausgemachten Stümpern.«

Stimmt das, haben sich die Zeitgenossen durch die Lebhaftigkeit, den Spieltrieb und die Vergnügungssucht der jungen Königin über ihre wahre Natur täuschen lassen, dann hätte man in Josephs Urteil über ihre mangelnde Sinnlichkeit die Erklärung für die Tatsache, daß sie in den sieben mageren Jahren offenbar keinen Liebhaber erhörte.

Wenige Tage später, am 16. Juni, schreibt Marie Antoinette einen begeisterten Brief an ihre Mutter und zollt ihrem Bruder, dem Kaiser, das höchste Lob. Da man in diesen halboffiziellen Briefen aber zwischen den Zeilen lesen muß, läßt sich erkennen, daß Joseph mit dem Freundeskreis der Schwester keineswegs zufrieden war. Während er sich an anderer Stelle über die Herren und Damen ihres Umgangs sehr unverblümt äußerte, merkte Marie Antoinette jedoch nur an, es habe Joseph an Zeit gefehlt, ihre Freunde besser kennenzulernen. So kann man es auch nennen.

Sein Brief vom 9. Juni 1777 erweckt den Eindruck, als habe er mit König und Königin über deren eigentliche und längst nicht mehr geheime Krise gesprochen. Angesichts des Ernstes der Lage und der natürlichen Vertrautheit unter Geschwistern ist es jedenfalls nicht auszuschließen, daß aufhellende Bekenntnisse auch von Marie Antoinettes Seite erfolgten. Ihrer Mutter freilich schreibt sie behutsamer:

»Man sagt, die Gräfin von Artois (d.h. ihre Schwägerin) sei schon wieder guter Hoffnung. Für mich ist das ein eher peinlicher Anblick nach sieben Jahren Ehe. Dennoch wäre es ungerecht, wollte ich dies erkennen lassen. Ich bin jedoch auch für meine Person nicht mehr ganz ohne Hoffnung, mein Bruder wird meiner teuren Mutter sagen können, wie es in dieser Hinsicht steht. Der König hat sich mit ihm über dieses Kapitel aufrichtig und vertrauensvoll unterhalten.«

Es gibt auch noch andere Bestätigungen für die Geheimgespräche zwischen den Schwägern in Paris, aber angesichts der zahlreichen gefälschten Briefe der Marie Antoinette ist die oben zitierte Stelle wohl die verläßlichste diesbezügliche Auskunft, denn sie findet sich schon in der Arnethschen Ausgabe von 1866 des Briefwechsels zwischen Mutter und Tochter, ehe noch die ungemein geschickten Falsifikate des Barons Feuillet de Conches ihren Weg durch die Biographik antraten. Maria Theresias vertrauter Sekretär, der Freiherr Carl Joseph von Pichler, hat glücklicherweise den eleganten Baron zu wenig interessiert: Was Pichler für seine Kaiserin abschrieb, darf als echt, als tatsächlich mit den Kurieren aus Paris gekommen angesehen werden, und reicht hin, die Vorgänge während des Besuchs von Joseph II. in Paris deutlich zu machen.

Natürlich ging es auch um sehr viel anderes, es ging um den Gesamtkomplex der französisch-österreichischen Beziehungen, in deren Mittelpunkt nun einmal die Königin stand, und man muß sich den Charakter der dynastischen Politik vergegenwärtigen, um zu begreifen, in welchem Maß und mit welcher Rücksichtslosigkeit eine brave Frau und Mutter, eine fromme Katholikin und moralisch denkende Monarchin ihre Tochter als Werkzeug ihrer Politik benutzte, unter Druck setzte und von ihr ernsthaft erwartete, sie, die Königin von Frankreich, solle eine Politik betreiben und erzwingen, die Österreichs Zielen nütze. Dies mußte zwar nicht immer eine Frankreich schadende Politik sein, Maria Theresia mochte durchaus die Meinung vertreten, das Heil Frankreichs liege in enger Zusammenarbeit mit Österreich. Aber es war eben keine französische Politik, wie sie so hervorragende Außenpolitiker wie der Graf von Vergennes ihrem König empfahlen.

Um über die Briefe der Tochter hinaus informiert zu sein, bestellte sich Maria Theresia immer wieder ausführliche Geheimberichte, und um über die eigenen Briefe hinaus auf die Tochter einzuwirken, hatte sie den Kaiser beauftragt, ein genaues Memorandum zu verfassen, eine Aufstellung von Punkten, die zu berücksichtigen seien. Joseph, der in Paris eine Menge Aktivitäten entfaltete und offensichtlich auf große Unabhängigkeit in der Zeiteinteilung Wert legte, besprach dieses Memorandum zwar mit dem Botschafter Grafen Mercy, verfaßte es aber offenbar dann doch selbst, wobei Mercy ihm den bezeichnenden Rat gegeben hatte, sich kurz zu fassen und einfach zu formulieren, die Königin würde einen längeren und komplizierten Text gewiß nicht lesen.

Dieses wichtige und naturgemäß sehr geheime Schriftstück hat Marie Antoinette offenbar verbrannt, wie die meisten Briefe aus Wien, und wieweit sie es vorher gelesen hat, läßt sich aus ihrem Verhalten und aus ihren Briefen nach Wien nicht erkennen, da die Vorwürfe der Kaiserin an die Tochter mit erstaunlicher Monotonie ja stets den Umgang, das Reiten, das Glücksspiel und die Unaufmerksamkeit gegenüber gewissen dem Wiener Hof wichtigen Paris-Besuchern betreffen.

Hingegen besitzen wir einen jener Geheimberichte, die offensichtlich Anlaß zu der Paris-Reise des Kaisers gegeben haben, säuberlich abgeschrieben in der altertümlichen Orthographie Pichlers. Dies hat den Vorteil, daß manches, was nur Gerücht war, nun gleichsam amtlich erhärtet wird, zum Beispiel die spielerische Neigung zu dem Schwager Artois, der Marie Antoinette am besten zu amüsieren verstand, und die Haltung des Königs, der als *très borné* und *très méfiant*, also als sehr beschränkt und sehr mißtrauisch bezeichnet wird. Dies wäre eine immerhin verständliche Schutzhaltung eines Monarchen, der von deutlich stärkeren Intelligenzen umgeben ist, zu jung in ein Schlangennest der Intrigen geworfen wurde und zumindest seit der Begegnung mit Joseph II. ahnen mochte, daß man ihn eines Tages für alle Fehler seiner Regierung zur Verantwortung ziehen werde. Viktor Bibl zitiert Josephs seherisches Wort: »So kann es auf die Länge nicht weitergehen, und die Revolution wird grausam sein, wenn ihr derselben nicht vorbaut.«

Der gleiche Bericht bestätigt auch, daß Marie Antoinette seit der wohl selbstverständlichen Entfernung Aiguillons vom Hof auf Personalentscheidungen keinen Einfluß genommen habe, obwohl sie die neuen Minister nicht sonderlich mochte und obwohl jedermann bei Hof sicher war, sie könnte, wenn sie wollte, ihre Ansichten durchdrücken. Diese Verkennung einer oberflächlichen, in vielem schlicht bequemen Frau durch Jahre ist kennzeichnend für Maria Theresia, die alle ihre Kinder nach dem Bild führte oder zu führen versuchte, das sie von sich selbst hatte, und nach der Vorstellung, daß diese persönlichen Prämissen auch schon politische Grundsätze seien.

Der zweite Irrtum, den man in Wien fortgesetzt beging, bestand in der Überschätzung der kindlichen Devotion. Auch ein Wesen von begrenztem Ehrgeiz und Lernwillen, auch eine junge Frau von geringer Bildung und nur den üblichsten geistigen Ansprüchen ihrer Klasse kann aus der eigenen Persönlichkeit heraus Widerstände gegen fortgesetzte Beeinflussungen und Zurechtweisungen entwickeln. Der Geheimbericht von 1776 ist in diesem Punkt sehr aufschlußreich und darf darum auch zu den bezeichnendsten Dokumenten aus der Frühzeit dieses königlichen Schicksals gerechnet werden.

Die Freundschaften zum Clan der Guémené und zur Princesse de Polignac, die so oft Gegenstand der Kritik waren, bezeichnet dieser Bericht als harmlos, denn die Gesprächsgegenstände seien *à sa portée*, also in ihrer Reichweite, und es seien nur selten Personen zugegen, die an Einfluß oder Bildung den Damen überlegen seien. Ja, an der Polignac halte Marie Antoinette möglicherweise nur fest, weil man diese Verbindung so stark kritisiert habe, also gleichsam aus Trotz.

»Das Gefühl, das immer deutlicher in ihr zum Vorschein kommt, ist ihr Wunsch oder vielmehr ihr Wille, vollständig unabhängig zu werden. Sie hat bei verschiedenen Gelegenheiten deutlich genug zu erkennen gegeben, daß sie nicht bevormundet, nicht dirigiert, ja nicht einmal geführt zu werden wünscht, sei es durch wen immer. Das scheint der Punkt zu sein, in dem zur Zeit alle ihre Überlegungen zusammenlaufen. Darüber hinaus reflektiert sie nach wie vor so gut wie gar nicht, aber tiefere Reflexionen werden kommen, und haben sie sich erst eingestellt, so wird ihr Verlangen nach Unabhängigkeit Formen annehmen, die sich von ihrem augenblicklichen Verhalten (gemeint sind die Amusements) erheblich unterscheiden werden, so wie sie zur Zeit auch noch gar nicht weiß, welchen bestimmenden Einfluß sie auf den Geist ihres Gatten, des Königs, ausübt.«

Es ist schwer zu sagen, ob dieser kluge und in vielem geradezu prophetische Bericht von Mercy d'Argenteau stammt oder vom Abbé de Vermond oder gar von einem Dritten, denn Maria Theresia hatte nicht wenige Beobachter am Hof von Versailles. Die kunstvollen grammatischen Formen, der häufige *Conjunctivus hortativus* und die große Nähe zum geschilderten Objekt sprechen für den Abbé; die Souveränität des Urteils und die menschliche Reife für den Grafen. Joseph II., der ja auch genug zu sehen und zu hören bekam, hat seinen Bericht in Wien mündlich erstattet, wobei Marie Antoinette die Ohren geklungen haben mögen und Maria Theresia gewiß Kongestionen vor Ärger und Zorn bekam; aufgezeichnet ist darüber jedoch nur ein wenig besagendes Konglomerat von Andeutungen.

Vor aller Augen demonstrierte man, wie es so üblich ist, geschwisterliches Einverständnis, was insofern auch stimmte, als die beiden einander ja aufrichtig liebten. Höhepunkt dieser Demonstrationen war der Besuch einer Opernaufführung, und zwar der noch heute gespielten *Iphigenie in Aulis* von Christoph Willibald Gluck, dem Musiker, an dem Marie Antoinettes Herz hing und für dessen übrigens wohlverdienten Ruhm sie sehr viel getan hat. (Es ist allerdings bezeichnend für ihren Spieltrieb, daß sie 1776 Niccolò Vito Piccinni nach Paris berief, der dort mit Marmontel französische Opern schuf und durch seine Erfolge zu Glucks Resignation beitrug.)

Die Pariser kannten zu diesem Zeitpunkt den Kaiser schon einigermaßen, er hatte das *Hôtel Dieu* besucht, das große Bürgerspital im Herzen von Paris, den *Jardin des Plantes* und im Louvre wiederholt den Kopisten über die Schulter gesehen. Aber auch der berühmte Naturforscher George-Louis, Comte de Buffon war eines Besuchs gewürdigt worden und der Schauspieler Lekain, ein Abgott der Pariser. In den Logen sah man die große Gesellschaft der Hauptstadt mit den turmhohen Frisuren von Meister Léonard und die ganze königliche Familie ohne Ludwig XVI., dem so glanzvolle Schauspiele zuwider waren und der als eifriger Jäger auch gern früh zu Bett ging. So versäumte er den schönsten Triumph, den Marie Antoinette seit ihrem offiziellen Einzug in Paris im Jahr 1773 erlebt hatte: Als auf der Bühne Iphigenie im Triumph durch das Feldlager der Griechen schreitet, stimmen die Thessalier einen Jubelgesang an:

> *Que d'attraits, que de majesté*
> *Que de grâces! Que de beauté!*
> *Chantons, célébrons notre reine!*

Damit hatte du Roulett, ohne es zu ahnen, den Parisern aus dem Herzen gesprochen. »Welche reizvolle Erscheinung, wieviel Majestät, welche Grazie, welche Schönheit! Singen wir, feiern wir unsere Königin« wurde zum Stichwort: Das Publikum erhob sich und applaudierte zur Hofloge hinauf, und der Chor mußte die Strophen wiederholen. Die Campan berichtet uns glaubhaft, daß Marie Antoinette die Huldigung nicht auf sich allein beziehen wollte, sondern ihren Bruder, der sich halbverdeckt im Hintergrund der Loge gehalten hatte, ins Licht holte und beide dem Publikum für die Ovationen dankten.

Drei verschiedene Quellen führen an, daß Marie Antoinette, zu Tränen gerührt von diesen Huldigungen, sich ihrem Bruder zugewandt und gesagt habe: »Wie schön wäre es, jetzt zu sterben! Welch ein seliger Tod wäre das, denn alle Fülle des stolzesten Erdenglücks ist in diesem Augenblick erschöpft.«

Man sagt dergleichen, wir alle kennen solche Gefühle, aber wenn eine Königin mit solchen Schicksalen derlei ausspricht, so ist man doch versucht, an Ahnungen zu glauben. Und es gab im gleichen Jahr auch noch viel glücklichere Ahnungen: Gegen Ende 1777 rief die Königin Madame de Campan und deren Schwiegervater, der in seiner Intendantenfunktion stets in der Nähe war, zu sich, reichte ihnen die Hand zum Kuß und teilte den beiden Getreuen mit, sie wisse nun, daß sie bald Mutter sein werde. Aber erst zwölf Monate später wurde *Madame, fille du roi* geboren, Marie Thérèse de Bourbon, die vom 19. Dezember 1778 bis zum 19. Oktober 1851 lebte, das große Desaster somit überstand. Ihre Geburt jedoch war noch ein groteskes Stück Mittelalter, und die Beobachtung der Rituale hätte Marie Antoinette um ein Haar das Leben gekostet.

Von dem Augenblick an, da der Geburtshelfer – der seit Wochen im Palast Wohnung hatte – das große Ereignis verkündete, die Worte sprach: »Die Königin wird niederkommen«, begann ein Ablauf, den zu verändern seit all den Gerüchten um den Sonnenkönig niemand mehr wagen durfte. Selbst die Campan, in ihrer bedingungslosen Verehrung für die Bourbonen über jeden Verdacht erhaben, läßt die Wahrheit durchschimmern, wenn sie beiläufig erwähnt, die Linie Orléans leite ihren Herrschaftsanspruch aus der Tatsache ab, daß sie von Heinrich IV. abstamme. Mit anderen Worten: Ludwig XIV., dessen jüngerer Bruder diese Seitenlinie begründete, stamme *nicht* von Heinrich IV. ab. Das war damals also eine allgemeine Annahme, ist heute jedoch vergessen – außer im Hause Rantzau. Dort nämlich ist man überzeugt, daß es ein nicht mehr ganz junger, aber attraktiver Marschall Rantzau gewesen sei, der Anna von Österreich Frankreichs so großen König in den Schoß gepflanzt habe.

Ludwig XVI., scheu, schüchtern, diskret und unsicher, konnte also nicht daran denken, die Öffentlichkeit von der Geburt auszuschließen. Angesichts der sieben Jahre währenden Unfruchtbarkeit der Ehe hätte es sogleich wieder Gerüchte gegeben, man hätte von einem untergeschobenen Kind gesprochen, das dem Haus Orléans die Anwartschaft auf den Thron nehmen würde und vordem schon dem Comte de Provence, der als Thronerbe galt, wenn Ludwig kinderlos sterben sollte. Und danach hatte es bis dahin ja ausgesehen . . .

Die Schilderung, welche die Campan von der Geburt gibt, ist ein Alptraum: Das muffige Zimmer, in dem alle Fenster fest verrammelt, ja mit Tapetenpapier gegen jeden Luftzug verklebt sind. Das Bett, um das Ludwig sorglich Paravents aufrichten und mittels Stricken gegen andrängende Neugierige sichern ließ. Der Raum selbst, in dem all jene versammelt waren, die einen Anspruch hatten, zu erfahren, was geschah, also die Brüder des Königs, deren Frauen, die Orléans, die Spitzen der Hofgesellschaft, Herrschaften, die man nicht einfach mit dem Ellbogen wegschieben konnte, so daß der Geburtshelfer, dem noch ein Feldscher zur Seite stand, nur die geringste Bewegungsfreiheit hatte.

Als nach drei Stunden heftiger Wehen das Kind vor Mitternacht geboren wurde, war der Sauerstoff in dem von Menschen erfüllten Raum völlig verbraucht. Hinter den Leuten vom Hof waren nämlich, gemäß einer alten Tradition, auch Neugierige aus dem Volk zugelassen worden, Frauen aus dem Städtchen Versailles und zwei findige Savoyarden, die Hausierer jener Zeit, die auf einen Tisch kletterten, um über die Paravents hinwegblicken und in ihrem Alpental dann erzählen zu können, sie hätten die Königin gebären gesehen. (Bei Hilaire Belloc sind sie arabische Händler, aber so schlimm war es dann doch nicht.)

Als das Kind da war und ins Nebenzimmer getragen wurde, um es der Menge zu entziehen und um sein Geschlecht feststellen zu können, wurde zuerst die Prinzessin von Lamballe ohnmächtig, danach die Königin, ein Kreislaufkollaps, der ihr gerade noch Zeit ließ zu sagen: »Ich sterbe, beeilen Sie sich.«

Der Feldscher griff zu dem Lieblingsmittel der damaligen Medizin und öffnete der Königin eine Ader am Fuß, Ludwig XVI. aber stieß mit erstaunlicher Kraft Scheiben und Verkleisterung eines Fensters ein, und die frische Dezemberluft drang in den Raum. Die Diener drängten die Zuschauer aus dem Volk hinaus auf die Treppen und Gänge, und die Höflinge gingen, als sich herausstellte, Marie Antoinette habe keinen Knaben, sondern ein Mädchen geboren. Die Enttäuschung darüber, die sich auf dem Gesicht des Königs gezeigt haben mag, wurde jener Verdüsterung gleichgesetzt, mit der einst Ludwig XIII. auf jenen Sohn reagiert hatte, der nicht von ihm sein konnte, weil er am besten wußte, daß er der Königin nicht beigewohnt habe.

Der Comte de Provence, der in Vertretung des in Spanien herrschenden Paten die kleine *Madame Royale* über das Taufbecken hielt, gab später den Gerüchten über einen anderen Kindesvater neue Nahrung: Als der Groß-Almosenier von Frankreich ihn nach dem Ritual um die Namen des Täuflings bat, sagte Monsieur: »Fragen Sie mich doch zuerst, wie es sich gehört, nach dem Namen des Vaters und der Mutter!« Verblüfft, ja verlegen wandte der Priester leise ein, darüber könne es doch keinen Zweifel geben: das Mädchen sei die Tochter des Königs und der Königin von Frankreich. Daraufhin wandte sich Provence zu den Anwesenden um und lachte anzüglich so lange, bis sein ganzer Clan einstimmte.

Nun ist die zum Begriff gewordene *Recherche de la Paternité* natürlich immer ein Problem, und sie gleicht bisweilen der Suche nach einer Stecknadel im Heuhaufen. Hätten sich alle Königinnen auf ihre angetrauten Gatten beschränkt, Europa wäre ein Schauerkabinett regierender Kretins geworden. Man sollte also jenen stillen Helfern dankbar sein, die ohne Schaden für irgendjemanden und zum Nutzen der Völker hochbegabte Kuckuckseier in die königlichen Nester legten, den Herzog von Monmouth etwa, den Herzog von Bedford, den Marschall von Sachsen, den Feldmarschall Rutowski, César de Vendôme oder auch das ganze kerngesunde, weil auf eine morganatische Verbindung zurückgehende Haus Mountbatten. Aber im Fall dieser Geburt, der kleinen *Madame Royale*, sind die Zweifel an Ludwigs Vaterschaft in den *Souvenirs diplomatiques* von Henry Richard Fox Vasall, Lord Holland (gestorben 1840) sehr schwach dokumentiert. Paris jedenfalls leuchtete, nur das Palais Royal der Familie Orléans blieb dunkel . . .

Es war eine Schwangerschaft mit mancherlei Aufregungen gewesen. Die österreichischen und die preußischen Armeen standen einander wieder einmal gegenüber, und da man in Paris die enge Verbindung zwischen Maria Theresia und ihrer Tochter kannte, wurde die hochschwangere und besonders empfindliche Marie Antoinette über die wichtigsten Entwicklungen im unklaren gelassen. Der preußische Botschafter von der Goltz und der österreichisch-belgische Graf Mercy lieferten einander Einfluß-Schlachten, Ausspähungs-Kämpfe und Lobby-Duelle im modernsten Sinn, bis sich endlich der alte Maurepas und Graf Vergennes, Frankreichs Erst- und sein Außenminister, doch darauf besannen, daß das Land eine leidenschaftliche Österreicherin als Königin habe.

Im Mai 1779, als Marie Antoinette auch noch Röteln überstanden hatte und an der langen Isolation von ihrem Neugeborenen besonders litt, mag der Dankbrief ihrer Mutter die große Erlösung eingeläutet haben: Der Friede war geschlossen, die Armeen zogen sich zurück und Österreich hatte, dank einer zwar nicht energischen, aber doch angedeuteten französischen Unterstützung, immerhin einen kleinen Landgewinn zu verzeichnen: Die Grenze gegen Bayern konnte bis an die Salzach vorverlegt werden . . .

ZWEITES BUCH

Der Abgrund

Sisyphus als Minister

Frankreichs Nachbarn hatten, wenn sie nach Paris blickten oder es gar besuchten, den Eindruck eines unablässigen Festes, eines das ganze Jahr beherrschenden Karnevals, den ein vergnügungssüchtiger Hof und eine ausschweifende Gesellschaft als ihren hauptsächlichen Daseinszweck ansahen. Auch heute herrscht noch weitgehend die Vorstellung, rund um Marie Antoinette und ihren Gemahl habe man den Abgrund, der sich bereits deutlich öffnete, nicht erkannt, die wenigen Mahner ignoriert oder verlacht und sich angesichts einer drohenden Umwälzung weiter amüsiert, so etwa, wie es auch Kaiser Joseph II. während seines Paris-Besuches in jenem prophetischen Wort von der bevorstehenden Revolution ausgesprochen hatte.

Merkwürdigerweise trifft diese Annahme nur für jene Kreise zu, die ohnedies nicht viel zu sagen hatten und die auch bei einem anderen Verhalten keinen bestimmenden Einfluß auf die Politik des Königs hätten nehmen können. Ludwig XVI. selbst und seine Minister bemühten sich nämlich buchstäblich vom ersten Tag seiner Regierung an um jene große und allgemeine Reform, die Frankreich gesunden lassen sollte, eine Reform auf allen Gebieten der Verwaltung und der Finanzpolitik.

In einer Nation, die das 18. Jahrhundert zu dem des Lichtes und der Aufklärung gemacht hatte, konnte es an kritischen und schöpferischen Denkern nicht fehlen, und wenn auch die berühmtesten unter ihnen den großen Ruhm auf der literarischen Bühne suchten oder sich um die enzyklopädischen Grundlagen für eine neue und allgemeine Bildung bemühten, so gab es doch noch genug klare Geister aus der sogenannten *Noblesse de Robe*, aus der Crème des Beamtenstandes, die genaue Vorstellungen von dem künftigen Staatswesen besaßen: aus ihrer Bildung, aus dem Studium der Verhältnisse in England, Preußen und Österreich und aus ihrem eigenen Mißvergnügen an der praktischen Arbeit im mittelalterlich organisierten Frankreich.

Der bedeutendste dieser Männer war Anne Robert Jacques Turgot, Baron de l'Aulne (1727-1781), und wir müssen von ihm sprechen, weil alles, was er in 21 Monaten tat, geeignet war, die Revolution zu vermeiden und Frankreich in einem friedlichen, wenn auch energischen Prozeß zu erneuern, und weil in vielen Biographien Marie Antoinette die Schuld an der Entlassung Turgots zugeschrieben wird. Für den wirklich Interessierten ist der Überblick über Turgots Arbeit faszinierend, weil man aus allem, was er erst tun mußte, erkennen kann, wie es um diesen mächtigen und glanzvollen Staat in Wahrheit bestellt war. *In summa* aber sind alle ministeriellen Bemühungen vor der Revolution und vor Napoleon Schnee von vorgestern, weswegen ich mich kurz fasse.

Turgot war, ehe er gleich zu Beginn seiner Regierungszeit von Ludwig XVI. berufen wurde, Intendant, also eine Art Regierungspräsident, von Limoges gewesen, ein Mann der Praxis, ein Mann im vordersten Graben, mit einem messerscharfen Verstand ausgestattet und volkswirtschaftlich ausgezeichnet geschult. Das ihm nun übertragene Amt eines Generalkontrolleurs der Finanzen umfaßte viel mehr als ein heutiges Finanzministerium, denn es fehlte an allem: Um die Finanzen gesunden zu lassen, um das ungeheure Defizit abzubauen, konnte man nicht nur mit dem Rechenstift arbeiten, Ausgaben kürzen und neue Steuern ausschreiben, wie es seit dem Tod Colberts alle französischen Finanzminister mit gleicher Erfolglosigkeit getan hatten. Es ging um die Befreiung des ganzen wirtschaftlichen, gewerblichen und bäuerlichen Lebens, das heißt um eine Veränderung, die in Traditionen von ungeheurer Festigkeit und Macht eingriff. Als Turgot die Wegzölle beseitigte, um den Verkehr innerhalb Frankreichs zu erleichtern, die Warentransporte zu verbilligen und die Märkte zu beleben, nahm er damit Hunderten von Miniaturpotentaten von den Städten bis zu den Adeligen seit Jahrhunderten fließende Einnahmen. Als er den Zunftzwang beseitigte und Gewerbefreiheit proklamierte, um das Volkseinkommen zu heben und die unterschiedlichen Produktionsmöglichkeiten einander anzugleichen, hatte er ebensoviele Gekränkte gegen sich, die mit Hilfe überholter Vorschriften die Konkurrenz unterdrückt und eine breite Unterschicht in Armut gehalten hatten. Als Turgot alle Beschränkungen des Getreidehandels innerhalb Frankreichs aufhob und die Ausfuhr von Brotgetreide verbot, kam es zum sogenannten Mehlkrieg (*guerre des farines*), in dem sich all jene zusammenfanden, die von Turgots großer Steuerreform am meisten zu fürchten hatten: Ein Prince de Conti, der vermögende Klerus, die Hochfinanz unter Necker! Sie alle sahen den Augenblick gekommen, den so unangenehm energischen Minister loszuwerden, der ein Privilegium nach dem anderen zu Fall brachte, um Volk und Staat zu entlasten.

Es kam zu geschickt angestifteten Unruhen in den Provinzen, zum Sturm auf Bäckerläden, obwohl die Getreide-Ernte einigermaßen ausreichend gewesen war und angesichts des Ausfuhrverbots bei geregelter Verteilung Hungersnöte nicht zu befürchten waren. Turgot erkannte die Gefahr, stellte neben jeden Bäckerladen Soldaten, ließ die Plündererbanden im ganzen Land jagen und hatte nach zwei Dutzend Erschießungen die Lage wieder im Griff. Der König, das verdient festgehalten zu werden, stand unverrückbar an der Seite seines Ministers. Als Turgot dem Parlament ein ganzes Paket von sechs Gesetzen servierte, das unter anderem die Fleischzufuhr nach Paris verbessern und von Abgaben befreien, aber auch einträgliche Diktatorenpositionen auf den Märkten und an den Schranken unterdrücken sollte, durfte zwar der Parlamentspräsident seine Einwände vorbringen, durften die Herren Parlamentsräte das Gesetz ablehnen, dann aber erklärte Ludwig XVI. ruhig und mannhaft, er verlange dennoch die Registrierung dieses Gesetzes.

Ludwig XVI. erscheint uns in seiner Arbeit, von der Marie Antoinette nur einen sehr ungefähren Begriff hatte, als emsig, männlich, bemüht und besorgt; er hatte Turgot gegen die Getreidespekulanten ebenso in Schutz genommen wie gegen einen Prinzen Conti, und er hatte mit Malesherbes einen kongenialen Helfer für Turgot berufen, einen in ganz Frankreich hoch angesehenen Verwaltungsfachmann und -theoretiker. Als Innenminister sekundierte er Turgot, und die zwei wären als Gespann dank der unerschrockenen Unterstützung durch den König wirklich das gewesen, was Frankreich in dieser Stunde brauchte. Nur hatten sie eben einen vergreisten Ministerpräsidenten über sich, den alten Maurepas, von Ludwig gleichsam als Reverenz vor seinem toten Vater berufen, ein Mann alten Stils ohne Ideen und ohne Unternehmungsgeist, der spätestens nach der schnellen Niederwerfung der Mehl-Unruhen von hilfloser Eifersucht gegenüber Turgot geleitet wurde.

Wie so mancher eminente Fachmann sehr von sich überzeugt, fanatisch an seine gewaltige Aufgabe hingegeben, schrieb Turgot im Mai 1776 einige Briefe an den König, in denen er bat, von den Hemmnissen befreit zu werden, die Maurepas ihm in den Weg legte. Es waren Briefe, in denen leider auch ehrfurchtsvoll-kritische Worte über Seine Majestät selbst standen, und Ludwig, der für Turgot so viel auf sich genommen hatte, war zu Recht gekränkt. Hatte er nicht gesagt, »nur Monsieur Turgot und ich lieben das französische Volk«? Hatte er nicht düster zugestimmt, als Turgot ihm klargelegt habe, es gebe keinen nationalen Zusammenhalt (»Il n'y a point d'esprit public«)?

Turgots großer Brief vom 30. April 1776 liest sich heute wie ein einziges Menetekel, nur hatte es eben keine Geisterhand an die Wand geschrieben, sondern es stand säuberlich auf dem Papier, wie so viele andere ministerielle Äußerungen:

»Sire . . . ein Mensch, dem man einen Abgrund vor seinen Füßen zeigt, der wirft sich doch nicht freiwillig hinein . . . Ihnen fehlt die Erfahrung, Sire, aber werden Sie in acht Tagen, in einem Monat mehr davon haben? Kann man darauf warten, bis sich diese verspätete Erfahrung einstellt? . . . Vergessen Sie nie, Sire, daß es die Schwäche war, die das Haupt Karls I. [von England] auf den Block gebracht hat . . .«

Dieser unzweifelhaft Ende April 1776, also siebzehn Jahre vor der Hinrichtung Ludwigs XVI. geschriebene Brief mit seinen so deutlich inspirierten Zeilen war im Grund gleichbedeutend mit einem Abschiedsgesuch. Derlei konnte ein König sich nicht sagen lassen, und da Stunden vorher auch Malesherbes seinen Abschied genommen hatte, war Turgot allein und gegen eine selbst beschworene Ungnade nicht zu halten. Marie Antoinette hat, wie ihr Briefwechsel mit ihrer Mutter nachweist, wie uns aber vor allem dieser anmaßende Brief Turgots selbst zeigt, auf die Entlassung der beiden Minister keinen Einfluß genommen, wenngleich sie vorher wegen einer anderen Affaire hart mit Turgot aneinander geraten war: Der Botschafter in Großbritannien, Graf von Guines, wegen seines Aussehens und seiner Umgangsformen Günstling der Königin, wenn auch kaum ihr Liebhaber, hatte eine Untersuchung zu fürchten, die keineswegs von Turgot persönlich gegen ihn eröffnet worden war. Einen Botschafter abzuberufen, gegen den ein Ermittlungsverfahren läuft, war Routine; die Königin aber brachte es zur Weißglut, interessierte sie sich für Politik und Affairen doch nur dann, wenn einer ihrer Intimen, die sie für unantastbar hielt, belästigt wurde. Da Turgot zu diesem Zeitpunkt so gut wie allmächtig war, da vielleicht Maurepas oder dessen Frau insgeheim mitgeteilt hatten, sie würden Guines in London halten, kam es zu einer jener durchaus überflüssigen Demonstrationen, die später die Legende begründen werden, Marie Antoinette habe Frankreich regiert. Sie erzwang zwar von ihrem Gatten die Erhebung des Grafen Guines zum Herzog, ja Ludwig soll den Brief, mit dem er den Herzogtitel als Entschädigung für den Botschafterposten offerierte, erst beim dritten Versuch so abgefaßt haben, daß die wütende Königin mit dem Inhalt und dem Tonfall zufrieden war. Mit dem Rücktritt oder genauer gesagt der Entlassung von Turgot fällt »la permission de porter le titre de Duc« nur zeitlich zusammen. Turgot hätte wegen solch einer Lappalie sein Amt niemals zur Verfügung gestellt. Daß Marie Antoinette für ihn schließlich auch noch die Bastille verlangte, also die Kerkerhaft des Mannes, den alle Einsichtigen als den Retter Frankreichs ansahen, ist eine jener Trotzreaktionen, ist jenes durchaus kindlich-eigensinnige Auftrumpfen, das zunächst Mercy und dann auch dem Wiener Hof so viel zu schaffen machte, und es erweckte jenen Anschein, den Mercy unbedingt vermeiden wollte: daß man die Österreicherin mit dem Sturz des großen Mannes in Verbindung bringen müsse. Wie sehr er damit recht hatte, zeigte die Tatsache, daß auf die Sessel von Malesherbes und Turgot zwei ausgemachte Nullen berufen wurden. Der König hatte in der Konfrontation mit zwei genialen Ministern nicht nur Frankreich, sondern sich selbst geopfert und den von ihm als richtig erkannten Weg nicht weiterzugehen gewagt.

Marie Antoinette war in jenem schicksalhaften Mai 1776 zwanzig Jahre und sechs Monate alt; sie hatte die Alarmsituation geschaffen, die zu der Reise ihres Bruders führte und zu jener natürlichen Beruhigung, die das erste Kind in das Leben einer jungen Frau und darüber hinaus in die königliche Ehe brachte. Aber wir erkennen Kräfte, die sich auf die Dauer nicht unterdrücken ließen. Kaum erzogen, höchstens ein wenig gedrillt, war sie seit der Trennung von Wien unter den persönlichen Unterweisungen durch den Botschafter und den brieflichen Dauerermahnungen ihrer Mutter insgeheim störrisch geworden; jede aufmerksame Lektüre ihrer Briefe nach Wien läßt dies deutlich erkennen. In dieser Seelenlage, die durch die unerfüllte Ehe nur akzentuiert und nicht erst herbeigeführt wurde, war die Anlehnung an einen verständnisvollen Freundeskreis nur natürlich, ja zunächst eine passable Lösung, vor allem, da auf allen Festen, Unterhaltungen und beim abendlichen Spiel der König stets fehlte.

In diesem Freundeskreis ist der Ruf der Princesse de Lamballe unumstritten, sie ist eine Frau, der nichts vorzuwerfen ist, obwohl sie auf den ersten Blick herrischer, selbständiger und als Intelligenz gefährlicher wirkte als die eigentliche Intrigantin, die Gräfin von Polignac, eine geborene de Polastron. Yolanthe Gabrielle, sechs Jahre älter als Marie Antoinette, hatte in Jules de Polignac einen intelligenten Gatten, dem aber weniger an Frankreich, der Politik oder gar an den nötigen Reformen gelegen war als an der Abdeckung seiner beträchtlichen Schulden und an der Bereicherung seines Clans. Er war also keineswegs der Mephisto des Königtums, den manche in ihm sehen, nur fehlten bei einem Vierzig-Millionen-Defizit, das Turgot auf 27 Millionen verringert hatte, eben die Gelder sehr, die der Clan Polignac zu seiner Sanierung erhielt, ein sachlich durchaus unbegründeter Vorgang, der jeden nicht vollkommen servilen Finanzminister zur Weißglut bringen mußte.

Mercy selbst gab nach Wien eine Zusammenstellung der Summen, die der verzweifelt um gesündere Finanzen ringende französische Staat nur für die prominentesten Mitglieder jenes Freundeskreises rund um die Königin ausgeben mußte, in Summa alljährlich 700 000 Livres für die Polignacs und 350 000 für die Princesse de Lamballe. Henri Carré hat dazu in seinem Standardwerk *La Noblesse de France et l'Opinion publique* Details zusammengetragen, welche die wachsende Erbitterung gegen die Österreicherin ebenso erklären wie die Kritik Mercys an einer vernunftgemäß nicht mehr zu begründenden Verschwendung. Die Polignac hatten, ehe die Gnadensonne Marie Antoinettes auf sie fiel, ganze 8000 Livres jährlich von ihren Besitzungen, sehr wenig, wenn man bedenkt, daß der Onkel von Jules als berühmter und sehr wohlhabender Kardinal gestorben war. Selbst die Kinder der Polignac wurden reich bedacht, die Mitgift von 800 000 Livres (nach der Kaufkraft-Umrechnung zwischen 8 bis 10 Millionen DM) ist die höchste des Jahrhunderts, viermal so hoch wie in Adelskreisen üblich. Selbst der Liebhaber der Gräfin, auf den der elegante Jules doch nicht sonderlich gut zu sprechen war, erhielt 30 000 Livres Jahresrente, und als eine Polignac-Verwandte ihre Hofposition verlor, weil sie ein frivoles Buch ins Schloß gebracht hatte, zahlte ihr Marie Antoinette immerhin noch 6000 Livres im Jahr, viermal soviel wie eine solide Handwerkerfamilie das ganze Jahr verbrauchte.

Am 17. Dezember 1779, also am Vorabend des ersten Geburtstags der kleinen Marie Thérèse, schrieb Mercy an die kaiserliche Großmutter in Wien einen Brief, der ihr gewiß nicht viel Freude gemacht hat: »Seit vier Jahren«, heißt es darin, »hat sich die ganze Familie Polignac, ohne jedes Verdienst um den Staat, somit ausschließlich durch die Gunst der Königin, insgesamt an die 500 000 Livres laufender Einnahmen gesichert. Alle verdienten Familien des Adels sind entrüstet ob solcher Ungerechtigkeit und so maßloser Gnadenbeweise. Dazu kommt nun noch die Schenkung der Grafschaft Bitche, womit die Gerüchte und der allgemeine Abscheu einen Höhepunkt erreicht haben.«

Bit(s)che, das lothringische Festungsstädtchen, das noch heute reizend anzusehen ist, hatte damals 2600 Einwohner und eine wohlhabende Umgebung, und es war eine außerordentlich wichtige Grenzposition, wie die folgenden Jahre zeigen sollten. Die Comtesse de Polignac hatte um diese Donation ausdrücklich gebeten, mit anderen Worten: Man bedrängte Marie Antoinette, sie ließ sich bedrängen, und man nützte sie aus, eine Situation, mit der jede Königin, jede hoch plazierte Frau fertig werden muß. Marie Antoinette ist dies nicht gelungen, die Gerüchte wurden immer wilder, die Pamphlete übertrieben, die Spottverse wurden obszön und verletzend, weil sich der gesunde Hausverstand der Pariser so unermeßliche Gunstbeweise nicht anders zu erklären vermochte als durch die sexuelle Abhängigkeit von einer schönen Frau, die der darbenden Königin neue Möglichkeiten der Befriedigung, der Entspannung eröffnet habe. Wäre es so gewesen, hätten die Frauen einander wirklich geliebt, dann hätte ihnen ihre Freundschaft Trost gebracht, der einen, weil sie betrogen, der anderen, weil ihre Ehe noch immer nicht vollzogen wurde. Das Ganze wäre rein privat geblieben und man hätte es vor allem aus heutiger Sicht durchaus verstehen können. Die Eingriffe in die verzweifelten Bemühungen der Staats-Sanierung jedoch kamen einer Sabotage von allerhöchster Stelle gleich, und das begründet auch die Mitschuld einer an sich politisch uninteressierten Frau an der Seite eines Monarchen.

Wenn eine ganze Grafschaft den Besitzer wechselt, so läßt sich das höchstens ein paar Wochen lang verheimlichen, selbst wenn sie im äußersten Osten Frankreichs liegt. Schwerer zu erfassen waren die Verluste, die Marie Antoinette beim Glücksspiel erlitt, denn diese verschwieg sie sogar ihrer Mutter, und auch der treue Mercy war, wenn er darüber berichten wollte, auf das angewiesen, was ihm aus Versailles, Fontainebleau, La Muette oder den anderen Orten dieser Karten-Abende hinterbracht wurde. Was sich darüber in der von Arneth herausgegebenen Geheimkorrespondenz zwischen dem Botschafter und Maria Theresia findet, ist natürlich nicht nur für die Königin, sondern für den ganzen Hof aufschlußreich und kennzeichnet beinahe eine jener Stimmungen, wie sie schon die Pompadour mit ihrem bekannten Wort *Nach uns die Sintflut* rechtfertigen wollte. Schon unter dem Sonnenkönig war sehr hoch gespielt worden, und die Voraussetzungen hatten sich seither nicht nennenswert verändert: Es war eine Gesellschaft, die – außer an Jagd-Tagen – spät aufstand, die den ganzen Tag nichts Rechtes zu tun hatte und nach dem opulenten Diner einen Nervenkitzel brauchte, oft bis tief in die Nacht. Ja an einem Tag in Fontainebleau spielte man sechsunddreißig Stunden (Mercys Brief vom 15.11.1776).

Marie Antoinette verlor bei einer solchen Sitzung 8000, bei einer anderen 9600 Livres, also mehr als das Jahresgehalt, das sie ihrem Protegé Christoph Willibald Gluck ausgesetzt hatte, das Doppelte ihrer Spende nach einem Theaterbrand in Paris. Man sprach aber auch von sehr viel höheren Verlusten, wenn auch nicht der Königin, weil man diese denn doch nicht zu betrügen wagte. Es wurde nämlich betrogen, offen und schamlos, auch von Damen, die den Herzogstitel führten. Man nannte das *inexactitude*, also Ungenauigkeiten, und jeder wußte, was damit gemeint war. Bachaumonts Fortsetzer berichten unter dem 18. November 1778 von einer Rolle mit falschen Louis d' Ors, säuberlich eingewickelten Goldstücken, die sich nachher als unecht erwiesen. Der Betrüger hieß Duluques und wurde eingekerkert, die falsch spielenden Herzoginnen aber wurden nicht verfolgt. Der Comtesse de Provence wird das Wort zugeschrieben:»Sie lassen sich aber gut ausnehmen, Messieurs«, worauf die Angesprochenen, die Herren de Chalabre und Poinsot, antworteten:»Madame, wir ziehen vor, es nicht zu bemerken.« Das war eben das Eintrittsgeld in die große Gesellschaft, das die Landadeligen entrichten mußten. Fehlte es an solchen Tölpeln, schickte man nach Paris, und es kamen berufsmäßige, erfahrene Hasardeure, die dann in Fontainebleau die Bank hielten.

Maria Theresia hatte also durchaus recht, wenn sie darauf hinwies, daß man nicht nur hohe Summen verliere und dem Volk ein schlechtes Beispiel gebe, sondern auch mit Menschen zusammenkomme, die man besser meiden würde. Da Mercy, ein erfahrener Diplomat, der schon in Petersburg und Warschau gedient hatte, wie viele andere diese Spielsäle einfach mied – weil es ja nicht angenehm war, zu Verlusten genötigt zu werden oder aber mit hohen Gewinnen als Schwindler zu gelten –, war es vor allem der Abbé de Vermond, der hier den Berichterstatter machte. Obwohl er sich viel darauf zugute tat, das Vertrauen der Königin zu besitzen, überlieferte er uns eine genaue Zusammenstellung aller Spielverluste Marie Antoinettes im Jahr 1778: Es waren insgesamt 181 344 Livres. Der Gute saß also mit gespitztem Bleistift in einer Ecke und verfolgte alle Peripetien des Spieles, und Marie Antoinette, die dies nicht bemerkte, log ihrer Mutter vor, sie beschränke sich auf die allerharmlosesten Abendunterhaltungen. Der Februar 1779, als Maria Theresia die Aufstellung Vermonds erhielt, muß ein schwarzer Tag für die Kaiserin gewesen sein . . .

Es ist kurios, aber eine Tatsache, daß die Polizei sofort energisch einschritt, wenn außerhalb des Hofes Glücksspiele entdeckt wurden. Bei Hofe wagte niemand einzuschreiten, wurden die Karten doch bei den höchstgestellten Persönlichkeiten aufgelegt: Zunächst bei Adelaide, der Lieblingstochter Ludwigs XV., die er zeitweise der Pompadour vorgezogen hatte und die – wenn man dem großen Michelet folgen will – ihrem Vater den Grafen von Narbonne gebar, eine der glanzvollsten Erscheinungen seiner Zeit. Als Marie Antoinette nach Versailles kam, wurden die Spieltische bei ihr, der Dauphine, aufgestellt, und, als die gemeinsamen Nächte mit dem König begannen, bei der Prinzessin von Lamballe, *Surintendante* des Hauses der Königin. Der Herzog von Chartres, also ein Orléans, verlor in einer langen Nacht hier 192 000 Livres (Mercy am 17.11.1779), was seine Sympathien für die Königin kaum gesteigert haben dürfte.

Angesichts solcher Summen könnte der Kleider- und Ausstattungsluxus, den die Königin trieb, als *quantité négligeable* angesehen werden, wären nicht auch hier hohe Dauerbezüge im Spiel, für die Modistin Bertin mit ihren halbverrückten Kreationen, für die Ober- und Unter-Friseure und für die Schneider, die wiederum von der Guimard beraten wurden, einer der berühmtesten Schauspielerinnen ihrer Zeit.

Während Maria Theresia, im fernen Wien von Gerüchten und Klatsch umschwirrt, sich Skizzen jener Frisuren erbat, von denen Mercy ihr geschrieben hatte, waren in Paris die Meinungen zunächst geteilt. Die einen waren überzeugt, daß eine so schöne Frau, die obendrein Königin von Frankreich sei, sich eben schmücken müsse und darin von keiner anderen übertroffen werden dürfe; andere wiederum machten die Rechnungen auf, wie der aus Lyon stammende und folglich in Seiden versierte Prudhomme in seinem dicken Buch *Les Crimes des Reines de France*.

Am leichtesten nahmen diese Verhältnisse naturgemäß die leichten Mädchen jeder Couleur. Ein Pamphlet von 1775 legt den Modistinnen, aus deren Reihen schließlich auch die Dubarry hervorgegangen war, den Protest in den Mund, die Königin könne sich ruhig mit soviel Federn schmücken wie sie wolle, sie möge aber ihren Hutschmuck nicht aus dem Ausland einführen. Um diesen Protest bei Hof vorzubringen, »wählte man sechs der hübschesten und kokettesten Mädchen, die sich zutrauten, mit den Herren des Hofes fertigzuwerden, und die sicher waren, die Königin entweder im Bois de Boulogne oder im Château de la Muette anzutreffen«, berichtet Hector Fleischmann (*Les Pamphlets libertins contre Marie Antoinette*), ohne jedoch zu sagen, ob die Delegation zurückkehrte oder es vorzog, am Hof zu bleiben.

Rache für Quebec

Von allen Verlusten, die Frankreich unter Ludwig XV. erlitten hatte, war keiner so schmerzlich empfunden worden wie der Kanadas. Er ist bis heute nicht verwunden, Quebec steht heute nicht mehr nur für eine Stadt, sondern für das ganze francophone Gebiet in Nordamerika, und die kulturelle Aktivität der Kanada-Franzosen läßt bisweilen vergessen, daß dieses große Land ja noch immer zum Commonwealth gehört. Vergessen wird aber auch, daß Frankreich unter Ludwig XVI. eine wohlgelungene Rache für den Verlust Kanadas nehmen konnte, in dem geschicktesten und folgenreichsten aller Kriege, die es je geführt hat: Der als beschränkt geltende sechzehnte Ludwig brachte es mit Hilfe eines bedächtigen, aber sehr erfahrenen Außenministers zuwege, Großbritannien in die tiefste Krise seiner Kolonialgeschichte zu stürzen, an deren Ende der Verlust der wertvollsten Gebiete Nordamerikas stand und die Gründung der Vereinigten Staaten.

Charles Gravier, Comte de Vergennes (1717-1787) aus der an Bildungstraditionen so reichen burgundischen Stadt Dijon trat schon 1774, also gleich nach dem Tod Ludwigs XV., in das Kabinett ein, da der verstorbene Vater des jungen Königs wiederholt auf die Begabung dieses Diplomaten hingewiesen hatte. Marie Antoinette hatte auf diese erste Ministerliste keinen Einfluß nehmen können, ihr Gemahl hatte sie ihr erst präsentiert, als alle Ernennungen bereits vollzogen waren, und es war Vergennes, über den sie und Mercy in den folgenden Jahren am meisten zu klagen hatten. Vergennes hatte sich in Konstantinopel seine diplomatischen Sporen verdient, hatte in Schweden an einem Staatsstreich mitgewirkt, der die unumschränkte Königsmacht wieder herstellte, und arbeitete nach seiner Berufung konsequent darauf hin, das in der Allianz mit Österreich so schwer geschädigte Frankreich wieder zu stärken. Friedrich II., mit dem Vergennes nicht selten einer Meinung war, machte sich zwar über die »Schlafmittel aus Versailles« lustig, und es ist richtig, daß sich Vergennes bei allem, was er tat, Zeit ließ. Aber es war meisterlich, wie er – Ideen von Choiseul folgend – die amerikanischen Unabhängigkeitsbestrebungen ermutigte, Frankreich für ein Hilfskorps begeisterte und den Sieg über England herbeiführte, ohne daß auf französischem Boden ein einziger Schuß fiel.

Die Erfolge der französischen Freiwilligen jenseits des Ozeans stellten das Vertrauen in die französischen Waffen wieder her und schufen neue Volkshelden in dem Grafen von Rochambeau, der gemeinsam mit George Washington die Kapitulation von Yorktown erzwungen hatte, und in dem Marquis von Lafayette, der überhaupt zum Abgott der Franzosen wurde und es bis tief in die Revolutionsjahre hinein blieb. Zur See errangen die französischen Kaperschiffe spektakuläre Erfolge gegen England, und der kühne Admiral Suffren schlug die britischen Flotten auf allen Weltmeeren, was den Franzosen schon lange nicht mehr beschieden gewesen war. Dank eines wenig bekannten, aber tüchtigen Marineministers namens Sartine hatte Frankreich nach dem amerikanischen Unabhängigkeitskrieg mehr als dreihundert Kriegsschiffe, nur Suffren starb zu früh: Er fiel in einem Duell mit dem Fürsten von Mirepoix . . .

Es existierte also wieder, das ritterliche Frankreich, das alte Frankreich, das seine Tugenden stets gegen die Pfeffersäcke von der Themse und aus den Niederlanden hochgehalten hatte, und selbst bei der Armee hatte Ludwig XVI. eine gute Hand, als er einen etwas zwielichtigen, aber einfallsreichen Grafen von Saint-Germain mit ihrer Reorganisation betraute. Er trug den Namen, den der große Scharlatan sich zugelegt hatte, zu Recht, aber ein wenig abenteuerlich war sein Leben doch auch gewesen: Er hatte in verschiedenen Armeen gedient, wie das damals so üblich war (man denke an den Prinzen Eugen, den Prince de Ligne oder Bonneval-Pascha), und er war als ein Anhänger der preußischen Militärorganisation auf den Ministersessel gelangt. Macht man sich klar, wie grotesk die Franzosen noch zwanzig Jahre zuvor in den Krieg gezogen waren (die Preußen hatten bei ihren Siegen Hunderte von jungen Damen zweifelhafter Tugend, Dutzende von Friseuren und ebensoviele Papageien erbeutet), kann man ermessen, wieviel Saint-Germain zu leisten hatte. Während sich der technisch interessierte König für die Stärkung der Marine persönlich mit eingesetzt hatte, war Saint-Germain zu einem einsamen Kampf gegen ganze Bündel von Privilegien und Traditionen gezwungen und brachte es auf beinahe hundert Verordnungen, ehe ihn die Traditionalisten nach 23 Monaten wegintrigierten. Seinen klaren Blick beweist unter anderem die Auflösung der nur eine arrogante Elite heranbildenden zentralen Militärakademie zugunsten verschiedener kleiner Ausbildungsstätten in den Provinzen, wo den Offizieren auch Allgemeinbildung beigebracht werden sollte und, in Gemeinschaft mit bürgerlichen Mitschülern, »daß die jungen Edelleute den Stolz ersticken und mit gerechterem Blick alle Klassen der Gesellschaft anzusehen lernten«. Die radikalste Reform freilich, jene, die ihm den Hals brach, war die Abschaffung der Käuflichkeit von Offiziersstellen. Frankreich hatte 1775 bei etwa 180 Regimentern oder vergleichbaren Gliederungen mehr als tausend Generale. Saint-Germain reduzierte die Preise für eine Stelle auf ein Viertel, was für alle großen Familien des Landes eine Art Inflationsverlust von 75 Prozent bedeutete und für das Offizierskorps den Zustrom von sehr viel neuem Blut. Die Artillerie wurde technisch so sehr verbessert, daß sie zu einem Hauptvorzug der späteren Revolutionsarmeen werden konnte, ebenso wie das unter Saint-Germain eingeführte Infanteriegewehr durch alle Feldzüge Napoleons schwerste Bewährungsproben bestand – nur wußte nun natürlich niemand mehr, daß die Grundlage dieser Erfolge eine Heeresreform unter Ludwig XVI. gewesen war. Nimmt man noch hinzu, daß Saint-Germain auch das Lazarettwesen, also die gesundheitliche Versorgung der Truppen verbesserte, die sich in einem entsetzlichen Zustand befunden hatte, daß die Bezüge der Soldaten und Offiziere erhöht und Einzelbegünstigungen aufgehoben wurden, dann muß man den Scharfblick des Königs bewundern, der diesen Mann buchstäblich aus der Versenkung, aus einem beschaulichen Dasein auf seiner Klitsche in die Regierung geholt hatte. »Wollen wir ein gerechtes Gesamturteil über die Reformen Saint-Germains wagen, so fällt zunächst ihre Vielseitigkeit auf und der leidenschaftliche Eifer, mit dem hier gearbeitet worden ist . . . Ebensosehr ist erkennbar ihr Reichtum an neuen, ja modernen Ideen, welche das 19. Jahrhundert umgebildet und bewegt haben« (Adalbert Wahl).

Liest man den ersten Brief Marie Antoinettes nach dem Rücktritt, so sieht man, daß sie ihrer Mutter von Gesangs- und Musikunterricht, von Billard- und Hasardspielen berichtet, von einem Schnupfen des Königs und von Bädern, aber kein Wort von einem Ereignis, das sie doch hätte interessieren müssen. Das spricht zwar für ihre Distanz zur Personalpolitik des Königs, beweist andererseits aber auch eine betrübliche Unfähigkeit, über den Kreis ihrer kleinen Unterhaltungen und Beschäftigungen hinauszublicken, sogar in dem Augenblick, da sie doch gewiß überlegt hatte, was von den Pariser Ereignissen für ihre Mutter zu erfahren wichtig wäre.

Selbst für die französischen Historiker, denen es nicht in erster Linie um Marie Antoinette geht, sind ihre Briefe an die Mutter im Verein mit Mercys Berichten nach Wien eine Hauptquelle über diese Zeit; sie bilden eine lückenlose Kette der Information von 1770 bis zum Tod der Kaiserin und müssen für Marie Antoinette insgesamt eine beträchtliche Belastung dargestellt haben. Und wenn sie für Mercy einmal nur wenig Zeit hat, so folgt eben darum drei Wochen später dann das Donnerwetter aus Schönbrunn. Es wäre Marie Antoinette nicht zu verdenken, wenn sie, solchermaßen unter Druck gesetzt, fortwährend bespitzelt und auch noch von den Hofdamen wie der strengen Noailles geplagt, eine generelle Abwehrhaltung gegen Ratschläge, Ermahnungen, ja selbst Informationen entwickelt hätte. Jedenfalls wird das, was sie an Nachrichten aufnimmt und verwertet, immer zufälliger; sie selektiert, reagiert oft durchaus verständig, bisweilen sogar erstaunlich klarsichtig, widersetzt sich aber jeder Systematik.

Das erklärt ihre merkwürdig zwiespältige Haltung gegenüber den amerikanischen Unabhängigkeitsbestrebungen. Während der König und Vergennes mit dem in Paris wie ein Botschafter residierenden Benjamin Franklin verhandeln und ihm Millionenkredite einräumen, zeigt Marie Antoinette dem britischen Botschafter Lord Stormont auffällige Sympathie. Andererseits ist es durchaus möglich, daß sie wieder einmal nicht eingeweiht wurde, denn Franklin bewohnte in Passy ein unauffälliges Haus, das den Orléans gehörte, der König und seine Minister bewahrten tiefstes Stillschweigen, weil die reichen französischen Antillen verloren wären, wenn die Briten zu früh Wind von den Vorbereitungen auf einen Kolonialkrieg erführen.

Es könnte sein, daß ihr die ganze Richtung nicht paßte, schließlich war Wien, was Amerika betraf, durch und durch konservativ eingestellt und voll Antipathie gegenüber jeder Art von Aufständen.

Nur die öffentliche Meinung läßt sich nicht beeinflussen, einmal, weil alles geheim bleiben muß, zum andern, weil das Volk eben die Briten nicht mag, von denen Frankreich so viel Unheil gekommen ist, und weil die ganze Art der neuen Bewegung, an deren Spitze ja kein König steht und die auf eine Republik abzielt, den Parisern wie die große Morgenröte einer neuen Zeit erscheinen muß.

Es ist kein Zufall, sondern ein wenig arrangiert, aber es ist doch ein Großereignis für die Fortschrittsgläubigen, daß in diesen erregenden Wochen der greise Voltaire sich noch einmal nach Paris begibt, wohl ahnend, daß er es lebend nicht mehr verlassen wird, und daß dieser Vorkämpfer einer neuen Zeit, ja einer neuen Welt, an der Seine mit Benjamin Franklin zusammentrifft, der diese neue

Welt in Paris vertritt. Die *Vossische Zeitung* gestattet uns, zu verfolgen, wie sehr man auch außerhalb Frankreichs an den neuen Konstellationen teilnahm und welche geheime Brisanz sie nun schon besaßen:

»Der berühmte Greis von Ferney vergißt, daß er drey und achtzig Jahre alt ist, und will nach Paris reisen, um daselbst sein Leben zu beschließen. Seine Wohnung soll schon bestimmt seyn, Rue Saint Honoré bey Herrn Savalette de Magnenville« (Nr. 78/1777).

»Die Ankunft des berühmten Voltaire hat hier einen so großen Eindruck gemacht, als wenn man ihn nach einem Jahrhundert aus dem Grabe hervorkommen sähe . . . Der berühmte Doctor Franklin hat, in Begleitung seines Sohnes, den Herrn von Voltaire besucht. Anfangs redete Voltaire mit Franklin englisch. Hierauf erinnerte die Madame Denis ihren Oncle, daß Franklin schön französisch spreche. ›Meine liebe Nichte‹, erwiderte Voltaire, ›ich habe nur einen Augenblick der Eitelkeit nachgegeben, die nemliche Sprache wie Franklin zu reden‹. Der Doctor Franklin fragte unter anderem den Herrn von Voltaire, wie ihm die neue Gesetzgebung (Verfassung?) der vereinigten americanischen Staaten gefiele? So gut, antwortete der Philosoph von Ferney, daß, wenn sie vor vierzig Jahren statt gehabt hätte, ich selbst nach eurem freyen und glücklichen Land gezogen wäre um mich daselbst zu etablieren. Beym Fortgehen bat der Doctor den Herrn von Voltaire, seinem Sohn den Seegen zu geben, welches er auch mit folgenden Worten that: ›Vergesset nie, was ihr Gott und eynem Vater schuldig seid, der sovieles beyträgt, um eurem Vaterlande die unschätzbare Freyheit zu verschaffen.‹ Dieser rührende Auftritt machte auf alle Umstehenden einen unbeschreiblichen Eindruck« (Nr. 31/1778).

»Von Paris, den ersten Juni: Am abgewichenen Sonnabend, des abends gegen eilf Uhr, ist endlich der Herr von Voltaire an den Folgen seiner Unfürsichtigkeit, daß er zuviel Opium auf einmal eingenommen hat, verstorben« (Nr. 71/1778).

»Es wird gesagt, daß die Regierung allen Journalisten verbothen hat, etwas über den Tod und die Beerdigung des Herrn von Voltaire zu sagen.«

Das ist in aller Kürze doch sehr deutlich und läßt einen ahnungsvollen Abwehrkampf gegen Strömungen erkennen, die nicht völlig unterbunden werden können, denn Voltaire war längst nicht mehr ein Literat unter vielen anderen, er war das Gewissen Frankreichs. Marie Antoinette war stets distanziert geblieben, was seine Schriften betraf, ja selbst Joseph II., der sich ungern etwas verbieten ließ, hatte auf der Reise nach Genf die Einladung Voltaires ausgeschlagen, der, wie es heißt, bereits ein kleines Abendessen für den Kaiser hatte vorbereiten und die Baumkronen mit Bauern garnieren lassen, die *Vive l'empereur* hätten schreien sollen. Aber eine Ignoranz, die man sich in Wien leisten konnte, mußte noch nicht im Vaterland dieses wortgewaltigen Spötters und Vordenkers möglich sein, wo Voltaire auch in der selbstgewählten schweizerischen Isolation der Grenzgrafschaft Ferney stets ein Abgott der Franzosen geblieben war. Und es gibt Berichte, nach denen die Freunde in klarer Erkenntnis der Gefahr die Menge der Verehrer, der Gläubigen und Neugierigen von Voltaire hatten fernhalten wollen, weil sie wußten, daß sein verbrauchtes Herz diesem Ansturm nicht mehr gewachsen sei, und daß Voltaire doch immer wieder Abordnungen, Gelehrte, ja Schauspieler empfing – er war damals ja auch als Bühnenautor hochberühmt – und diesen schönsten Tod in einer Woge der Liebe geradezu gesucht hatte.

Man muß den Nachruf des sonst oft so nüchternen Kultur-Chronisten Melchior Grimm lesen, der in seiner beinahe biblischen Emphase die Stimmung ermessen läßt, die sich damals über Paris legte:

»Nun ist er gefallen, der düstere Schleier; die letzten Strahlen dieses unvergleichlichen Lichts sind soeben erloschen, und die Nacht, die auf diesen schönen Tag folgt, wird vielleicht jahrhundertelang dauern. Das größte, herrlichste, ach, vielleicht das einzige Denkmal dieser ruhmreichen Epoche, in der sich alle Gaben, alle Fähigkeiten des menschlichen Geistes dem höchsten Grad der Vollendung genähert zu haben scheinen, dieses erhabene Denkmal ist dahin! Vom Geiste des Jahrhunderts getragen, das ihn zur Welt kommen sah, gab er selbst noch in seinem Verfall dem Zeitalter Halt, das ihn sterben sah, hielt er allein dessen Untergang auf.«

Es war, genau genommen, noch das siebzehnte Jahrhundert, das den 1694 Geborenen zur Welt kommen sah, aber natürlich hatte Melchior Grimm recht, wenn er das Jahrhundert des Lichts und Voltaire als eine Einheit und vereint zu Ende gehen sah, obwohl er noch nicht wissen konnte, daß wenige Wochen nach diesem Nachruf auch Rousseau sterben würde. In die Bitterkeit des Schmerzes um Voltaire mengte sich die Wut über die Dunkelmänner, die sich nun gleich wieder regten, die ihre Köpfe zu recken wagten, da der überlegene Spötter endlich schwieg:

»Nun ist er nicht mehr«, fährt Grimm fort, »und schon wagen Dummheit und Neid seine geliebte Asche zu beleidigen. Man verweigert dem, der Tempel und Altäre verdienen würde, die Ruhe des Grabes und die schlichten Ehren, die man selbst dem letzten Sterblichen nicht verweigert.«

Auch hier also Endzeit-Atmosphäre, nur unter anderen Vorzeichen, wobei wir sicher sein dürfen, daß der Baron Grimm, der alles sah und hörte, was sich in Paris begab, das Treiben am Hof, die halbirre Vergnügungssucht dieser bereits verurteilten Gesellschaft kannte und zu deuten verstand. Es gab und gibt auch Revolutionen aus Verzweiflung, und wenn man Grimm sagen hört, daß auf Voltaire nun vielleicht eine lange, lange Dunkelheit folgen wird, so könnte man die Explosion von 1789 als solch ein verzweifeltes Aufbäumen verstehen, wäre sie nicht aus dem Bodensatz der Pariser Bevölkerung gekommen, aus Schichten, denen auch das Licht Voltaires nicht geleuchtet hatte.

Die Trauer um Voltaire, die Gedenksteine, die Freunde, die ihn umgaben, als er Paris noch einmal aufsuchte, dies alles zeigt aber auch, daß eine Entwicklung in Gang gekommen ist, in der es keine retardierenden Elemente mehr gibt. Das stets bedächtig-behäbige Bürgertum fehlt; die geistig regsamen Adeligen kritisieren ihre Klasse mit den Augen und den Argumenten der zwei großen Toten, und da sie alle keine echte Beziehung zum Volk haben, wird es ihnen entgleiten und seine eigene Revolution machen oder was es eben darunter versteht.

Binnen weniger Wochen waren – Grimm zählt sie auf – die Großen des Jahrhunderts gleich im Halbdutzend verschwunden; neben den Erwähnten Frankreichs größter Schauspieler Lekain (den Joseph II. durch einen Besuch geehrt hatte), der ältere Pitt, Albrecht von Haller und andere. Was einzig noch Hoffnung gab, war die Entwicklung in Amerika, Frankreichs erster außenpolitischer Erfolg in diesem Jahrhundert und den Lernbegierigen in Europa ein Vorgang von beispielhaftem Charakter. »Man muß es zugeben, Monsieur«, sagte man zu Franklin in einer Pariser Gesellschaft, »Amerika bietet uns heute ein großartiges, ein erhabenes Schauspiel«. – »Das stimmt«, antwortete der Doktor aus Philadelphia, »nur bezahlen die Zuschauer nichts dafür«.

Das hatte sich sehr schnell geändert, als Frankreich in den ersten Wochen des Jahres 1778 die Vereinigten Staaten von Amerika nicht nur anerkannte, sondern mit der jungen Republik auch weitreichende Verträge schloß, was bezeichnenderweise auf einem Ball, also nächtlicherweile, bekannt wurde, worauf der britische Botschafter den Saal verließ. Die neuen gewaltigen Ausgaben, die auf Frankreich zukamen, ein Kredit von zunächst 16 Millionen

Livres zusätzlich zu den eigenen Rüstungen und Militäraufwendungen, verlangten von der ganzen Nation Opfer; nur die Königin begehrte eine Erhöhung ihrer Schatullenbeträge auf 400 000 Livres. Sie wurde ihr trotz aller Schwierigkeiten gewährt, gegen die Zusicherung, von diesem Betrag nur drei Viertel in Anspruch zu nehmen, so lange der Krieg in Amerika und auf dem Atlantik andauere.

Der Finanzminister, der mit der sonst so selbstherrlichen Königin diesen Kompromiß aushandelte, ist eine der Schlüsselfiguren der Epoche, nämlich Jacques Necker aus Genf, 1732 dort geboren, wenn auch von einem Vater aus einem pommerschen Pastorengeschlecht abstammend. Dieser Vater hatte aus der üblichen Hofmeister-Existenz herausgefunden, weil seine Herren, die Grafen Bernstorff, große Verbindungen und Mittel hatten. Er war mit einer auskömmlichen Pension als Präzeptor dänischer Studenten nach Genf gegangen und hatte dort eine Honoratiorentochter geheiratet. Es war eine Bilderbuch-Karriere, wie man heute sagen würde, die beide Söhne, den älteren Louis und den jüngeren Jacques, nach einigen undurchsichtigen Abenteuern zu Millionären machte. Da der Zusammenhang zwischen Calvinismus und Kapitalismus längst etabliert ist, da in dem verkommenen Jahrhundert niemand so emsig und zielbewußt auf Geld hinarbeitete wie die Hugenotten, ist dies alles weniger verwunderlich, als es uns heute scheint: Der Adel Frankreichs *durfte* keine Geldgeschäfte machen, dem Bürgertum fehlten Mittel und Horizont für größere Operationen, und das eben gebar den Freiraum für Finanzzauberer, wie den Schotten Law.

Necker wurde natürlich mehr abverlangt. Er sollte nicht nur einen bereits angeschlagenen Staatshaushalt ausbalancieren, er mußte auch einen Krieg finanzieren, einen Krieg, den er haßte. In dieser gemeinsamen Antipathie gegen die Politik eines Maurepas und Vergennes fanden sich Finanzmann und Königin. Und wenn sie ihn auch gelegentlich einen hochgekommenen Kommis nannte, was aus ihrer Sicht nicht so ganz falsch war, so pflichtete er andererseits ihr doch bei, wenn sie sich über die lächerlichen Sparmaßnahmen in Versailles, die Kerzen, die Diskussion über die Kammerfrauen und anderes mokierte.

Necker hatte als Kopf des Hauses Thélusson & Necker mit Getreidespekulationen, also unter Ausnützung der Mißernten und bewußter Arrangements von Versorgungs-Engpässen, ein Vermögen gemacht und war seither naturgemäß ein Gegner Turgots, der solche Gewinne auf dem Rücken des Volkes durch seine Getreidegesetzgebung unterband. Der Calvinist, den Hungersnöte bei seinem Aufstieg nicht gestört hatten, ließ sich zum Residenten der Freien Stadt Genf in Paris ernennen, schrieb Traktate über Finanzfragen und eröffnete einen Salon, in dem seine Frau mit der spröden Seriosität der Genfer Patrizier nur die untadeligen Geister empfing.

Der große Tag des Ehepaares kam, als die vielversprechende Tochter Germaine bei Hof vorgestellt werden sollte, wofür ein reicher Mann natürlich eine Création bei Madame Bertin, der Mode-Vertrauten der Königin, bestellt hatte. Ein wenig vorgreifend können wir berichten, daß diese phantasievolle Schöpfung zwar möglicherweise tatsächlich »das Genie des Vaters, die Tugenden der Mutter und die Unschuld der Tochter« auszudrücken vermochte, daß diese Unschuld jedoch alsbald dadurch gefährdet wurde, daß die Bertinschen Nähte der schon damals beträchtlichen Fülle der Demoiselle Necker nicht gewachsen waren: Beim dritten und gefährlichsten Hofknicks, jenem, bei dem die Debütantin in halsbrecherischer Vorneigung so tun mußte, als hasche sie nach dem Saum des königlichen Kleides, krachte es verheißungsvoll, und das auf den Leib geschneiderte Kleid teilte sich an bedenklichen Stellen.

Marie Antoinette, in solchen Fällen stets die Güte in Person, zog die Verwirrte sogleich in ihre Gemächer und ließ dort eine Zofe den Schaden mit schnellen Stichen beheben, während sie sich mit der bereits in den Salons hofierten jungen Dame, die bald eine Gräfin de Staël werden sollte, huldvoll unterhielt. Die Campan berichtete eine ganze Anzahl anderer Szenen, in denen die Königin verwundete Bauernbuben, Diener, die sich verletzt hatten und andere von Mißgeschicken Befallene sofort und ohne sich zu distanzieren pflegte, verband, versorgte. Da brach die Wienerin durch die Etikette von Versailles, nur daß die Pariser von diesen Dingen wenig zu sehen bekamen und auch wenig Gewinn davon hatten.

Indes: Necker war populär. Man raunte einander zu, er habe ein Vermögen von 1,8 Millionen und sagte sich, wenigstens dieser Minister müsse sich nicht erst die Taschen füllen und dann etwas für Frankreich tun, er sei bereits reich. Man hatte vergessen – wenn man es je gewußt hatte – daß es die Hungersnot von 1764 gewesen war, die Necker die Taschen gefüllt hatte, daß er den Beamten, der ihm die Spekulations-Tips gegeben hatte, leer ausgehen ließ, kurz, daß er nach den Grundsätzen des Sonnenkönigs in die Bastille gehört hätte und nicht auf den für ihn geschaffenen Generaldirektorsposten, auf dem er Calvinist und Schweizer Bürger bleiben konnte.

Marie Antoinette arrangierte sich mit ihm, weil er in großen Summen dachte und sie die Krämer verachtete, und Vergennes mußte ihn akzeptieren, weil er die Summen heranschaffte, die man für den Krieg brauchte – zum geringsten Teil durch Sparmaßnahmen, zum allergrößten Teil, indem er neue Schulden machte. Das konnte nun nicht jeder, man brauchte dazu Verbindungen. Besaß man sie, so war es keine Hexerei mehr. Erinnern wir uns, daß selbst Casanova, weiß Gott kein Potentat im Bankwesen, dank einer durchaus zufälligen privaten Verbindung ein Vermögen als Provision verdiente, indem er eine französische Anleihe in den reichen Niederlanden plazierte.

Necker hatte ungleich bessere Verbindungen, er war ja – was ihn dem Volk sympathisch machte – kein Burgherr, kein sporenklirrender Landedelmann, sondern ein Mann aus der Geschäftswelt. In Genf bekam man 3 Prozent Zinsen, in England 4. Also bot Necker auf Kosten Frankreichs 6 Prozent, und die gewaltigen Tranchen seiner Anleihen waren untergebracht. Da er alles sehr geschickt verschleierte, sind genaue Summen bis heute nicht bekannt; es müssen aber einmal fünfhundert und einmal sechshundert Millionen gewesen sein, wovon freilich nicht alles in den Krieg floß. Marie Antoinette aber war nun endgültig sicher, daß sich angesichts solcher Summen niemand mehr um die Gelder kümmern werde, die sie alljährlich verbrauchte.

Dazu kam, daß sie sich an Neckers Hauptfehler weniger stieß als andere. Der Schweizer war von einer bizarren Eitelkeit, so eitel, daß manche überzeugt waren, er könne gar nicht richtig denken oder die richtigen Entschlüsse fassen, weil seine ersten Regungen stets dieser Eitelkeit entsprangen. Eine schöne Frau von dem hohen Selbstgefühl, das Marie Antoinette auszeichnete, konnte dies nur lächerlich finden, sich nicht wirklich ärgern. Er wurde freilich niemals ein Bestandteil ihrer Welt, des Kreises, in dem Nichtstuer mit angenehmen Manieren wie Besenval oder Coigny wohlgelitten waren. Er gehörte zu einer anderen Kategorie, eben jener der Bedienten, Lieferanten, Juweliere, die hatten Anspruch auf Herablassung und Toleranz.

Allerdings gab es da auch noch etwas dazwischen, und das waren jene Leute, mit denen damals nicht alle Souveräne etwas anzufangen wußten: die Künstler. Gewiß, sie waren weniger unheimlich als die Gelehrten, die Philosophen und die Finanz-Zauberer mit ihren Zahlenspielen, aber so recht traute man ihnen doch nicht über den Weg.

Marie Antoinette hatte sich zunächst auf die Musik eingelassen, ein Gebiet der Kunst, das sich schon sehr jungen Menschen erschließt und für das die empfindsame junge Frau aus ihrem Wiener Erbe viel Verständnis und Aufnahmebereitschaft mitbrachte. Was sie für Gluck und für Piccinni tat, gehört zu ihren frühesten Eigeninitiativen. Bei den weiteren Schritten folgte sie offensichtlich Freunden aus ihrem Kreis, weniger dem geistreichen Besenval, der auf den Schlachtfeldern eine etwas morbide Lebensphilosophie gewonnen hatte, als dem reichen Grafen Vaudreuil, der das Vermögen, das sein Vater als Gouverneur der Plantageninsel Santo Domingo zusammengerafft hatte, in Gemälden anlegte, freilich auch in einigen besonders schönen Maler-Modellen.

Sein Stadtpalais in der Rue de la Chaise, einer Seitenstraße des Boulevard Raspail, ist heute noch zu sehen, in einem kleinen Ensemble ähnlicher Bauten. François-de-Paul Rigaud, Comte de Vaudreuil, Oberst-Falkenmeister von Frankreich, Freund des Grafen von Artois (der sich wiederum mit Marie Antoinette ausgezeichnet verstand) hatte den damals sehr ansehnlichen Bau von den ersten Meistern der Epoche dekorieren lassen und die Bilder flämischer und italienischer Meister, die ein reicher Steuerpächter dort gesammelt hatte, durch französische Maler der Zeit ersetzt: Natoire, Boucher, van Loo, Lemoine, aber auch einzelne Gemälde von Fragonard, Watteau, Greuze und den *Schwur der Horatier* von David. Von Vaudreuil beraten, hatte sich Marie Antoinette auch für den umstrittenen Beaumarchais und seine *Hochzeit des Figaro* interessiert, was sie in Gegensatz zu ihrem Gemahl brachte, und für die Bildnismalerei ihrer Zeit.

Darin traf sie sich mit den Interessen ihrer Mutter, die gegen Ende ihres Lebens ein gutes Bildnis ihrer fernen Tochter zu besitzen wünschte, wenn schon keine Aussicht mehr bestand, daß man einander in einem der zwischen Paris und Wien gelegenen Badeorte traf. Den rührenden Wunsch dieser vielgeprüften kaiserlichen Mutter, ein Bildnis der kleinen Enkelin zu erhalten, erfüllte Marie Antoinette im Sommer 1779, und Maria Theresia schrieb ganz glücklich: ».. . die liebe Kleine ist reizend, sieht gesund aus und ihr Bild macht mir die größte Freude. Ich habe es mir gegenüber auf einen Stuhl gestellt und schaue es die ganze Zeit an, kann mich nicht von ihm trennen. Übrigens finde ich, daß sie dem König ähnlich sieht . . .«

Sich selbst für die Tochter malen zu lassen, lehnte die Kaiserin freilich ab, einmal, weil sie die zwölf Stunden für die Sitzungen nicht erübrigen könne, zum andern, weil es nichts Häßlicheres gebe als eine Frau von sechzig Jahren, wonach sie dann mit verblüffender Offenheit in einem Brief, der immerhin mit der offiziellen Kurierpost befördert wird, ihrer Tochter in Einzelheiten schildert, wie das Alter ihre Gesichtszüge verändert habe.

Die Gunst der Stunde vermag man darin zu erblicken, daß Marie Antoinette gleichzeitig mit einer der größten Malerinnen lebte, und daß die beiden Frauen sich auch offensichtlich gut verstanden. Es war Elisabeth Vigée-Lebrun, gleich alt wie die Königin, die sie uns in einem Brief an die Prinzessin Kurakin so schildert:

»Marie Antoinette war groß, wunderschön gebaut, etwas voll, doch nicht zu sehr. Ihre Arme waren sehr schön, ihre Hände klein, von vollendeter Form, und ihre Füße reizend. Sie verstand von allen Frauen Frankreichs am besten zu gehen; den Kopf erhoben, schritt sie mit einer Majestät einher, die sie inmitten ihres Hofes sogleich als Herrscherin erkennen ließ, ohne doch im Geringsten ihrem lieblichen und wohlwollenden Eindruck Eintrag zu tun. Es ist übrigens sehr schwer, demjenigen, der die Königin nicht gesehen hat, einen Begriff davon zu geben, wieviel Anmut und Hoheit sie vereinigte. Ihre Züge waren keineswegs regelmäßig zu nennen; sie hatte das längliche, schmale Oval ihrer Familie geerbt . . . Die Farbe ihrer nicht sehr großen Augen war beinahe blau zu nennen; ihr Blick war geistvoll und mild, ihre Nase fein und hübsch, ihr Mund nicht zu groß, obgleich ihre Lippen ein wenig stark waren.«

Die genaueste Schilderung, die wir besitzen, und von einer Kennerin von Format, die ganz Europa als gesuchte Porträtistin bereist hat. Sie fährt fort:

»Aber das Bemerkenswerteste war ihre Gesichtsfarbe; ich habe nie einen so strahlenden Teint gesehen, und strahlend ist das richtige Wort dafür, denn die Haut war so durchscheinend, daß sie gar keinen Schatten aufnahm. Ich konnte ihn nicht so wiedergeben, wie ich es gewünscht hätte, für diese Frische fehlten mir die Farben, die feinen Töne, die eben nur diesem entzückenden Gesicht eigen waren und die ich nie bei einer anderen Frau angetroffen habe.«

Und das sagt eine Schülerin von Greuze, der uns die lieblichsten und frischesten Bauernmädchen hinpinselte, eine Malerin, die einige der schönsten Frauen ihrer Epoche, unter anderen die schöne Lady Hamilton, gemalt hat.

Von dem Bild für Wien wurden noch Kopien für Katharina II. und für Fontainebleau angefertigt, und da die beiden Frauen sich so gut miteinander verstanden, kam es in den späteren Jahren noch zu einer ganzen Reihe anderer Porträts, von denen das der Königin mit drei Kindern wohl das berühmteste geworden ist, eben, weil es ein Bildnisdokument kurz vor dem Untergang dieser glücklichen Familie ist. Auch Madame von Vigée-Lebrun betont wiederholt die Güte der Königin, die einmal, als die schwangere Malerin einen Pinselkasten umstieß, darauf bestand, selbst alle Pinsel aufzuheben.

»Man kann sich denken«, schreibt die Künstlerin, »daß ich es vorzog, sie ohne große Toilette und vor allem ohne großen Reifrock zu malen. Die Bilder wurden an ihre Freunde oder auch an Gesandte verschenkt. Unter anderem ist sie auf einem Bilde mit einem Strohhut auf dem Kopfe und in einem weißen Musselinkleid dargestellt, dessen Ärmel in Querfalten gelegt, aber richtig eingepaßt sind; als dieses Bild im Salon ausgestellt wurde, verfehlten die Böswilligen nicht zu sagen, die Königin habe sich im Hemde malen lassen, denn . . . schon fing man an, Verleumdungen über sie auszustreuen. Dennoch hatten diese Porträts einen großen Erfolg.«

Die noch nicht sehr zahlreichen Pariser Bühnen bezogen viele ihrer Wirkungen daher, daß das Publikum relativ klein und konstant war, so daß alle Anspielungen verstanden wurden. Das war schon der Fall gewesen und hatte zu spontanen Huldigungen geführt, als Kaiser Joseph in Paris weilte; das wiederholte sich, wenn Lafayette im Hintergrund einer Loge sichtbar wurde, und das brachte Madame Vigée-Lebrun in nicht geringe Verlegenheit, als eine junge Schauspielerin auf der Bühne sie darstellte, die Königin malend, und das Publikum aufstand und zu ihrer Loge hinaufapplaudierte. *Tout Paris* war eben noch unter sich.

»Die Schüchternheit, die mir der erste Anblick der Königin eingeflößt hatte, war durch die freundliche Güte, die sie mir bewies, ganz geschwunden. Sobald ihre Majestät gehört hatte, daß ich eine schöne Stimme besäße, gewährte sie mir selten eine Sitzung, ohne daß ich einige Duette von Grétry mit ihr singen mußte; ihre Stimme war nicht recht dazu geeignet (!), aber sie liebte die Musik ungemein. Es würde mir schwer fallen, ihre ganze Anmut und das Wohlwollen zu schildern, die sich in ihrer Unterhaltung kundgaben; ich glaube nicht, daß sie jemals eine Gelegenheit versäumte, jenen etwas Angenehmes zu sagen, die den Vorzug hatten, sich ihr nähern zu dürfen . . .«

So kann man es sagen und so kann man es sehen, mußte doch eine Königin nicht unbedingt eine gute Singstimme haben. Aber auch die harmlosen und zum Unterschied von anderen Vergnügungen nicht sonderlich aufwendigen Musikabende in Versailles und vor allem in Trianon waren schon lange vor der Revolution Gegenstand hämischer Kritik. Man begriff in Paris nicht das Wesen der Hausmusik, wie sie in Wien, aber auch in vielen anderen deutschen Städten (man denke zum Beispiel an Goethe bei den Reichardts in Halle) geübt wurde. Hausmusik ist eben keine Virtuosenmusik, und das Publikum in Trianon wurde schließlich auch bewußt klein gehalten, ja es war zunächst überhaupt auf den König, seinen Bruder (Monsieur) und ein paar Prinzessinnen beschränkt und erst nach und nach auf die Offiziere der *Garde du Corps* und ein paar weitere Höflinge erweitert. Die Truppe selbst bestand aus der Königin und ihren Damen und als einzigem Herrn aus dem Grafen von Artois. Die Regie führte Vaudreuil, der als der beste Schauspieler der Salons galt, die musikalische Einstudierung besorgte der Sänger Caillot. Gegeben wurden kleine, anspruchslose Dramoletts, bei denen die Königin gelegentlich auch die Partie der Soubrette übernahm. Manches geriet unfreiwillig komisch, weil zum Beispiel ein Monsieur Adhémar, der einmal den König gab, eine besonders meckernde Stimme hatte.

Nur die Tatsache, daß an diesem Hof so viele Leute nichts zu tun hatten, erklärt zwei symptomatische Ereignisse. Das eine war ein Anschlag auf die kleine Bühne mit erheblichen Verwüstungen. Der Täter wurde gefaßt und in die Bastille geworfen, aber da der König ihn als den Gefangenen Marie Antoinettes bezeichnet hatte, bald wieder freigelassen. Das andere war die seltsame Eifersucht des Herzogs von Fronsac aus dem berühmten, aber inzwischen auch kompromittierten Hause Richelieu. Der Herzog, der ein außerordentlich ausschweifendes Leben führte, hatte sich nach und nach alle Pariser Bühnen unterworfen und beging die Dummheit, dies auch mit Trianon zu versuchen. Marie Antoinette wurde mit ihm fertig, ohne den König zu bemühen: »Sie können nicht dort die Leitung haben, wo wir die Schauspieler sind«, schrieb sie an Fronsac. »Überdies habe ich Ihnen schon einmal meine Ansichten über Trianon klar gelegt: ich halte hier nicht Hof, sondern lebe in Trianon als Privatperson.«

Dieses sehr charakteristische Bekenntnis wird durch eine Briefstelle an Esterházy ergänzt, den sie zwar mochte, dem sie aber doch recht deutlich schrieb: »Meine kleinen Schauspiele in Trianon scheinen mir von den Regeln des gewöhnlichen Lebens ausgenommen werden zu müssen.« Sie kämpfte an diesem Hof, von dem sich ja tatsächlich wenig Gutes sagen läßt, um ihre private

Sphäre. Sie versuchte, auf Distanz zu gehen, um nicht unterzugehen in diesem Brei von Eifersüchteleien, Médisance und Gerüchtemacherei. Die Vigée-Lebrun schildert uns eine sehr, sehr typische Szene: Die Königin sitzt ihr, sie malt, und der Baron von Breteuil, zu jener Zeit gerade Minister für das Königliche Haus, fühlte sich bemüßigt, Ihre Majestät während der ganzen Sitzung mit abfälligen Bemerkungen, Geschichten und Kritik über Herren und Damen der Hofgesellschaft zu unterhalten. »Er mußte wohl glauben, daß ich taub oder eine sehr einfältige Person sei«, schreibt die Malerin; der Grund für die Nonchalance des Ministers war aber eben jene unglaubliche Arroganz, in der auch eine Künstlerin von Weltgeltung nur wie ein Lakai angesehen wurde, also gleichsam ein Nichts darstellte, in dessen Gegenwart man sich keinerlei Beschränkungen auferlegte.

Ein merkwürdiger Umstand rettete das berühmteste der Bilder, eben jenes, das die Königin mit den Kindern darstellte, vor der Zerstörungswut des süßen Pöbels: Das vielbewunderte Bild wurde im Schloß von Versailles an einen Platz gehängt, an dem Marie Antoinette täglich vorübergehen mußte, mitunter mehrmals. Als nun der Dauphin Louis am 7. Juni 1789 starb, vermochte die Königin das Bild nicht mehr zu ertragen, sie brach jedesmal in Tränen aus, wenn sie ihr Kind mit den Farben des Lebens in jenem Rahmen sah. Sie ließ das Gemälde darum an einen anderen Ort bringen, nicht ohne die Malerin sogleich von der Tatsache und den Gründen dafür selbst zu informieren. Fünf Wochen später brach die Revolution aus, und »die Fischweiber und Straßenräuber, die nur kurze Zeit darauf Ihre Majestät in Versailles aufsuchten, würden mein Bild unfehlbar vernichtet haben, ebenso wie sie es mit dem Bett der Königin taten« (Fünfter Brief an die Prinzessin Kurakin).

Der männliche Schutz

Der kostspielige und umstrittene Aufbau einer privaten Sphäre ist
für eine Königin nicht ganz selten, aber doch ungewöhnlich. Marie
Antoinettes starke Mutter zum Beispiel hatte derlei niemals auch
nur erwogen; sie bewegte sich mit der größten Selbstsicherheit
zwischen Hofburg, Schönbrunn und Laxenburg, obwohl ihr Gemahl die Diskretion der Präsenz womöglich noch weiter trieb als
Ludwig XVI., der immerhin der König war und nicht, wie Franz
Stephan, einen großen Titel – den des Römisch-deutschen Kaisers
– mit einer schwachen Position an der Seite Maria Theresias vereinen mußte.

Marie Antoinette, der man wiederholt bescheinigte, sie sei die
anmutigste Französin geworden, deren Witz und Charme man
spezifisch französisch fand und die den anderen Damen des Hofes,
die ja oft aus der Provinz kamen, deutlich überlegen war, diese
schöne junge Frau von höchstem Rang wurde unsicher, ja beinahe
ängstlich in den Jahren, in denen sich doch eigentlich alles zum
Guten gewendet hatte: Die Ehe war nun eine Ehe; Kinder waren
geboren, mit weiteren durfte man rechnen. Woher also die neue,
nun aber schlimmere Angst? Woher dieser Fluchtwunsch in eine
zugegeben glanzvolle Einsamkeit, in den freilich trügerischen
Schutzgürtel des grünen Schlößchens von Trianon?

Man sieht aus unserer heutigen Distanz zwei Gründe dafür, und
sie mögen zusammengewirkt haben. Zum einen ist deutlich, daß
der König nun, da er Kinder gezeugt und seiner Frau eine glückliche Phase normalen Ehelebens beschert hat, aus seiner scheuen,
unsicheren Position herausgetreten ist. Er hat seine Ministerliste
zusammengestellt, er hat Marie Antoinette zu verstehen gegeben,
daß er französische Politik ohne Wien, vor allem aber ohne sie zu
machen beabsichtige, und der treue Graf Mercy d'Argenteau ist
nur noch einer von drei oder vier wichtigen Botschaftern, neben
dem Spanier, neben dem Preußen, ja bisweilen weniger wichtig als
der Engländer, der ja quer durch die kriegerischen Fronten weiter
Fäden spinnt und Handelsabkommen vorbereitet in einem sehr
seltsamen Doppelspiel.

Es ist die natürliche Reaktion eines zum Mann gereiften Prinzen, der vermutlich nicht umhin konnte, die Herren, mit denen
seine Gemahlin sich umgab – diese Amateursänger, Coupletdich-

ter, Möchtegernschauspieler und kundigen Mäzene unbekannter Kunstrichtungen –, mit einem gewissen Mißbehagen in Trianon agieren zu sehen. Mußte er auch nicht mehr sicher sein, daß man sich auf seine Kosten lustig mache wie früher, so stand für ihn doch fest (und wurde ihm täglich eingeflüstert), daß die Besenval, Adhémar, Vaudreuil und die drei Coignys ihn seiner Frau entfremdeten, mochten inzwischen auch die Gerüchte verstummt sein, die einen Coigny als Vater der kleinen Prinzessin vermuteten. Zu schwach und zu verspielt, die sich öffnende Kluft energisch zu schließen, zog sich Marie Antoinette angesichts der beginnenden Entfremdung immer deutlicher in ihren privaten Kreis zurück, vor allem, seit in ihm außer den galanten Possenreißern auch ein wirklicher Mann aufgetaucht war, nämlich Axel Graf von Fersen.

Fersen entstammte einer für Schweden damals sehr wichtigen Familie. Sein Vater hatte am Siebenjährigen Krieg gegen Preußen teilgenommen, war schwedischer Feldmarschall geworden und hatte in dem von Frankreichs Botschafter Vergennes unterstützten Staatsstreich von 1772 das Vertrauen des Königs erworben, war aber später gegen allzu autokratische Bestrebungen in Opposition getreten und zeitweise inhaftiert gewesen; als Mann von Geist hatte er überdies unablässig geschrieben und die Ereignisse seiner Zeit in acht Bänden politisch-historischer Schriften kommentiert.

Eine seiner schönen Töchter heiratete einen Grafen Piper und wurde als die Mätresse des schwedischen Königs eine Art skandinavischer Pompadour mit dem Unterschied, daß sie aus einer großen Familie kam. Ihr Bruder Hans Axel hatte in Braunschweig und Turin das Metier des Offiziers kennengelernt, diente aber seinem König, dem er durch die Gräfin ja wie ein Schwager nahestand, vor allem als vertrauter Berichterstatter und eine Art Sonderagent, den wir im Lauf seines Lebens an allen Brennpunkten der Weltpolitik finden.

In Versailles, wo er in großen Abständen auftauchte, war er ein reizvoller Fremdling. Seine schlanke, elegante und doch männliche Erscheinung, seine Bildung und seine Weltläufigkeit unterschieden ihn von den Höflingen auf die angenehmste Weise, und vielleicht war auch der Umstand, daß er kein Franzose war, ein Bindeglied, sind uns doch aus allen Jahren ihrer Pariser Zeit ziemlich abschätzige Bemerkungen Marie Antoinettes über ihr neues Volk bekannt. Der Graf von Saint-Priest berichtet uns in seinen freilich nicht in allen Teilen zuverlässigen Memoiren, daß Fersen der Königin von Anfang an auf eine besondere Weise gefallen, ja daß sie auf seinen Anblick stets mit erkennbarer Emotion reagiert habe. Die beiden begannen ihre Beziehung mit ausgedehnten Spaziergängen im Park von Trianon, mit vertrauter Unterhaltung auf Parkbänken und schließlich mit Musikabenden, bei denen zärtliche kleine Lieder von Grétry und anderen gesungen wurden. Zumindest berichtet das Richard, der dritte Viscount of Barrington in seinen Erinnerungen: »Die Königin hatte dabei Tränen in den Augen. Ihre für den Gesang etwas zu schwache Stimme ließ durch ihr besonderes Timbre dennoch alle, die diese Lieder hörten, mitfühlen. Ihr sanftes, reizvolles Gesicht errötete, während sie ihren tränenfeuchten Blick Fersen zuwandte, und auch ihm schien sich die Erregung dieser Augenblicke von anbetungswürdiger Verzücktheit unbesiegbar mitzuteilen. Er saß stumm da, bleich bis an die Lippen, und hörte diesen Liedern zu, von denen jedes Wort seine Seele zu treffen schien. Jene, die das miterlebten und die beiden sahen, konnten über die Natur der Beziehung zwischen ihnen nicht mehr im Zweifel sein.«

Kein Wunder, daß sogleich Gerüchte umzulaufen begannen; man sprach von einem Diener, der durch ein Schlüsselloch weitergehende Zärtlichkeiten beobachtet habe, und was dergleichen Hofklatsch eben ist. Ob die Königin ihn um die Abreise bat, ob Fersen es aus eigenem für nötig hielt, ob sein Monarch ihn abberief, jedenfalls verschwand der Baron so plötzlich, wie er in Paris aufgetaucht war, und wurde der Welt bald darauf als Adjutant Rochambeaus bekannt, in welcher Eigenschaft er auch Verhandlungen mit den Briten führte und ein wenig Geschichte machte – siebentausend Kilometer von Marie Antoinette entfernt.

Es war keinen Augenblick zu früh. Fersen, seit dem Tod seines Vaters nicht mehr Baron, sondern Graf, war schließlich nicht irgendjemand, und ein schwedischer Diplomat namens Creutz berichtete befriedigt an Gustav III.:

»Ich gestatte mir, Eurer Majestät vertraulich mitzuteilen, daß Graf Fersen bei der Königin schließlich so gerne gesehen war, daß man darüber zu sprechen begann, zumindest in gewissen Kreisen. Ich gestehe, daß auch ich selbst kaum anders kann als annehmen, sie hege eine Neigung für ihn; was ich mit eigenen Augen sah, schließt jeden Zweifel aus. Der junge Graf Fersen hat sich in dieser Lage vorbildlich verhalten, nämlich bescheiden und zurückhaltend . . . es bedurfte zweifellos einer Festigkeit, wie sie in seinem Alter nicht erwartet werden konnte, um dieser Versuchung Herr zu werden.«

Die Frauen versuchten natürlich, noch im letzten Augenblick

ein Bekenntnis zu erlangen, und es war die Herzogin von Fitz-James, die Fersen erstaunt fragte: »Wie, Monsieur, Sie verlassen auf diese Weise eine Eroberung?« – »Wäre es eine Eroberung, Madame«, antwortete Fersen, »ich würde sie nicht verlassen. Ich reise als freier Mann ab und leider, ohne daß man mir nachweint.«

Diese ebenfalls vom Grafen Creutz aufgezeichnete kurze Unterhaltung klingt zwar zu absichtsvoll, um wörtlich genommen zu werden; an den Abschiedsschmerz der Königin darf man ja auch glauben, wenn man annimmt, daß zu diesem Zeitpunkt eine intime Beziehung noch nicht bestanden hatte. Bei einer Königin und gar einer Habsburgerin geht dies eben nicht so schnell, wie es sich manche Klatschreporter vorstellen. Die Bindung bestand also, und daß die beiden zunächst alles taten, um einen Skandal, ja um eine Weiterentwicklung zu vermeiden, macht die Erfüllung dieser Liebe nach Fersens Rückkehr aus Amerika nur wahrscheinlicher.

Sehr auffällig ist, daß die Nachrichten über die beiden von Ausländern kommen, von Schweden, Briten, der Herzogin von Fitz-James. Die Königin schien, wenn es ernst war, dem klatschsüchtigen Kreis von Trianon doch nicht mehr zu trauen, und als man ihr den Umgang mit so vielen Ausländern vorwarf, verteidigte sie sich mit der vielsagenden Bemerkung, diese Menschen hätten den ungeheuren Vorzug, nichts von ihr zu wollen.

Vielleicht wollte sie auch Fersen nicht zu tief in ihre Beziehungen hereinziehen, wissen wir doch von einem unbestechlichen Zeugen wie Marie Antoinettes Bruder Joseph, daß die Polignac ihre Freundin mit sehr freizügiger Literatur versorgte, Büchern mit der Eleganz des Jahrhunderts, die man nicht einfach als Pornographien bezeichnen kann. Auch sind Rückschlüsse auf das persönliche Verhalten der Königin sehr schwierig, sie ist unendlich vorsichtig. Wir wissen von Madame Campan, daß Marie Antoinette in einem langen Hemd badete, daß sie sich durch vorgehaltene Tücher gegen die Blicke selbst der Bademägde schützen ließ, und daß sie die von der Etikette bedingten hochadeligen Zuschauerinnen bei ihrer Toilette haßte. Leider aber genügten kleinste Andeutungen aus dem engeren Kreis von Trianon, um Pamphlete auf den Plan zu rufen und sehr weitgehende Geschichten zu nähren, in die auch Ludwig einbezogen wurde. Spuren davon finden sich sogar in den im allgemeinen doch ein Körnchen Wahrheit enthaltenden *Mémoires secrets* von Bachaumont.

Als am 22. Oktober 1781 dem Königspaar ein Thronerbe geboren wurde, der Dauphin Louis Joseph Xavier François, hatte der Graf von Provence nichts Eiligeres zu tun, als im Kreis von Trianon nach einem Vater zu suchen, und man muß sich eigentlich wundern, daß diese wiederholten Majestätsbeleidigungen so gar keine Folgen hatten, daß der Comte de Provence später als Ludwig XVIII. und gemeinsam von allen Emigranten verehrter Souverän den Thron besteigen konnte. Diesmal war es kein Coigny, sondern der erste der Galane, nämlich der Comte de Vaudreuil, den Monsieur, Bruder des Königs, als Urheber der Schwangerschaft bezeichnete; er machte nur den Fehler, die Schäfer-Spielereien im Park zu erwähnen, bei denen allerlei Heimlichkeiten vor sich gegangen seien. Da der Dauphin aber Ende Oktober zur Welt kam, hätte die Königin sich im Januar mit Vaudreuil im Park treffen müssen, und das war doch nicht sehr wahrscheinlich. Dennoch begann man inzwischen so gut wie alles zu glauben, soferne nur der Ruf der Königin darunter litt.

Fragen wir uns heute, wie ein solcher Verfall der Beliebtheit innerhalb weniger Jahre zu erklären sei, seit dem großen Jubel von 1770 und auch noch 1773, dann bietet sich unvermeidlich jene seltsame Kriminalgeschichte an, die als die *Halsband-Affaire* in Geschichte und Literatur mehr Nachhall gefunden hat, als die banale Intrige verdiente. Banal muß man sagen, weil Könige schließlich zu allen Zeiten und auf jede Weise betrogen wurden, die dümmsten wie die intelligentesten. Jahrhundertelang waren es Schwarzkünstler, Goldmacher und Finanzjongleure, die dies bewerkstelligten, dann kamen die Alleswisser mit ihren neuen Wirtschaftssystemen, die Europa von Portugal bis Mitau bereisten, und da ja kein einziger europäischer Staat jene innere Ordnung oder auch nur Struktur hatte, die der Größe der Aufgaben und der Möglichkeiten entsprach, fanden sie alle zumindest zeitweise Gehör, mitunter auch durch Jahre. Und jene, denen es nicht gelang, sich rechtzeitig aus dem Staub zu machen, die wurden schließlich eingekerkert oder gehängt.

Was die *Affaire du Collier* aus dieser eher komischen als tragischen Reihe großer und kleiner Verbrechen heraushebt, ist die originelle Komposition des Theaterzettels. Da steht ganz oben eine Königin, die in jenem Jahr 1785 zwar schon ihr fünftes Kind gebar, aber mit gerade dreißig Jahren auf dem Höhepunkt ihrer Entwicklung zur Frau stand und einen besonderen Eclat hatte, eine Schönheit, die – wie wir gesehen haben – auch Frauen zu beeindrucken vermochte.

Es ist belegt, daß diese Frau, seit sie sich in Trianon mit einem sehr privaten Kreis umgeben hatte, vielfache Begierden nicht nur erweckte, sondern – man kann es nicht anders sagen – auch am Kochen erhielt. Einige bekannte Galane, erfahrene Hofleute, gewandte Herren von hohem Adel hüllten sie in eine dichte Atmosphäre jenes erotischen Singsangs ein, den man als Cour-Machen nur sehr unvollkommen bezeichnet.

Diese Tatsache ließ Trianon nach außen wie einen Liebeshof wirken, ähnlich jenen Zirkeln der Renaissance, in denen die letzten Troubadoure und die ersten Aufklärer die schönsten Frauen umschwärmten. Daß von dieser Konstellation eine starke Anziehung auf die Ausgeschlossenen ausgehen mußte, ist klar, und daß Marie Antoinette sie alle energisch und unmißverständlich abwies wie zum Beispiel den Herzog von Fronsac oder auch Lauzun, das steigerte in manchen Naturen das Verlangen, dort einzudringen, sich einzukaufen, der Königin nahe zu sein.

Solch ein erotisch benebelter Herr von hohem Adel war, und das empfindet man bis heute als Pikanterie, Louis René Edouard, Prince de Rohan-Guémenée, Kardinal und Groß-Almosenier von Frankreich. Die Rohan leiteten ihr Geschlecht von den alten keltischen Königen der Bretagne ab und erhielten, als dieses Land zu Frankreich kam, den königlichen Status zugesichert, waren also dem ganzen Adel, die Prinzen von Geblüt ausgenommen, in gewissem Sinn übergeordnet. Nur hatten sie nicht ihr bestes Jahrhundert. Eine große, mächtige Familie, die in drei Zweigen blühte, erlitten die Rohan doch ihre ersten Niederlagen, als sich der Marschall von Rohan-Soubise gegen Friedrich den Großen mit Schmach bedeckte und, davon unberührt, in seinem Palast im Marais ein Leben wir Harun al Raschid führte. Ebensowenig Sympathien erwarb sich der Rohan der Affaire, der zunächst Erzbischof von Straßburg wurde, dann aber als Botschafter Frankreichs nach Wien ging und dort die langmütige und gegenüber hohem Adel ziemlich tolerante Maria Theresia mit seiner aufdringlichen Prachtentfaltung, seinen Unhöflichkeiten und seinem frechen Sekretär zur Weißglut brachte.

Als endlich seine Abberufung erreicht war, hatte er natürlich auch bei Marie Antoinette nichts mehr zu bestellen. Wer ihre Mutter in so arroganter Weise immer wieder herausgefordert hatte, der kam für die Königin überhaupt nicht mehr in Betracht. In dieser Situation, die zweifellos noch von seinen Wiener Erfahrungen und Kämpfen mitbestimmt war, führte ihm der Zufall eine jener Frauen in den Weg, die sich hoher Abstammung rühmten, zeitweise Geldverlegenheiten vorschützten und jedem, der ihnen half, das Blaue vom Himmel versprachen. Die Bezeichnung Abenteuerin ist für Jeanne de la Motte-Valois wohl zu hoch gegriffen, da hatte dieses Jahrhundert glanzvollere Erscheinungen zu bieten. Aber sie stammte tatsächlich von den im Mannesstamm erloschenen Valois ab, einem Geschlecht, das Frankreich einige große Monarchen geschenkt hatte. Ihr Opfer wurde der Kardinal Rohan, ein Mann von höchsten Ansprüchen an das Leben, Herr des prächtigen Schlosses von Zabern und Kardinal nicht etwa, weil die Kirche seines Geistes bedurft hätte – da wäre sie nämlich übel beraten gewesen –, sondern weil eine Familie dieser Bedeutung eben ihre Kardinalshüte erbte wie die Regimenter. Rohan war für seine Position zweifellos nicht intelligent genug und agierte wie so mancher hochgestellte Herr mit diesem Handikap: Er suchte sich durch Gerüchte und Intrigen interessant zu machen. Er hatte Marie Antoinette schon tief verärgert, als sie noch Dauphine gewesen war und gegen die Dubarry anzukämpfen hatte; er hatte die Königin dann in Wien angeschwärzt und so vielsagende Andeutungen über ihr Leben in Paris gemacht, daß die verschreckte Kaiserin den Baron Neni nach Frankreich entsandte, um zu überprüfen, was denn an diesen Behauptungen Wahres sei. Und er hatte auch nach seiner Rückkehr in Frankreich wie im Ausland jene Frau verlästert, die seiner Meinung nach so viele andere Männer erhörte, nur eben ihn nicht.

Die Seelenlage ist klar: Da die Verachtung, die Marie Antoinette ihm gegenüber an den Tag legte, mit dem Stolz eines Rohan und dem hemmungslosen Selbstgefühl des reichen Kardinals nicht zu vereinen war, mußte der Gegenstand der Neigung und Begierde beschmutzt werden. Dieses Motiv war zweifellos stärker als das simple Begehren, die große Liebe, auf die der Kardinal sich dann vor Gericht hinauszureden verstand.

Die La Motte hatte Kunde von einem prachtvollen Halsschmuck, den der Hofjuwelier Böhmer, auch ein Verehrer der Königin, ohne Auftrag komponiert hatte. Da es ihn ruiniert hätte, diese Fülle der Edelsteine nicht verwerten zu können, fixierte sich in ihm die Vorstellung, die Königin *müsse* sich diesen Schmuck kaufen oder schenken lassen. Es muß gesagt werden, daß Karl August Böhmer keineswegs jene Seriosität besaß, wie man sie im allgemeinen von Hoflieferanten verlangt. Da am katholischen Hof von Versailles Hugenotten in solchen Positionen nicht in Frage kamen, hugenottische Juweliere, wie sie wegen ihrer Rechtschaffenheit an den deutschen Höfen inzwischen sehr häufig geworden waren, kam der elsässische Jude Böhmer zum Zug, obwohl seine zweite Frau, die Schauspielerin Catherine Renaud, nach ihrer

Dresdener Glanzzeit mehr als zweifelhafte Diamantengeschäfte gemacht und zum Beispiel Casanova um wertvollen Schmuck erleichtert hatte. Sie führte, ehe Böhmer ihre Zuflucht wurde, das Leben einer diebischen Nobelhure, die in verschiedenen deutschen Zentren als solche bekannt war und sich durch eine venerische Erkrankung nicht davon abhalten ließ, die Männer auszunehmen. Daß Böhmer sie zur Frau nahm und daß sie nach ihm dann seinen Kompagnon heiratete, ist wohl nur damit zu erklären, daß sie von den Geschäften der Herren eben zu viel wußte. Böhmer war also unseriös, und er war hartnäckig, bei Marie Antoinette aber, die Schwindler stets schnell durchschaute, schlugen alle Demarchen fehl. Frankreich war im Krieg, die 1 500 000 Livres, die der Schmuck kosten sollte, wären für ein Kriegsschiff gewiß zweckdienlicher verwendet worden, und Marie Antoinette verbot dem Mann, der ihr in seiner Besessenheit unheimlich geworden war, noch einmal bei ihr zu erscheinen.

Das war der Augenblick der La Motte, die von dem Schmuck, über den Böhmer und sein Kompagnon viel zu viel redeten, gehört hatte, die den Kardinal kannte und zweifellos inzwischen festgestellt hatte, wes Geistes Kind er sei. Da Böhmer sich nicht vorstellen konnte, daß jemand seine prachtvolle Komposition einfach nicht haben wolle, da Marie Antoinette – man muß es leider sagen – schon sehr viel Geld für Schmuck ausgegeben hatte, so lag es eigentlich nahe, durch Geheimnis, Gerücht und Versprechung zwei Halbnarren wie den Kardinal und den Juwelier in einer Intrige zusammenzuspannen. Dem Juwelier wurde versichert, er werde mit einiger Geduld und dank der Vermittlung eines reichen Verehrers das Collier doch noch an die Königin liefern können, und Rohan glaubte nach allerlei Maskeraden, in denen eine Prostituierte von ähnlicher Figur die Königin spielen mußte, die scheue Marie Antoinette werde ihm irgendwann ihre Gunst gewähren, soferne er ihr nur den Erwerb dieses Schmuckstückes erleichtere, dessen enormer Preis im Augenblick selbst königliche Mittel übersteige.

Rohan wurde ein Opfer jener Gerüchte, die er zum Teil selbst in die Welt gesetzt hatte. Wir müssen uns vor Augen halten, daß man zu jener Zeit, nach fünfzehnjähriger Ehe, der Königin bereits ein Dutzend Liebhaber nachsagte: Dillon de Coigny und Vaudreuil als Väter ihrer Kinder, dazu den Herzog von Dorset, den Prinzen Georg von Hessen-Darmstadt, ihren eigenen Schwager Artois, einen Gardeoffizier namens Lambertye, den Herzog von Guines, den Grafen Esterházy, die Herren de Roure, de Saint-Paer, den Grafen Romanzoff, die Lords Strathaven und Seymour, um einmal diese Liste loszuwerden, auf der sich Lauzun und Fersen noch gar nicht finden . . .

Sie ist natürlich Phantasie und ein Ergebnis jener Erfahrungen, welche die Franzosen mit ihrem Hof seit den Tagen des Sonnenkönigs gemacht hatten, und somit ein wenig entschuldbar, hatte doch Ludwig XIV. sich noch durch seinen Nachfolger, den Regenten, übertreffen lassen müssen und dieser wiederum durch Ludwig XV. Daß es jedesmal die Könige waren, die so vielfach die Ehe brachen und Versailles zu einem riesigen Bordell machten, störte die Pamphletisten wenig, denn die Königinnen, die ja meist aus dem Ausland kamen, durften eben nicht besser sein als ihre Gatten.

Es schien alles wunderbar zusammenzupassen, die Putzsucht der Österreicherin, das geheimnisvolle Treiben von Trianon, die deutliche Distanz, die der König zu seiner Frau hielt. Und wer, wenn er so eitel ist wie jener Kardinal, glaubt nicht gern, was ihm eingeredet wird: daß die Königin bereit sei, ihm zu verzeihen, daß sie ihn freilich nicht offiziell empfangen dürfe, daß aber ein heimliches Stelldichein zwischen den galanten Bosketten von Trianon möglich sein werde.

Gewiß ging es Rohan nicht um ein Schäferstündchen mit der Königin; so dumm konnte er nicht gewesen sein. Aber es bedeutete für ihn schon sehr viel, aus der Ungnade ein wenig herauszutreten, hatte er sich doch sogar zu kleinen Hoffesten wie etwa jenem für das schwedische Prinzenpaar in Verkleidung eingeschlichen, ein Beweis, daß er unter dem Unwillen der Königin litt.

Marie Antoinette hielt, nachdem sie Böhmer verabschiedet und fortan einen anderen Juwelier mit der Pflege ihres Geschmeides beauftragt hatte, alles für vorbei und erledigt, als der unsägliche Böhmer am 3. August 1785 abermals erschien, freilich nicht bei Marie Antoinette, sondern bei Madame Campan, worauf sich eine etwas kuriose Unterhaltung entspann: Böhmer nämlich bezog sich auf Briefe und Billets, welche die La Motte gefälscht hatte, so daß er annehmen mußte, die Campan sei über den im Auftrag der Königin getätigten Kauf des Halsbandes und die Zahlungsmodalitäten im Bilde. Der von der Kammerfrau ausführlich wiedergegebene Dialog der aneinander vorbei redenden Kontrahenten offenbart die nicht weniger komischen Seiten des ganzen Vorgangs, der in dieser Form ja wirklich nur an einem Hof wie Versailles möglich war. Jeder Schritt, jede Aktion, jedes Erscheinen der Königin wurde diskutiert, und als Marie Antoinette auch zu Pfingsten noch nicht jenes Kollier getragen hatte, das längst im Besitz der La Motte und ihrer Helfer war, hatte Böhmer eben den gar nicht ungeschickten Umweg über die Campan gewählt, um den wahren Verhältnissen auf die Spur zu kommen und um eine Rate von 150 000 Livres zu kassieren.

Der Bericht der Kammerfrau ist insofern bestätigt, als sich bei Rohan eine Notiz gleichen Datums fand, des Inhalts, Böhmer habe Madame de Campan in ihrem Landhaus aufgesucht und erfahren, daß er getäuscht worden sei: die Königin habe das Halsband niemals erhalten. Die Notiz war dem Abbé Georgel entgangen, dem Geheimsekretär des Kardinals, der sich schon in Wien so unbeliebt gemacht hatte und der nach der Verhaftung des Kardinals alle Papiere, die in Paris lagen, sogleich verbrannte.

Da die Geschichte hinreichend bekannt ist, verzichte ich auf die Wiedergabe der Verästelungen, die nach London und zu dem großen Schwindler Cagliostro führen, denn für Marie Antoinette selbst und den Verlust ihres Ansehens beim Volk der Hauptstadt war anderes entscheidend – der Fehler nämlich, die simple Schwindelaffäre an die große Glocke zu hängen. Als der Betrug offenkundig geworden war, als die Königin sich ihrem Gemahl anvertraute und dieser den Minister des königlichen Hauses hinzuzog, da hatte eben dieser Baron de Breteuil ein Übermaß an Entrüstung geheuchelt und auf einen großen Prozeß gedrungen. Daß Klatsch für ihn das halbe Leben war, wissen wir schon aus den Memoiren der Malerin Vigée-Lebrun. Und nun gar ein Rohan, ein Kardinal und eine Nachfahrin des Hauses Valois!

Man ist nachher immer klüger, und man weiß von keinem Prozeß vorher, wie er ausgehen, ja kaum welche Etappen er durchlaufen wird. Es kam zu einer dramatischen Szene, als König und Königin Rohan stellten, am Himmelfahrtstag Mariä, dem 15. August 1785, vor der Messe, welcher der ganze Hof beiwohnen und die Rohan zelebrieren sollte. Alle drei waren sehr erregt, obwohl Rohan ja nicht erst an diesem Tag erfuhr, daß er getäuscht worden sei. Ludwig gab zu bedenken, daß der Groß-Almosenier Frankreichs schließlich wissen mußte, daß die Königin ebenso wie der König nur mit dem Vornamen unterzeichne, daß ein Namenszug
Marie Antoinette de France
unter einem Brief somit eine Fälschung, und zwar eine sehr ungeschickte, sein müsse. Die Königin wiederum erklärte Rohan bebend vor Zorn, daß er sich doch über die Gefühle klar sein mußte, die sie ihm gegenüber hegte, nur waren es eben diese Gefühle gewesen, die ihn auf eine so geheimnisvolle Versöhnungsaktion hatten hereinfallen lassen.

Rohan erklärte, sich nicht konzentrieren zu können, ging für ein paar Minuten in ein Nebenzimmer jenes Kabinetts, in dem die Unterhaltung stattfand, und kehrte mit einem Papier zurück, das er dem König überreichte. Was darauf stand, beeindruckte Ludwig jedoch nicht. Mit großer Festigkeit erklärte er dem Kardinal, daß er verhaftet sei. Tatsächlich brachte man den Kirchenfürsten für zwei Tage in die Bastille, ehe er in Anwesenheit des Barons von Breteuil sein Stadtpalais betreten und einem Inventar seiner Papiere beiwohnen durfte – wie man zugeben wird ein Arrangement, das dem gefinkelten Georgel jede Möglichkeit gab, Belastungsmaterial vorher verschwinden zu lassen. Das weitere Vorgehen aber zeigt große Energie und, leider, auch völlige Unbesorgtheit hinsichtlich des Skandals; denn schon am 5. September, nur fünf Wochen nach Böhmers Vorsprache bei der Campan, wurde das Verfahren dem geistlichen Tribunal entzogen und dem höchsten Pariser Gericht überantwortet, dem Parlament – einer Institution, die etwas andere Aufgaben hatte als die Abgeordnetenhäuser unserer Tage, und die den französischen Königen nicht immer gut gesonnen waren. Vor allem Turgot und Ludwig XVI. hatten den selbstgefälligen Juristen schon manche Niederlage bereitet, und so war denn auch das Patent, mit dem Ludwig den Parlamentsräten den Fall übergab, nicht viel mehr wert als eine Empfehlung, ja vielleicht hatte es den Herren erst die Möglichkeit signalisiert, sich für die Konsequenz zu rächen, mit der sich Ludwig hinter Turgot gestellt und einen um den anderen Parlamentseinspruch durch sein königliches Dictum zu Fall gebracht hatte.

Darüber hinaus wurde der Kardinal dank seines intriganten Abbé Georgel sehr geschickt verteidigt, denn dessen erstaunlich flink arbeitende Rechercheure hatten die einzelnen Schmuckverkäufe der La Motte und ihrer männlichen Helfer ermittelt. Damit konnte man nun die eigentlichen Schuldigen als solche bloßstellen und den Kardinal als einen ebenfalls Getäuschten reinwaschen. Weitere Entlastungen brachten für Rohan die Aussagen der La Motte, eben weil sie ihm auf durchaus unglaubhafte Weise die Schuld zuschob, ja behauptete, er sei durch Cagliostro gleichsam hypnotisiert worden, was man damals freilich noch mit farbigen Worten umschrieb. Wäre Cagliostro ernsthaft an der Angelegenheit beteiligt worden, so hätte es gewiß täuschend echte Namenszüge der Königin gegeben, denn in der Nachahmung von Schriften war dieser interessante Schwindler ein Meister. Auch hätte die sehr schöne Frau Cagliostros keine Mühe gehabt, den Kardinal von der Königin abzulenken.

Ein Zufall brachte ans Licht, daß eine weitere Pariser Stadtschönheit, eine Madame d'Oliva, für angeblich 15 000 Livres eines Nachts die Königin gespielt und den Kardinal im Dunkel der Hekken von Trianon glaubwürdig getäuscht habe, ein ungeheures Honorar, selbst wenn man bedenkt, daß die Oliva als Werkzeug einer Täuschung allerhöchster Personen eine beträchtliche Gefahr lief. Man muß daraus schließen, daß sie wegen ihrer besonderen Ähnlichkeit mit der Königin erwählt worden war und nicht zu dem Kreis der jederzeit käuflichen Frauen gehörte. Andererseits beweist die Rücksichtslosigkeit dieser Investition – wenn die Ziffer stimmt – daß Madame de la Motte tatsächlich ein wenig verrückt war, wenn auch nicht in dem Maß, in dem sie es glauben machte.

Der Antrag des Generalstaatsanwaltes war, wie es uns heute scheinen will, mit Ausnahme des letzten Punktes ein Beweis für die Schonung, die hochgestellte Herren im *Ancien Régime* selbst dann noch genossen, wenn sie sich eindeutig kompromittiert hatten: Rohan möge das Königspaar um Verzeihung bitten, für eine Weile das Amt des Groß-Almoseniers niederlegen und sich auf eine festgelegte Distanz vom Hof und allen Orten, die dieser aufsuche, zurückziehen. Nur das Verlangen, der Kardinal möge bis zur Erfüllung dieser Beschlüsse im Gefängnis bleiben, mußte als hart empfunden werden gegenüber einem Mann, der sich ohnedies vor der ganzen Nation unmöglich gemacht hatte.

Aber die Feinde der Königin und die Gegner des Königs im Parlament nützten die Stunde. Rohan wurde mit 26 gegen 23 Stimmen als unschuldig befunden, während die de la Motte mit V für Voleuse gebrandmarkt, mit dem Staupbesen gezüchtigt und zu lebenslanger Haft in der Salpêtrière verurteilt wurde. Ihre Komplizen blieben klugerweise in England. Die inzwischen gedruckten Memoiren der de la Motte wurden unterdrückt.

Obwohl Rohan nicht populär gewesen war und auch keinen Wert darauf gelegt hatte, obwohl er reich, arrogant und halb verblödet eigentlich genau das war, was die Pariser am *Ancien Régime* haßten, jubelte ihm nun die Straße zu, in einem ostentativen Triumph, der Marie Antoinette die Tränen in die Augen trieb. »Man sehe«, schreiben die Goncourts, »dieses Volk der Hallen, welches jetzt dem Sieg des Kardinals und der Demütigung der Königin zujauchzt: es ist dasselbe, welches sich ins Revolutions-Tribunal hineindrängen und auch dem Henker zujauchzen wird!«

Kaum irgendwo gilt das Wort, wo viel Rauch ist, ist auch Feuer, in dem Maß wie für diesen Prozeß und seine Wirkungen. Die Königin hatte Fehler gemacht, durch das Aufsuchen einer großen, ihr nicht mehr gewogenen Öffentlichkeit und dadurch, daß sie erste

Mahnbriefe Böhmers, weil sie nicht begriff, wovon die Rede war, in ihrer gefährlichen Oberflächlichkeit einfach ins Feuer warf, statt sogleich um eine Aufklärung bemüht zu sein. Aber sie war, darin sind sich heute alle Autoren zu diesem Thema einig, vollkommen schuldlos. Dennoch begann, weil man sich eben gerne an solchen Feuerchen wärmte, alsbald der für das 18. Jahrhundert so typische Krieg der Pamphlete.

Die de la Motte blieb nicht lange im Gefängnis, und wenn es stimmt, daß sich die Königin für diese Frau einsetzte, die ihre Unterschrift fälschen ließ und ihren Ruf vernichten wollte, dann war das der gefährlichste aller Fehler, weil das, was einfach Milde war, in den Gehirnen schlichter Pariser für Komplizenschaft sprechen mußte. Im Milieu, wie die Unterwelt sich an der Seine nennt, wurde aus dieser Einmengung der Königin offenbar, daß die de la Motte für etwas belohnt wurde, und nach dem Ritual der Unterwelt konnte dies nur ihr Schweigen über gewisse die Königin belastende Fakten gewesen sein. Aber woher sollte eine Erzherzogin diese Mechanismen kennen?

Die de la Motte hatte persönlich am wenigsten von dem allen, abgesehen von ein paar Monaten, in denen sie große Summen in der Hand hatte. Sie war die Tochter von Jacques de Saint-Rémy, Baron de Luze et de Valois, mit der Tochter des Kastellans. Sie war legitimiert, trug den Namen des Vaters, der in direkter Linie von Heinrich II. abstammte, und heiratete 1780 den Grafen Nicolas de la Motte. Sie hatten jedoch beide kein Geld, vor allem nicht jene Summen, die zu ihren Namen gepaßt hätten. Ein ordentliches Leben wäre ihnen nur möglich gewesen, wenn sie imstande gewesen wären, mit jener kleinen Pension auszukommen, die die Marquise de Boulainvilliers der de la Motte nach dem Nachweis ihrer Abstammung beim Schatzkanzler erwirkt hatte.

Das Jahrhundert, in dem nur der Adel etwas galt, ist voll von solchen und ähnlichen Existenzen, legten sich doch auch Cagliostro oder der Scharlatan Saint-Germain Grafentitel zu. Die la Motte aber visierte eben zu hoch, ließ sich auf einen Schwindel zwischen Kardinal und Königin ein und wurde erst wieder interessant, als man sie am 5. Juni 1787 in einer großangelegten, brillant durchgeführten Aktion befreite, denn solche Möglichkeiten eröffneten sich kleinen Gaunern im allgemeinen nicht.

In London nahm sich der in Paris als erfolglos davongejagte Finanzminister Charles Alexandre de Calonne ihrer an, redigierte mit ihr Pamphlete und Berichte und vermutlich auch die skandalöse Schrift *Sommaire pour la Comtesse de la Motte*, aus der später angebliche Fakten gezogen wurden, die Fouquier-Tinville der Königin zur Last legte. Der andere, gefährlichere Pamphletist war der Abbé Georgel, möglicherweise der Organisator der Befreiungsaktion, eine mephistophelische Natur ohne das Format des Kardinals Dubois. Er nutzte seine genaue Kenntnis der Verhältnisse, um seinerseits die Königin in Pamphleten anzugreifen, konnte er es doch dem Haus Österreich nicht verzeihen, daß man an seinem Treiben in Wien keinen Geschmack gefunden hatte. Aber während Georgel trotz Revolution und Kriegen ein Alter von 82 Jahren erreichte und endlich ungekränkt in den Vogesen starb, sank die la Motte in tiefstes Elend, beging einen Selbstmordversuch und vegetierte, seither verkrüppelt, bis zum 25. August 1791 dahin, als der Tod sie erlöste. Als Figur der Legende wollte man sie zwar auch später noch gesehen und gesprochen haben, das unglückliche Gespenst in einer Affäre, die ihr schließlich über den Kopf wuchs.

Ein wenig verblüfft, ja sogar enttäuscht stellt man fest, daß für das Weiterwirken der *Affaire du Collier* in der Literatur die wirklichen Akteure als gar nicht so interessant empfunden wurden. Die tragische Rolle der Königin, Ludwig XVI. als *père noble,* ein Kardinal in der klassischen Figur des reichen Onkels aus der Provinz und der schurkische Intrigant Georgel neben einer hübschen, halbverrückten Betrügerin, das alles hat den meisten Bearbeitern dieses Stoffes nicht genügt. Wir finden sie fasziniert von den magischen Hintergründen: nicht etwa von den sozialen Verhältnissen oder der nahenden Revolution, sondern von dem Sizilianer Balsamo, der sich Conte di Cagliostro nannte und den selbst kluge Frauen wie Elisa von der Recke oder Katharina II. erst durchschauten, wenn ihn seine magischen Kräfte zumindest im Bett verließen. Goethe war der Schnellste mit seinem *Groß-Kophta* von 1791, einem Stück nicht ohne prophetisches Ingenium. Schiller verwendete Motive aus der la Mott'schen Täuschungsoper in seinem *Geisterseher,* und auch bei Dumas ist Cagliostro noch der Drahtzieher der ganzen Affäre, in welchem Fall er jedoch ganz gewiß das Halsband in seinen Besitz gebracht hätte. Denn er war, zum Unterschied von der Gräfin und dem Kardinal, gewiß kein Amateur. (Goethe hatte schon 1787, also vor der Französischen Revolution, in Sizilien die Familie jenes Hausierers Balsamo aufgesucht, dessen Sohn, der einstige Apothekengehilfe, als Cagliostro berühmt wurde. Aus diesen Materialien und der Halsbandgeschichte komponierte Goethe später, als er die Leitung des Weimarer Theaters übernommen hatte, jenes Lustspiel, das damals wenig Erfolg hatte, ja als sittenlos (!) galt, in unseren Tagen aber mit einigem Widerhall neu inszeniert wurde. Das Königspaar tritt bei Goethe, der immerhin Geheimrat und Minister war, natürlich nicht auf). Einer, der sich kein Blatt vor den Mund zu nehmen brauchte, war Napoleon. Marie Antoinette interessierte ihn ein wenig, schließlich hatte auch er eine Erzherzogin aus dem Hause Österreich geheiratet, mit einem Ehevertrag, der wortwörtlich jenem entsprach, den Marie Antoinette erhalten hatte. Der Hauptfehler der Königin in der Halsbandaffäre, meinte Napoleon, sei gewesen, sich an das Parlament zu wenden: sie hatte die Öffentlichkeit für ihre Unschuld gewollt, das Ergebnis aber war, daß schließlich sie als die Schuldige dastand. Das geschah nicht etwa, weil die »Ratsherren selbst zum Großteil dem Hochadel Frankreichs angehören« (Zweig), sondern weil diese *Noblesse de Robe* nun schon seit Jahrhunderten dem Königshaus und dem Hochadel zeigen will, daß sie von Rechts wegen Frankreich regieren müßte, denn was der Schwertadel sich seit den Kreuzzügen auf den Schlachtfeldern verdient hatte, die Ehren im Land, den Ruhm über die Zeiten hinaus, das hatte sich der Klein-Adel der Juristen und Räte mühsam ersitzen und erarbeiten müssen, und nur wenige Namen aus dem ganzen Umkreis des Parlaments vermochten ein wenig Glanz auf sich zu vereinigen. Und sie wußten natürlich, daß sie es nicht mit jenem vierzehnten Ludwig zu tun hatten, der in der Gift-Affäre, die ungleich gefährlicher für den Staat gewesen war, ganz einfach eine eigene Kammer ernannte, eine *chambre ardente,* wo die Beweise lichterloh brannten, damit – unter anderem – die schöne Olympia Mancini, die Mutter des Prinzen Eugen, *nicht* überführt werden mußte.

Ludwig XVI., entschlossen, aber ungeschickt, hatte es geschehen lassen, daß ein junger Leutnant den vielleicht nicht sehr klugen, aber doch listigen Kardinal abführte, ein Leutnant, der Rohan mit seinem Leibheiducken deutsch reden ließ, so daß der treue Sekretär Georgel seine eigene *chambre ardente* im Stadtpalais der Rohan veranstalten konnte und die Untersuchungskommission keine Zeile des Briefwechsels mit der la Motte mehr vorfand. Joseph II. hatte recht, auch wenn er es anders gemeint hatte: sie waren alle Stümper. Sie waren müde, sie hatten nie gelernt, ihr Gehirn zu gebrauchen, weder die lese- und lernunwillige Marie Antoinette, noch der nur technisch interessierte König und auch nicht der schwatzhafte Baron de Breteuil. Und so siegte eben das Parlament, siegte das juridische *savoir-faire* über eine königliche Unschuld . . .

Reiches armes Frankreich

Da die Sympathien der Pariser für den hohen Adel ebenso begrenzt waren wie für den hohen Klerus, läßt sich die Freudenkundgebung bei der Freisprechung des Kardinals Prince de Rohan nur als eine Manifestation gegen die Königin verstehen. Es ist zwar richtig, daß die Parlamente in ihrem Dauergegensatz zum Hof ein offenes Ohr für die Stimme des Volkes hatten; für das Volk aber war die Versammlung betuchter Juristen aus dem Beamtenadel ebenso ein Abstraktum wie der hohe Klerus, mit dem man nie zu tun hatte. Die Königin hingegen, die Österreicherin, die Frau, die – wie alle überzeugt waren – wegen eines teuren Halsgeschmeides ihre Tugend zu opfern bereit war, diese Frau war vorstellbar, vorhanden, ein persönliches Ziel für einen Haß, der aus dem bloßen Hohn der Pamphlete inzwischen zu einer breiten Front der Ablehnung, ja der Kampfstimmung geworden war. Seit Jahren drangen in Streit- und Verteidigungsschriften Ziffern über Ziffern in die Öffentlichkeit; Necker und seine Kritiker hatten sich vor dem ganzen Volk, so weit es lesen konnte, über den Staatshaushalt, die Apanagen, die Ausgaben des Hofes und die Privilegien der Nichtsteuerzahler unterhalten, und nun schlug in diese schwer verständlichen Rechenkunststücke, in Diskussionen, die abstrakt geblieben waren, wie eine Bombe die sicht- und greifbare Tatsache eines Schmucks um eineinhalb Millionen Livres ein. Die *Affaire du Collier* war an sich gewiß ein banaler Betrugsfall mit mittelmäßigen Akteuren. Aber es waren Akteure, die man kannte – den Kardinal, die Königin, Cagliostro und die hübsche Oliva, die zu allem Überfluß noch im Gefängnis ein Kind geboren hatte –, und es war eine Affäre, die genau im richtigen Augenblick das schwer Vorstellbare konkret und begreiflich gemacht hatte. Die Masse brauchte diesen Vorfall, und sie brauchte die Konzentration ihrer Abneigung, ihrer Wut und ihrer Empörung auf einen Menschen, wofür nun einmal eine Ausländerin stets besser geeignet ist als eine Nachbarin, und wofür sich Frauen wiederum Frauen suchen, weil sie dem eigenen Geschlecht gegenüber unduldsamer sind als gegenüber den Männern.

Denn es ist eine Tatsache, daß diese schöne und zweifellos hochfahrende Frau, diese echte Königin, die Pariserinnen gegen sich hatte. Die Frau Ludwigs XIV. war beinahe ein Krüppel gewesen mit einem verschobenen Schulterblatt, eine kleine, ganz offensichtlich degenerierte Spanierin; die Frau Ludwigs XV. hatte das Mitleid ihrer weiblichen Untertanen gefunden als meistbetrogene Frau Frankreichs, und auch sie war äußerlich unscheinbar gewesen, eine bescheidene, bigotte Polin. Marie Antoinette, aus der ersten Familie Europas, aus Wien, der Rivalin von Paris, aus dem Land, das bis vor wenigen Jahrzehnten Frankreichs Erzfeind gewesen war und als Verbündeter den Franzosen noch weniger Glück gebracht hatte, diese Frau hatte nur als Dauphine, als halbes Kind, die Gunst der Pariserinnen genossen. Seither hatte die Dauerpropaganda des Hauses Orléans, hatten die zahllosen Pamphletisten, die sich mit ihren Flugschriften ein schnelles Geld verdienten, den Boden für einen Stimmungswandel bereitet.

Als Marie Antoinette nach der Geburt ihres zweiten Sohnes am 24. Mai 1785 festlichen Einzug in Paris hielt, hatte es keinen Jubel gegeben wie 1773; kein Tuch war geschwenkt, kein Blumenstrauß geworfen worden. Längs ihres ganzes Weges herrschte tiefste Stille, obwohl sie Frankreich doch nun den zweiten Prinzen geboren hatte (den späteren Ludwig XVII.). Als sie wieder in Versailles waren, hatte sie lange in den Armen ihres Gatten geweint und jene Frage ausgesprochen, die seither als ein Beweis für ihre Ahnungslosigkeit zitiert wird: »Que leur ai-je fait?« – Was habe ich ihnen denn getan?

Man muß nicht wie Marie die Blutige oder die Zarin Elisabeth töten und peinigen; man kann durch die simple Ernennung zur Madame Defizit der Personifizierungs-Sucht des kleinen Volkes zum Opfer fallen, jenes Volkes, in dem vor allem die wirtschaftenden Frauen die Knappheit der Mittel und die Höhe der Lasten spürten und in dem die Frauen sich durch die Schönheit, den Schmuck und die Ausgaben einer anderen Frau tagtäglich herausgefordert fühlten.

Hippolyte Taine schreibt in seinem vielzitierten Buch über das *Ancien Régime*, daß die Belastung der Bauern schließlich 81 Prozent des Rein-Einkommens betragen habe, eine etwas vage Behauptung, weil das Rein-Einkommen nicht definiert wird. Sicher ist, daß Bauern und Bürger durch immer neue Steuerausschreibungen und Anleihen von Jahr zu Jahr stärker zur Kasse gebeten wurden, während die großen Vermögen – die des Adels und der Geistlichkeit – nicht einmal bekannt waren, das heißt: gar nicht in Betracht gezogen wurden.

Als das Jahr 1785 durch eine völlig abnorme Trockenheit auch noch schwerste Verluste an den französischen Viehbeständen brachte, als eine starke Teuerung bei Lebens- und Futtermitteln einsetzte, verschlechterte sich das politische Klima, ohne daß Marie Antoinette ihren Untertanen etwas hätte antun müssen: Sie konnte es ja nicht regnen lassen, aber man war schon so weit, es von ihr zu verlangen.

Das, was man heute mit einem Sammelbegriff als das Instrumentarium eines Wirtschaftsministers bezeichnet, gab es zwar schon in Ansätzen, aber die Männer, die sich seiner hätten bedienen können, Turgot und seine Schüler, waren unbeliebt, weil sie naturgemäß beim Adel und beim Klerus das holen wollten, was Bauern und Bürger nicht mehr geben konnten: »Es ist unmöglich, die Steuerzahler noch mehr zu belasten«, mußte Ludwig XVI. im Juli 1786 im Memorandum seines Finanzministers lesen, »und es wäre der sichere Ruin, noch mehr Anleihen aufzunehmen. Darum genügen wirtschaftliche Reformen nicht mehr. Die einzige Chance, Ordnung in die Finanzen zu bringen, besteht darin, den ganzen Staat, den Staat im Ganzen zu erneuern und alles einzuschmelzen, was es an Schädlichem in seiner Gesamtverfassung gibt.«

Der Mann, der mit diesen Worten eine Art Countdown der Revolution proklamierte, ohne es zu wissen, war Charles-Alexandre de Calonne (1734-1802), vordem Generalintendant, also etwa Regierungspräsident, in Metz, danach in Lille und seit 1783 Generalkontrolleur der Finanzen, also der Minister auf dem ehedem für den Genfer Necker geschaffenen Superposten.

Die Königin, die sich nur zaudernd und nur punktweise mit den Staatsgeschäften einließ, hatte ihn nicht gemocht und war bei seiner Berufung auch nicht um ihre Meinung gebeten worden. Das hatte besondere und ein wenig seltsame Gründe, die vielleicht Licht auf eine andere, auf die bis heute unaufgeklärte Affaire des Herzogs von Guines werfen.

Guines stand der bretonischen Unabhängigkeitsbewegung nahe, die in den Jahren vor Marie Antoinettes Hochzeit einen glanzvollen Exponenten hatte, nämlich Louis-René de Caradeuc de la Chalotais, einen Mann, der sich der Achtung und Freundschaft d'Alemberts und Voltaires erfreute und der, um die Jesuiten zu entmachten, ein hervorragendes neues Schulsystem entwickelt hatte, worüber er in Genf eine Schrift drucken ließ. La Chalotais und sein Sohn waren als Häupter der bretonischen Opposition gegen die Krone in den Kerker geworfen und zeitweise unter unmenschlichsten Bedingungen gefangengehalten worden, während sich der Regierungskommissar, der Herzog von Aiguillon, maßlos bereicherte. Aiguillon war eine Kreatur der Dubarry und schon darum der damaligen Dauphine verhaßt. Marie Antoinette vergaß ja nicht, sie hatte schließlich auch mit Rohan acht Jahre lang kein Wort gesprochen. Als nach d'Aiguillon dann Calonne in die Bretagne entsandt wurde, um Ordnung zu schaffen, traf der Zorn der Königin nun Calonne, obwohl La Chalotais 1774 – eine der ersten Regierungshandlungen Ludwigs XVI. – wieder als Generalprokurator des Parlaments der Bretagne eingesetzt worden und 1785 dann friedlich gestorben war. Vielleicht wären die Bretonen, in ihrer Dauer-Opposition zu Paris und Versailles, eine Art Hausmacht für die Ausländerin auf dem Thron geworden; vielleicht waren es die Erinnerungen an die Familie Polignac, die Marie Antoinette auch gegenüber Calonne weniger vernunftgemäß als emotional handeln ließen.

Calonne war freilich kein Mann von wirklich gutem Ruf; er war gegen La Chalotais ins Zwielicht geraten, einen Mann, den ganz Frankreich verehrte. Man nahm ihm, dem eleganten Charmeur, dem geistvollen Lebemann, dem Alleskönner aus der Provinz, die Nonchalance übel, mit der er an die Probleme heranging, die weder Turgot noch Necker hatten lösen können (freilich vor allem, weil man ihnen dazu nicht hinreichend Zeit und Hilfe gegeben hatte).

Die Maßnahmen Calonnes zielten, wie schon die Turgots, auf Reformen der Steuern, der Verwaltung und des Wirtschaftslebens ab, sie versuchten die Zirkulation der Güter zu steigern und durch die Abschaffung der Binnenzölle zu erleichtern, sowie durch die Vermehrung des Warenangebots die Preise zu drücken, die in den Jahren zuvor um insgesamt zwei Drittel gestiegen waren (gegenüber einem Anstieg der Einkünfte von etwa einem Viertel). Auch die Preise für Grund und Boden waren gestiegen, weil das reichere Bürgertum nach Landgütern verlangte, um sich dann – in einem nicht legalen, aber gängigen Verfahren – den Namen jener Besitzung als Adelstitel zulegen zu können.

Calonne hatte jedoch mit einem beinahe lächerlichen Handikap zu kämpfen: Es fehlte der Regierung schlicht an Bargeld, man war so gut wie zahlungsunfähig, und damit hatte der Minister gegenüber Klerus und Adel die schlechteren Karten. Um schnell an ein paar Millionen zu kommen, erließ er der Kirche die seit 1725 (!) den Prälaten immer wieder angedrohte große und generelle Besitzaufnahme als Vorstufe der Besteuerung. Die Kirche zog sich mit nur achtzehn Millionen Livres (statt der geforderten zwanzig) aus der Affäre, ohne freilich ahnen zu können, daß dieses Opfer sich schon sieben Jahre später gegenüber radikaleren Herren als völlig nutzlos erweisen würde.

So ließ sich Calonne seine Reformpläne zwar nicht immer abkaufen, aber die große Erneuerung war doch nicht durchzusetzen, und es ist gewiß ein etwas rosig gefärbtes Bild, wenn einer der letzten Minister des *Ancien Régimes,* Charles Louis François de Barentin, in der Emigration für den ebenfalls emigrierten achtzehnten Ludwig berichtet: »Die ersten vierzehn Jahre der Regierung Ludwigs XVI. sind von den ganzen vierzehn Jahrhunderten, welche die französische Monarchie Bestand hatte, derjenige Zeitabschnitt, in dem die große Masse der Nation den größten Wohlstand genoß (mehrdeutig: *le plus grand bonheur).* Der Ackerbau machte Fortschritte, das Land wurde mit mehr Sorgfalt bebaut, die Fabriken hatten sich vermehrt und ihre technische Ausrüstung verbessert, neue Industriezweige waren aufgekommen. Der Handel blühte nicht weniger, neue Absatzgebiete waren eröffnet worden, die Mehrzahl der alten war produktiver geworden. Import und Export im Verkehr mit den Kolonien wiesen eine stetige Steigerung auf, und unsere Häfen beherbergten mehr französische Schiffe, als es je gegeben hatte . . . Wenn die untersten Schichten des Volkes auch immer noch in einer Lage waren, die einen Menschenfreund betrüben mußte, so war ihr Leben doch viel weniger unglücklich, als es früher gewesen war.«

Das wurde im guten Glauben geschrieben von einem hohen Herrn, dem es nie schlecht gegangen war; ja es stimmte sogar aus seiner Warte, abgesehen von einigen deftigen Zwischenfällen, wie sie die britische Konkurrenz verursachte oder der Wandel der Moden, dem die Lyoner Seiden einen radikalen Absatzrückgang und das ganze Gebiet plötzliche Arbeitslosigkeit zu verdanken hatten. Im Grunde aber ist die Einstellung Barentins beinahe so naiv wie die der Königin. Sie wundert sich über die Gegnerschaft in einem Volk, dem sie persönlich nichts getan hat, aber sehr viel schuldig geblieben ist. Und Barentin bedauert zwar das Elend der untersten Schichten, leugnet es auch nicht, findet nur, man sei nun doch nicht mehr ganz so unglücklich wie in früheren Zeiten. Daß ein Volk Anspruch darauf erheben könnte, überhaupt nicht unglücklich zu sein, sondern, soferne es arbeitet, auch gerechte Anteile am allgemeinen Aufschwung begehrt, das kam ihnen allen offensichtlich nicht in den Sinn. Es ist eine Blindheit, in deren Mitte sich die prophetische Luzidität einiger weniger wie etwa Turgots umso merkwürdiger ausnimmt.

Calonne und seine Tätigkeit bedeuteten einen dritten Anlauf zur Rettung der Krone und des monarchischen Systems in Frankreich, und nach Turgot und Necker war dieser Minister zweifellos die

schwächste von drei Individualitäten, ein Grandseigneur jener Gesellschaft, die Turgot dank seiner Intelligenz überwunden und der
Necker trotz aller Bemühungen keine Minute lang angehört hatte.
Was Calonne immer unternimmt, sieht aus, als wolle ein Mann
sich am eigenen Zopf aus dem Sumpf ziehen. Er steckte in tausend
Intrigen und wurde vom mächtigen Clan der Polignac gehalten,
was für Marie Antoinette den Vorteil hatte, 100 000 Livres zu erhalten, wenn sie von Calonne 50 000 forderte. »Wie hätte ich«,
wird sie später sagen, »angesichts dieser Großzügigkeit vermuten
sollen, mit Frankreichs Finanzen sei etwas nicht in Ordnung?«

Es war beinahe eine symbolische Handlung, als die General-
pächter der Steuern, die *Fermiers généraux,* die Erhöhung ihrer
Geldablieferung an Paris von der Errichtung einer Mauer abhängig
machten, die den Zoll-Hinterziehungen an den Grenzen der groß
gewordenen Stadt ein Ende bereiten sollte. Paris, das seine Befestigungen geschleift und die schönsten Boulevards aller Hauptstädte
angelegt hatte, mußte sich am Ende des achtzehnten Jahrhunderts
mit einer neuen Mauer umgürten, damit der Staatssäckel besser gefüllt werde, eine ähnlich verzweifelte Maßnahme wie der Vergleich
mit dem Klerus. Calonne war kein Reformer mehr wie Turgot,
kein Finanz-Denker wie Necker, sondern nur noch ein Geldbe-
schaffer, *l'enchanteur* nannte man ihn bei Hofe. Aber zuletzt haben auch die Zauberer, welche die hübschesten Kaninchen aus
dem Zylinder springen lassen, doch immer den leeren Hut vorweisen müssen.

Ehe der Mann abging, den weder der König noch die Königin
sonderlich schätzten, ließ er sich von der jungen und schönen Madame de Vigée-Lebrun malen, von der man inzwischen wußte, daß
sie unglücklich verheiratet sei, daß ihr Mann die großen Einkünfte
für die Bilder kassiere und daß sie selbst nicht einmal die Währungen Europas miteinander vergleichen könne. Dieser Malerin saß
der letzte Finanzzauberer des *Ancien Régime* zu einem eleganten
Kniestück, mit Jackett aus feinstem, sanft glänzenden Seidenzeug,
Plastron und Perücke, und da man seine Füße nicht sah, fabrizierte
die scharfzüngige Schauspielerin Arnoul das Bonmot, Elisabeth
Vigée-Lebrun habe ihm die Füße genommen, damit er ihr nicht
davonlaufen könne. Schon war das Gerücht geboren, schon hatte
der Minister eine schöne Geliebte und die Malerin einen hochmö-
genden Beschützer, der von Geld all das wußte, was ihr unbekannt
war. Und als Prinz Heinrich von Preußen in Paris weilte und die
Malerin häufiger aufsuchte, was für Calonne ein Grund war, sie
bei dem Empfang für den Prinzen ebenfalls einzuladen, galt dies

sogleich als Bestätigung einer Liebschaft, die Madame de Vigée-Lebrun in ihren Memoiren leidenschaftlich, wenn auch vergeblich leugnet: Sie hatte nämlich ihren Wagen einmal der Frau des »bösen« Grafen Dubarry geliehen, somit der Schwägerin der Mätresse; die Gattin des Roués, der aus Paris verbannt war, nützte die Freiheit und unterhielt engste Beziehungen zu Calonne, so daß eine Nacht lang vor dem Palais des Ministers jene Equipage stand, die sie von der Malerin entliehen hatte. Die Wappen waren so gut wie Autonummern heute; jedermann wußte Bescheid oder glaubte, Bescheid zu wissen, und es half der schönen Malerin nicht, daß ihr Kutscher tausend Eide schwor, um diesen Sachverhalt zu bestätigen, man glaubte, weil man glauben wollte. Aus Verkleidungskomödien, für die eine Malerin ja stets ein paar Gewänder und Kostüme im Haus hat, wurden Orgien, von denen man bis Sankt Petersburg klatschte, dabei »ist mir Monsieur de Calonne niemals verführerisch erschienen«, betont die Gekränkte, »denn er trug von Amts wegen eine Perücke! Ich habe stets ein Grauen davor gehabt, ja einmal sogar eine sehr reiche Heirat ausgeschlagen, weil der Bewerber eine Perücke trug.«

Solche Sorgen hatte man, als die Pariser schon hörbar murrten (Le mur murant Paris rend Paris murmurant), gegen Mauern und Zölle und Steuern aufbegehrten und schließlich hohnlachend zusahen, wie auch der Enchanteur scheiterte. Calonne hatte alljährlich Pensionen und Vergütungen an den Adel ausbezahlt, die zuletzt 32 Millionen Livres betrugen, etwa 15 Prozent des Staatshaushalts, und als Necker im Januar 1785 in seiner Schrift L'Administration des Finances die Fehler Calonnes unbarmherzig aufdeckte, riß man sich das Buch aus den Händen. Allein in Paris wurden im ersten Monat nach dem Erscheinen mehr als 12 000 Exemplare verkauft: Es war wie eine Vorbereitung des Publikums auf die Halsband-Affaire, konnte man doch das Gewicht der eineinhalb Millionen der Herren Böhmer, Bassenge und Rohan viel besser beurteilen, wenn man durch Necker erfahren hatte, wie schlecht es um Frankreich stand.

Nach Neckers Enthüllungen blieb Calonne nur noch die Flucht nach vorne. Es verrät das persönliche Format dieses Ministers, daß er eine Art Not-Versammlung einberuft, jene Assemblée des Notables, in der man einerseits vor der Volksstimme sicher zu sein hoffte, weil es sich nur um Standespersonen handelte, die andererseits aber dem Minister den Rücken stärken sollte gegen all jene Privilegierten, mit Sonderrechten ausgestatteten Personen und Institutionen, die nun zur Rettung des Staates mit in die Pflicht genommen werden mußten. Vergennes, der tüchtigste Minister, den Ludwig XVI. hatte, der Mann, der die großen Handelsverträge zustande gebracht und Frankreichs außenpolitische Situation so nachhaltig verbessert hatte, sollte in dieser Versammlung an der Seite des umstrittenen Calonne stehen, sollte mit ihm den Kampf um die heilsamen Reformen durchfechten – aber Vergennes starb am 13. Februar 1787, wenige Wochen, nachdem Frankreichs Botschafter Comte de Ségur die Unterzeichnung des wichtigen Handelsvertrages mit Rußland gemeldet hatte. »Vergennes Nachfolger Montmorin war auch ein großer Arbeiter, aber als Charakter ungleich schwächer: Er wird es zulassen, daß sich die Königin und die Botschafter in Frankreichs Politik mischen« (*Histoire de la France et des Français au jour le jour*).

Es gibt im französischen Absolutismus einige Besonderheiten, die dem Nichtfachmann die Vorgeschichte der Französischen Revolution und ihren Beginn schwer verständlich machen. Man hat sich an den 14. Juli 1789 gewöhnt, weil an diesem Tag die ersten Schüsse fielen und der Pöbel durch die ersten Lynchmorde erkennen ließ, wohin er die Revolution treiben werde. Diese selbst jedoch hatte längst begonnen, und der erste Schritt in Richtung dieses großen Wandels war die Einberufung der Notabeln-Versammlung durch Calonne.

Es gab auch im monarchischen Frankreich seit vielen Jahrhunderten die Möglichkeit, in Krisenzeiten eine breitere Öffentlichkeit an den Entscheidungen zu beteiligen, womit der König sich zwar seiner absoluten Entscheidungsfreiheit begab, andererseits aber die Verantwortung von sich abwälzte, zugleich konnte dabei dem unbotmäßigen Hochadel gezeigt werden, daß es außer König und Adel schließlich auch noch die Kirche und das Volk gebe.

Die eine dieser Möglichkeiten war die Notabeln-Versammlung mit weitgehend von oben her zu bestimmender Zusammensetzung, die andere, riskantere, die Einberufung der Generalstände, wobei der erste der Adel war, der zweite der Klerus und der dritte das Bürgertum. Ludwig XVI. kannte zweifellos die Meinung des Sonnenkönigs über die Generalstände: »Diese Unterwerfung, die den Souverän vor die Notwendigkeit stellt, die Gesetze aus der Hand seiner Völker zu empfangen, ist die äußerste und letzte Kalamität, die einem Mann Unseres Ranges widerfahren kann . . . Es hieße, die Ordnung der Dinge zu pervertieren« (zitiert nach Marcel Marion). Das kam also (noch) nicht in Frage. Hingegen gab es für die Nützlichkeit der Notabeln-Versammlung geschichtliche

Beispiele: Heinrich IV. hatte 1596 eine einberufen, Richelieu 1625. »Alle diese nicht sonderlich wichtigen Versammlungen wurden jedoch an Bedeutung weit übertroffen, als Calonne die Notabeln zusammenrief, um von ihnen, am Ende aller anderen Möglichkeiten, Unterstützung beim Abbau sämtlicher Privilegien und Steuerbefreiungen zu erlangen, Maßnahmen, die im Falle ihres Gelingens vermutlich den offenen Ausbruch einer Revolution verhindert hätten« (Marcel Marion).

Die handverlesenen Notabeln teilten sich in sieben Arbeitsgruppen *(bureaux)*, deren jeder ein Prinz von Geblüt vorstand. Sechsunddreißig der insgesamt 144 Teilnehmer wurden als Marschälle bezeichnet, sie waren ausnahmslos Herzöge oder doch Pairs von Frankreich. Zwölf weitere Herren kamen aus dem Staatsrat, vierzehn waren Kirchenfürsten und dreiunddreißig Juristen aus den verschiedenen Landesparlamenten. Die Kommunen waren durch fünfundzwanzig Abgeordnete aus verschiedenen Städten Frankreichs vertreten.

Da von den Prinzen von Geblüt – ausgenommen allenfalls ein Condé und ein bis zwei Herren aus dem Hause Orléans – die zur Führung einer Arbeitsgruppe nötige Intelligenz, Sachkenntnis und Wendigkeit kaum zu erwarten war, hatte die Versammlung eigentlich nur die eine Chance, sich angesichts der dramatischen Notlage der Staatsfinanzen geschlossen hinter den Minister zu stellen. Calonne ließ denn auch gleich die Bombe platzen, indem er zum erstenmal das echte jährliche Defizit bezifferte, und zwar mit achtzig Millionen Livres. Und wenn auch die Königin, unsere Heldin, konsequent behauptete, von all dem nie etwas begriffen zu haben, so sollten wir uns doch heute die kleine Mühe machen, wenigstens zu registrieren, was sich begeben hatte. Um aus der Unsicherheit der Währungen, die inzwischen ja verfälscht worden waren, herauszukommen und ein klares Bild zu gewinnen, haben Natalis de Wailly und Jean Meuvret die französischen Staatshaushalte zwischen 1600 und 1788 in Feinsilber umgerechnet, eine erste Nutzanwendung des Computers auf die Historie. Daraus ergab sich, daß die französischen Staatsausgaben bis 1770 nur kriegsbedingte Sprünge nach oben gemacht hatten. Nach 1770, wo die Gesamtausgaben etwa 1000 Tonnen Feinsilber entsprachen, setzte jedoch eine katastrophale Aufwärtsbewegung ein, die zu 2 800 Tonnen im Haushalt 1787/88 führte.

Die absolute Höhe der Staatsausgaben ist aus heutiger Sicht weniger wichtig als die Tatsache, daß sich mit der Erhebung der Gräfin Dubarry zur *Maîtresse en titre* die Ausgaben beinahe verdreifacht hatte. Natürlich waren dies nicht nur Ausgaben für diese verschwenderische Frau, sondern es war der Sog eines Vergnügungstaumels, wie er in den letzten Lebensjahren des fünfzehnten Ludwig den ganzen Hof erfaßt hatte. Statt die Schulden aus den verlorenen Kriegen gegen Preußen und England zu tilgen, hatte man neue gemacht, und der Schuldendienst im Verein mit den hohen Apanagen nahm jedem Minister Ludwigs XVI. die Chancen, den Haushalt zu stabilisieren.

So einleuchtend diese Zusammenhänge waren und sind, so aussichtslos war es zu hoffen, daß die Prinzen, Herzöge und Prälaten nun erklären würden, daß sie angesichts der schlimmen Lage bereit seien, Grundabgaben, Einkommensteuern, Erbschaftssteuern, Zölle und so weiter zu entrichten. Sie opferten lieber den Finanzminister, der ihnen solch einen Verzicht zugemutet hatte, und verloren zwei Jahre später alles: die Schlösser, die Pfründen und – soweit sie nicht emigrierten – auch das Leben.

Am 2. März 1787 kam es zu der großen Auseinandersetzung zwischen der Versammlung unter dem Vorsitz des Königsbruders Comte de Provence und dem Minister. Calonne sprach fünf Stunden mit glänzender Beredsamkeit und gestand, um den Ernst der Stunde klarzumachen, was Necker bereits vermutet hatte: Das wahre Defizit, ohne alle Verschleierungen und versteckte Beträge, betrug nicht achtzig, sondern hundertdreizehn Millionen. Marie Antoinette wurde blaß, schließlich trug sie die inzwischen volkstümlich gewordene Bezeichnung der Madame Defizit und flüsterte ihrem Gemahl zu, Calonne sei ein gefährlicher Irrer. Mindestens zwei der Prinzen von Geblüt aber beschuldigten Calonne, Frankreich in den Bankrott geführt zu haben. Es ist nicht das einzige Beispiel in der Geschichte, das den einen Sehenden als Narren hinstellt, aber wohl das deutlichste, und es war die Königin, die ihn so genannt hatte.

Dieser Umstand wirft eine Frage neuerlich auf, die wir uns schon einige Male stellen mußten, die Frage nach dem politischen Einfluß der Marie Antoinette. Bis zur Berufung Calonnes, die sie bei energischem Einsatz gewiß hätte verhindern können, muß man den Eindruck gewinnen, sie habe sich nur für Personen ihres Kreises engagiert und habe selbst deutlichen Antipathien wie jenen gegen Turgot oder Maurepas nicht erkennbar nachgegeben. So lange ihre Mutter noch lebte, hatten wir in den Briefen gelegentlich den trockenen Kommentar lesen können, die eine oder andere Entwicklung befriedige sie, aber sie habe nichts getan, sie herbeizuführen, oder: die Entlassung (zum Beispiel Turgots) erfülle sie mit Genugtuung, aber sie habe nichts dazu getan.

Das ist nun plötzlich anders. Sie setzt harte und deutliche Urteile in die Welt, sie äußert sich mit erhobener Stimme, und da ihr die Kenntnisse, die Orientierung ja nicht so plötzlich gekommen sein können, muß man annehmen, daß es ernsthafte Gründe gab, die sie bisher zum Schweigen oder zur Bekundung ihres Desinteresses nötigten.

Der Hauptgrund für die Änderung ihrer Haltung war offensichtlich der Tod des Grafen von Vergennes am 13. Februar 1787. Vergennes hatte die französische Politik etwa so lange geleitet, wie sie nun Königin war, selbst in den Zeiten, da der alte Maurepas mit seiner intriganten Frau noch berücksichtigt werden mußte. Maurepas war 1781 gestorben, Vergennes hatte also sechs Jahre lang Frankreich allein geführt und außenpolitisch jene Erfolge errungen, die bei gesünderen Finanzen auch die innenpolitische Lage positiv beeinflußt hätten. Da dieser vielleicht nicht geniale, aber sehr kluge, erfahrene und weitblickende Staatsmann nun tot war, bestimmte die Hektik der finanziellen Rettungsmaßnahmen das politische Klima in Frankreich, und Marie Antoinette fühlte sich in der allgemeinen Ratlosigkeit aufgerufen, ihr Urteil abzugeben.

Aber war es wirklich ihr Urteil, und hatte sie überhaupt eines? Kam nicht in diesen Monaten einer immer stärker werdenden allgemeinen Unsicherheit wieder ein Berater aus Kindertagen zu Wort, jener Abbé de Vermond, der schon die Lektüre der vierzehnjährigen Erzherzogin vorgeschrieben und ihr Französisch verbessert hatte?

Nach den Enttäuschungen mit einigen ihrer engsten Freunde; nach der Erkenntnis, daß der Clan der Polignac, für den sie so viel getan hatte, auf die notwendigen Sparmaßnahmen mit Hohn und Arroganz reagiert hatte, schloß sich die enttäuschte Königin nur noch sehr schwer an und beschränkte sich auf einen kleinen Kreis von Freunden aus ihrem Personal. Die treue Campan mit ihrem Schwiegervater und ihrer schönen Schwester ist hier ebenso zu nennen wie eben Vermond, wagte doch niemand mehr, Komödien in Trianon aufzuführen oder sorglose Kutschfahrten zu unternehmen. Der Polizeipräfekt von Paris hatte die Königin bitten müssen, nach Möglichkeit nicht mehr in der Stadt zu erscheinen, er befürchte Unruhen und Kundgebungen, sie sei zur Zeit nicht sehr beliebt. Damit waren die Besuche in der Oper und in der *Comédie Française* unmöglich geworden, und die Gedanken an die toten Kinder verdüsterten das Gemüt der Königin vollends. Sie hatte 1780, also nach Marie Thérèse, ein totes Kind geboren, am 22. Oktober 1781 dann den Dauphin, im November 1783 gab es abermals eine Totgeburt und am 16. Juni 1787 starb, noch nicht ein Jahr alt, »der kleine Engel«, die Prinzessin Sophie Hélène, ein Todesfall, der die Königin so sehr betrübte, daß sie kein Kind mehr haben wollte.

In diesen Stimmungen war Vermond, der inzwischen von seiner Eitelkeit und Geschwätzigkeit zu einer gewissen Reife gelangt war, wieder geistlicher Tröster und Vertrauter geworden. Wegen seiner niedrigen Herkunft konnte man ihn keiner Partei zurechnen, es bedeutete also nichts, ihn auszuzeichnen, und so rückte denn ein Mann ins Blickfeld des Hofes, der in früheren Jahren viel für Vermond getan hatte: Etienne Charles de Loménie, Comte de Brienne, aus einem Geschlecht, das seit dem 16. Jahrhundert einige gute Köpfe hervorgebracht hatte. Brienne hatte als Erzbischof von Toulouse den Abbé Vermond für Wien empfohlen und seither in einer gewissen Wartestellung verharrt, weil schließlich die Stunde der Königin und damit seine Stunde kommen mußte. Am 8. April 1787 ging Calonne, und das Volk verlangte nach Nekker. Marie Antoinette aber schlug, von Vermond beraten, Loménie de Brienne vor. Ludwig XVI. wußte natürlich längst von dieser grauen Eminenz im Hintergrund, aber er konnte den Prälaten nicht leiden, weil er im fernen Toulouse sehr freie Sitten angenommen hatte. Als es darum gegangen war, einen Erzbischof für Paris zu wählen, hatte der König Loménie de Brienne mit den ärgerlichen Worten abgelehnt, daß der Oberhirte der Seinestadt doch zumindest an Gott glauben müsse, und Brienne war durchgefallen. Nun, da die Königin insistierte, antwortete Ludwig: »Je ne veux ni Neckraille ni Prêtraille«, ein bemerkenswertes Wortspiel des Inhalts, daß er weder einen Necker-Verschnitt auf dem Ministersessel zu sehen wünsche noch einen Pseudopriester als Finanzminister.

Um Calonne bei der Hand zu haben, der ihm imponiert hatte, berief Ludwig zunächst einen alten Verwaltungsfachmann, der mit dem gestürzten Minister befreundet war, beinahe also ein Strohmann, durch den Calonne weiterregieren konnte, aber es funktionierte nicht, und so kam am 18. Mai 1787 der Tag Briennes, der gleich seinen Bruder als Kriegsminister mitbrachte. Marie Antoinette hatte also eine neue Clique, und sie hatte sie schnell und entschlossen an die Macht gebracht, woran sie keinen Zweifel ließ: »Und damit alles klar ist, Messieurs«, sagte sie, als sie an jenem Tag den Ratssaal verließ, »Sie haben wieder einen Premierminister«. Die Ernennung ließ zwar ein wenig auf sich warten, aber die Tatsache war gegeben, und Brienne bewies gewisse Energien.

Zwar vermochte auch er die Widerstände gegen eine durchgreifende Steuerreform nicht zu brechen; der Adel und die Kirche blieben fest, aber da man ja nicht ohne Finanzminister in die Zukunft gehen konnte, bewilligte man Brienne immerhin achtzig Millionen als Anleihe. Es war das alte Spiel der Halbheiten. Adel wie Klerus ließen sich erpressen und bezahlten für den Weiterbestand der Privilegien, die letztlich aber den Staat ruinieren mußten. Man könnte auch von Schutzgeldern sprechen oder von Brandschatzungen, es war von allem ein wenig drin in diesen achtzig Millionen.

Die Parlamente nahmen die Chance wahr, als Stimme des Volkes zu gelten, und das Parlament von Paris machte so heftige Opposition, daß Brienne es kurzerhand nach Troyes verbannte, einige besonders scharfzüngige Wortführer verhaften ließ und einen neuen Rat konstituierte, genannt *la cour plénière*. Das war ein Rückgriff auf mittelalterliche Beratergremien, eine Versammlung von höchstem Adel und Würdenträgern, die dem Parlament alle politischen Aufgaben entziehen und es auf seine juristischen Funktionen beschränken sollte – bis die Generalstände zusammentreten würden. Es war also eine Interims-Maßnahme in Hinblick auf das große Aufwaschen, aber dieser Rat trat nie zusammen und wurde sehr schnell zum Gespött der Nation. Ein zeitgenössisches Nachschlagewerk nennt ihn ein »Meisterwerk des Despotismus und der Dummheit«.

Dieser Rat war so unpopulär und brachte das Volk so sehr gegen Brienne auf, daß auch die vernünftigen Maßnahmen dieses Ministers, der mit Choiseul und Turgot befreundet gewesen war, nur ein negatives Echo fanden, Maßnahmen übrigens, die schon Calonne vorgeschlagen und die Loménie de Brienne in der Versammlung der Notabeln noch bekämpft hatte. Es gab eben nur den einen Weg aus der Misere, den Weg der Sparsamkeit und der gerechten Besteuerung aller, und wer immer Minister wurde und es bleiben wollte, mußte ihn beschreiten.

Brienne freilich tat noch ein übriges: Er strich seiner Gönnerin nicht weniger als 113 Stellen in ihrem Hofstaat und rächte sich an den Prinzen von Geblüt, die über den Lebenswandel des Erzbischofs lästerten, dadurch, daß er ihnen die kostenlose Nutzung der Kurierdienste und der Post entzog.

Wie jeder Finanzminister dieser Krisensituation hat auch Brienne Lobredner und ungnädige Richter. Man bescheinigt ihm Intelligenz, Geschicklichkeit und Energie, sieht in seinen Maßnahmen aber auch noch ein wenig von der Calonneschen Zauberei, Aktivitäten für die Galerie, die im Grunde nichts einbrachten wie zum Beispiel die Postsparaktion gegen die paar Prinzen. »Hätte Brienne so viel Mut gehabt wie er Intelligenz besaß«, schreibt der Historiker Matthiez, »dann hätte er die Generalstände schon 1787 einberufen, als das Prestige des Königs noch nicht angeschlagen war; die große Versammlung hätte zweifellos den Thron und das Regime gefestigt, die Privilegien wären gefallen, das Bürgertum hätte begriffen, daß der König es mit den Reformen ernst meine«.

Leitet man daraus jedoch ab, daß es in diesem Fall nicht zur Revolution gekommen wäre, so vergißt man die Kürze der Zeiträume und die Trägheit einer Körperschaft von zwölfhundert Abgeordneten. Und man vergißt, daß das prosperierende Bürgertum, die einzigen, die von der Vergennes-Politik wirklichen Nutzen gehabt hatten, nun deutlich zur Macht oder doch zur Mitbestimmung drängte. Das, was so vielen Adeligen und auch einem Großteil der Priesterschaft ein Buch mit sieben Siegeln war, nämlich die Buchführung, die Wirtschaft mit Geld und Waren, das hatten die Bürger ganz Frankreichs inzwischen aus dem FF erlernt. Sie kannten die Welt als Exporteure, sie hatten ihre Söhne nach Übersee entsandt, sie waren keine Kleinbürger mehr, sondern Kaufleute mit Weitblick und Weltkenntnis, denen die Bonmots einer nicht mehr ernst zu nehmenden Gesellschaft nicht länger imponierten.

Über das Verhältnis der Königin zu Calonne und zum Übergang auf Loménie de Brienne enthalten die Memoiren der Campan nicht viel, aber das wenige, was die treue Kammerfrau festhält, ist aufschlußreich und fügt sich so gut ins Bild, daß man an der Exaktheit ihrer Erinnerungen nicht zu zweifeln braucht. Lediglich der Beginn der Calonne-Partien in den Memoiren ist in den Formulierungen etwas überraschend, wenn wir lesen: »Die Königin hatte die Ernennung von Monsieur de Calonne nicht verhindern können und verhehlte in der Folge nicht ihre Unzufriedenheit damit«, woraus man schließen müßte, sie habe einiges unternommen, habe sich also bereits zu Lebzeiten Vergennes' eingemischt, und zwar in entscheidenden Fragen. Da die Pariser aber längst überzeugt waren, daß die Königin ihren still-zurückhaltenden Gemahl gouverniere, muß die Campan von Pamphleten und Karikaturen berichten, auf denen die Mätresse Calonnes im Verein mit der Königin in großen Koffern voll von Geschmeiden wühlen.

Da die Königin sich auch in den Gesprächen bei den Polignac keine Zurückhaltung auferlegte, konnte Calonne nicht lange im Zweifel über ihre Abneigung bleiben und versuchte, sich die Königin zu verpflichten. Die Großzügigkeit, mit der er ihre Forderungen erfüllte, wurde bereits erwähnt. Einen besonderen Vorstoß erzählt die Campan: In dem langen und außerordentlich strengen Winter von 1783 auf 1784 litten vor allem die zahllosen Armen Frankreichs besondere Not. Irgendwelche Organisationsformen, die wir heute zum sogenannten Sozialen Netz zählen, gab es nicht; die Armenhilfe war punktuell, unorganisiert, den Pfarren und Klöstern überlassen und auf dem Land den Grundherrschaften, was heißt: es gab sie und es gab sie nicht, je nach Gutdünken und örtlichen Möglichkeiten.

Der König hatte angeordnet, daß drei Millionen Livres gleichsam als Winterhilfe verteilt werden sollten, und Calonne schlug in einer Audienz unter vier Augen Marie Antoinette vor, eine dieser drei Millionen als eine *Hilfe der Königin* mit ihrem Namen zu verbinden. Sie hätte die Verteilung zu bestimmen gehabt, und ihr Name wäre als der einer Wohltäterin wieder populär geworden.

Obwohl dies noch vor der Halsband-Affaire geschah, war Marie Antoinette jedoch zu vorsichtig, auf das Angebot einzugehen, das sie Calonne verpflichtet, ja vielleicht sogar ausgeliefert hätte, hatte sie doch keine Möglichkeit, die tatsächliche Verteilung im einzelnen zu kontrollieren. Calonne hätte jederzeit behaupten können, dieser Vorschlag einer kostspieligen Image-Pflege sei von der Königin selbst ausgegangen. In diesem Sinn berichtete Marie Antoinette auch gleich nach dem Gespräch ihrer Vertrauten: »Sie können mich beglückwünschen, Teuerste: Ich habe es soeben vermieden, in eine Falle zu gehen, oder doch eine Sache zu akzeptieren, die mir noch sehr viel Ärger hätte bereiten können.«

Sie war und blieb fest überzeugt, Calonne sei ein geschickter Intrigant und werde den Staat ruinieren, ohne daß man deutlich zu erkennen vermag, woher ihr diese Überzeugung kam, da der ihr nahestehende Clan der Polignac von Calonne eine durchaus andere Meinung hatte und der vielleicht allzu bedenkenlose Finanzminister früher zum Kreis um Choiseul gehört hatte. Wäre es nur das anstößige Privatleben des eleganten Lebemanns gewesen, dann hätte die Königin auch Loménie de Brienne nicht empfehlen und stützen dürfen, denn während Calonne so lebte wie jeder reiche Mann im damaligen Paris war Brienne schließlich ein hoher Geistlicher. Trotz der unermüdlichen Lobreden des guten Vermond, der seinem Protektor in sklavischer Weise die Treue hielt, gab es so manches, was die Königin an Brienne eigentlich abstoßen mußte, von seinem unangenehmen Ausschlag ungewisser Herkunft ganz zu schweigen. Aber irgend jemandem mußte sie eben trauen, und wenn sie auch sehr unglücklich war, nun – wie sie es der Campan gegenüber ausdrückte – selbst zur Intrigantin geworden, ins Intrigenspiel der Politik einbezogen worden zu sein, Loménie de Brienne war offensichtlich der letzte französische Politiker, der ihr zumindest zeitweise ein wenig Hoffnung einflößte. Allen späteren wird sie mit jenem Mißtrauen begegnen, das ihren eigenen Untergang nach sich ziehen wird: denn sie lernt nicht, ihre Handlungen mit den Augen der anderen zu sehen, sie bleibt die Erzherzogin, das Kind aus dem Erzhaus, dem die Gottwohlgefälligkeit und das Gottesgnadentum jegliches Mißverständnis ersparen müßten. Aber offenbar wirken diese an der Donau noch immer kräftigen Strahlen an der Seine nicht mehr. Als mit Hilfe Calonnes das Schloß von Saint Cloud erworben wird, ein Besitz der Orléans, den die Königin selbst mit einem Hausmeister bewirtschaften will, um das große Gehalt des Gouverneurs zu sparen, werden die *Réglements de Police intérieure,* also etwa die Hausordnungen, so gezeichnet wie im kleinen Trianon, nämlich mit der Formel *De par la Reine.* In anderen Zeiten, ja vielleicht nur fünfzehn Jahre früher, hätte dies niemanden beschäftigt. Nun aber, da Marie Antoinette einmal als Madame Defizit abgestempelt ist, nimmt man Anstoß daran, als erster natürlich jener Jean-Jacques Duval d'Esprémesnil, der schon im Halsband-Prozeß als wütender Gegner der Königin aufgetreten ist. Er bezeichnet es als »impolitique et immoral«, daß ein Bau von solch nationaler Bedeutung einer Königin von Frankreich gehöre. Esprémesnil, ein in Pondychery geborener Kolonialfranzose, personifiziert die seltene Spielart eines glühenden Royalisten, der überzeugt ist, den König gegen seine Frau in Schutz nehmen zu müssen. Er wird als Vertreter »des Adels außerhalb der Mauern von Paris« noch eine Weile eine Rolle spielen, ehe die Guillotine auch seinem Leben ein Ende macht.

Man kann verstehen, daß eine Frau, die in ihren harmlosesten Handlungen mißverstanden und mißdeutet wird, die sich täglich in Pamphleten angegriffen sieht und der man die rücksichtslosobszönen Karikaturen nur mühsam vorenthalten und verbergen kann, schließlich dahin gelangte, »den Weg der Frömmigkeit zu gehen«, wie die Campan es ausdrückt. Sie hatte Tag für Tag das Erlebnis bestürzender Machtlosigkeit: Man war nämlich noch human im Zeichen des 18. Jahrhunderts! Wenn es in Grenoble Unruhen gab und die Arbeiter die Soldaten mit Dachziegeln bombardierten, durften diese höchstens mit dem Bajonett ripostieren, aber beileibe nicht schießen; wenn Paris so unruhig wurde, daß der Schloßhauptmann von Versailles die Garden aufziehen ließ, mußte er sich von dem heimkehrenden König einen Rüffel gefallen lassen ob seiner Kriegsspielerei. Wenn Marie Antoinette wieder einmal Tränen über eine Flugschrift vergossen hatte, konnte niemand die Drucker zur Verantwortung ziehen, weil die Handpressen im Palais Royal standen, das dem Haus Orléans gehörte und von der Polizei nicht betreten werden durfte.

Gewiß war Loménie de Brienne kein würdiger Oberhirte, kein besserer Christ als Calonne, aber die Wienerin in Paris fühlte sich schon von der geistlichen Aura beruhigt, die den klugen Mann umgab. Und als schließlich auch er gehen mußte, war dies einer der schwärzesten Tage für Marie Antoinette. Man versöhnte den Erzbischof durch den Kardinalspurpur und die schöne Diözese Sens, zu der einst Paris gehört hatte, und Marie Antoinette verlieh eine der wenigen verbliebenen Ehrendamenpositionen an eine Nichte des Kardinals, auch wenn man munkelte, sie habe etwa die Position, wie sie die Nichte Voltaires eingenommen hatte (und wie sie eines Tages die Nichte Talleyrands einnehmen würde). Darauf aber kam es nun wirklich nicht mehr an.

Gewitterschwüle

Selbst Epochen, in denen offiziell und privat sehr viel geschrieben wurde, machen es uns nicht leicht, die Stimmung breiterer Schichten, den Stimmungshintergrund der politischen Ereignisse zu erkennen. So wie Paris bereits viel zu groß war, um in allen seinen kleinen, mitunter noch dorfartigen Neben- und Vorstadtzentren von den großen Volksbewegungen erfaßt zu werden, so ist auch das politische Interesse im Volk und sogar in der Gesellschaft höchst ungleich verteilt.

Folgt man nur den zur Berichterstattung gleichsam verpflichteten Personen wie Mercy d'Argenteau oder dem Baron Grimm, so gewinnt man zwangsläufig ein falsches Bild. Sie *mußten* sich für die politischen Tagesereignisse, die Nachrichten aus den Ministerien, die Stimmungsberichte vom Hof interessieren. Es gibt aber auch unter den Gebildeten und unter später berühmt gewordenen Persönlichkeiten jener Zeit nicht wenige, die der Ministerwechsel, der Debatten über das Defizit und der Gerüchte rund um die Königin müde sind und von der Politik wenig Aufhebens machen, wenn sie Briefe schreiben, wie zum Beispiel die später so engagierte Jeanne Marie Roland de la Platière oder auch Madame de Vigée-Lebrun, für die alle Veränderungen so unbegreiflich heraufziehen wie ein Gewittersturm:

»An die letzten Besuche, die ich auf Landgütern machte, kann ich nicht denken, ohne daß sich in die sehr freundlichen Erinnerungen, die ich mir davon bewahrt habe, auch solche äußerst schmerzlicher Art mischen. Im Jahre 1788 zum Beispiel reiste ich mit Robert nach Romainville, um dort einige Tage bei dem Marschall von Ségur zuzubringen. Unterwegs bemerkten wir, daß die Bauern nicht mehr wie früher die Hüte vor uns abnahmen, sondern uns im Gegenteil frech ansahen und uns sogar mit dem Stock drohten . . . Ungefähr um diese Zeit ging ich auch für einige Tage nach Marly zu Madame Auguier, der Schwester von Madame Campan, die ebenfalls im Dienst der Königin stand. Sie besaß ein Schloß mit schönem Park. Eines Tages, als ich mit ihr an einem Fenster stand, das auf einen an der Fahrstraße liegenden Hof hinausging, sahen wir einen Betrunkenen hereintorkeln und zur Erde fallen. In ihrer gewohnten Güte ließ Madame Auguier den Kammerdiener ihres Gemahls kommen und sagte ihm, er möge

dem Unglücklichen beistehen . . . Wenige Minuten darauf kam
der Diener zurück: ›Madame ist wirklich zu gut, dieser Mensch
nämlich ist ein Nichtswürdiger . . . Sehen Sie selbst, Madame,
diese Papiere sind ihm aus der Tasche gefallen.‹ Dabei übergab er
uns einige Flugschriften, deren eine mit den Worten begann: ›Nieder mit der königlichen Familie, nieder mit dem Adel, nieder mit
den Priestern‹. Dann folgten revolutionäre Redensarten und so
fürchterliche Voraussagen, daß sich mir die Haare sträubten.«

Noch kennzeichnender als dieser Vorfall ist seine Fortsetzung:
die gerufene Gendarmerie führte den Mann zwar fort, doch kaum
glaubten die Ordnungshüter sich außer Sichtweite des Schlosses,
verbrüderten sie sich auf die herzlichste Weise mit dem Betrunkenen und zogen mit ihm ins nächste Wirtshaus. Die Königin, der
man die Papiere zeigte, weigerte sich zu glauben, daß derlei wirklich in Umlauf sei (!); ein oder zwei Jahre später sprang Madame
Auguier aus einem Fenster ihres Schlosses in den Tod, als sich eine
Rotte von Revolutionären näherte, um sie in ihre Gewalt zu bringen. (Eine ihrer Töchter heiratete später den Marschall Ney.)

Wenn ein Dorfsäufer, der kaum lesen konnte, die Taschen voll
von Pamphleten hatte und vielleicht sogar zu einer Privatrevolte
ins nächstgelegene Schloß aufbrach, dann waren die unteren
Schichten zu einer Zeit, da die Gesellschaft, ja die Königin selbst
noch nicht an derlei glauben wollten, innerlich bereits voll gerü-
stet. Die reichste Ernte symptomatischer Beispiele erbringt es natürlich, in den Büchern des Allround-Journalisten Mercier zu blättern. Er berichtet von sich häufenden, ja inzwischen allgemein gewordenen Fällen von Unbotmäßigkeit im Handwerkerstand. »Die
Lehrlinge und die Gesellen geben sich freier als früher; sie lassen es
ihren Meistern gegenüber an Respekt fehlen, mißachten mehr und
mehr die alten Bräuche und gründen sogar Vereine, was gesetzwi-
drig ist . . . Wenn ich früher eine Druckerei betrat, lüfteten die
Gesellen den Hut. Heute starren sie einen nur noch grinsend an
. . . Alle Buchdrucker bestätigen, daß ihnen die Arbeiter heutzu-
tage (d. h. um 1785) auf der Nase herumtanzen und sich gegensei-
tig zum Ungehorsam anstiften; sie haben die Druckereien in regel-
rechte Tabakskollegien verwandelt« usf.

Mercier, den man als bürgerlich-liberale Natur einstufen muß,
schreibt *expressis verbis*, Frankreich habe unter Ludwig XVI. die
mildeste Regierung seit Heinrich IV. Der Pariser Henker habe das
Köpfen verlernt, weil er in vierzig Jahren nur eine Hinrichtung
dieser Art hatte (einfache Strauchdiebe und andere Verbrecher
mußten sich anderen Prozeduren unterziehen, geköpft wurde nur

der Adel). Auch hinsichtlich der Bastille sieht Mercier die Lage – die sich am 14. Juli 1789 dann offenbaren sollte – ganz richtig voraus: Unter dem fünfzehnten Ludwig habe man noch Schriftsteller und Pamphletisten in der Bastille eingekerkert, inzwischen aber eingesehen, daß man ihnen damit nur eine größere Publizität verschaffe.

Freilich machte die Polizei selbst die trügerische Toleranz nicht mit. Der schon unter dem Sonnenkönig ausgebaute Polizeiapparat, an dessen Spitze immer wieder sehr fähige, hochintelligente, allerdings auch oft sehr unbedenkliche Persönlichkeiten auftauchen, ist auch unter Ludwig XVI. noch voll aktiv. Mercier schildert sehr köstlich, mit beinahe kabarettistischen Details, die Spitzel, die sich in den Anlagen und den Kaffeehäusern herumdrükken, und die Kolportage-Literatur der Pamphlete, die damals ja eine besondere Blütezeit hatte. Aber auch hier läßt die Moral der Exekutive längst zu wünschen übrig, denn »oft sind es gerade die Polizeibeamten selber, die mit den Schriften, die sie eigentlich einziehen sollten, schwunghaften Handel betreiben; sie verteilen sie an ausgewählte Leute und kassieren dabei mehr als die Kolporteure. Die Minister, die derart angegriffen werden, lassen einander im Stich, denn jeder freut sich über die feurigen Kohlen auf des anderen Haupt und leistet dem, was er mit Eifer zu bekämpfen vorgibt, insgeheim sogar Vorschub.«

Auf diese Weise hatte Necker einst Turgot gestürzt, Loménie de Brienne den Minister Calonne bekämpft, Necker dann wieder die Entlassung von Brienne bewirkt und so weiter. Die Orte, in denen Hof und Volk zusammentreffen, gestatten es, derlei Stimmungen und ihren Wandel zu registrieren. Die Prinzen von Geblüt sind allen Parisern bekannt und werden, je nach den Launen des Tages, entweder akklamiert oder mit eisigem Schweigen begrüßt, und die längst bekannten Tragödien mit ihren unversehens aktualisierten Versen geben immer wieder Gelegenheit zu Kundgebungen, die freilich von der in jedem Theater mit Gewehren versehenen Wache schnell unterbunden werden.

Selbst das aber nimmt Mercier hin, denn er kennt seine Pariser und weiß, daß die Präsenz der Ordnungshüter recht heilsam ist. »Ließe man nämlich dem Volk von Paris die Zügel schießen, spürte es nicht hinter seinem Rücken die berittene Wache und die Marschpatrouillen, das Heer der Spitzel und der Kommissare, dann würde es bald jedes Maß verlieren; einmal der gewohnten Aufsicht ledig, verlöre sich der Pöbel in maßlos-wilder Ausschreitung, gäbe es so schnell kein Halten mehr. Vielleicht gerade, weil es in Paris so selten zu Revolten kommt, würde ein ernst zu nehmender Aufstand (immer vorausgesetzt, ein solcher wäre überhaupt möglich) wohl zu ungeheuer schweren Konsequenzen führen.«

Diese präzise Prophetie aus dem Jahr 1781 rechtfertigt wohl auch ein Wort über Louis-Sébastien Mercier, den man heute nicht mehr als allgemein bekannt bezeichnen kann. Er war als Sohn eines Handwerkers aus Metz 1740 in Paris zur Welt gekommen, hatte sich in allen Sparten der Literatur umgetan und zumindest in der Provinz sogar als Bühnenautor Erfolg gehabt, ehe die Revolution ausbrach und er als Hinterbänkler in den Konvent einzog. Immerhin hatte er den Mut, gegen den Tod des Königs zu stimmen, was ihn das Leben gekostet hätte, wäre nicht die *Terreur* vorher zu Ende gegangen und er aus der Haft befreit worden. Er wurde Mitglied des Instituts und heiratete im Februar 1814, zehn Wochen vor seinem Tod, die Frau, mit der er seit 1768 zusammenlebte und drei Kinder hatte. Neben seinem *Tableau de Paris,* das aus Zensurgründen mit dem Druckort Hamburg erschien und nach und nach auf zwölf Bände anwuchs, sind heute einige seiner utopischen Romane wieder im Buchhandel aufgetaucht. In der Bibliothek der Königin fand sich einer seiner Romane aus dem Jahr 1776, auch bezog Mercier eine kleine Pension von Marie Antoinette. Dies hinderte ihn nicht, sich gelegentlich – bei grundsätzlichem Bekenntnis zum Königtum – gegen den Absolutismus zu äußern, weswegen er schon vor 1789 mit dem Gefängnis bedroht war und es für angezeigt hielt, zeitweise in der Schweiz zu leben. Goethe interessierte sich für Merciers theoretische Schriften zum Theater, Wieland wies seine Freunde Lenz und Jacobi auf den so fruchtbaren Pariser hin, doch gibt es keine deutsche Ausgabe, die dem ungeheuren Umfang dieses Oeuvres auch nur einigermaßen gerecht würde.

Gegenüber Mercier wirken zwei andere Zeitzeugen eher rhetorisch, weil sie temperamentvolle Männer sind und, von der großen Unruhe angesteckt, den Eindruck haben, sie müßten nun selbst ihre Stimme erheben. Einer tut es, der Franzose Honoré Gabriel Riquéti, Comte de Mirabeau, der andere begrenzt seine Eloquenz auf private Zirkel und seine Aufzeichnungen, es ist der Amerikaner Morris, der in Paris weilt, um (neben anderen Aufgaben) George Washington eine genau beschriebene Taschenuhr zu besorgen. Morris hat den seltsamen Vornamen Gouverneur, eine jener bäuerlich-patronymischen Bezeichnungen, wie sie in den Weiten des jungen Kontinents lange üblich waren. Landauer, aus dessen Sammlung von Briefen zur Französischen Revolution wir zitieren werden, läßt sich nicht täuschen; Vincent Cronin aber und erst recht seine Übersetzerin sprechen stets vom »amerikanischen Gouverneur Morris«.

Mirabeau, der Feuergeist des ausgehenden Jahrhunderts, der beste Redner, den Frankreich jemals hervorgebracht hat, rast durch seine Heimat auf der Flucht vor den Verhaftsbriefen, die sein Vater gegen ihn erwirkt, und auf der Flucht vor den Schergen, die ihn wegen seiner Schulden einsperren wollen oder ihm seine Geliebte abnehmen, die süße Sophie Monnier, Gemahlin eines alten Gefängnisdirektors, die begreiflicherweise den Häftling dem Kerkermeister vorzog. Mirabeau also spricht, so lange er aus dem Kerker schreibt, mit der manischen Eloquenz der Gefängnisphantasien, die wir schließlich auch von de Sade kennen. Später faßt er sich, gewinnt durch seine Erfahrungen in England und Preußen Abstand zu dem Geschehen und sieht schon 1787 erstaunlich klar, wohin das Gewoge der Meinungen Frankreich treiben wird. »Lassen Sie mich also in meiner Dunkelheit«, schreibt er an Soufflot, den Berater von Loménie de Brienne, »weil es in der Tat meine Absicht ist, unverändert darin zu bleiben, bis aus dem Wirrwarr, in dem wir uns befinden, ein geregelter Stand der Dinge hervorgeht, und bis eine große Revolution, sei es zum Guten, sei es zum Schlimmen, einem guten Bürger . . . gebietet, seine Stimme zu erheben . . . Diese Revolution wird nicht lange auf sich warten lassen. Die Meerenge, in die das Staatsschiff eingelaufen ist, ist in gleicher Weise kurz und gefahrvoll . . .«

Und in einem anderen Brief, etwa ein Jahr vor dem Bastilletag an einen Straßburger Buchhändler geschrieben, der gleiche fromme Irrtum wie bei Mercier, die von der Hoffnung bezogene Überzeugung, daß in einem so fortgeschrittenen und aufgeklärten Jahrhundert gewaltsame Umwälzungen nicht mehr möglich, weil nicht mehr nötig seien: »Es hieße unser Zeitalter barbarisch zurückschrauben, wenn man zu gewalttätigen Revolutionen seine Zuflucht nähme; der Unterricht genügt dank der Buchdruckerkunst, um all die Revolutionen durchzuführen, welche die Menschheit sich schuldig ist.« Welch rührendes Zutrauen in die Kraft des geschriebenen Wortes, und überdies von einem so großen Redner!

Was Mirabeau als Chaos und Dunkelheit erscheint, benimmt zeitweise auch Morris die Vernunft. »In Paris«, schreibt er am 18. April 1789 an George Washington, »lebt man in einer Art Wirbelwind, der einen so schnell im Kreise herumdreht, daß man nichts sehen kann. Und da alle Menschen und Sachen in dem nämlichen schwindelerregenden Zustand sind, kann man weder sich selbst noch seinen Gegenstand zu ordentlicher Prüfung in eine ruhige Lage bringen.« Einen Tag zuvor hat er in sein Tagebuch geschrieben: »Die Revolution, die sich in diesem Land entwickelt, ist höchst seltsam. Die wenigen Personen, die sie in Bewegung gesetzt haben, verfolgen mit größtem Erstaunen ihr Werk, und die Minister tragen zur Destruktion der ministeriellen Autorität selbst bei, da sie weder wissen, was sie tun, noch was sie tun sollten.«

Auch das kann man ganz ähnlich bei Mercier lesen, so daß die wirklichen Kenner – wie so oft – vollkommen übereinstimmen und nur die Dilettanten für die sogenannte Vielfalt der Meinungen sorgen. Näher am Volk als der Abgeordnete und der Ausländer ist Camille Desmoulins, unmittelbar bevor sein Name bekannt wird. Mit der Unbekümmertheit der Jugend geht er ins Detail, wenn er beschreibt, wie die Pariser Bevölkerung einem Polizeispitzel mitspielt. Aus der Fünf-Stunden-Marter, die man dem Ärmsten zuteil werden läßt, ehe er ersäuft wird, läßt sich schon erkennen, wie dieser haßerfüllte Pöbel seine Instinkte ausleben wird, wenn er einmal Prinzessinnen in den Händen hält.

Desmoulins schildert das Treiben im Palais Royal, das heißt in den Kaffeehäusern, Cabarets und Gärten auf dem exterritorialen Grund der Herzöge von Orléans, die sich anschicken, auch persönlich eine Rolle in der »Debourbonisation« Frankreichs zu spielen, wie d'Esprémesnil es genannt hat. Und dieser kuriose Königinnenhasser ist auch der Held einer jener Szenen, wie sie wohl nur Paris hervorbringen kann, einer der schönsten jener makabren Anekdoten, die sich nun häufen werden:

»Vor ein paar Tagen« berichtet Camille Desmoulins aus dem Palais Royal, »schloß einer der Redner . . . mit folgendem Antrag: ›Man verbrenne das Haus des Herrn von Esprémesnil, seine Frau, seine Kinder, seine Einrichtung und ihn selbst‹ (!). Nachdem das einstimmig angenommen worden war, rief jemand: ›Messieurs, der Tapezierer des Herrn d'Esprémesnil bittet ums Wort‹. Es wurde ihm erteilt. ›Messieurs‹, sagte der Wackere, ›ich bitte um Gnade für die Möbel des Herrn von Esprémesnil, sie gehören mir, er hat noch keinen Sou dafür bezahlt. Ist meine Bitte gerecht?‹ – ›Sehr gerecht‹, antwortete die Versammlung, und der Tapezierer dankte. ›Angesichts Ihres Gerechtigkeitssinnes‹, fuhr er dann fort, ›fasse ich den Mut, die gleiche Bitte für den Architekten zu äußern: Er hat das Stadtpalais gebaut, aber Monsieur d'Esprémesnil hat ihm ebenso wenig bezahlt wie mir‹.«

So geht es weiter, wie auf einer Kleinkunstbühne. Madame d'Esprémesnil soll vom Flammentod verschont werden, weil auch sie Esprémesnil nicht gehört: »Sie gehört jedermann, und mehr als einer unter Ihnen muß ihr erkenntlich gewesen sein . . . darum sollten Sie, um nicht eventuell Ihr eigenes Fleisch und Blut zu töten, auch die Kinder des Hauses Esprémesnil verschonen.« Wonach nur der arme Duval d'Esprémesnil übrigblieb, mit dessen Verbrennung *in effigie* oder *de facto* alle, auch der angebliche Tapezierer, einverstanden waren, unter dem Desmoulins wohl zu Recht niemand anderen vermutet als d'Esprémesnil selbst.

Während in Mirabeaus Äußerungen die Gewißheit zu erkennen ist, daß er maßgeblich in die Geschehnisse eingreifen wird, ahnt Camille Desmoulins noch nicht die Rolle, die ihm beschieden sein sollte. Und Morris, der Amerikaner, der aus einer völlig anderen Welt kommt, einer Welt, die damals sehr viel verschiedener von Europa war als heute, ist verblüfft, enttäuscht und angewidert vor allem vom Volk von Paris. Das sind also die Menschen, denen die Vereinigten Staaten ihren Sieg zu verdanken haben? Morris, der bald darauf seine diplomatische Mission antritt und zeitweise der einzige Botschafter sein wird, der es im revolutionären Paris aushält, Morris spricht deutlicher als die Franzosen vom Pöbel, von der großen Masse mit ihren undurchschaubaren, sinistren Plänen, ist entsetzt vom Verhalten der Militärs, ja ganzer Regimenter, und urteilt auch über Marie Antoinette schon in jener Härte, die der neue Tonfall der Franzosen ihr gegenüber ist:

»Meine Meinung ist, daß der König sich allem fügen wird, sofern er sich dadurch auf gute Art aus der Schlinge befreien kann, die er sich selbst (durch die Einberufung der Generalstände) geknüpft hat. Die Königin hingegen – verhaßt, gedemütigt und gereizt – regt sich auf und heuchelt und intrigiert, um ein paar kümmerliche Reste der königlichen Autorität zu retten; aber wenn man erfährt, daß sie einen Schritt begünstigt, dann bedeutet dies auch schon, daß er mit Sicherheit vereitelt wird.«

Mirabeau wie Morris sind große Frauenhelden, der Graf trotz seiner durch Pockennarben entstellten breiten Visage, der Amerikaner trotz seines Holzbeins, auf dem er herumstelzt, obwohl es inzwischen elegante Gelenkprothesen gibt. Der Piratenlook gehört offensichtlich zu den Waffen, mit denen er die Pariserinnen erobern will. Und weil sie beide etwas von Frauen verstehen, werden sie in der Königin die Frau entdecken und ihr schließlich beistehen, ob sie dies will oder nicht. Das Volk aber verharrt nicht nur in seinem seit dem Halsband-Prozeß unerschütterlich negativen Urteil über Marie Antoinette, es wärmt auch alte Gerüchte wieder auf, weil der Graf von Artois, der jüngste Bruder Ludwigs XVI., als Vorsitzender einer Arbeitsgruppe in der Notabeln-Versammlung wieder ins Gespräch gekommen ist und alle Augen auf sich zog, als er und sein Bruder sich für die Einschränkung der Adelsprivilegien aussprachen.

Niemand kann in Paris zu jener Zeit die Konfidenzen kennen, die Mercy d'Argenteau nach Wien berichtete, die für Maria Theresia gewiß erschütternde Diskussion aus dem Jahr 1779 um die Vertraulichkeiten zwischen Marie Antoinette und ihrem charmanten Schwager, die Beteuerungen, daß sie ihm schon auf die Finger klopfen werde, wenn er zu weit gehe, und die vielsagende Zeile des treuen Botschafters: »Nur nach außen hin gibt es eine gewisse Veränderung in den Gunstbeweisen, deren er sich erfreut«, geschrieben am 14. Juli 1779, genau zehn Jahre vor dem Bastilletag, »la faveur dont il jouit«.

Die Pamphletisten wissen auf rätselhafte Weise alles; sie produzieren frecher denn je zuvor angebliche Memoiren der Königin, angebliche Schuldbekenntnisse des Grafen von Artois, und der Hof sieht seiner Demontage in der öffentlichen Meinung so gut wie tatenlos zu, denn wenn in Paris selbst ganze Dragonerregimenter die Waffen niederlegen, hat es auch keinen Sinn, rund um die Stadt 25 000 Mann zusammenzuziehen. Morris erkennt dies alles, er schreibt in dem oben zitierten Brief an seinen Freund John Jay auch ganz offen, daß Artois genau so verhaßt sei wie die Königin, man sieht sie eben als Pärchen und sucht – vielleicht – Sündenböcke, um den König zu entlasten. Nur er genießt noch einen Rest von Sympathie, wie der Fall d'Esprémesnil beweist. Er hat Beweise guten Willens gegeben, und man glaubt jenen Gerüchten, die von seiner Dienerschaft, seiner engsten Umgebung ausgehen und die berichten, wie nahe ihm die Krise des Staates und des Königtums selbst gehe: Man will ihn unter einem Baum sitzen gesehen haben, weinend, die Hände vor's Gesicht geschlagen. Ob es nun stimmt oder nicht: Daß derlei kursiert, während man der Königin so gut wie alles in die Schuhe schiebt, was das Volk ärgert und aufbringt, zeigt deutlich die Tendenzen, die nun in ganz Paris Boden gewinnen und die sogar in die Adelskreise vordringen. Kein Geringerer als Napoleon erzählt (im *Mémorial de Sainte Hélène*), wie sehr die Emigranten es Marie Antoinette verübelt hätten, daß sie nicht in jener heißen Vorbereitungsphase der Revolution den König zur Flucht gedrängt habe und gleichsam als Geisel der Massen in Paris zurückgeblieben sei.

Bei allem Vertrauen in die Macht des Wortes und der Druckerpressen darf man jedoch nicht verkennen, daß dieses Satyrspiel der Flugschriften und Libellen eine sehr konkrete Tatsachenbasis hatte, die zu ändern inzwischen drei hochbegabte und ebenso viele ahnungslose Minister vergeblich versucht hatten. Beweis dafür sind maßvolle und kenntnisreiche Untersuchungen, die bis zu 180 Seiten haben und sich an die Gebildeten wenden, die Notabeln-Versammlung kommentieren und versuchen, ihren Erfolg herbeizuführen. Die Verfasser so gründlicher Studien blieben natürlich nicht verborgen, es gab in jedem Fall nur drei oder vier mögliche Autoren. Die Tendenz dieser großen Arbeiten ist relativ einheitlich; sie wendet sich gegen den Despotismus, aber vor allem gegen die Entfesselung unkontrollierbarer Kräfte. Es ist eine Art zweiter Garnitur, die sich hier zu Wort meldet, abgefallene Freunde Turgots wie der Abbé Baudeau, Turgots hochbegabter Sekretär Dupont de Nemours, der heute noch mit seinem Bastille-Buch lebendige Advokat Linguet, dem man aber, was immer er publiziert, sogleich seinen skandalösen Lebenswandel vorwirft, und so weiter, bis hin zu der Schrift eines Monsieur Charles-Robert Gosselin, die das Glück eines Volkes kurzerhand damit erklärt, daß es eben so große Könige haben müsse wie der kurz zuvor verstorbene Friedrich II. von Preußen einer gewesen war.

Obwohl diese Streitschriften alle sehr verbreitet waren, wurden sie in ihrem Verkaufserfolg (die von Linguet ausgenommen) von einem offenen Brief übertroffen, den Mirabeau an den König gerichtet hatte, eine mit vollem Namen gezeichnete Anklage der hemmungslosen Börsenspekulation, die angesichts der täglich neuen Situation an der Seine blühte wie nie zuvor. Dank der Uralt-Weisheit der großen jüdischen Bankhäuser von Paris und ihrer Selbstbeschränkung waren es nicht diese, die Mirabeau angreifen mußte, sondern sehr bekannte Persönlichkeiten wie der Abbé d'Espagnac, Domherr und Baron aus einer Familie der Stadt, der als Heereslieferant ganze Armeen betrügen und endlich 1794 den in diesem Fall verdienten Guillotinetod sterben wird. Aber auch Calonne und Necker bekamen ihr Teil, denn Mirabeau hatte eben mehr Mut als jene, die sich hinter der Anonymität versteckten.

In dieser Brandschrift, die viel aus Turgot und Dupont de Nemours entlehnt, stellt Mirabeau den König und die Nation vor die Alternative: Entweder Konstitution, also Mitbestimmung und damit Ende des Absolutismus, oder »die unerwartetste, heilloseste Katastrophe, die Auflösung der Gesellschaft« *(Dénonciation de l'Agiotage à Paris, 1787)*. Der Baron und Domherr erwiderte in einem Sechzig-Seiten-Pamphlet, das in der Sache wenig Argumente hatte, umso heftiger aber das Privatleben Mirabeaus angriff, als ob man keusch gelebt haben müsse, um sachkundig polemisieren zu können. Das rief wieder einen Dritten auf den Plan und so weiter: wir befinden uns in dieser Zeit auf einem Gipfel der Polit-Diskussion, wie er erst 1848 wieder erreicht werden wird.

Ein merkwürdiges Zusammentreffen – man könnte beinahe an die Plagen Ägyptens denken – ließ in den schwersten Jahren Frankreichs, als Ludwig XVI. schon völlig verunsichert war und Marie Antoinette in verzweifelter Entschlossenheit einen Fehler nach dem anderen beging, Mißernten, harte Winter und Unwetterschäden über das Land hereinbrechen. Sie verstärkten den aktuellen Finanzbedarf der Regierung, sie verlangten Sofortmittel und brachten damit alle Planungen durcheinander, und immer dann, wenn die Regierung schnell Geld brauchte, – und sei es für karitative Maßnahmen – verlangte der Klerus, ehe er bewilligte, neuerliche Bestätigung seiner Steuerfreiheit und anderer Privilegien.

Es war darum eine unvermeidliche Folge, daß Loménie de Brienne den Staatsbankrott erklärte, in einer an sich milden Form: Die Besoldung in Armee und Marine war nicht betroffen, Gehälter unter 1200 Livres (p.a.) und Renten unter 500 Livres wurden weitergezahlt, bei anderen Zahlungen würde ein Anteil von Schatzscheinen unvermeidlich sein, die jedoch mit fünf Prozent verzinst würden und gegen eine spätere Anleihe eingetauscht werden könnten. Dennoch reagierte das Volk in Panik; die Zeitungen brachten Berechnungen, welche Ersparnisse die Regierung nun erzielen und wie viele Existenzen sie vernichten werde, und es gab keine Möglichkeit mehr, Loménie de Brienne zu halten.

In diesem Augenblick tritt Marie Antoinette voll aus dem Schatten ihres Gemahls, ja man muß sich fragen, wo dieser denn eigentlich war. Es handeln nur noch die Königin und der österreichische (!) Botschafter. Das erste Projekt geht dahin, Necker als Finanzminister zu berufen, was die Massen und die Geschäftswelt sogleich beruhigen würde, Loménie de Brienne aber als Ministerpräsidenten zu halten. Brienne ist sogleich dafür und erbietet sich, die Zustimmung des Königs einzuholen, der Necker nicht mag, ja ihn aus Paris verbannt hatte, um seine Pamphlete loszuwerden. Mit Necker sollte Mercy d'Argenteau (!) verhandeln. Noch am selben Tag, dem 19. August 1788, entschließt sich Marie Antoinette jedoch schweren Herzens, Brienne endgültig zu verabschieden, und ihre Überlegungen sind angesichts der überschäumenden Krise kaum anders als dilettantisch und damenhaft zu bezeichnen: »Wir können es mit der Wahrheit und Unserem Gewissen kaum in Einklang bringen, einen Mann preiszugeben, der uns die Opfer seines guten Namens, seiner Position in der Welt, ja vielleicht seines Lebens gebracht hat«, aber »die öffentliche Meinung zwingt Uns dazu«.

Nun war Briennes Ruf nie gut gewesen, seine Gesundheit durch eine hartnäckige Flechte schon vor dem Amtsantritt angeschlagen, und seine Position in der Welt und Nachwelt erscheint durch Brienne selbst nachhaltiger gefährdet als durch die Königin, trat er doch nach kurzer Flucht zur Revolution über, als einer von ganz wenigen hohen Prälaten.

Nicht viel sachlicher reagierte der König: Er mochte nämlich Neckers Manieren nicht. Die mochte niemand, die Parvenus sind bis heute die Buhmänner der Pariser Gesellschaft, und ihre Versuche, in gewisse Zirkel und Klubs vorzudringen, füllen dicke Anekdotenbücher. Aber was nach Necker kam, war Monsieur Sanson, der Henker von Paris, und das schien in Versailles eben niemand für möglich zu halten . . .

»Soeben habe ich ein paar Zeilen an Monsieur Necker geschrieben und ihn gebeten, morgen um zehn Uhr hier zu sein«, lesen wir in einem jener Eilbotenbillets an Mercy, in denen damals Frankreichs Politik gemacht wurde. »Entschuldigen Sie meine Schwäche, aber ich zittere bei der Vorstellung, daß nun ich es bin, die ihn zurückruft, bringe ich doch meistens nur Unglück. Wenn es gelingen sollte, ihn durch diabolische Machenschaften abermals zu Fall zu bringen, oder wenn er die Autorität des Königs mindert, wird man mich noch mehr verurteilen . . .«

Es ist eine Situation von großer Dramatik, und da Mercy in seiner Akribie jede Zeile aus Versailles aufbewahrt hat, läßt sich der Ablauf der Ereignisse genauer dokumentieren, als wir es hier ausführen können. Denn es ist natürlich ebenfalls Schnee von gestern, an dem uns nur interessiert, daß nun die Leitung der Politik durch die Königin unzweifelhaft geworden ist, auch wenn die Verhandlungen mit Necker der Graf Mercy d'Argenteau führt. Necker erweist sich als sehr unangenehm und sehr arrogant, weiß er doch die öffentliche Meinung hinter sich und den Bankrott vor sich. Er lehnt ab, unter Brienne in ein Kabinett einzutreten, obwohl Mercy ihn – immerhin ungewöhnlich für einen Botschafter – für den Fall der Ablehnung mit der Ausweisung aus Frankreich bedroht (!).

Der Gegensatz zwischen Königin und König war zwar deutlich erkennbar, aber im Grunde ohne Bedeutung, da es keine Alternative zu Necker gab, der in seinen Pamphleten alle anderen Fachleute demontiert hatte. Daß Marie Antoinette die Berufung Nekkers trug, hatte aber gewiß auch damit zu tun, daß ihr Bruder, inzwischen nicht nur deutscher Kaiser, sondern auch Alleinherrscher Österreichs, von Necker geblendet, diesen maßlos überschätzte. Mercy diente also seinem Herrn in Wien und seiner Schutzbefohlenen in Versailles, indem er sich für eine Rückberufung Neckers einsetzte. Liest man, was in jenen Tagen publiziert wurde, drängt sich freilich auch die Überzeugung auf, daß Marie Antoinette, tief unglücklich über die eigene Unpopularität und extrem verunsichert durch die laufenden Angriffe auf ihre Person, den Mann brauchte, der von der Volksmeinung getragen wurde. Seine Berufung allein konnte die Königin entlasten und von den täglichen Vorwürfen befreien.

Ludwig XVI., der Brienne ohne sonderliche Begeisterung zum Erstminister erhoben hatte, um Necker zu vermeiden, fügte sich weder der Königin noch gar Mercy, sondern ließ sich nur durch Loménie de Brienne selbst für Necker gewinnen, wonach nur noch Formalien zu erledigen blieben: Brienne konnte nicht entlassen werden, er mußte selbst und in Ehren aus gesundheitlichen Gründen demissionieren. Und Necker durfte als einem Protestanten und Ausländer nicht die oberste Leitung der französischen Politik übertragen werden, auch wenn er *de facto* das Schicksal des Staates, der Regierung und wohl auch der Monarchie in Händen hielt. Und vor allem: Es war größte Eile geboten, es war Ende August 1788, in den Kassen befanden sich noch etwa 500 000 Livres, und für den Monatsbeginn standen Ausgaben in Höhe mehrerer Millionen bevor.

Angesichts dieser drängenden Notwendigkeit fielen alle Rücksichten. Necker erhielt die Zusage, als Premierminister auch mit dem Ressort der Finanzen betraut zu werden, dessentwegen man ihn ja brauchte, und Brienne machte es allen Beteiligten leicht, indem er, obwohl wegen mancher Züge seines Privatlebens getadelt, sich in seinem Abgang als ein echter Grandseigneur erwies. Insofern war dieser Ministerwechsel, diese Ablösung an der Spitze der Regierung auch bereits ein Symptom für Formen und Charakter der neuen Politik. Necker ist der Mann jenes Dritten Standes, der bis dahin praktisch keine Rolle gespielt hatte, dessen Zeit nun aber deutlich kommt. Am 2. August 1788 hatte Ludwig die Generalstände, wie diese Versammlung von Adel, Klerus und Bürgern auf deutsch heißt, für den 1. Mai des nächsten Jahres einberufen, zum ersten Mal seit 1614. Es war folglich ein Jahrhundertereignis, eine Notmaßnahme, zu der die Monarchen vor Ludwig XVI. sehr wenig Zutrauen gehabt hatten, ja der sie mit einem Mißtrauen begegnet waren, das sich nun bestätigen sollte.

Necker hatte acht Monate Zeit, und niemand durfte annehmen, daß er in diesen zwei Jahresdritteln noch werde Wunder wirken können, vor allem, da alle großen Entscheidungen naturgemäß bis zu der Versammlung vom 1. Mai 1789 aufgeschoben wurden. Aber er war der Mann des Volkes und der Geschäftswelt, jener Alleskönner, den Termine und leere Kassen niemals geschreckt hatten. Man kannte ihn inzwischen besser; er hatte geschrieben und geredet und seinen Salon gehalten. Er hatte in Flugschriften von unerträglicher Sentimentalität dem armen Volk Frankreichs versichert, daß es erhoben werden müsse, und er hatte kein Hehl aus seiner Absicht gemacht, die Macht des französischen Königtums zu beschränken. Es war – Sombart hat es deutlicher und ausführlicher nachgewiesen als jeder andere – der Triumph des spröd-fleißigen Hugenottengeistes über die selbstgefällige Welt des *Ancien Régime;* es war die Rache der Pastoren an den geistvollen Abbés, die Rache des Genfer Spießbürgertums an den überlegenen und unnachahmlichen Allüren der alten Noblesse.

»Ich wollte das Gute, ich wollte es offen und ehrlich«, sagt Loménie de Brienne in seinem Rückblick auf jene Zeit, »aber mein Charakter war nicht gemacht für die Zeiten der Unruhe und des Sturms.« Für diese Zeiten waren sie alle nicht gemacht, und gäbe es das große historische Schachspiel mit auswechselbaren Figuren, so könnte man sich das Vergnügen machen, den sechzehnten Ludwig durch den elften zu ersetzen, der seine Gegner, soferne er sie nicht erdolchen oder vergiften ließ, in Käfigen spazierenführte, um sie stets vor Augen zu haben. Das war Frankreichs Mittelalter, das war der Absolutismus in seiner Jugendkraft gewesen. Das Jahrhundert der Philosophen und Skeptiker, der großen Humanisten und der glänzenden Spötter hatte ihn zu einem Anachronismus gemacht, obwohl es ihnen allen niemals vorher und niemals nachher besser ergangen war . . .

Allein gegen Tausend

In jenem schwersten und letzten Jahr des alten Regiments, im Jahr 1788, war Marie Antoinette so allein, wie eine Königin allein sein kann, ja schlimmer als das: Sie war am Hof nicht nur ohne Rückhalt, sie hatte dort inzwischen auch mehr Gegner als Freunde, und die Freunde waren von der Art, die nicht viel nützen konnte. Die Tanten – wir erinnern uns an ihre besitzergreifende Fürsorge für die Dauphine aus Wien – hatten sich schmollend auf ihren kleinen Hofstaat in Schloß Bellevue zurückgezogen und kommentierten die Handlungen Marie Antoinettes, aber auch ihres Gatten, nur noch mit bösen Bemerkungen von der Art: »Das hätte unser Vater aber niemals getan . . . So etwas hätte er nie gut geheißen«.

Adelaide, inzwischen eine Sechzigerin, der man die einstige Schönheit noch ansah, trieb es am ärgsten; sie war die Lieblingstochter des fünfzehnten Ludwig gewesen und gilt bis heute für viele Historiker als die Mutter seines am besten geratenen illegitimen Sohnes, des schönen und begabten Comte de Narbonne-Lara. Ob sie dies nun war oder nur die Base des attraktiven Verschwenders, jedenfalls tat sie mehr für den wohlgeratenen, nur eben verwöhnten Grafen, als die Comtesse de Lara für ihn hätte tun können: Sie bezahlte immer wieder seine Spielschulden, sie ermöglichte ihm einen prinzlichen Lebensstil und begünstigte damit seine Verbindung zur Millionärsfamilie Necker, der ja nun die Macht zugefallen war.

Bei den Geschwistern Ludwigs XVI. stand es für Marie Antoinette nicht viel besser. Der Comte de Provence, auch Monsieur genannt, hatte sie ja vom ersten Augenblick an mit Eifersucht und Gerüchten verfolgt; er war nun einmal nicht der Erstgeborene, aber er hielt sich, obwohl Ludwig XVI. inzwischen deutlich an Format gewonnen hatte, noch immer für den fähigsten Enkel und den berufensten Thronfolger, eine Hoffnung, die ihm genommen war, seit Marie Antoinette Knaben geboren hatte.

Tragisch war die Entwicklung zwischen Ludwigs jüngstem Bruder, dem Grafen von Artois, und der Königin. Die zwei hatten einander lange Zeit gut, ja zu gut verstanden. Für die Pamphletisten stand fest, daß Artois der Vater des Dauphins sei, des am 22. Oktober 1781 geborenen Prinzen, der in seinem Wesen, seiner stetigen Auflehnung, seinem Temperament weder nach dem König noch nach Marie Antoinette geriet. Die große Entzweiung kam eigentlich erst, als beim Abgang Loménies de Brienne die Generalstände einberufen wurden, also Adel, Klerus und Bürgerliche, und Ludwig XVI. dafür eintrat, den Dritten Stand mit so vielen Abgeordneten auszustatten, wie die anderen beiden zusammen hatten. Artois, stolz, intelligent und schon früh unabhängigen Geistes, erkannte den schicksalhaften Irrtum seines Bruders, der eine große demokratische Geste setzen wollte, sie aber nicht durchdacht hatte. Es war nämlich so gut wie sicher, daß einige Abgeordnete aus dem Adel und dem Klerus zum Dritten Stand überwechseln würden. Eine Fluktuation in umgekehrter Richtung war hingegen unmöglich, weil ein Bürgerlicher sich ja nicht einfach als Geistlicher oder als Adeliger erklären kann. Damit war, soferne der Dritte Stand mit gleichviel Abgeordneten wie die anderen beiden zusammen in die große Versammlung einzog, auch schon seine absolute Mehrheit gegeben und die Revolution im Sinn einer Entmachtung des Königtums vollzogen.

Marie Antoinette und ihre Berater erkannten zweifellos, daß die Lage zu ernst sei für königlichen Edelmut, vor allem, da die andere Seite täglich Beispiele von Haß, Wut und Rachegelüsten gab. Aber Ludwig XVI. hatte eine sehr hohe Auffassung von seinem Amt und seinen Pflichten, er war gläubig und ließ sich von einer Art Sendungsbewußtsein leiten: Es ist nicht ausgeschlossen, daß er in seinem mehr von Ahnungen als von der Intelligenz beherrschten Vorstellungsvermögen das Opfer des eigenen Lebens, zum Ruhm des untergehenden Königtums der Väter und Vorväter, schon damals in seine Phantasien einbezog. Der Tochter der großen Maria Theresia hingegen mußte solch ein Sichergeben in das Schicksal nicht als Erfüllung eines Auftrags, sondern als Sünde erscheinen.

Sie war in den Monaten, in denen sich der königliche Glanz in ein demonstratives Opfer zu wandeln begann, im wesentlichen auf sich gestellt. Der belgische Graf Mercy war ein Pragmatiker, genau bis zur Akribie, erfahren, urteilsfähig, aber ohne Schwung, Herzlichkeit und tieferes Verständnis für diese Frau, die in gewissem Sinn doch auch die Frau seines Lebens war – vielleicht auch, weil er nur der Adoptivsohn des österreichischen Feldmarschalls und somit gleichsam ein Eindringling in den hohen Adel war.

Ähnliche Imponderabilien muß man bei Vermond vermuten, dem Abbé, der einen Minister und in gewissem Sinn einen Kardinal gemacht hatte, der aber für sich selbst keine hohen Würden begehrte, nur eben Einfluß: Es sei (so sagte er) der große Fehler des sonst so klugen Dubois gewesen, daß er sich selbst zum Purpur gedrängt habe. Vermond, dieser Ehrgeizling von unten, Vorleser, Erzieher, Einflüsterer, Kontrolleur und doch auch freundschaftlicher Berater war nicht das, was Marie Antoinette in einem Augenblick brauchte, da ihr dreifacher Haß entgegenschlug: Der Haß der Franzosen gegen die Österreicherin; der Haß der darbenden Untertanen gegen die Königin; und der traditionelle Haß der Pariserinnen gegen die verwöhnten und verschwenderischen Mätressen, die bis dahin in Frankreich Politik gemacht hatten und in deren Nachfolge Marie Antoinette getreten war, als nun auch sie – zum Unterschied von Frankreichs Königinnen der letzten Generationen – Politik zu machen begann.

Sie hatte weniger auf Einzelne gesetzt als auf ganze Clans, damit hatte sie zwar die allzu enge Gemeinschaft mit einem einzelnen Günstling vermieden, war andererseits aber doch immer eine Fremde geblieben gegenüber den zusammenhaltenden Coigny oder Polignac. Und als die Knappheit der Mittel schließlich das Füllhorn versiegen ließ, als die hohen Zuwendungen an diese Freunde aus guten Tagen eingestellt werden mußten, da wagte ein Polignac gar die arrogante Bemerkung, nun sei man also gleichsam in der Türkei, wo man an einem Tag nicht wisse, was man am nächsten Tag noch besitzen werde. Daß sie nur allzu genau gewußt hatten, was sie besaßen – nämlich ganze 8000 Livres Jahresrente – ehe sich ihnen die Gunst der Königin zugewandt hatte, das vergaßen die Herren und Damen dieses Hauses.

Weniger klar liegt der Fall der Prinzessin Lamballe, und da die stille Schönheit nicht mehr lange zu leben hat, ist es höchste Zeit, diese eigenartige Beziehung ein wenig näher zu betrachten, eine Beziehung, die sich vom anderen Umgang der Königin schon dadurch abhebt, daß die Lamballe nicht ihre Freundin genannt wird, sondern ihre *Maîtresse* (von Hector Fleischmann, von der Baronin Oberkirch, von ihrem Biographen de Lescure und natürlich von zahlreichen Pamphletisten). Sie war am 8. September 1749 in Turin als Tochter des Herzogs Ludwig Victor von Savoyen-Carignan geboren worden, ihre deutsche Mutter stammte aus dem Haus Hessen-Rheinfels-Rothenburg. Als Achtzehnjährige heiratete sie den Fürsten von Lamballe aus dem Hause Penthièvre, das sich von Louis-Jean-Marie de Bourbon herleitet, einem Sohn des Sonnenkönigs mit seiner glanzvollsten Mätresse, der Montespan. In der Folge kamen noch so große Familien wie die Grafen von Toulouse, von Noailles und die Herzöge von Modena und Orléans hinzu, so daß Marie Antoinette in dieser ihrer liebsten Freun-

din nicht nur eine um weniges ältere, wunderschöne und liebens-
würdige Gefährtin hatte, sondern beinahe alle großen Namen, die
ihr von Kind auf vertraut waren, hatte doch Habsburg eine enge
Verbindung mit den Este von Modena eingegangen.

Die Lamballe war nach sehr kurzer Ehe verwitwet, weil ihr ver-
mögender Gatte nicht nur sein Geld, sondern auch seine Kräfte bei
einigen der hübschesten Pariser Schauspielerinnen verausgabt
hatte. Mademoiselle de la Chassaigne hatte ein Kind von ihm, und
da später noch eines des Grafen Stroganoff hinzukam, lebte sie von
diesen Renten auskömmlich; eine Schauspielerin namens La Fo-
rest behauptete das gleiche, und die Prinzessin von Lamballe hätte
vermutlich eine sehr unruhige Ehe gehabt, wäre ihr Mann nicht am
7. Mai 1768 in Louveciennes in dem Pavillon gestorben, der später
von der Dubarry bewohnt wurde. Die Lamballe war also bereits
Witwe, als Marie Antoinette nach Frankreich kam.

Man betonte damals, daß sie liebenswürdig-naiv, heiter, aber
nicht sehr geistvoll sei, also arglos, zutraulich, nicht intrigant und
damit genau das, was die eben zwanzig gewordene Marie Antoinette brauchte: die Lamballe erhielt die erste Position am Hof der
Königin, sie wurde 1775, also nur sechsundzwanzig Jahre alt, In-
tendantin, und man kann sich vorstellen, wie viele ältere Damen
von Rang darob verschnupft waren. Marie Antoinette hatte gefunden, daß das Landleben bei dem honetten, aber doch sehr ruhigen
Herzog von Penthièvre (dem Schwiegervater der Prinzessin) für
die schöne junge Frau nicht das Richtige sei und sie in den Kreis des
Hofes gezogen werden müsse. Für die Lamballe war das kein
leichter Weg. Ihr Schwiegervater war ein Mann von ausgezeichne-
tem Charakter und in gewissem Sinn bereits ein Anachronismus.
Man rühmt seine *douceur*, was man in diesen Zusammenhängen
vielleicht mit Takt übersetzen müßte, seine Güte und seine Duld-
samkeit, hatte er doch im Kummer über den frühen Tod seines
Sohnes den erwähnten Pariser Schauspielerinnen ohne nähere
Nachprüfung die erbetenen Pensionen für die Bastarde seines Sohnes anweisen lassen. Ohne die Revolution zu billigen, akzeptierte
er später ihre Folgen für seine Person und seinen Besitz und betrachtete sich fortan als schlichter Bürger. Er hatte seinem Land in
blutigen Schlachten hervorragend gedient und auf seinen Schlössern Anet und Sceaux Künstler und Literaten oft und lange als Gäste gesehen. Den furchtbaren Tod seiner Schwiegertochter überlebte er nur um ein halbes Jahr und starb am 24. März 1793 in Ver-
non an der Seine.

Das sanfte und schöne Geschöpf aus Turin und dieser beliebteste aller großen Herren seiner Zeit hätten sich gewiß sehr gut verstanden, aber die Anziehungskraft des Hofes war eben noch nicht erloschen, ein ehrenvolles Amt und eine sehr junge Monarchin lockten, und nach anfänglichen Schwierigkeiten – Marie Antoinette war gerade in Dingen ihres Hauses oft sehr autoritär – wurden die beiden Frauen so enge Freundinnen, daß der Klatsch nicht ausbleiben konnte.

Die Campan ist im Bestreben, ihre verehrte Herrin reinzuwaschen, wider Willen zur Hauptbelastungszeugin geworden, soferne man heute eine zärtliche Freundschaft unter jungen Frauen an einem sittlich verkommenen Hof nicht überhaupt als einen Selbstbehauptungs- und Rettungsversuch ansehen will. »Es war in der Zeit der Schlittenfahrten, als die Königin sich engstens an die Prinzessin von Lamballe anschloß (»se lia intimement«). Die Prinzessin erschien, in Pelze gehüllt, im vollen Glanz und der Frische ihrer Jugend, man konnte sagen, sie war der Frühling selbst in Marder und Hermelin.« Es waren also zunächst äußere Vorzüge und eine gewisse charmante Naivität, die für die Lamballe einnahmen, so wie auch ihre Rivalin, die Dritte im Bunde, eine sehr hübsche Frau war: die Comtesse de Polignac,»mittelgroß, mit gesundem Teint, dunkelbraunen Augen und Haaren, prächtigen Zähnen, einem bezaubernden Lächeln und von vollendeter Grazie« (Campan).

Es kann keinem Zweifel unterliegen, daß die Königin in der Gesellschaft dieser beiden ausgesucht hübschen und charmanten Frauen den Ersatz für das suchte, was ihr der Gatte verweigerte und was sie von anderen nicht erlangen durfte noch wollte. Seit Ludwig XIV. war Versailles Schauplatz unverhüllter erotischer Bemühungen seitens der Herren und leidenschaftlicher Sex-Intrigen innerhalb der Damenwelt geworden, die als einzige Grenze den Stand akzeptierten: Auch der am besten gewachsene Lakai hatte keine Chance, auch das hübscheste Kammerkätzchen kam für die Herren Kavaliere nicht in Frage. Die niedere Minne fand an den Pariser Theatern statt, die höhere in den Couloirs und Salons der verschiedenen Schlösser. Liest man in den Memoiren des Herzogs von Lauzun oder vielen anderen Erinnerungen an diese Zeit, in welch geschmacklos-hartnäckiger Weise selbst die Königin bedrängt wurde, dann versteht man ihr Wort zu der Campan: »Ich werde sie (d. h. die Polignac und die Lamballe) in meinen Privatgemächern oder in Trianon empfangen und werde dort die Süße meines eigensten, persönlichsten Lebens genießen: diese existiert für unsereine schließlich nur, wenn uns der Hausverstand eingibt, sie uns zu sichern.«

Aus der Distanz der Jahre setzt die treue Kammerfrau hinzu, daß diese Illusion der Königin ungemein teuer war, so daß sie weder die (gesellschaftliche) Unmöglichkeit erkannte noch die Gefahren, die sie bei der Verwirklichung heraufbeschwor. »Jeder Höfling, der sich nun ausgeschlossen oder abgewiesen fühlen mußte, wurde zwangsläufig zu einem eifersüchtigen und rachsüchtigen Feind.«

In ihrem großen Ehrenrettungs-Versuch im Hinblick auf die behauptete Liaison mit dem Grafen von Artois und den beiden Damen bringt die Campan die bemerkenswerte Mitteilung, daß der Abbé de Vermond aus Protest gegen die Dreiecksbeziehung der jungen Frauen sein Amt bei der Königin aufgegeben und den Hof verlassen habe, etwas, das ein Erzieher und Dauerbeobachter ja eigentlich nur dann tut, wenn er sein Bleiben nicht mehr verantworten kann, wenn er Dinge erfährt, die weiterzuberichten er für unmöglich hält. Er deutete an, daß er das frivole Leben seiner Schutzbefohlenen als Geistlicher wie als Lehrer nicht mehr mit ansehen könne und kehrte erst nach Wochen, und nachdem gewisse Bedingungen erfüllt worden waren, an den Hof zurück.

Nach einer Entfremdung zurückgerufen, blieb die Lamballe über die Ära Polignac hinaus die engste und treueste Freundin der Königin; es war eine Bindung, die sich unter den Ängsten, Sorgen und konkreten Gefahren der Jahre nach 1789 naturgemäß intensivierte, wie ja auch die Liaison mit Fersen. Marie Antoinette, über Gebühr belastet, brauchte eben mehr Halt. Die nach der Revolution bekannt gewordenen geheimen Korrespondenzen geben weitere Aufschlüsse über Soupers bei der Lamballe, nach denen die Königin nicht mehr nach Versailles zurückkehrte, sondern die Nacht bei der Favoritin verbrachte, und 1848 wurde bei der Laverdet-Versteigerung ein zur Gänze selbstgeschriebener Brief der Königin für 147 Francs zugeschlagen, in dem Marie Antoinette unter dem 17. November 1789 an die Lamballe schreibt: »Glauben Sie niemals, daß es möglich wäre, Sie *nicht* zu lieben; dabei handelt es sich nämlich um eine Gewohnheit, deren mein Herz bedarf.«

Ihr Herz bedurfte auch, denn sie war eine echte Königin, der Liebe ihres Volkes, aber es war eben ein Volk, das die Königinnen nie sonderlich zur Kenntnis genommen und die Mätressen aus gutem Grund gehaßt hatte, eine für eine Habsburgerin unverständliche Situation.

Das Volk von Paris hatte andere Götter, und sie sollten nun von Tag zu Tag mehr an Bedeutung gewinnen, was an sich zu verstehen war nach all den Enttäuschungen, nach all den vergeblichen Hoffnungen der letzten Jahre. Aber die so schwer zu erfassende unterste, geschichtslose, ja gestaltlose Masse dieser Großstadtbevölkerung wollte nicht nur jubeln, wenn es um Lafayette ging oder Nekker, sie wollte auch hassen und brauchte Ziele auch für diesen Haß.

Jede positive Regung unter diesen 750 000 oder 800 000 Menschen wird auch eine negative Woge auslösen, und wenn die Begeisterung wechselte, wenn der Massenjubel bald diesem, bald jenem neuen Heros zuströmte – der gemeinsame Haß sammelte sich mit bedrückender, ja erschreckender Hartnäckigkeit auf dem Haupt Marie Antoinettes, die immer noch als Fremde angesehen wurde, ja als Feindin des Landes, mochte sie auch selbst gegenüber ihrem kaiserlichen Bruder betont haben, daß sie Französin sei und selbst gegen Österreich die Interessen Frankreichs vertreten müsse.

Am 4. Mai 1789 sah Versailles ein eindrucksvolles Schauspiel. Zwölfhundert Abgeordnete zur Versammlung der Generalstände hielten Einzug in die Kirche zum frommen Auftakt ihrer Session, aus der ein anderes Frankreich hervorgehen sollte. Dreihundert Herren in Kavalierstracht, den Degen an der Seite, vertraten den Adel, dreihundert weitere im Ornat die Priesterschaft und die Prälaten des Landes. Und sechshundert erschienen im schlichten Schwarz der Namenlosen, das war der Dritte Stand, nach dem Willen des Königs somit gleichstark wie die beiden anderen Standesvertretungen. Germaine Necker, verehelichte Baronin de Staël-Holstein, hat uns geschildert, wie sie diesen Tag erlebte, in jugendlicher Begeisterung darüber, endlich eine gültige Abordnung des von ihr so geliebten ganzen französischen Volkes zu sehen. Leider äußerte die junge Frau dies zu Madame de Montmorin, deren Mann in verschiedenen Portefeuilles seit Jahren der Regierung angehörte, und mußte sich darum von der Gräfin darüber belehren lassen, daß diese Versammlung zu einem großen Unglück führen werde, »sowohl für Frankreich als auch für uns«. Die Comtesse de Montmorin bewies an diesem Tag mehr Ahnungsvermögen als der König und die Königin, die blaß und erregt dem Spektakel beiwohnte, und Frau von Staël ergänzt, auch fünfundzwanzig Jahre später noch ergriffen, die Erinnerung an jenen Tag durch die Mitteilung: »Die unglückselige Montmorin wurde mit einem ihrer Söhne guillotiniert; der andere ertränkte sich; ihr Gatte wurde während der Septembermorde in Stücke gerissen; ihre älteste Tochter starb in einem Gefängnishospital; ihre jüngere Tochter erlag der Trauer über diese Verluste, noch ehe sie dreißig Jahre alt war.«

Dennoch begann dies alles in der Kirche, und sie waren alle erwählt worden, sie vertraten, einige wenige Bezirke ausgenommen, wo es technische Probleme gegeben hatte, das ganze Frankreich: Der Dritte Stand etwa 98 Prozent der Bevölkerung, die beiden anderen Stände die restlichen zwei Prozent. Was den Dritten Stand betraf, »so mußte man sich fragen, ob man von den ärmsten Schichten der Bevölkerung sagen konnte, daß sie ihm zuzuzählen seien, blieben sie doch in gewissem Sinn außerhalb jeglicher sozialen Ordnung« (Georges Dupeux in seinem Buch *La société française 1789-1970*). Sie gingen auch nicht mit in die Kirche, sondern blieben auf der Straße, und die Straße hatte denn auch das letzte Wort.

Einig waren sich Versammelte und Nichtvertretene in den Ovationen für Monsieur Necker, den neuen Leiter der französischen Politik, den Mann, unter dessen Ägide man in eine neue Zeit hineinzugehen hoffte. Aber die große Rede, mit der Necker die neue Ära eröffnete, war eine ermüdende und für viele unverständliche Aneinanderreihung von Zahlen. Nach einer halben Stunde war seine Stimmkraft am Ende und man mußte aus seinem Manuskript vorlesen, was, da niemand darauf vorbereitet gewesen war, die Sache nicht klarer machte und zweieinhalb weitere Stunden lähmender Langeweile mit sich brachte.

Von diesem Augenblick an ging die Führung der Versammlung auf den Denker Abbé Siéyès über und auf den wortgewaltigen Grafen Mirabeau. Der Abbé hatte zu Jahresbeginn eine unerhört provokative und erfolgreiche Schrift mit dem Titel *Was ist eigentlich der Dritte Stand* veröffentlicht und zog für Paris in die Versammlung ein, nicht als Geistlicher, sondern eben für den *Tiers Etat*. Und Mirabeau gesellte sich ihm ebenso zu, weil der Adel ihn nicht akzeptieren wollte. Damit hatte der Dritte Stand schon zwei herausragende Wortführer, denen in den anderen Lagern nicht so leicht jemand gewachsen war.

Auch Morris schildert uns den großen Tag, ihm entgeht die von der Frau von Staël festgestellte äußerste Schwäche und Angegriffenheit des Königs, denn er interessiert sich mehr für Marie Antoinette: »Die Prozession ist prächtig. Die Häuser auf beiden Seiten der Straße sind mit Gobelins behängt. Weder der König noch die Königin scheinen sehr froh zu sein. Der König wird überall auf seinem Weg mit dem Ruf *Vive le Roi* begrüßt, aber kein Zuruf gilt der Königin. Sie blickt verachtungsvoll auf die Szene, in der sie eine Rolle spielt, und sie scheint zu sagen: ›Für den Augenblick lasse ich mir's gefallen, aber meine Stunde wird schon kommen‹. – Zurück nach Paris, wo ich zu Mittag esse. Meine Meinung über die Gefühle des Königs und der Königin wird bestätigt, als ich später den Salon der Madame de Chastellux aufsuche. Sie ist soeben von einem Besuch bei der Herzogin von Orléans zurückgekehrt und teilt mir mit, der König sei unzufrieden, weil der Herzog von Orléans als Deputierter an der Versammlung teilnimmt und nicht als Prinz von Geblüt, aber auch, weil der Königin nicht öffentlich gehuldigt wurde. Die Königin sei dadurch tief verletzt.«

Außerdem wird Morris über ein Rencontre zwischen der Königin und der Herzogin von Orléans informiert, wörtlich, mit Dialogzitaten, die ein erbittertes Hickhack erkennen lassen und wohl auch, daß Marie Antoinette mit ihren Nerven am Ende ist: Der Dauphin, noch nicht acht Jahre alt, macht eine schwere gesundheitliche Krise durch. Die Ärzte haben allerlei Messungen vorgenommen und Abnormitäten an den Hüften und im Wirbelbereich festgestellt. Und so schwierig das Kind auch oft gewesen war, nun bemächtigt sich doch die große Angst auch der Königin, so kurz nach der kleinen Tochter auch ihren Erstgeborenen zu verlieren, den Thronerben . . .

Morris durfte sich als Ausländer distanzieren, für ihn ging es schließlich nicht um neue Gesetze und eine neue Verfassung, er war ein Betrachter, und als solchen interessierte ihn die Königin am meisten. Auch in der Sitzung vom 5. Mai – sie findet im Hôtel des Menus Plaisirs statt – ruhen seine Blicke weniger auf dem König, der in einer golddurchwirkten und folglich sanft schimmernden Festtagskleidung vor die Versammlung tritt, einen Diamanten am Hut, sondern der stillen und blassen Königin in Weiß unter einer Reiherfeder. »Der König verliest einen Bericht über die Lage, kurz, jedoch gut vorgetragen oder vielmehr gelesen. Tonfall und Haltung sind erfüllt von dem Stolz, den man vom Blut der Bourbonen erwarten und wünschen kann. Die Rede wird durch so warmherzige und mitreißende Beifallskundgebungen unterbrochen, daß mir unwillkürlich die Tränen kommen. Die Königin weint oder scheint zu weinen, aber keine Stimme erhebt sich für sie. Ich würde die meine sicherlich erheben, wenn ich Franzose wäre; aber ich habe nicht das Recht, meine Gefühle zu äußern, und ich bitte meine Nachbarn vergeblich, es zu tun.«

Erst, als Barentin die Rede des Königs durch endlose Ausführungen ergänzt und verwirrt hat, erst, als sich das Königspaar erhebt, um den Saal zu verlassen und man endlos lange *Vive le Roi* gerufen hat, wird der galante Wunsch des Amerikaners erfüllt: »Zu meiner großen Befriedigung hört man zum erstenmal seit vielen Monaten den Ruf *Es lebe die Königin;* sie verneigt sich voll Anmut, und die Zurufe steigern sich; sie antwortet mit einem noch anmutigeren Gruß.«

Nur ein Dutzend jener Menschen, die an diesem Tag und in den nächsten Tagen jede Bewegung, jeden Gruß, jede Miene der Königin beobachteten, wußten, welche Tragödie sich inzwischen in der königlichen Familie abspielte. Marie Antoinette hatte es in Wien nie miterleben müssen, daß eine Schwester oder ein Bruder gestorben wären; Maria Theresia hatte bei sechzehn Kindern keine einzige Totgeburt gehabt, wenn auch zwei ihrer Kinder sehr früh gestorben waren in einer Zeit, da man gegenüber den Gefahren, wie sie Kleinstkindern drohten, noch weitgehend hilflos war. Im Vertrauen auf ihr gesundes Erbe hatte Marie Antoinette somit hoffen dürfen, auch ihrem Gemahl und der französischen Nation gesunde und lebensfähige Kinder zu schenken, und es war das am wenigsten erwartete aller Mißgeschicke, daß auf Marie Thérèse, geboren im Dezember 1778, eine Totgeburt folgte, danach der kränkelnde und mit Erbschäden behaftete Dauphin, nach ihm abermals eine Totgeburt, der zweite Dauphin Charles-Louis. Schließlich hatte im Juni 1787 der Tod die kleinste Prinzessin, Sophie Hélène, die Marie Antoinette so sehr geliebt hatte, dahingerafft.

Der Dauphin, im Schicksalsjahr 1789 nun acht Jahre alt, hatte keine Erzieherin, sondern einen *Gouverneur,* und vielleicht wird man eines Tages ein Buch darüber schreiben, was diese altgedienten Offiziere und nicht selten völlig verknöcherten, pädagogisch unbegabten Herren aus großen Familien in europäischen Herrscherhäusern an Schaden gestiftet haben. Im Fall des Dauphins war es ein Herzog von Harcourt, aber der Name hat weniger zu besagen als die Institution, und man ahnt die tiefsitzenden Sorgen und Ängste der Königin, wenn man in einem Brief vom August 1788 liest: »Unsere Liebe für dieses Kind muß streng sein; man darf nicht vergessen, daß wir ihn nicht für uns aufziehen müssen, sondern für das Land. Die ersten Eindrücke wirken in der Kindheit so stark, daß ich wirklich erschrecke bei dem Gedanken, daß wir einen König erziehen.«

Das verschüchterte, immer wieder von Schmerzen und Ärzten gepeinigte und dadurch maßlos sensibilisierte Kind hatte – um nur ein Beispiel zu nennen – eine tiefe Abneigung gegen Madame Jules gefaßt, wie die Gräfin von Polignac im vertrauten Tonfall von Trianon hieß. Selbst die Düfte, welche diese schöne Frau stets umgaben, verursachten dem Dauphin wütenden Widerwillen, und da er sich in seinen Auflehnungen und angesichts der verbalen Hilflosigkeit eines Sieben- oder Achtjährigen natürlich ziemlich renitent gab, herrschte in der königlichen Familie inzwischen Alarmstimmung, die erst endete, als am 4. Juni, einen Monat nach der ersten Sitzung der Generalstände, dieser ältere Sohn des Königspaares starb. Von sechs Kindern, die sie geboren hatte, waren der Königin nun nur noch zwei geblieben, die spätere Madame Royale und der spätere Ludwig XVII.

Man hat den Einfluß von Zahnschmerzen auf den Ausgang von Feldschlachten studiert und ausführlich untersucht, ob sich ein gesunder Franklin Delano Roosevelt besser gegen Stalin durchgesetzt hätte als der todgeweihte. Aber wir können nur ahnen, wieweit das, was in den Sommermonaten des Jahres 1789 geschah, von dem Unglück der Königin mitbeeinflußt war, wieweit Ludwig XVI., ein innerlich sehr weicher Mensch, von diesem Schicksalsschlag betroffen war und darum all die Fehler beging, die ihm nachträglich vorzurechnen freilich kein Kunststück ist.

Wir werden die Geschichte der Revolution nicht noch einmal erzählen; gerade die Abläufe seit dem Mai 1789 sind nach Tagen und Stunden studiert und gedeutet worden, lassen sich aber nur noch bedingt beurteilen, weil *wir* eben alle wissen, was in der Folge geschah. Die mannhaften und vertrauensvollen Annäherungen des Königs an das Volk erscheinen uns im Rückblick als gefährliche Illusionen, Ludwig XVI. aber, der gesalbte Monarch, der allerchristlichste König eines großen Volkes, konnte diesem Volk nicht den Rücken kehren wie Prinzen und Adel und emigrieren, schon gar nicht, als man ihm noch zujubelte. Allenfalls wäre es zu verantworten gewesen, die Königin mit den Kindern, wenn schon nicht außer Landes, so doch in die Provinz zu schicken, wo genug feste und dennoch komfortable Schlösser zur Verfügung standen; selbst im nahen Saint-Germain wäre man angesichts von Graben und Zugbrücke vor Überfällen des Mobs sicher gewesen, und dort liegende Schutztruppen hätten die Pariser nicht provoziert.

Warum dies nicht geschah, läßt eine Gesprächsnotiz vermuten, die wir Vincent Cronin verdanken. Demnach empfing Marie Antoinette wenige Tage nach dem Tod des Dauphins britische Gäste, und zwar »die Devonshires und Lady Elizabeth Foster«. Dabei handelte es sich um William, den fünften Herzog von Devonshire (1748-1811), verheiratet mit Georgina Spencer, einer der schönsten Frauen Londons und zwei Jahre jünger als die Königin, und einen charmanten Blaustrumpf, die gleich alte Elizabeth Foster, die als zweite Frau den Herzog überleben sollte. Im Gespräch fiel die Bemerkung, daß die Königin wieder einen Sohn haben sollte; als sie übersetzt worden war, antwortete Marie Antoinette: »Warum sollte ich? Damit Monsieur d'Orléans ihn umbringen lassen kann?«

Die äußeren Umstände dieses Gespräches sind ebenfalls bemerkenswert; für zwei Uhr angesagt, hatten die Briten gebeten, später kommen zu dürfen, weil die Damen mit ihren Toiletten sonst nicht zurande kämen. Die Königin hatte sechs Uhr bewilligt, auf eine neuerliche Verschiebungsbitte wegen eines abendlichen Theaterbesuchs (!) dann fünf Uhr nachmittags genannt. Marie Antoinette hatte also selbst in diesen schwierigen, erregten und immer wieder durch Alarmnachrichten akzentuierten Tagen Zeit, drei verschiedene Uhrzeiten einzuhalten, und es lag ihr offensichtlich sehr daran, mit den Engländern zu sprechen, obwohl die Konversation durch das Dolmetschen behindert war (Marie Antoinette hatte ihr Englisch also im Lauf der Pariser Jahre nicht weitergepflegt). Eingeführt wurden die Damen und ihr gemeinsamer Herzog durch John Frederick Sackville (1745-1799), den dritten Herzog von Dorset, der als britischer Botschafter der Königin seit sechs Jahren bekannt war. 1789 war sein letztes Jahr in Paris, und die von ihrer Familie in Wien weitgehend im Stich gelassene Königin hätte mit Dorset ganz gewiß eine Flucht nach England besprechen können, seineabwärts oder auf dem kurzen Weg zur Kanalküste.

Das Thema scheint jedoch nicht berührt worden zu sein; lediglich die deutliche Bevorzugung der kleinen britischen Delegation hinsichtlich der Termine deutet auf ein besonderes Interesse der Königin an dem Gespräch, an dem Kontakt zu England und zum Botschafter hin. An sich war es nicht ihre Art, Leute zu empfangen, die solch eine Entrevue von der Möglichkeit abhängig machten, nachher noch die italienische Komödie besuchen zu können.

Es waren der Unsicherheiten und der Beunruhigungen wahrlich genug in diesen Tagen; man liest, wenn man sie sich vergegenwärtigen will, besser die Zeitungsmeldungen als die Geschichtsbücher, denn das, was alarmierte, waren ja nicht die Diskussionen innerhalb der Generalstände, in denen zeitweise eine Rede die andere aufhob, das waren die Nachrichten aus Paris und aus dem Umland und die Berichte, die ein Übergreifen der Unruhen auch auf die östlichen Provinzen erkennen ließen, wo die Truppen standen und wo der Postweg nach Wien verlief. Die Pariser Garnison hatte sich als unzuverlässig erwiesen, sie soff mit dem Pöbel und war zur Sicherung der Verteilung der Lebensmittel, zum Schutz der Banken und der öffentlichen Gebäude nicht mehr einzusetzen;

die Polizei war so verhaßt, daß sie sich nicht auf die Straße wagte, und wegen der Sparmaßnahmen auch zu wenig zahlreich: Eine Sollstärke von 1500 Mann für ganz Paris!

Die Beliebtheit beim Volk, auf die sich Necker soviel zugute tat, hatte nicht verhindert, daß im Mai sein Lustschloß bei Saint-Ouen unweit von Paris zerstört und der Garten verwüstet worden waren. Dem ehemaligen Finanzminister Bertin widerfuhr dasselbe, wohl weniger aus verspäteter Empörung als in der wohlbegründeten Annahme, daß bei Finanzministern am meisten zu holen sei. Das schöne, von Soufflot erbaute Schloß im Dorf Chatou nahe der Seine wurde leergeplündert und teilweise zerstört. Bei Saint Quentin wurde ein Schloß erstürmt, in dem viel Getreide lagerte, und als in dem hübschen Vogesenstädtchen Zabern dreihundert Revolutionäre die Bevölkerung nötigten, *Es lebe der Dritte Stand* zu rufen, bekam es der Kardinal von Rohan mit der Angst und verlangte zum Schutz seines herrschaftlichen Schlosses nicht weniger als sechshundert Soldaten, die – wenn man der Haude-Spenerschen Zeitung glauben will – auch sogleich in Marsch gesetzt wurden.

In Paris war inzwischen geschehen, was geschehen mußte, wenn eine Abordnung des Bürgertums nicht so sehr aus braven Bürgern oder Bauern oder Handwerkern besteht, sondern aus den unruhigsten Temperamenten der beiden anderen Stände – Siéyès und Mirabeau – und aus nicht weniger als dreihundertundfünfzig Advokaten. Es waren also nicht die den Staat und sein Wirtschaftsleben tragenden Schichten der Produzenten und Konsumenten im Dritten Stand vereinigt, sondern – rein volkswirtschaftlich gesehen – im Grunde parasitäre Existenzen, von denen nicht wenige schon in ihrer angestammten provinziellen Umgebung Schwierigkeiten genug gehabt hatten und gleichsam bereits unter Druck standen, als sie in Versailles eintrafen wie jener Anwalt Derobespierre aus Arras, der – um sich den Anschein adeliger Herkunft zu geben – seinen Namen in de Robespierre verändert und, kaum in Versailles eingetroffen, schon beginnt, eine Zeitung herauszugeben.

Nun waren nicht alle 350 Juristen unter den 600 Abgeordneten des Dritten Standes Robespierres, aber sie erhielten Verbündete vor allem von Seiten der Geistlichkeit, denn das Wahlsystem der 300 Kleriker begünstigte die Curés, die Inhaber einer Pfarre, weil diese nach Ansicht des Königs die Hand am Puls des Volkes hatten. Nimmt man noch hinzu, daß Ludwig, gleichsam um sich auf die Sitzungen vorzubereiten, viele Hunderte von Bittschriften aus allen Teilen Frankreichs gelesen hatte, die, durch die Einberufung der Generalstände angeregt, in den ersten Monaten des Jahres 1789 nach Versailles gelangt waren, dann muß man sagen, daß alle Voraussetzungen für eine Erneuerung des Staates in Richtung auf eine sozial interessierte, konstitutionell organisierte Monarchie gegeben waren.

Darauf vertraute Ludwig XVI. in seiner Überzeugung, daß alles, was er erlebte und durchzumachen hatte, eine ihm auferlegte Prüfung sei. Damit hatte sich nach einigen inneren Kämpfen auch die Königin abgefunden, weil die Habsburger stets volksnah regiert hatten und der Gedanke, von den Franzosen gehaßt zu werden, ihr unerträglich war. Man darf also sicher sein, daß Frankreich auf jeden Fall anders geworden wäre, ja daß es eine Art Revolution auf jeden Fall gegeben hätte. Aber die Ungeduld der Abgeordneten, ihre Sucht, sich aus der Masse der Sechshundert herauszuheben und nach 175 Jahren des Schweigens den Dritten Stand sprechen zu lassen, beschleunigte die Entwicklung, und schließlich überstürzte sie sich in der bekannten Weise: Begünstigt durch äußere Umstände wie das Fehlen geeigneter Säle für eine Fraktion von 600 Abgeordneten, animiert durch die von Siéyès begründete Überzeugung, praktisch ganz Frankreich zu vertreten, identifizierte sich der Dritte Stand mit der Nation, konstituierte seine Versammlung als Nationalversammlung und empfing am 19. Juni 1789 den Stand der Geistlichkeit, der sich mit 147 gegen 136 Stimmen für eine Vereinigung mit dem Dritten Stand ausgesprochen hatte: Die Landpfarrer hatten Politik gemacht!

Sie waren alle noch guten Willens und voll Idealismus; dem König wurde, wann immer es anging, zugejubelt, womit die Lage noch unbedenklich erschien und die Ausschreitungen eben jenem Pöbel zugeschrieben werden konnten, der sich schon wieder beruhigen würde, sobald es neue Gesetze, geordnete Finanzen und eine funktionierende Lebensmittelversorgung gab. Wie wenig selbst die Radikalsten die Entwicklung voraussahen, geht daraus hervor, daß zum Beispiel Robespierre einen Antrag auf Abschaffung der Todesstrafe einbrachte (man fragt sich, mit welchen Mitteln er die Jakobiner groß gemacht hätte, wäre dieser Antrag Gesetz geworden und hätte das Gesetz Bestand gehabt).

Da nur die wenigsten der Abgeordneten Versammlungserfahrung hatten, waren sie von den Wortführern zunächst leicht zu manipulieren, und vor allem ein Mirabeau, in den Schlachten gegen alle Anwälte seiner geschiedenen Frau zum virtuosen Redner und Diskutanten geworden, hatte ungeheuren Erfolg und wurde zum Abgott der Versammlung und bald auch der Pariser. Zog der

König Truppen um Paris zusammen, weil in den Straßen geplündert wurde, so erklärte Mirabeau dies als eine Bedrohung der Versammlungsfreiheit; erschien ein junger Zeremonienmeister und bat höflich, sich an einen anderen Versammlungsort zu begeben, so donnerte Mirabeau, man werde nur der Gewalt der Bajonette weichen. Apostrophierte man seine Häßlichkeit, so bekannte er sich zur Allmacht seiner Narbenvisage und machte mit Hilfe seiner tragenden, ja bisweilen donnernden Stimme mit den Novizen dieser ersten Wochen was er wollte. Und wurde einem der Provinzkanzlisten vor ihrer eigenen Courage bange, so proklamierte Mirabeau die Unverletzlichkeit der gewählten Volksvertreter, erklärte die ganze Versammlung als immun und außerhalb jeglicher Befehlsgewalt von oben stehend.

Damit hatte Frankreich eine neue Autorität, und da Mirabeau fest entschlossen war, das Königtum und den König selbst zu retten, standen die Dinge an sich so schlecht nicht. Man durfte nur nicht erwarten, daß ein gesalbter Monarch, umgeben und beraten von hochadeligen Ministern wie dem verbrauchten Grafen de Montmorin-Saint Hérem oder dem trotteligen Schwätzer Baron von Breteuil, ausgerechnet dem *enfant terrible* der Nation alles weitere überlassen würde.

Am 24. Juni beschließen die Abgeordneten, nach Köpfen abzustimmen, nicht nach Fraktionen; da auch der Adel 47 Abgeordnete zum Dritten Stand entsendet, die der Herzog von Orléans anführt, ist die Majorität der Revolution gesichert und Ludwig muß sich entscheiden, ob er alles geschehen lassen oder sich wehren wird. »Le roi reprend son rôle de despote abandonné« schreiben Castelot und Decaux in ihrem großartigen Tableau des Jahrhunderts, und sie setzen hinzu: »Poussé par la reine, il accepte l'idée d'un coup d'état.« Also: Der König besinnt sich auf seine Rolle als Despot im Abseits und akzeptiert, von der Königin dazu gedrängt, die (zweifellos von Breteuil stammende) Idee eines Staatsstreichs. Zu den Pariser Truppen, deren Anwesenheit den Abgeordneten noch einigermaßen verständlich gemacht werden konnte, kommen nun sogenannte sichere Regimenter – die anderen hatten sich nämlich immer wieder mit den Parisern verbrüdert. Am sichersten waren jene, die gar nicht französisch konnten, also Schweizer und deutsche Söldner, und Truppen, die ihren Kommandanten ergeben waren wie die Regimenter des Herzogs von Lauzun, die aus Verdun heranrückten.

Marschieren zwanzigtausend oder mehr Soldaten aus Soissons, aus Metz und aus Verdun, also auf den frequentiertesten Straßen des Königreichs, nach Paris, so kann das nicht unbemerkt bleiben. Am 8. Juli, am Tag nach dem Einrücken der Infanterie in Nanterre, beschuldigt Mirabeau schon die Krone, einen blutigen Bürgerkrieg vorzubereiten. Aus den Straßenliedern, die den König, Necker und den Herzog von Orléans feiern, verschwindet Ludwig XVI., die Pariser Garnisonstruppen aber ziehen mit den Bürgern in die Weinschenken . . .

Nichts ist schwieriger, als die Rekonstruktion von Ereignissen, die sich innerhalb weniger Tage zusammendrängen, und darum erscheint es auch heute noch kaum möglich, die Anteile der handelnden Personen an den verschiedenen Entscheidungen der letzten zwei Wochen vor dem Bastillesturm verläßlich zu trennen. Jahrelang hatten Vermond, Mercy, Maria Theresia, Aranda und andere in aller Ruhe korrespondieren können, in Wien hatte man abgeschrieben, archiviert, kommentiert. Nun war alles anders, nun hatte Mercy nicht einmal mehr Zeit für jene süße Tänzerin, der er alle Stunden widmete, die ihm sein Amt übrig ließ, nun packte der bis dahin unentbehrliche, selbst gegen die Antipathie des Königs gehaltene Abbé endlich seine Koffer, nun verabschiedete man sich tränenreich zum drittenmal und inzwischen endgültig von den Polignac, und die arme Prinzessin von Lamballe, die eine aus Turin stammende tiefsitzende Allergie gegen Revolutionen hatte, fiel aus einer Ohnmacht in die andere, ohne daß ihr deutscher Leibarzt dagegen etwas hätte unternehmen können.

In dieser Situation zu sagen, die Königin habe Ludwig dazu gedrängt, Truppen um Paris zusammenzuziehen und die anhebende Revolution blutig zu ersticken, ist purer Stil eines Fouquier-Tinville; eines Castelot ist die Bemerkung nicht würdig. Selbst wenn wir annehmen, die Königin habe drei Wochen nach dem Tod ihres ältesten Sohnes die Kraft besessen, die natürlichen Widerstände zu überwinden, die gegen diesen radikalen Plan auch in der Umgebung des Königs – bei Necker, bei Bailly, bei Lafayette – bestanden, allein durch ihre Stimme, die ja offiziell kein Gewicht hatte –, selbst dann bleibt noch die sachliche Inkompetenz einer, wie wir gesehen haben, noch immer nicht hinreichend informierten, politisch-militärisch ahnungslosen jungen Frau. Sollten sich erprobte Offiziere wie der Marschall von Broglie, Frankreichs tüchtigster Feldherr im Siebenjährigen Krieg, solch einem Diktat tatsächlich gefügt haben, wenn nicht auch andere für die militärische Lösung sprachen?

Was die Königin sagen durfte, ja sagen mußte, war, daß sie um die Sicherheit der beiden Kinder besorgt sei. Denn daß die vielredenden Abgeordneten die Sicherheit auf den Straßen in Paris und von Paris nach Versailles nicht mehr garantieren konnten, ja sich gar nicht dafür interessierten, war inzwischen völlig klar geworden, und Mirabeaus wohlformulierte Behauptung, ein französischer Monarch befinde sich nirgends besser als im Schoße seines Volkes (so übersetzt die Haude-Spenersche Zeitung), diese Behauptung war schon vor dem Bastilletag pure Rhetorik: Niemand in der ganzen Versammlung hätte die Hand für Ludwig XVI. erhoben.

Interessant ist, daß in der Diskussion über eine Flucht der Königin mit ihren Kindern oder der ganzen königlichen Familie neben der Festung Metz, wo Broglie kommandierte, auch die Protestantenstadt Rouen an der unteren Seine auftaucht, eine Stadt, von der aus der dem König treu ergebene Marineminister de la Luzerne die sichere Weiterfahrt nach England jederzeit hätte garantieren können.

Für Entscheidungen durch die Königin spricht einzig und allein der widersinnige Zeitplan, auf den man sich einigte, auf die Entlassung Neckers *vor* der militärischen Intervention der inzwischen 16 000 bis 20 000 Mann starken, um Paris konzentrierten Truppenverbände. Nach allen Regeln des Staatsstreichs – und Napoleon und einer seiner Brüder haben dies wenig später ja brillant dargetan – müssen die entscheidenden Aktionen gesetzt werden, *ehe* die Gegenseite auf sie vorbereitet ist. Zuerst das Alarmsignal zu geben, das in der Entlassung Neckers bestand, war so sehr Affekt, weibliche Abneigung gegen einen unangenehmen Minister und seine peinlichen Manieren, daß man es der Königin und dem König selbst als persönliche Entscheidungen zutrauen darf. Wie glatt wäre diese Entlassung vor sich gegangen, hätten Broglie, dazu die Bouillonsche Infanterie und Lauzuns Reiterei die neuralgischen Punkte der Stadt inzwischen unter Kontrolle gehabt . . .

Necker, seit August 1788 im Amt, hatte in diesen zehn Monaten seine Demission mindestens dreimal angeboten und jedesmal den Triumph genossen, daß der König ihn zu bleiben bat. Er hatte, als im Juni 1789 in Paris das Brot knapp wurde, weil die Bauern sich nicht mehr mit ihren Karren in die unruhige Stadt wagten, bei holländischen Freunden Getreidelieferungen für zwei Millionen Livres erwirkt und dafür einen beträchtlichen Teil seines eigenen Vermögens verpfändet (wenn auch gewiß nicht die Hälfte, wie man lesen kann).

Als am 11. Juli 1789, einem Freitag, die Familie Necker gegen drei Uhr zum Essen versammelt war, erschien unangemeldet Minister de la Luzerne und überreichte Necker das Schreiben des Königs, in dem der Chefkontrolleur der Finanzen des Königreichs ersucht wurde, unverzüglich und *sans bruit*, also im Stillen, das Land zu verlassen.

Necker schrieb ein paar kurze Anweisungen, in denen man nichts anderes zu vermuten braucht als finanzielle Dispositionen, drückte seiner Tochter die Hand und stieg mit seiner Frau, die noch in Toilette von der Tafel war, in einen unauffälligen, leichten Wagen, mit dem er sonst seine Spazierfahrten unternahm. Er machte also nicht den Fehler, den wenig später Fersen und die Königsfamilie begehen werden: für eine geheime Fluchtreise das auffälligste Fahrzeug des ganzen Landes zu wählen. Daß er wegen der Nähe der Grenze nach Belgien reiste, hatte seinen Grund nicht darin, daß er Mißhandlungen fürchtete: Man hätte ihn auf den Händen nach Paris zurückgetragen. Es ging viel mehr um die zwei Millionen, für die er der Amsterdamer Hope-Bank im Wort war, zwei Millionen aus seinem Vermögen, von denen er mit Recht annahm, daß sie ihm das revolutionäre Frankreich nicht zurückgeben werde (erst seine Tochter kam, als erprobte Feindin Napoleons, im Jahr 1816 endlich an dieses Vermögen, das ihr ein Jahr vor ihrem Tod freilich nicht mehr viel nützte).

Erst von Brüssel aus, wo Tochter und Schwiegersohn zu ihm gestoßen waren, reiste Necker in Richtung Basel, eskortiert also vom Baron von Staël-Holstein, immerhin schwedischem Gesandten in Paris. In Frankfurt reiste er so schnell durch, daß ihn die neuesten Nachrichten aus Paris gar nicht erreichten. Erst seine Damen, Gemahlin und Tochter Germaine, wurden von den Sensationen eingeholt, der Kapitulation der Bastille, den blutigen Ausschreitungen, dem Verzweiflungsschrei nach Necker.

Es war gewiß Neckers schwerste Entscheidung, denn wie alle reichen Leute fürchtete er die Masse, und man müßte sich sehr irren, wenn man nur an die Eitelkeit und den Machtrausch als Beweggründe dächte: Zweifellos ging es auch um die zwei Millionen eigenen Vermögens, die Necker – ganz im Gegensatz zu anderen Finanzministern – nicht aus dem Staatsschatz entnommen, sondern in ihm zurückgelassen hatte. Wenn er beim Aufbruch nach Paris noch gezweifelt hatte, so schwanden diese Überlegungen der Euphorie, die sich in dem Augenblick Bahn brach, als er die Grenze nach Frankreich wieder überschritt:

»Wie wunderbar war doch diese Reise von Basel nach Paris«, schreibt Germaine Necker, verehlichte de Staël-Holstein, in ihren Erinnerungen, »ich glaube, kein Mann, der nicht der Souverän seines Landes ist, hat jemals Ähnliches erlebt. Begeisterter Jubel begleitete jeden seiner Schritte; die Frauen, die auf den Feldern arbeiteten, fielen auf die Knie, als sie seines Wagens ansichtig wurden. Die Honoratioren der Orte, durch die wir kamen, spannten dem Wagen die Pferde aus und zogen ihn durch die Gemeinde. Ach, ich war es vor allem, die von seiner Popularität beglückt war, die davon berauscht wurde.«

Wie sollte sie auch nicht berauscht sein, da doch ganz Paris gerade seinen ersten großen Blutrausch seit der Bartholomäusnacht durchlebte. Am 11. Juli war Necker abgereist, am 12. Juli hielt Camille Desmoulins, noch keine dreißig Jahre alt, die erste Brandrede, in der es nicht mehr um die Drei Stände, die Gesetze oder den König ging, sondern nur noch um offenen Aufruhr. Er zeigt seine Pistole, verspricht, daß man ihn nicht lebend kriegen werde (als ob dies damals irgendjemand gewollt hätte), rund um die Tuilerien wird geschossen, die Truppen greifen halbherzig ein, und in der Nacht zum 13. Juli formiert sich eine Bürgermiliz von mehr als 40 000 Mann Stärke, die nun natürlich auch Waffen haben will. Die deutschen Soldaten und die Schweizer kampieren in der milden Nacht auf den Straßen, zünden Wachtfeuer an, es riecht nach Pulver, nach Pferden, immer wieder wird geschossen, denn man hat allen Waffenhändlern die Läden leergeräumt, im Rathaus dreihundertfünfzig Gewehre erbeutet und schließlich die Parole ausgegeben, daß die meisten Waffen in der Bastille zu finden seien.

Um die Waffen ging es; daß der gräfliche Heiratsschwindler, ein oder zwei Verrückte und die restlichen vier Gefangenen den Sturm auf die hochaufragende Stadtfestung nicht lohnten, scheint bekannt gewesen zu sein, hatten doch auch in den Zeiten des fünfzehnten Ludwig vor allem Gefangene von Distinktion, Literaten oder adelige Schuldenmacher, die Bastille kennengelernt. Nicht selten hatte der Kommandant mit einem von ihnen gegessen, weil die Gefangenen oft interessante Gesprächspartner waren, und auch an jenem 14. Juli 1789 hatte der Kommandeur der Bastille, der Gouverneur und Marquis de Launay (»eines der sanftmütigsten Geschöpfe von ganz Frankreich« nennt ihn Christopher Herold) nichts Kriegerisches im Sinn gehabt und Verständnis für die empfindlichen Seelen der Revolutionäre aufgebracht, die schworen, die von der Bastille auf die Stadt gerichteten Kanonen verletzten ihren Bürgerstolz und die neuen Tugenden.

Ein paar Stunden später trugen die stolzen Bürger mit den empfindlichen Gemütern den Kopf de Launays auf einer Pike durch die Straßen. Wer immer den Haufen scheel ansah, wurde auf offener Straße in Stücke gerissen, darunter auch einige Schweizer des

Hauptmanns von Flüe, die ohne den Marquis die Bastille zweifellos tagelang gehalten hätten, weil sie gut gedeckt nur einen Toten gehabt hatten gegen 160 der Angreifer, unter denen ja kaum Soldaten waren. Von Flüe selbst überlebte, obwohl er der herzhafteste Verteidiger gewesen war, diesen ersten von vielen Mord-Tagen, weil man ihn zeitweise für einen aus der Bastille Befreiten hielt, und weil die Menge zwischen Blutrausch und Verbrüderung bei sehr viel Wein schwankte.

Ein anderer Schweizer, dem nicht nur die Bastille, sondern ganz Paris anvertraut war, ließ freilich jede Energie vermissen, der Baron de Besenval, einst ein Gefährte der Königin bei den Theaterspielereien von Trianon, ein angenehmer, umgänglicher Mensch, der aus dem winzigen Solothurn nach Paris gekommen war und so lange gute Figur gemacht hatte, bis seine große Stunde kam. Da versagte er dann so völlig, daß manche Historiker sein geheimes Einverständnis zumindest mit seinem Landsmann Necker vermuten, was soviel wie Bestechung bedeutet hätte, oder aber eine Art Rückversicherungs-Absprache mit den neuen Herren, was weniger wahrscheinlich ist, weil die neuen Machthaber ja noch nicht eindeutig feststanden. Besenval hatte es zweifellos in der Hand, mit seinen Schweizern und anderen verläßlichen, inzwischen in Paris eingerückten Truppen die Ordnung wieder herzustellen, die Waffen einzusammeln und der neuen Regierung Necker ein ruhiges Paris zu schaffen. Es wäre die große Tat seines Lebens gewesen und man hätte ihm dann auch eher seine oft zynischen, sehr unbedenklichen Memoiren verziehen, in denen er sich als ein später Roué, ein Nachfahre der *Régence* entpuppt, allerdings die Herren und Damen und die Dinge mit erfrischender Deutlichkeit beim Namen nennt – so deutlich, daß die betuliche Solothurner Familie das inhaltsreiche Memoirenwerk als apokryph hinzustellen versucht hat und Pierre-Joseph-Victor Baron de Besenval damit posthum den einzigen Ruhmestitel zu entwinden versuchte.

All dies ist sehr charakteristisch für diese Wochen und Monate, in denen jene, welche die besten Karten hatten, nichts, aber auch schon gar nichts unternahmen, während die anderen wein- und freiheitsdurstig in ihre blutige Zukunft hineintaumelten, als müsse es so sein.

Gesellschaften, Konversation, jene ruhigen Szenen, die es gestatten, einen Menschen zu schildern und zu beurteilen, darf man von diesen Zeiten nicht mehr erwarten. Die wenigen Beobachter mit der nötigen Unbefangenheit, der erwünschten Distanz, sind naturgemäß die Nichtfranzosen wie etwa der Herzog von Dorset mit seinen prominenten Gästen oder auch die schweizerische Mischung Germaine de Staël, die freilich in töchterlicher Verehrung für ihren umstrittenen Vater Partei ergreift.

Ein Kapitel für sich sind die Schweden, die kurz zuvor ihre eigene Revolution hatten, einen Staatsstreich, der dem König all jene Macht zurückbrachte, die vordem verlorengegangen war, so daß Schweden der Entwicklung in Frankreich mit beträchtlichem Mißtrauen gegenüber stand. Der Baron von Staël-Holstein war nur durch seine ständigen Geldverlegenheiten entschuldigt, die ihn nötigten, dem reichen Schwiegervater Necker beizustehen in einem Augenblick, da kein Botschafter seine Amtsräume in Paris verlassen konnte, ohne seinen Pflichten untreu zu werden. Und der andere Schwede, der frühere Baron und nunmehrige Graf Fersen? Sein Regiment war in Landrecies in Garnison, einer kleinen alten Festungsstadt an der Sambre und in höchst nahrhafter Umgebung nordwestlich von Paris, wo das Regiment *Royal Suédois* und sein Oberst keine Möglichkeit hatten, in die Pariser Ereignisse einzugreifen.

Indessen besteht kein Zweifel daran, daß Fersen nun aus dem Schatten trat. In Trianon noch der diskreteste aller Freunde und gewiß auch der einzige, der sich schmeicheln durfte, Herz und Gunst der Königin zu besitzen, verfolgte dieser wirklich Liebende die Entwicklungen in der Hauptstadt ebenso mit Sorge wie die Wandlungen der geliebten Frau. Schon die ungalanten Briten rund um Dorset hatten angemerkt, Marie Antoinette sei dick geworden. Dennoch brauchen wir uns keine Maria Theresia in Versailles vorzustellen, die Königin erfreute sich nur nach sechs Geburten und nach der Überschreitung der Dreißig nicht mehr jener sylphidenhaften Schlankheit, die das Entzücken des Hofes gewesen war, weil der Dauphine dennoch nichts von dem gefehlt hatte, was in den Augen der Höflinge den Reiz einer Frau ausmacht. Schwerer als ihre Erscheinung sind ihre Stimmungen zu beurteilen. Man stelle sich eine Habsburgerin vor, der man berichtet, ihr Gemahl habe in Paris die Kokarde der Revolution angesteckt und den Parisern versichert: »Ihr könnt immer auf meine Liebe zählen.« Sechs Tage später, am 23. Juli, lynchten die gleichen lieben Pariser den Staatssekretär Foulon aus dem Kriegsministerium, einen hochbegabten Beamten, und massakrierten seinen Schwiegersohn Louis Bertier de Sauvigny; beider Köpfe wurden, wie es inzwischen schon Brauch geworden war, auf Piken durch Paris getragen, und Bertier, der Intendant von Paris gewesen war, schnitt man zudem das Herz aus dem Leib und warf es auf seinen Schreibtisch im Rathaus der Stadt. In den verschreckten Generalständen beeilen sich die großen Herren, jene Privilegien zu opfern, die sie nicht allzu sehr interessieren: Prälaten schlagen vor, man möge das Jagdrecht demokratisieren, die darüber erbosten adeligen Grundbesitzer revanchieren sich durch Angriffe auf das Vermögen der Kirche. Man streitet über Taubenschläge und Kaninchenställe, während in Paris tagtäglich Blut fließt. Immerhin ringt man sich am 26. August zu einer Erklärung der Menschenrechte durch, ein Komité unter dem Vorsitz des Erzbischofs von Bordeaux hat sie textiert und darin auch die Bestimmung verankert, daß jeder Mensch als unschuldig anzusehen sei, bis ihm in ordentlicher Gerichtsverhandlung eine Schuld nachgewiesen würde. Foulon, Bertier, die Männer von der Bastille, sie alle werden dadurch freilich nicht mehr lebendig, aber die Notwendigkeit von Gerichtsverfahren schafft als Folge dieser Passage in der *Déclaration des Droits de l'homme* ein Novum der Rechtsgeschichte: das Schnellgericht . . .

Noch geschieht dies alles im Namen des Königs, dem man sogar eine Medaille prägt, auf der er als Hüter der Freiheit gefeiert wird. Die Armee allerdings wird neu vereidigt, nicht mehr nur auf den König, sondern auch auf die Nationalversammlung, wie sich die vereinigten Drei Stände nunmehr nennen. Auch die Regierung ist noch die des Königs, wenn auch Breteuil nach nur drei Tagen die Macht wieder zurücklegen mußte, weil Necker in Abwesenheit abermals Regierungschef und Finanzminister geworden war.

Die Kriegsminister wechseln am schnellsten, sie ziehen den Haß der Pariser auf sich, die noch immer fürchten, das Militär werde die ganze Revolution niederkartätschen und die Österreicherin werde eine neue Bartholomäusnacht veranstalten: Graf Peységur war am 12. Juli 1789 zurückgetreten und hatte für drei Wochen dem deutschen Reichsfürsten Herzog von Broglie Platz gemacht. Da aber die Pariser mit Recht annahmen, dieser hervorragende Offizier würde für seinen König durch dick und dünn gehen, folgte ihm schon am 4. August Jean-Frédéric de la Tour du Pin, ein Herr aus einer der ältesten Familien Frankreichs, der darum dann später auch enthauptet wurde. Ein Vierteljahr als Minister brachte auch der schöne Graf von Narbonne hinter sich (bis zum März des Blutjahres 1792, eine Ernennung, die beweist, daß Madame de Staël auch nach dem Abgang ihres Vaters Necker imstande war, Minister zu machen, wenn ihr an einem Mann besonders gelegen war).

Im Zusammenhang mit Marie Antoinette interessiert der sonst nicht sonderlich bedeutende Innenminister François Emmanuel Guignard, Comte de Saint-Priest aus einer bedeutenden Diplomatenfamilie der Stadt Grenoble. Nach langer Verwendung in Konstantinopel war Saint-Priest nach Paris zurückgekehrt und zum Kreis um die Königin gestoßen, und seine lange unveröffentlicht gebliebenen Memoiren sind es, auf die sich all jene stützen, die eine enge, echte und intime Beziehung zwischen Fersen und der Königin als Tatsache ansehen. »Die Königin hat es sogar zuwege gebracht«, schreibt Saint-Priest, »von ihrem Gemahl die Duldung der Liaison mit Fersen zu erlangen. Als schließlich die Anspielungen auf diese Beziehung, die Pamphlete und Spottliedchen, immer zahlreicher und peinlicher wurden, bot Marie Antoinette dem König an, den Umgang mit Fersen abzubrechen, aber Ludwig war dagegen. Zweifellos hat sie den König davon überzeugen können, daß dieser Ausländer der einzige Mann sei, auf den man sich in jeder Lage werde verlassen können, und Ludwig machte sich diese Ansicht vollkommen zu eigen.«

Man vermag, ich möchte sagen: leider, nicht so wirklich daran zu glauben, denn auch in den letzten Monaten vor der Revolution, als die Pariserinnen in ihren Couplets der Königin schon androhen, daß sie ihr die Augen ausstechen und ihr die Gedärme aus dem Leib holen werden, auch dann noch nimmt Fersen ganz offensichtlich Rücksicht auf eine öffentliche Meinung, die längst nur noch die Stimme des Pöbels ist. Wäre er sich mit dem König einig gewesen, hätte Ludwig tatsächlich das seinem Wesen durchaus entsprechende Opfer gebracht, in der Stunde der Not alle echten Freunde eng um sich zu scharen, auch wenn es sich um einen Liebhaber der Königin handelte, so hätte selbst ein Diskretin wie Fersen sich energischer in die Vorgänge einschalten können. Daß es ihm an Mut dazu nicht fehlte, beweisen schließlich wenig später seine abenteuerlichen Besuche in den scharf bewachten Tuilerien.

DRITTES BUCH
Madame Veto

꠸꠸꠸

Der Herr der Massen

Unter den hundert Augenzeugenschilderungen von den Ereignissen des 14. Juli 1789 sind zwei, die einander diametral widersprechen: der Bericht des Schweizers von Flüe über die Kämpfe von Hof zu Hof der Festung, über Schüsse, Tote, Verwundete und Brände, und der Bericht des späteren Kanzlers Pasquier, der unter Ludwig XV. geboren wurde und unter Napoleon III. starb, ein köstliches Beispiel von Langlebigkeit in dieser Zeit der schnellen Tode. Pasquier nämlich, 1789 zweiundzwanzig Jahre alt, sagt wörtlich: »Ich habe der Einnahme der Bastille beigewohnt . . . Es gab eine Menge interessierter Zuschauer, darunter elegante Damen, die ihre Karossen ein Stück weit weg hatten halten lassen.« Pasquier selbst befand sich in Gesellschaft einer schönen Frau, der Schauspielerin Louise Contat von der *Comédie Française*, und die beiden lehnten an der Mauer jenes Gärtchens, das dem Dichter Beaumarchais gehörte und an der dieser am nächsten Tag die Inschrift anbringen ließ: »Dieser kleine Garten wurde im Jahr 1 der Freiheit angelegt.«

Dieses Beispiel zeigt uns, daß ein und derselbe Vorgang, im hellsten Tageslicht beobachtet, dennoch durchaus verschieden geschildert und beurteilt werden kann, und daß eine Distanz von zwanzig oder dreißig Metern über Leben oder Tod entschied, über panische Angst oder amüsierte Anteilnahme. Das war nicht nur in der Französischen Revolution so, aber es ist charakteristisch für Revolutionen in sehr großen Städten, und damit ergibt sich für Paris, für die Ereignisse vom Juli, vom August und vom Oktober des ersten blutigen Jahres die Frage nach der Regie und ob es eine gab.

»Die Menge schwankt in ungewissem Geist / dann strömt sie nach, wohin der Strom sie reißt«, haben wir alle im *Faust* gelesen. Das aber ist, bei aller Ehrfurcht vor Goethe, doch eine eher naturwissenschaftliche Annahme und mit den konkreten Vorgängen in Paris, wo nicht unbeträchtliche Menschenmengen sehr zweckdienlich dirigiert wurden, schwer zu vereinbaren. Gewiß, es gab spontane Aktionen, es gab die Hand des Zufalls, wie etwa am 21. Oktober 1789, als eine Frau durch eine Hintertür in einen Bäckerladen unweit von Notre Dame eindrang, dort vier große Brote liegen sah, während über den Ladentisch selbst nichts mehr verkauft wurde, die Menge zusammenrief und somit dafür sorgte, daß Bäkkermeister François von der erbosten Menge auf die Place de Grève geschleift und dort an eine Laterne gehängt wurde. Es gab auch Gerüchte, die eine ähnliche Wirkung hatten, auf dem Land noch mehr als in Paris, weil in den kleinen Orten – wie ein englischer Reisender sich ausdrückte – ein Elefant leichter zu haben gewesen wäre als eine neue Zeitung.

Marie Antoinette aber war überzeugt, daß das Unglück des Königshauses, der ganze blutige Sturm dieser Revolution, aus einer einzigen Ecke heranwehte, aus dem Palais Royal, aus der Residenz der Herzöge von Orléans, der auf den homosexuellen Bruder des Sonnenkönigs zurückgehenden zweiten Linie des Hauses Bourbon. Louis-Philippe le Gros, also der Dicke, war 1785 gestorben, ein allgemein beliebter Fürst, zu dem auch Marie Antoinette ein gutes Verhältnis hatte, obwohl er nicht so harmlos war, wie er sich gab und wie sein Embonpoint vermuten ließ.

Seither war Philippe, der sich bald Egalité (Gleichheit) nennen wird, Chef des Hauses, ein Mann von vierzig Jahren, Inhaber eines der größten französischen Vermögen und dennoch von Schulden geplagt. Es gilt als sicher, daß aus dem exterritorialen Geviert des Palais Royal, der heute so stillen früheren Enklave der Spielhöllen, Dirnen, Spezereien- und Schmuckhändler mitten in Paris, die bösesten Pamphlete gegen Marie Antoinette hinausgeflattert waren, und daß Philippe, der als Prinz von Geblüt naturgemäß alles wußte, was in Versailles, Trianon oder Saint Cloud vor sich ging, seine Hauspoeten mit den dazu nötigen Informationen versorgte.

Der Mann, dem Marie Antoinette zutraute, ihre Kinder zu töten oder ihnen heimlich Gift beizubringen, hatte sich den Theatercoup geleistet, als Abgeordneter des Dritten Standes in die Versammlungen einzuziehen und den Prunksessel für die Prinzen von seinem ältesten Sohn einnehmen zu lassen. Er hatte die ihm angetragene Präsidentschaft der Nationalversammlung abgelehnt, was ihm als Bescheidenheit ausgelegt und lebhaft akklamiert wurde, spielte aber, ohne viel zu sagen, trotzdem eine große Rolle, für die es in seinen öffentlichen, sichtbaren Handlungen keine zureichende Erklärung gibt. Wir finden sie aber, wenn wir uns klar machen, daß er einige der scharfsinnigsten und intrigantesten Männer als ständige Berater in seiner engsten Umgebung hatte und besoldete, nämlich den Prinzen von Talleyrand-Périgord und den Dichter Choderlos de Laclos. Talleyrand steckte die Ziele, Choderlos de Laclos huschte durch die Couloirs, dichtete die Verslein, brachte die Gerüchte in Umlauf und sorgte für die zündenden Bonmots. Über das Mesmer-hörige Kränzchen von Philippes

Schwester Bathilde und über die Freimaurerloge, der Philippe selbst vorstand, strömte unausgesetzt das Gift der Anwürfe, der Skandalanekdoten, der obszönen Lieder in die Blutbahnen der Gesellschaft und auf die Straße. Denn der Mob hatte inzwischen ja, in diesem Jahrhundert des Lichtes, zu seinem größeren Glück lesen gelernt.

Es klingt zwar etwas phantastisch, wenn ein Monsieur Monjoie in einem Buch, das im Jahr 1800 erschienen ist, darlegt, wie Philippe durch die Springbrunnen des Palais Royal die Signale für den Einsatz von Provokateuren bald im Norden, bald im Süden von Paris gab. Aber es gibt mindestens zwei bekannte Aktionen, die auf seine Truppe von *agents provocateurs* zurückgehen, und bei einer von ihnen hätte Marie Antoinette um ein Haar einen grausamen Tod gefunden.

Choderlos de Laclos, der erfolgreiche Autor des Romans *Les liaisons dangereuses (Gefährliche Liebschaften)* kannte den Papierhändler und Tapetenhersteller Reveillon und seine Fabrik im stets unruhigen Arbeiterviertel Faubourg Saint-Antoine. Choderlos de Laclos ließ unter den Arbeitern Reveillons verbreiten, ihr Chef habe erklärt, sie seien eigentlich überbezahlt, denn ein anständiger Mensch könne mit fünfzehn Sous am Tag auskommen. Zu einer Zeit, da die wenigen nach Paris gelieferten Lebensmittel teurer waren als je zuvor, mußte solch eine Behauptung naturgemäß die Gemüter erregen. Man plünderte die Fabrik und die Wohnung Reveillons, man verbrannte seine Möbel und empfing die Soldaten eines kroatischen Söldner-Regiments mit Steinwürfen, Pistolen und Waffen aller Art. Diese Generalprobe für die Revolution vollzog sich am 27. April 1789, ein Vierteljahr vor dem Bastille-Sturm, und hatte 130 Tote und 350 Verletzte zur Folge. Tags darauf zerrten die Arbeiter aus dem Faubourg die Kadaver über das Pflaster, die Frauen sangen Revolutionslieder, das Volk von Paris hatte Blut geleckt.

Bekannter ist eine weitere Aktion der orléanistischen *Sécrétairs des commandements*, der Zug der Marktweiber und Huren nach Versailles, wie er am 5. Oktober 1789 begann. Der König hatte zum Schutz des Schlosses, der Königin und der Kinder das sogenannte Flandern-Regiment nach Paris beordert, und als es Ende September 1789 endlich eintraf, feldmarschmäßig ausgerüstet und mit allen Waffen, war die Erleichterung in Versailles groß, ja sie schlug in Freude um. Die Offiziere der Garnison von Versailles (nicht, wie man da und dort lesen kann: der König selbst) feierten im Theater des Schlosses. Wein floß in Strömen, und an Essen fehlte es auch nicht, während in Paris schon am Morgen lange Schlangen vor den Lebensmittelläden und den Bäckern inzwischen zum Alltag der Bevölkerung gehörten. Als die Königsfamilie erschien, wurde sie lebhaft akklamiert, im Lauf des Abends wurden die Trikolore-Kokarden, die der eine oder andere Offizier an der Mütze getragen hatte, so gefaltet, daß nur noch das Weiß zu sehen war, und in dem Maß, wie die Stimmung zunahm, wurden die Rufe *Vive le Roi* und *A bas l'assemblée (Nieder mit der Versammlung)* häufiger. So scheint es zumindest und so wäre es auch nicht sehr verwunderlich; ganz zuverlässig sind die verschiedenen Berichte über das feucht-fröhliche Ereignis jedoch nicht.

Nach dieser Provokation durch die seit alters mit Weiß symbolisierte Gegenrevolution holten die *Sécrétairs des commandements*, also das Aktionskomité des Herzogs von Orléans, zum großen Schlag aus und entsandten dreitausend (nach anderen Berichten fünftausend oder gar achttausend) Frauen aus den Hallen und Straßenmädchen zu einem Hungermarsch nach Versailles. Die Idee war diabolisch, ein Spektakel, wie es dem Herzog selbst ganz gewiß nicht eingefallen ist, sondern das Arrangement und die Phantasie des Choderlos de Laclos verrät. Die Provokateure wurden in Weiberröcke gesteckt, blieben aber »leicht erkennbar an den männlichen Stimmen, den schlecht rasierten und nur flüchtig geschminkten Gesichtern, den um sie herumhängenden, schlecht passenden Kleidern, unter denen manch einer eine behaarte Brust sehen ließ, die der weiblichen Rundungen entbehrte« (Louis Gastine in *Les jouisseurs de la Révolution*).

Auf dem langen staubigen Marsch von Paris nach Versailles wurde erheblich gebechert, und die Sprüche wurden immer deftiger und richteten sich vor allem gegen die Königin, der man, für den Fall, daß es nicht bald mehr Brot geben würde, das Kopfabschlagen und noch andere Prozeduren androhte, die sich hier nicht wiedergeben lassen. In jedem Dorf, durch das man kam, wurden vor allem die Lebensmittel- und Weinhandlungen geplündert, und die Kanönchen, die man mitführte, hatte man rot angemalt, damit sie furchterregender aussahen.

Vor dem Portal von Versailles angekommen, machten sich die Dirnen an die Arbeit, für die sie bezahlt worden waren, und die Soldaten vom Regiment Flandern widerstanden nicht lange den Versuchungen. Das Bacchanal unter freiem Himmel begann, der Regen hatte aufgehört, aber die Frauen waren vom langen Weg schmutzig, mit Kot bespritzt, und die ganze Meute stand schon sehr deutlich unter Alkohol.

Ludwig XVI., den man zuerst alarmiert und dann wieder beruhigt hatte (»Es sind lauter Frauen, Majestät«) erklärte sich bereit, eine kleine Delegation zu empfangen und verbot, scharfe Munition an die Wachen ausgeben zu lassen. In dieser Delegation gab es eine bildhübsche Siebzehnjährige namens Louison Chabry, eine Dekoratrice (nach anderen Quellen ein Bildhauermodell). Sie wurde vor Aufregung ohnmächtig, was dafür spricht, daß sie auf dem langen Marsch wirklich nicht viel im Magen gehabt hatte, und als sie erwachte, lag sie in den Armen des Königs, der begütigend auf sie einsprach, sein Mitgefühl bekundete und Lebensmitteltransporte aus der Umgebung versprach.

Wütend ob solcher Verbrüderung klagten die Frauen vor dem Schloß die kleine Louison des Verrats an, blitzschnell hatte sie ein Strumpfband um den Hals und wäre vor aller Augen erdrosselt worden, hätte nicht ein Offizier des Flandern-Regiments sie und die anderen Mädchen der Delegation im letzten Augenblick gerettet.

Eine andere Abteilung des Frauenzuges hatte inzwischen das Hôtel des Menus Plaisirs gestürmt und sich auf den Bänken mit den Abgeordneten verbrüdert, soweit diese nicht Würde genug besaßen, rechtzeitig zu verschwinden. Es kam zu unbeschreiblichen Szenen, die in der Geschichte des Parlamentarismus ziemlich einzig dastehen dürften, und der härteste Asket der Versammlung, Maximilien de Robespierre, soll noch am selben Tag seine Unschuld verloren haben.

Inzwischen marschierte, von den Vorgängen alarmiert, Lafayette mit seiner Bürgerwehr heran. In der Nacht hatte der Regen wieder eingesetzt, die Milizionäre erreichten, bis auf die Haut durchnäßt, das Schloß von Versailles, wo betrunkene Dirnen und erschöpfte Wachen miteinander unter den Bäumen lagen und schliefen. Es war schon nach Mitternacht, als die Bürgerwehr auf der Place d'Armes vor dem Schloß Aufstellung nahm und Lafayette zum König vordrang, wo er mit der ihm eigenen Begabung für theatralische Szenen seinen Kopf anbot, wenn er damit die Königsfamilie retten könne. Anstelle der Soldaten aus Flandern übernahm die Miliz die Bewachung des Schlosses, und alles legte sich im Vertrauen auf Lafayette, den Sieger aus Amerika, endlich zu Bett.

Um sechs Uhr morgens drangen wütende Fischweiber und Huren, denen ortskundige Orléanisten einen Seiteneingang gezeigt hatten, in das Schloß ein und liefen schreiend und drohend durch das Riesenschloß, in dem sie die Gemächer der Königin kaum jemals gefunden hätten, wäre auch hier nicht wieder jemand zur

Stelle gewesen, der genau Bescheid wußte. Halbnackt, kaum richtig wach, konnte sich die Königin in die Gemächer Ludwigs retten, während die Schloßwache endlich in Aktion trat und Lafayette erwachte (»er schlief gegen Frankreich«, sagte man später von dieser Nacht).

Während die Megären aus den Hallen das verlassene Bett der Königin mit Dolchen und Messern zerfetzten, zitterte Marie Antoinette, die Kinder an sich gepreßt, die Rufe: »Tötet sie«, »Keine Gnade«, »Wir wollen das Herz der Königin« noch im Ohr. In den Höfen hatte sich die Menge der Frauen versammelt, man brachte Hochrufe auf den Herzog von Orléans aus und drohte der Königin an, aus ihren inneren Organen Fricassée zu machen. Die königliche Familie und ihre nächste Umgebung waren längst überzeugt gewesen, daß dieser wohlüberlegte Vorstoß nach Versailles keine spontane Aktion der Hallen und der Trottoirs von Paris war, sondern daß die Regie des Hauses Orléans dahinter steckte, wenn es auch nicht stimmt, daß der Herzog höchstpersönlich den Weg zum Schlafzimmer der Königin gewiesen habe. Soweit hätte er sich nie exponiert, er achtete in diesen beiden Tagen sehr darauf, im Palais Royal gesehen zu werden und einwandfreie Zeugen zu empfangen. Er wollte nicht töten oder töten lassen, sondern Furcht säen, und wäre Marie Antoinette tatsächlich die bestimmende Kraft gewesen, so hätte er in dieser Nacht des Terrors, in der ja schon unterwegs Gardisten umgebracht wurden, sein Ziel erreicht, so viel Panik zu erzeugen, daß die Königsfamilie Paris verlassen hätte. Dann wäre, da die Grafen von Artois und von der Provence bereits emigriert waren, tatsächlich Philippe, Herzog von Orléans, der Reichsverweser geworden und hätte das Ziel erreicht, auf das seine Familie seit dem Tod des fünfzehnten Ludwig hinarbeitete.

Ludwig XVI. aber, in seiner tiefen Gläubigkeit bereits überzeugt, für sein Land jedes Opfer bringen zu müssen, erklärte um zehn Uhr vormittags, daß er bereit sei, mit seiner Familie fortan in Paris zu leben und zu residieren. Lafayette hatte, nachdem es gelungen war, ihn zu wecken, die Tuilerien – den heute nicht mehr existierenden Palast in den Gärten nahe dem Louvre – als sichere Residenz bezeichnet: Es würde genügen, die Seinebrücken zu besetzen, dann sei der große Bau gegen das ganze linksufrige Paris und von relativ kleinen Truppenkontingenten auch gegen eine wütende Menschenmenge zu verteidigen. Niemand dachte daran, daß die Situation sich auch umkehren könnte, daß es aus den Tuilerien kein Entkommen gab, wenn die Feinde des Königs die gleichen

Brücken besetzten und der Mob aus der nahen und stets unruhigen Rue Saint-Antoine herandrängte. In den Tuilerien, im Herzen von Paris, zwischen Louvre und Palais Royal, lebte die Königsfamilie auf dem Servierbrett, jeder Schritt konnte kontrolliert werden, jeder Wagen, der ein- und ausfuhr, war zu visitieren: Vom 6. Oktober 1789 an waren Ludwig XVI., Marie Antoinette und die beiden Kinder Gefangene in Paris, und es hing von dem wankelmütigen, eitlen und egoistischen General Lafayette ab, ob sie jemals wieder frei sein würden.

Noch am selben Tag, um halb zwei Uhr nachmittags, also erstaunlich schnell, brach man in Versailles auf, und man hat diesen Aufbruch später den ersten Schritt in Richtung auf die Guillotine zu genannt. Die Vorhut bildeten die Provokateure, die es inzwischen nicht mehr als nötig erachteten, in Verkleidung zu agieren; sie trugen auf den Piken die Köpfe der zwei ermordeten Wachen.

Begleitet von einer dahinwallenden Menge kommen die Kutschen nur langsam voran, und es ist Nacht, als die Barrière de Chaillot erreicht wird, wo Jean-Sylvain Bailly, namhafter Astronom, Abgeordneter und Bürgermeister von Paris, dem König die Schlüssel der Stadt überreicht und ihn zu dem Entschluß beglückwünscht, künftig in Paris zu leben:»Welch schöner Tag, Majestät, da die Pariser nun Sie und die königliche Familie zu den Ihren zählen dürfen!« Der König ist gerührt, Lafayette aber hat sich inzwischen eine neue Theaterszene ausgedacht und schleppt die übermüdete, von den Ereignissen völlig überforderte Familie noch vor das Rathaus von Paris, wo allerdings keine Hallenweiber und Dirnen mehr den Schauplatz beherrschen, sondern die jubelnden Pariser: Der König ist in Paris, damit müsse nun doch der Frieden wieder einkehren, damit müßten die Straßen wieder sicher werden und die Versorgung der Stadt sich bessern. Nun läßt man auch die Königin und den Dauphin hochleben, und als sich am 7. Oktober König und Königin auf dem Balkon der Tuilerien den Parisern zeigen, werden sie lebhaft akklamiert.

Das klang nun doch wesentlich anders als die blutgierigen, ja kannibalistischen Drohungen aus Versailles, das war das wirkliche Volk von Paris, nicht die von Orléans mobilisierte Hefe der Großstadt. Marie Antoinette schrieb, nachdem sie ein paar Stunden geschlafen hatte, dem Frieden noch nicht trauend, aber für den Augenblick etwas beruhigt, ein paar Zeilen an Mercy d'Argenteau:

»Könnte man vergessen, wo wir uns befinden und wie wir hierher gekommen sind, so wäre es möglich, vom Sinneswandel des Volkes befriedigt zu sein, vor allem an diesem Morgen. Sollte es in den nächsten Tagen nicht an Brot fehlen, so glaube ich hoffen zu dürfen, daß die Dinge einigermaßen ins Lot kommen. Ich habe zu ihnen gesprochen, zu der Miliz, zu den Marktweibern, sie streckten mir die Hand hin und ich reichte ihnen die meine . . .«

Zwei Tatsachen zeigen, daß die große Versöhnung zumindest die Militärs nicht überzeugte: Lafayette legte dem Herzog von Orléans nahe, einen Gesandtschaftsposten im Ausland anzunehmen, und Fersen hatte, den Degen in der Hand, in der Kutsche, die jener der Königsfamilie folgte, die Situation auf der Fahrt nach Paris unablässig im Auge. Seine tiefsitzende Abneigung gegen aggressive Volksmengen konnte eine Ahnung gewesen sein, denn am 20. Juni 1810 wird der Mob von Stockholm ihn auf den Stufen des Rathauses zu Tode trampeln.

Zwei Überlegungen sprechen für die Schuld des Herzogs von Orléans. Die eine ist kurz: Wäre er völlig unschuldig gewesen, so hätte er sich nicht, auf dem Gipfel seiner Popularität, aus Paris entfernen lassen. Lafayette mußte Beweise in der Hand gehabt haben oder Zeugen, sonst hätte sich der Herzog nicht – gegen den wütenden Widerstand seiner Berater, die für ihn die Königskrone wünschten – nach Belgien und London abschieben lassen.

Die andere Überlegung folgt dem gerade in der französischen Geschichte gut zu begründenden Satz *Cherchez la femme!* Die Nachfahren des Regenten, die Männer der Familie Orléans, lebten geradezu emphatisch mit den verschiedensten Damen, deren einige durchaus auch geistige Qualitäten besaßen. Die Comtesse de Genlis erfüllte ihren Zögling Philippe mit den höchsten Idealen und trieb ihn unnachsichtig in die Politik, und Françoise Bouvier de Crépoy, seine schöne Geliebte, wollte angeblich unbedingt Königin von Frankreich werden. Sie hatte den Sohn des großen Naturforschers Buffon geheiratet, eine traurige Figur, die man das schlechteste Kapitel der Buffonschen Naturgeschichte genannt hat, und Philippe, Herzog von Orléans, tat all das für sie, was die Gelehrtenfamilie ihr schuldig geblieben war. Françoise begleitete ihn natürlich auch ins belgische Exil und, als österreichische Truppen ihn von dort vertrieben, über den Kanal nach London, wo er ein Haus in der vornehmen Chapel Street mietete und ganz gerne dort geblieben wäre, hätte ihn die ehrgeizige Dame an seiner Seite nicht wieder nach Paris zurückgetrieben.

Sicheren Boden haben wir unter den Füßen, wenn wir diese beiden Überlegungen zu den wirtschaftlichen Transaktionen des Herzogs in Beziehung setzen. Als *Gros-Philippe,* der dicke Herzog, starb, hinterließ er seinem Sohn, dem späteren *Philippe Éga-*

lité, ein Vermögen, das alljährlich drei Millionen Livres abwarf. Der Achtunddreißigjährige hatte zu diesem Zeitpunkt freilich schon so ungeheure Schulden, daß er zunächst nicht in den Genuß dieser Summen kam. Er verkaufte die Arkaden im Palais Royal, wo heute einige stille Läden uns noch zeigen, wie dieser große Coup gemeint war. Er brachte vier Millionen Livres und trug dem Herzog die maliziöse Bemerkung Ludwigs XVI. ein, man werde ihn von nun an wohl nur noch sonntags in Versailles sehen, da er ja Boutiquenbesitzer geworden sei. Wie ungeheuer diese Summe war, geht daraus hervor, daß Philippe das Schloß von Gennevilliers im gleichen Jahr für ganze 20 000 Livres erwerben konnte. Einige Stadthäuser, die er verkaufte, brachten zusammen 1,4 Millionen Livres, so daß Orléans-Spezialforscher wie Georges Poisson (in seinem vom Grafen von Paris approbierten und in einigen Kapiteln korrigierten Buch) und Pierre d'Espézel in seinem Buch über das Palais Royal überzeugt sind, die Gelder hätten dazu gedient, die Revolution anzuheizen, die Bourbonen zu stürzen und die Krone für das Haus Orléans zu sichern:»Zweifellos: die Krone Frankreichs zu erringen war es wert, das Vermögen der Orléans auf das Spiel zu setzen« (Espezel).»Louis Philippe konnte zwar behaupten, daß es für seine Aktivitäten niemals einen eindeutigen Beweis gegeben habe, nur ist dieses Argument nicht sehr überzeugend, denn jene, die sich für dunkle Umtriebe bezahlen lassen, hängen dies nicht an die große Glocke« (Poisson). Selbst der Graf von Paris dementiert nicht *expressiv verbis*, sondern riskiert ein salomonisches Epigramm, wenn er zu dieser Frage sagt:»Es gibt immer Leute, die überzeugt sind, eine Regierung sei durch die Handlungen einiger boshafter Figuren leichter zu stürzen als durch ihre eigenen Fehler.« Wozu aus den Lehren des Jahres 1789 zu ergänzen wäre, daß ein an sich nicht sonderlich starkes Regime, ein schwacher König und ein politisch unerfahrener Bankier als Premierminister durch nichts so schnell unter Druck zu setzen und zu gravierenden Fehlern zu veranlassen sind, wie durch unerwartete Unruhen, durch scheinbar spontane Aktionen sonst nicht in Erscheinung tretender Bevölkerungsteile. Seit den Kreuzzügen, seit Bernhard von Clairvaux, hatte in Frankreich niemand mehr mit den Massen umzugehen verstanden; sie waren die weite *terra incognita* der französischen Politik, und auch die klugen Helfer des Herzogs von Orléans besaßen kein Rezept, die Menschen, denen die eigene Macht urplötzlich bewußt geworden war, wieder zurückzupfeifen. Sie hatten buchstäblich Blut geleckt; sie hatten ungestraft schwerste Verbrechen begehen dürfen; sie waren bei schlimmsten Grausamkeiten nur noch bejubelt worden. Derlei mußte sich rächen, und es rächte sich schließlich auch an *Philippe Égalité*, einst Herzog von Orléans.

Da Marie Antoinette in diesem Orléans ihren Hauptgegner, ja eine luziferische Gegenkraft sah, müssen wir nach all dem sagen, daß sie recht hatte. Am deutlichsten läßt dies auch die Einstellung Ludwigs XVI. erkennen, der gegenüber dem Vetter und Rivalen kein Blatt vor den Mund nahm und jeden Versuch zur Versöhnung, von wem immer er ausging, brüsk von sich wies. Marie Antoinette hatte seit den ersten Kämpfen gegen die Dubarry und seit ihrer Niederlage im Halsband-Prozeß sicherlich viel gelernt, aber der Dauergegensatz zwischen den Häusern Bourbon und Orléans, eine für eine Habsburgerin unvorstellbare Situation, überforderte entschieden ihr Urteilsvermögen. Sie geriet nach einer Reihe unfaßbarer Schicksalsschläge ganz offensichtlich in ein irrationales Verhältnis der Gegnerschaft, in dem sie alles für möglich hielt, in dem das Haus Orléans und seine Parteigänger unwirkliche Dimensionen annahmen und bedrohlich erschienen. Schon Ludwig XV. hatte mit dieser Gegnerschaft gelebt, und solange er Kind gewesen war, hatte man den Regenten immer wieder der Mordversuche an ihm beschuldigt. Bei Ludwig XVI. aber war eben die Österreicherin die Schwachstelle, die zu Angriffen reizte.

»Das Triumvirat Biron-Laclos-Genlis trieb einen Prinzen zu Aktivitäten, der zu derlei keineswegs geeignet war«, schreibt Poisson, und da wir wissen, daß im Salon des Palais Royal, angezogen durch die geistvoll-dominierende Gräfin von Genlis, auch Talleyrand und andere Größen des Jahrhundert-Endes verkehrten, während Marie Antoinette sich immer mehr zurückzog und nur noch Fersen und die Lamballe sah, dann wird uns klar, daß der schwache Herzog von Orléans tatsächlich mehr ein Getriebener und Gedrängter war als ein persönlich nach Macht gierender Rivale des Herrscherhauses.

Die Männer, die ihn in diesem Kampf berieten und womöglich für ihn handelten, hatten ebenso wie die Gräfin ein sehr spezielles Verhältnis zum Hof des sechzehnten Ludwig.

Biron, so nannte sich, seit er den Titel geerbt hatte, Armand Louis Gontaud, Duc de Lauzun. Biron, ein Name, den wir im Zusammenhang mit Kurland kennen, war ein von Heinrich IV. für einen treuen Waffengefährten errichtetes Herzogtum, das nach dem Verrat eines Biron unterdrückt und erst von Ludwig XV. abermals als Duché-Pairie bestätigt wurde. Lauzun hatte den Titel 1788 geerbt und sich der militärischen Traditionen, die damit verbunden waren, schon vorher in Amerika und auf französischem Boden auch durchaus würdig erwiesen. In seiner turbulenten Jugend war er jedoch einer der hartnäckigsten Verehrer der Königin gewesen und hatte ihr nie verziehen, daß sie – vermutlich als eine von sehr wenigen – ihn nicht nur nicht erhört, sondern auch sehr deutlich und ihn bloßstellend abgewiesen hatte. Lauzun-Biron bezahlte seine Doppelrolle als General Frankreichs und Geheimagent der Orléans 1793 mit dem Tod unter der Guillotine.

Pierre-Ambroise-François Choderlos de Laclos (1741-1803) entstammte einer Offiziersfamilie aus Amiens und versuchte jahrzehntelang vergeblich, die Barriere zu durchbrechen, die den kleinen Adel von interessanteren militärischen Verwendungen trennte. Statt nach Kanada oder nach Französisch-Indien zu gelangen, tat er ereignislosen Dienst an der Atlantikküste und schrieb, um auf sich aufmerksam zu machen, als vierzigjähriger Garnisons-Artillerist auf der Ile de Ré das Buch seines Lebens, die *Gefährlichen Liebschaften*. Er greift darin mit scharfer Beobachtungsgabe die Hofgesellschaft an, und der Graf von Tilly, damals Page von Marie Antoinette, war einer der ersten, die erkannten, welche Sensation mit diesem Buch geboren worden war: Ein revolutionäres Pamphlet in Romanform, noch ehe Beaumarchais seine *Hochzeit des Figaro* geschrieben hatte. Man darf als sicher annehmen, daß die Königin nicht nur das Stück kennenlernte, sondern auch den Roman, warum sonst hätte sie verboten, daß auf ihr gebundenes Exemplar der Titel gedruckt würde (Vermond hätte es entdecken können).

»Durch ein seltsames Geschick«, schreibt Emile Dard, einer der besten Kenner der Epoche, »wurde Laclos, der eine große Karriere in der Literatur hätte machen können, einer der geheimen Akteure des großen Dramas der Revolution«. Der als Dichter nicht sonderlich erfolgreiche Graf von Ségur empfahl Laclos, dessen Vielseitigkeit er erkannt hatte, an den Herzog von Orléans, womit auch die Beziehung zu den Freimaurern in Frankreich und England gegeben war, Laclos aber in dauernden Gegensatz zur Königin geriet. Von nun an führte der Offizier, Romancier und Pamphletist die Regie im Palais Royal, wenn sich auch wegen der Anonymität der Pamphlete und Couplets sein Anteil an der großen orléanistischen Hetze gegen Marie Antoinette kaum jemals wird ermitteln lassen. Das wenige, was an Papieren darüber existierte, hat später Polizeiminister Savary auf persönlichen Befehl Napoleons, der Choderlos de Laclos schätzte, den Flammen übergeben. Emile Dard schreibt Choderlos de Laclos die Verteilung britischer Hilfsgelder und der eigenen Mittel des Herzogs zu und bezeichnet ihn als direkten Anstifter der Aktionen gegen die Manufaktur Reveillon, gegen die Bastille und gegen Versailles am 5. und 6. Oktober 1789, also der entscheidenden ersten Manifestationen der Französischen Revolution.

Laclos begleitete den Herzog ins Exil nach England, kehrte 1790 mit ihm nach Paris zurück, wurde Direktor des *Journal des Jacobins* und verfaßte eine Reihe großer Reden Robespierres. Als in Paris die Köpfe zu rollen begannen und sich praktisch niemand mehr sicher fühlen konnte, kehrte Laclos zur Armee zurück, organisierte als Brigadegeneral die Verteidigung von Paris und hatte eben seine weitere Flucht vor der Guillotine, und zwar nach Indien, organisiert, als er zum erstenmal verhaftet wurde. Man hatte seine Ernennung zum Generalgouverneur der französischen Besitzungen in Vorderindien richtig gedeutet, und es bedurfte ingeniöser Winkelzüge wie zum Beispiel der Erfindung einer Sprenggranate (!), um abermals den Kopf aus der Schlinge zu ziehen.

Nach einer neuerlichen Verhaftung, nach der Hinrichtung des Herzogs von Orléans im Herbst 1793 und langer Haft, wird er endlich auf freien Fuß gesetzt. Man schreibt den 3. Dezember 1794, die Guillotine hat zu arbeiten aufgehört, die Revolution hat ihre Kinder gefressen, nur Choderlos de Laclos ist wie durch ein Wunder am Leben geblieben und zieht sich dankbar in die große Stille der Provinz zurück. Nach Jahren im Schoß der Familie – er hat insgesamt drei Kinder – stellt er sich Napoleon zur Verfügung, ist am Staatsstreich des 18. Brumaire beteiligt, kommandiert als Brigadegeneral in der Rheinarmee und in Italien, ehe er am 5. September 1803 in Tarent am Fieber stirbt. Seine letzte Bitte gilt der Sorge für seine Familie, der er nichts hinterläßt, denn das unzählige Male gedruckte Werk von den gefährlichen Liebschaften ist noch nicht geschützt, jeder kann daran verdienen außer seinem Urheber.

Choderlos de Laclos, dessen politisch-militärische Existenz noch weitgehend unerforscht ist, hat die großen Geister bisher nur als Literat interessiert; Jean Giraudoux hat sich mit ihm beschäftigt wie vorher schon Stendhal und Baudelaire, und bei uns hat als erster Heinrich Mann auf ihn hingewiesen in einem seiner glanzvollsten Essays. Dort heißt es, nach der Inhaltserzählung der *Gefährlichen Liebschaften:* »Die Grundlage von alledem ist ein durch nichts unterbrochener Müßiggang. Nicht einmal Vorzimmer-Intrigen in Versailles unterbrechen ihn; dieser Teil des Adels lebt ohne Ehrgeiz, erst recht ohne geistige Interessen und vollends ohne Selbstzucht. Dennoch arbeitet der Geist der Zeit noch in den leichtesten Köpfen: der Geist des Jahrhunderts der Vernunft, analytisch und gefühlsfeindlich . . .« Und es klingt, als wolle es Heinrich Mann auf den Autor angewendet wissen, wenn er sagt:»Der erste Anlaß, aus dem man Psychologe wurde, war der Müßiggang; aber der Zwang, durch den man es bleibt, ist die Gefahr.«

Mit dieser Gefahr leben sie jetzt alle, die Akteure selbst und das Häuflein der Getreuen, die wie Hühner auf einem Schlachthof noch immer nichts begriffen haben. Ich beschließe das Kapitel mit zwei Berichten von unverdächtigen Zeugen, Randfiguren, die nichts zu verbergen haben, nichts beschönigen und in ihrer Fassungslosigkeit glaubwürdiger sind als alle Geschichtsschreiber. Der erste ist der 1733 in Neuenburg im Schweizer Jura geborene Graf d'Escherny, ein Mann, der zunächst der Revolution durchaus positiv gegenüberstand. In seinen *Briefen eines Einwohners von Paris,* französisch erstmals 1791 erschienen, schildert er den 5. und 6. Oktober, den Höhepunkt der orléanistischen Anschläge, wie folgt:

»Gegen sieben Uhr morgens machte sich der Pöbel auf, begab sich aufs Schloß (Versailles) und stürzte sich – entweder, weil in diesem Augenblicke der Verwirrung und der Anarchie die Posten schlecht besetzt waren, oder weil man ihnen keine Gewalt entgegenzusetzten und auf sie zu feuern wagte – in die (Spiegel-) Galerie und bis in die Zimmer. Das Volk hatte es auf die Königin abgesehen, es warf ihr die Sünden der Hofpartei, ihre Verschwendung und Haß gegen die Franzosen vor . . . Weiber, mit Messern bewaffnet, gingen voran und ermunterten die Folgenden. Sie traten in den Saal der Leibwache der Königin und gingen geradewegs auf das Zimmer zu, in dem die Königin noch schlief. Die wachhabenden Gardisten wollten diese Tür verteidigen. Das Volk umringte sie und griff sie an; die Banditen mit langen Piken drangen auf sie ein und verwundeten einige. Die Gardisten parierten die Hiebe mit ihren Degen und Bajonetten, aber durch die Menge überwältigt, widerstanden sie nur mit Mühe und wurden jeden Augenblick weiter zurückgetrieben. Da sie fast unterlagen, gaben sie Feuer, das die andere Partei erwiderte. Man hörte von beiden Seiten Flintenschüsse. Das Blut rieselte sogar an der Tür der Königin. Der Tumult, das Geschrei, die Schüsse weckten diese unglückliche Fürstin auf . . . Kaum war sie aus ihrem Zimmer (zum König geflohen), so zerbrach die Tür, und die Weiber riefen wütend: ›Sie hat den Staat verraten, man muß sie hängen, man muß sie hängen . . .‹.«

Was auf der anderen Seite der Türe vor sich ging, erzählt die Baronesse Cécile de Courtot, *Dame d'atour* der Princesse de Lamballe:

»Jetzt, in den Stunden der Gefahr, erstarkte die königliche Frau zu einer tapferen, standhaften Heldin, deren Mut und Energie das schwankende Königtum gerettet haben würden, wenn es ihr gelungen wäre, dem Könige, ihrem Gemahl, die eigenen Charaktereigenschaften einzuflößen.

Wie deutlich steht mir aus jener Zeit noch der Tag vor Augen . . . als das Scheusal Maillard [Gefängniswärter vom Châtelet, der für Geld alles tat] mit einer wilden Horde betrunkener Männer und Weiber plötzlich vor dem Schloß von Versailles erschien. Da trat die Königin mit ihrem Gemahl und den Kindern auf einen der Balkons des Schlosses hinaus und zeigte sich dem Volke. Doch kaum hatte sie der Pöbel erblickt, da riefen die wütenden Megären da unten: ›Nieder mit der Österreicherin, schlagt sie tot, [nehmt] Rache an ihr. Den König und die Kinder aber laßt ungeschoren‹. Ich sehe noch die stolze, königliche Frau, wie sie ihr Haupt neigte, dann beide Kinder nahm, sie dem König zuführte und dann abermals, sich hoch aufrichtend, die Tür [zum Balkon] öffnete. Ohne auf unsere flehentlichen Bitten zu achten, trat sie allein wieder auf die Altane hinaus. Da stand sie, die Arme unter der Brust verschränkt, und blickte ruhigen Angesichts auf die tobende Masse hernieder. Welcher Mut lag in ihrer stolzen Haltung, welche Unerschrockenheit in ihren großen, schönen Augen, mit denen sie auf die Menge hinabsah. Da trat mit einemmal tiefe Stille ein. War es die sieghafte Schönheit der stolzen Frau, war es die Unerschrockenheit, die auszudrücken schien: ›Hier bin ich! Was wollt ihr von mir?‹, die dem Pöbel imponierte? Vielleicht beides zugleich. Auf einmal rief eine laute Stimme: *Vive la Reine,* und der ganze Chor des Volkes fiel ein. Sie neigte leicht, wie dankend, das Haupt und trat zurück. Für den Augenblick hatte sie gesiegt, aber leider nur für den Augenblick.«

Das liest sich in der Übersetzung des Herrn Moritz von Kaisenberg, die immerhin neunzig Jahre alt ist, ein wenig nach Marlitt, aber es war doch Geschichte und ein erhabener Augenblick, der schon jenen Mut zeigt, der Marie Antoinette fortan bis zum letzten Augenblick erfüllen wird, der Mut, den sie alle hatten, die Erzherzoge aus dem Haus Habsburg, auf den Schlachtfeldern, vor dem Peloton eines Benito Juarez oder eben auf der Guillotine. Mit einer kleinen zeitlichen Differenz gegenüber den anderen Berichten fährt Cécile de Courtot fort:

»Bereits um fünf Uhr am nächsten Morgen fand jener abscheuliche Versuch statt, die Königin zu ermorden, dessen Urheber nach meiner festen Überzeugung wieder jener Schurke Philippe von Orléans war. Adelaide de Noailles hatte in jener Nacht den Dienst bei Ihrer Majestät und war in deren Zimmer zurückgeblieben. Wir anderen Damen aber waren, durch die scheinbare Ruhe des Volkes getäuscht und ermüdet von den Aufregungen des vergangenen Tages, schlafen gegangen. Da wurden wir durch das tobende Gebrüll des Pöbels aus unserer Ruhe aufgeschreckt. Die Menge tobte bereits in den Korridoren des Schlosses. Wir stürzten, nur halb bekleidet, aus unseren Zimmern nach den Gemächern der Königin. Der Tumult näherte sich bereits mehr und mehr dem Flügel, in dem diese Zimmer lagen. Die Leibwächter wurden niedergehauen, und es gelang mir noch in dem letzten Augenblick, die Tür vor den Anstürmenden zu schließen. Da zersplitterte deren obere Füllung unter einem Axthieb.

In diesem Augenblick riß die Prinzessin von Lamballe die Tür eines zu dem Könige führenden geheimen Ganges auf. Wir zogen die Königin in diesen Gang hinein und konnten noch dessen Eingang hinter uns verschließen, ehe die lechzende Meute durch die eingeschlagene Tür in den soeben verlassenen Raum eindrang. Wir eilten zu dem Könige und waren noch einmal gerettet, da die Nationalgarde dessen Zimmer besetzt hielt.«

Es kann keinem Zweifel unterliegen, daß der vielen Historikern der Revolution so teure Pöbel von Paris, die bewaffneten Zuhälter und ihre Pferdchen, in dieser Nacht, da Orléans an der Seite von Madame Buffon ruhte und Lafayette neben der ihm anvertrauten Königsfamilie schlief, Marie Antoinette auf die grausamste Weise ermordet hätte. Ein Handgriff der Baronesse von Courtot und die Geistesgegenwart der Lamballe, die, wenn es wirklich ernst war, glücklicherweise doch nicht in Ohnmacht fiel, haben den Herzog von Orléans und den General Lafayette vor einer schweren Schuld bewahrt, denn die beiden wären ebenso verantwortlich, ja vielleicht sogar in höherem Maß verantwortlich gewesen als die betrunkenen Dirnen und Marktweiber, die ja nur zum Teil begriffen hatten, wozu sie mißbraucht wurden.

Ein Mann aber war in dieser Nacht vielleicht nachdenklich geworden: der König selbst, der noch kurz zuvor gesagt hatte, man könne wohl eine Meuterei inszenieren, nicht aber eine Revolution. Die Phantasie eines Schriftstellers wie Choderlos de Laclos und die Brutalität des Ungeheuers Maillard, der erst am Beginn seiner Massenmorde war, hatten ihn vielleicht eines Schlimmeren belehrt.

Die Tragikomödie von Varennes

Da sich auch die Berichterstatter an die dauernde Unruhe in Paris gewöhnt hatten, da niemand so schnell zur Tagesordnung übergeht wie ein Großstädter, werden die zahlreichen kleineren und spontanen Aufstände in den Bezirken und in den Provinzen umso weniger beachtet, als sich manche inzwischen auch *gegen* die Revolution richten, zum Beispiel im Elsaß oder in Nancy oder gar nicht gegen den König, sondern gegen den Papst wie in Avignon und in der päpstlichen Enklave des Venaissin. Nur hin und wieder erinnert ein aus jenen Wochen überliefertes Wort an die Lage und die Fakten, etwa wenn die sanfte Madame Elisabeth, die inzwischen sechsundzwanzigjährige schöne Schwester des Königs, sarkastisch feststellt, es habe nun immerhin schon fünf Tage lang keinen Aufruhr in Paris gegeben.

Tatsächlich arbeitet die Versammlung, in der nun alle Drei Stände beisammen sind und in der Mirabeau, Robespierre, Barnave und einige andere das Wort führen, wobei Mirabeaus Gegner Barnave, ein Advokat aus Grenoble, mit ihm durch die Sympathie für die Königsfamilie verbunden war. Es gab also Fragen, die immer wieder neue Fronten und Stimmbündnisse schufen, quer durch die Fraktionen und Parteiungen, und man arbeitete relativ zügig, weil das Veto-Recht für den König zwar bereits im Gespräch, aber die neue Verfassung noch nicht beschlossen war. Entscheidungen von ungeheurer Tragweite wurden binnen weniger Wochen gefällt, wie die Konfiskation aller Güter der Kirche, die als neue Deckung für die Währung, die *Assignaten*, herhalten mußten, die Ausstattung der Stadtgemeinden mit besseren Rechten, die Einteilung Frankreichs in (zunächst) dreiundachtzig Départements, die Aufforderung an die Priester, einen Treueschwur auf die Nation zu leisten, die Öffnung aller Klöster, die Gleichberechtigung der Protestanten und viele andere Probleme, die Frankreich zum Teil durch Jahrhunderte beschäftigt oder gar paralysiert hatten.

Angesichts dieser emsigen und im ganzen sinnvollen Tätigkeit, die der König verfolgte, aber nicht behinderte, beruhigte sich das Verhältnis zwischen der Versammlung und dem Monarchen, aber die Königin selbst hatte genug erlebt, um diesem Frieden nicht zu trauen. Als die französischen Agenten in London meldeten, mit einer baldigen Rückkehr des Herzogs von Orléans und seines Beraters Laclos sei in näherer Zukunft zu rechnen, überwand Marie Antoinette ihre Abneigung gegen den Grafen Mirabeau und empfing ihn im März 1790. Das geschah nach behutsamer Vorarbeit des treuesten Freundes, den Mirabeau jemals hatte, des österreichischen Grafen de la Marck aus dem Haus Arenberg, in gewissem Sinn die Lichtgestalt unter den grauen Eminenzen der Revolution, so wie Choderlos de Laclos der schwarze Ritter ist. August Maria Raimund Graf von la Marck und Prinz von Arenberg (1753-1833) hatte großen Besitz in den österreichischen Niederlanden, hatte sich als sehr junger Offizier in Indien und dann im amerikanischen Unabhängigkeitskrieg ausgezeichnet und den hochverschuldeten Mirabeau nach und nach mit beträchtlichen Summen unterstützt.

Im März 1790 kam es dann zu dem unmittelbaren Kontakt zwischen dem Königspaar und dem Grafen aus der Provence (nach den Goncourts erst im April). Für Mirabeau war es hohe Zeit; er war schon seit dem Herbst 1789 bar aller Geldmittel, für die Königsfamilie aber war es zweifellos noch dringlicher, und Mirabeau hatte, als er über Marie Antoinettes Zögern unmutig wurde, gewiß recht mit dem Ausruf: »Sehen diese Leute denn nicht, welcher Abgrund sich vor ihren Füßen auftut?«

Marie Antoinette hatte sich allerdings vorher noch bestätigen lassen, daß Mirabeau an den Inszenierungen vom 5. und 6. Oktober unbeteiligt gewesen sei, was der Graf von der Marck guten Gewissens bestätigen konnte: man habe an den kritischen Tagen Paris nicht verlassen, ja sogar miteinander gegessen. »Damit erfreuen Sie mich, Graf«, soll die Königin gesagt haben, »es wäre sehr schmerzlich für mich gewesen, in diesem Punkt enttäuscht zu werden«.

Es ist bemerkenswert, wieviel Vertrauen der Graf de la Marck bei Marie Antoinette genoß und wie wenig Mirabeau; die Königin gab auch zu, zwei Monate lang gezaudert zu haben, ehe sie den Grafen mit der Vermittlung der Kontakte zu Mirabeau beauftragte, zwei Monate, die schicksalhaft wurden, weil Mirabeau ja nicht mehr lange zu leben hatte. So kam der Gedanke eines Duumvirats mit Lafayette in seiner an sich aussichtsreichen Gesamtplanung nicht mehr zum Tragen. Mirabeau hatte etwa eine Million Livres Schulden, und diese Schulden waren der tiefere Grund dafür, daß Lafayette, der nicht sehr weit dachte, nicht enger mit ihm zusammengehen wollte. Gemeinsam wären sie unschlagbar gewesen, hätten eine Verfassung entwerfen können, die dem hochfliegenden Verstand Mirabeaus entsprach, und sie auch durchsetzen können, weil alles, was in Frankreich Waffen trug, auf Lafayette hörte.

Es mußten also zunächst Mirabeaus Schulden beglichen werden, wozu die Königin dem Grafen de la Marck vier Anweisungen von jeweils 250 000 Livres aushändigte. Er sollte sie sukzessive an Mirabeau weitergeben, in dem Maß, als dieser Erfolge für den König und seine Position erziele. Lafayette durfte also sicher sein, nicht zur Kasse gebeten zu werden, wenn er seine Distanz zu Mirabeau aufgab. Er war auch im Bild, denn er sagte zu diesen Vorgängen durchaus zutreffend:»Mirabeau verrät nur soweit, als es seinen eigenen Überzeugungen entspricht.« Mirabeau wollte ja das Königtum retten, Frankreich erneuern, die Revolution beenden und nach Möglichkeit selbst Premierminister werden. Auch er selbst sah sich nicht als bestochen an, hatte er das Geld doch nur für etwas genommen, was er ohnedies versucht hätte – nämlich den Kopf des Königs und den Thron zu retten.»Man kann mich kaufen«, soll er gesagt haben,»aber ich selbst, ich habe mich nicht verkauft«. Die Million sollte bezahlt werden, wenn die Versammlung ihre Tätigkeit einstellte, wenn nach den neuen Gesetzen und mit ihnen wieder der Friede im Land einkehre mit der eingeschränkten Königsmacht, in die Ludwig sich fügen wollte.

Mirabeau nahm seine Aufgabe sehr ernst, aber sie überstieg seine Kräfte. In einer Versammlung, in der man ihn ohnedies haßte und mit Mißtrauen verfolgte, ja, beneidete und hinterging, kämpfte er nun gegen die Jakobiner, die mit Riesenschritten vorwärtsgehen wollten und dem neuen Staat eine Schwierigkeit nach der anderen bereiteten (zum Beispiel durch den Plan einer Abschaffung des Adels). Zugleich aber wuchs in Mirabeau eine seltsame und durchaus romantische Verehrung für die Königin, der er am 3. Juli endlich persönlich nahekommen durfte, als der Hof der Hitze wegen die Tuilerien mit dem Schloß von Saint Cloud vertauschte. Die Königin war so erregt wie Mirabeau, als sie das berühmte Scheusal leibhaftig vor sich sah. Sie reichte ihm die Hand zum Kuß und er fiel in die Knie, um sie zu küssen.»Madame«, sagte er, als er sich erhoben hatte,»die Monarchie ist gerettet«.

Mirabeau war gewiß ein Mann der großen Worte, standen sie ihm doch so ungesucht zur Verfügung wie keinem anderen seiner Zeit; diese Versicherung aber nahm er ernst, nicht nur wegen der Million, die man ihm zugesagt hatte, sondern weil er Phantasie genug hatte, sich vorzustellen, wohin Frankreich treiben würde, sollte die alte Bindung an den Souverän, sollte das heilige Königtum überhaupt in den Gedankenspielen der 350 Advokaten und dem Blutdurst der Gosse untergehen. Darum war es ganz gewiß wortwörtlich zu nehmen, daß er bald darauf seinem Freund de la Marck schrieb: »Nichts wird mich auf diesem Weg aufhalten; ich werde eher zugrundegehen, als mein Versprechen brechen!« – Eines der vielen prophetischen Worte jener Jahre, denn neun Monate später ist er tot.

Die Goncourts, den Ereignissen um hundert Jahre näher als wir, urteilen härter über den Grafen und nennen seine Zusagen und Vorstellungen »Träume! Chimären! Täuschungen! Ein Prahler, der, weil er den Strom dahin gelenkt, wohin er fließen wollte, auch glaubte, daß er ihn zurückleiten könnte!«

Dennoch war es nicht ein Versagen Mirabeaus oder gar seine Untreue, die all diese Hoffnungen zunichte machten, sondern das Ereignis seines Todes, eines bis heute ungeklärten Sterbens mit nur zweiundvierzig Jahren, am 2. April 1791. Nach der Euphorie des gewaltigen Festes zur Feier der ersten Wiederkehr des 14. Juli war dies der erste Trauertag der Revolution, denn der im Sinne des Volkes verräterische Briefwechsel zwischen Mirabeau und dem König oder auch der Königin ruhte noch, den Parisern unbekannt, in einem kunstvoll geschmiedeten festen Schrank, *l'armoire de fer,* den der Schlosser Gamain in eine Mauer des Tuilerienpalastes eingebaut hatte.

Die Pariser waren also überzeugt, ein Heros der Revolution sei eines unerklärlichen, plötzlichen Todes gestorben, und wie immer in solchen Fällen entstanden blitzschnell Gerüchte, die sich die Stadt eroberten. Hatte nicht diese Versammlung der Mittelmäßigen sich seit Monaten vor Mirabeau gefürchtet? Hatte man nicht, nur um ihm den Aufstieg zu verwehren, das unsinnige Gesetz beschlossen, daß kein Abgeordneter Minister werden dürfe? War nicht Robespierre, seit die Jakobiner sich nach vorne arbeiteten, in immer hitzigere Redeschlachten mit Mirabeau verwickelt worden und in seiner schwierigen, kalten, volksfremden Argumentation dem Grafen oft unterlegen?

Als auch noch bekannt wurde, daß Mirabeau am Morgen seines Todes eine jener Pasteten gegessen habe, die ihres unprüfbaren Inhaltes wegen in Frankreichs Geschichte schon so manchen schnellen Tod bewirkt hatten, als man zudem erfahren hatte, daß der treue Diener des Grafen einen Selbstmordversuch unternommen habe, weil *er* die Pastete geholt hatte, seitdem stand für die vielen, die Mirabeau geliebt und verehrt hatten, fest, daß man ihn aus dem Weg geräumt habe. Er war ja schutzlos gewesen; er hatte sich mitten in Paris ein Haus gemietet, nicht, wie Robespierre, einen Hinterhof bei einem Bäcker, in dem man sich verkriechen konnte. Und als gar Georges Cabanis, der große Arzt und enge Freund Mirabeaus, eine Vergiftung für möglich erklärte, da tat Robespierre gut daran, einige Tage lang keinen Fuß vor die Tür zu setzen, bis sein größerer Widersacher in einem der festlichsten Begräbnisse, die Paris je gesehen hatte, zu Grabe getragen worden war.

Da Mirabeau kurz vor seinem Tod eine aufreibende, endlose und materialreiche Debatte über das Thema der französischen Bergwerke gehabt hatte, da er sich sein Leben lang nichts versagt hatte als die Ruhe, ist freilich auch der keineswegs seltene Politikertod des Herzversagens denkbar; ihn allerdings hätte ein so bedeutender Arzt wie Cabanis auch damals schon eindeutig diagnostizieren können.

Jene, die am tiefsten geschädigt und ihrer stärksten Hoffnungen beraubt waren, durften ihre Trauer nicht zeigen: die Familie des Königs. Man hatte den Sommeraufenthalt in Saint Cloud bis in den Dezember 1790 ausgedehnt, weil in den Tuilerien die Bewachung strenger war, andererseits aber auch der Schutz, den die Garden ausüben sollten, auf gefährliche Weise durchlässig. Es kam in diesem Schloß im Herzen von Paris immer wieder zu Zwischenfällen, zu Beschimpfungen und Auseinandersetzungen, bei denen die Garden eine feindselige und beleidigende Haltung vor allem gegenüber der Königin einnahmen. Die unerläßliche Bewegung war kaum noch möglich, die kurzen Ritte in den Bois de Boulogne, unter Bedeckung, brachten dem an Jagden gewöhnten König so wenig Abwechslung und Befriedigung, daß man in der Familie nur noch vom *triste Bois*, von dem traurigen Gehölz, sprach.

Selbst harmlose Gewohnheiten wurden mit einemmal zum Politikum, ganz einfach, weil jeder Schritt des Königs nun überwacht und diskutiert wurde. Als am 17. April 1791, dem Palmsonntag, Ludwig XVI. die Messe hören wollte, die der Kardinal de Montmorency las, teilte dies ein Nationalgardist dem Jakobinerclub mit – der Kardinal hatte nämlich nicht den von allen Priestern geforderten Treueid auf die Versammlung geleistet. Schon am nächsten Tag kam es zum Eclat, als die Familie wie im Jahr zuvor die Tuilerien mit Saint Cloud vertauschen wollte: Man war überzeugt, Ludwig tue es, um Ostern wieder mit revolutionsfeindlichen Priestern begehen zu können. Kaum hatten die Wagen die Gitter der Tuilerien passiert, als man den Pferden schon in die Zügel griff, und die Nationalgarde, statt den König zu schützen, bedrohte mit ihren Säbeln die Kutscher der Hofwagen. So verharrte man zwei aufreibende Stunden lang, eingekeilt in eine drohende, wütende Menge, schutzlos und ohne Chance zu entrinnen. Endlich, als Ludwig ausstieg und sagte:»Man will also nicht, daß wir ausfahren? Nun, dann bleibe ich!« wurde der Rückweg in die Tuilerien freigegeben.

Dieses sehr unfreiwillige Bad in der Menge scheint den letzten Anstoß zu nun ernsthaften Fluchtvorbereitungen gegeben zu haben. Bis dahin hatte zwar das Volk angenommen, der König plane seine Flucht, und sah in der königlichen Familie selbst eines jener Güter der Nation, von denen man eigentlich nicht begreift, warum die Revolutionäre sie unbedingt im Land behalten wollten. Marie Antoinette deutete sich diese Haltung später mit der Angst vor einem Einmarsch der Österreicher und einem gewaltigen Strafgericht, denn niemand konnte sich vorstellen, daß die Gilde der Legitimen den Parisern vergeben würden, was sie seit 1789 anstellten.

Diese Sorge erklärt wohl auch, daß den königlichen Tanten ihre Flucht auf einem absurden Weg quer durch Frankreich gelang, auf dem längsten Fluchtweg, der sich finden ließ, nach Südosten, quer durch Burgund, nicht nach Brüssel, nicht nach England; und daß sie ihr Vermögen und ihren Schmuck weitgehend mit sich nahmen, machte nachträglich naturgemäß sehr böses Blut.

Marie Antoinette aber wußte nun, wieviel es geschlagen hatte, oder richtiger: Sie hatte endlich Argumente, dem schwankenden König Entschlüsse nahezulegen. Zwar hatte die Nationalversammlung dekretiert, daß Ludwig bei gelungener Emigration abgesetzt werde, aber der König mochte eingesehen haben, daß dieses Königtum ohnedies nur noch eine Schattenexistenz sei, für die man Frau und Kinder, die Königin und den Thronfolger, nicht einem zu jedem Übergriff entschlossenen Stadtvolk aussetzen durfte. Dennoch scheint Marie Antoinette die Verantwortung für diesen Schritt zu scheuen, wenn sie an den inzwischen nach Brüssel übersiedelten Grafen Mercy schreibt:

»Das Ereignis, das sich eben vollzogen hat (die erzwungene Rückkehr in die Tuilerien) bestätigt uns mehr denn je in unserem Vorhaben. Unsere Lage ist schrecklich! Wir müssen ihr unbedingt entrinnen, schon im nächsten Monat. Der König wünscht dies noch stärker als ich.«

In der gesamten Geschichte der Französischen Revolution, aber auch im Leben der Marie Antoinette und ihres Gemahls, gibt es keine Zeitspanne, die genauer bekannt wäre als die Tage vom 20. Juni bis zum 25. Juni 1791, fünf Tage, in denen, wie man weiß, Marie Antoinette als verhältnismäßig junge Frau ihre grauen Haare bekam, fünf Tage, in denen die schicksalhafte Unfähigkeit des *Ancien Régime* selbst zu begrenzten Aktionen offenbar wurde. Vergleichen wir die Flucht nach Varennes mit anderen handstreichartigen Aktionen der Zeit, mit der Entführung Trencks aus Danzig etwa oder dem Vorstoß österreichischer Husaren nach Berlin, dann ergibt sich, daß für das Scheitern dieser Flucht eine ganze Reihe von Faktoren eine Rolle spielten, nicht Fehlplanungen Fersens allein, nicht das große Gepäck und der Leibfriseur der Königin (der sich übrigens retten konnte), nicht die Saumseligkeit der Armee, nicht der riskante Fluchtweg durch enge Kleinstädte und so weiter. Überall dort aber, wo so verschiedene Ursachen mit diabolischer Regie ineinandergreifen und zueinanderkommen, ist man natürlich versucht, an Vorherbestimmungen zu glauben, wie es ja Hilaire Belloc eine ganze dicke Biographie lang durchgehalten hat.

Die oft beschriebene und unlängst auch noch verfilmte Flucht nach Varennes, das natürlich nur eine Etappe sein sollte, hat eine Darstellung gefunden, der in achtzig Jahren von keiner Seite Nennenswertes hinzugefügt wurde: Die beinahe fünfhundert Seiten, die Gosselin Lenôtre dem Drama von Varennes gewidmet hat, sein imposantestes Werk, das auch den kleinsten Akteur noch mit vollem Namen ins Spiel bringt, eine epische Großleistung, die diesem einzigartigen Stoff in seiner immanenten Dramatik, aber auch seinen tragikomischen Zügen durchaus gerecht wird, die aber eben darum eine ausführlichere Nacherzählung hier überflüssig erscheinen läßt, ja geradezu verbietet.

Was uns aber immer wieder ans Herz greift, was uns mitzittern läßt, so grotesk manche Einzelheit der Flucht uns auch anmutet, das sind die Augenzeugenberichte und das endliche haarscharfe Mißlingen. Wegen einer allzu neugierigen Kammerfrau war das Unternehmen um einen ganzen Tag verschoben worden und begann, nach einer ungewöhnlich langen Abendaudienz (die man schließlich wegen eines vorgeblichen Unwohlseins hätte absagen oder abkürzen können) erst um ein Uhr vierzig am frühen Morgen des 21. Juni 1791, in einer personellen Besetzung, die allen persönlichen Vorlieben entsprach, nicht aber den sachlichen Erfordernissen. Der jüngste der Coignys, der Chevalier, ein ergebener Verehrer der Königin, hatte vergeblich einen energischen Gendarmeriekommandanten im Verein mit einem ehemaligen Postmeister als

Leiter der Aktion vorgeschlagen, weil beide das Land ausgezeichnet kannten und mit den Besonderheiten der Straßen und Poststationen vertraut waren. Fersen hingegen war bei aller Hingabe – er verkleidete sich zeitweise als Kutscher – ein Risiko, und der auffallende, riesige und grellbemalte Reisewagen ein tödlicher Irrtum.

Glücksfälle wie eine Hochzeit am Schlagbaum, die alle Wächter ablenkte, wechselten mit Unglücksfällen wie der Überbeanspruchung der Pferde und der Zugseile durch den schweren Wagen und die Steigungen. Es kam zu vermeidbaren Zeitverlusten, die sich summierten, während es doch um jede Stunde ging, denn erst bei Chalons-sur-Marne sollte das militärische Geleit der als sicher geltenden deutschen Sold-Truppen den Reisewagen empfangen. Ludwig hatte nicht vor, Frankreich zu verlassen, weil dann der Herzog von Orléans mit Recht Regent geworden wäre; es sollte nur eine Ausweichresidenz am Ostrand Frankreichs unter dem Schutz royalistischer Truppenverbände bezogen werden, ein Exil also auf französischem Boden.

»Wir passierten Chalons, ohne erkannt zu werden«, berichtet Madame de Tourzel, die Erzieherin der Königskinder. »Wir waren nun völlig ruhig und weit davon entfernt, zu ahnen, daß unser Glück zu Ende ging und durch die fürchterlichste Katastrophe abgelöst werden sollte.

Wie groß waren unser Schmerz und unsere Beunruhigung, als uns nach der Ankunft in Pont-de-Sommevel die Kuriere berichteten, sie hätten keine Spur einer Truppe gefunden und niemanden, der irgendeine Auskunft geben konnte; daß sie nicht gewagt hatten, weitere Fragen zu stellen, um nicht Verdacht zu erregen, und daß man hoffen müsse, in Orbeval, der nächsten Poststation, mehr Erfolg zu haben.«

Madame de Tourzel nimmt den König dagegen in Schutz, mit Mahlzeiten Reisezeit verloren zu haben, aber man mußte bei Steigungen neben dem Wagen hergehen, weil er überladen war, weil zu viele Menschen und zu viel Gepäck mitgenommen worden waren. Offensichtlich hatte noch niemand so richtig begriffen, daß es ums nackte Leben gehe, und auch die Stimmung bei den unbeschäftigt in Grenzgarnisonen liegenden, des Französischen gar nicht mächtigen Soldtruppen wurde in Paris völlig falsch eingeschätzt. So lange sie innerhalb ihrer Kasernen und festen Lager waren, hatte das keine Rolle gespielt. Nun aber waren sie ausgerückt, dem König entgegen, einen Tag zu früh, weil die Abreise aus Paris verschoben worden war. Sie brachten Stunden zu in ungeeigneten

Wartepositionen wie Wirtshäusern und an Dorfrändern, weil die Flüchtlinge schon in Chalons drei Stunden Verspätung gegenüber dem Zeitplan hatten. Zudem war das Volk beunruhigt durch die Anwesenheit der Truppen, für die man gerüchteweise die verschiedensten Ursachen kolportierte; es waren ja unsichere Zeiten, es gab täglich neue Maßnahmen und Gesetze, da war ein Dorf schnell in Aufruhr und die Offiziere, die den Auftrag hatten, vor allem kein Aufsehen zu erregen, nahmen die Truppen lieber zurück.

»In Orbeval erging es uns nicht besser als in Pont-de-Sommevel. Dasselbe Schweigen, dieselbe Unruhe. In heftiger Aufregung kamen wir nach Sainte-Menehould. Sie wurde noch stärker, als ein Offizier aus dem Regiment de Choiseul für einen Augenblick an den Wagenschlag trat und leise zu mir sagte: ›Die Maßnahmen sind schlecht getroffen; ich entferne mich, um nicht Argwohn zu erregen‹. Diese wenigen Worte durchbohrten uns das Herz; es blieb uns jedoch nichts anderes übrig, als den Weg fortzusetzen.«

Sainte-Menehould, das Städtchen, bei dem heute jeder nur an nahrhafte Spezialitäten denkt, wurde der Ausgangspunkt des Verhängnisses, denn hier erkannte der Posthalter Jean-Baptiste Drouet den König, alarmierte – noch ohne der Königsfamilie irgendwelche Schwierigkeiten zu bereiten – lediglich den Ortskonvent, vergewisserte sich über den weiteren Reiseweg und ritt mit einem Begleiter auf einer Abkürzung durch die Wälder, die inzwischen von Dragonern wimmelten, nach Varennes, um dort die Falle vorzubereiten. Der Mann war erst achtundzwanzig Jahre alt, aber er handelte mit größter Umsicht, gab der Truppe keinen Vorwand zum Eingreifen und der Familie in der Riesen-Berline keinen Anlaß, die Route zu wechseln, denn er wußte, daß in dem engen und auch bei normalen Verhältnissen schwer zu passierenden Varennes ein einziger quergestellter Wagen genügte, um ein so ungefüges Gefährt wie den königlichen Reisewagen für viele Stunden festzuhalten. Und irgendwann mußte man ja in Paris bemerken, daß sich der König mit den Seinen aus dem Staub gemacht habe. Weniger glücklich in den Maßnahmen als Drouet war die Truppe: Die Vorwarnung nach Varennes wurde einem Offizier anvertraut, der die Gegend nicht kannte und nach Verdun ritt; die Königspartei, die eigentlich alles hätte wissen müssen, war also nicht mehr auf der Höhe der Ereignisse, die Initiative war nun auf Seiten der Revolutionäre . . .

Drouets Schicksal verdient eine Parenthese. Seine Tat machte ihn berühmt und zum Abgeordneten im Konvent. Als Kommissar zur Nordarmee entsandt, fiel er den Österreichern in die Hände, wurde später aber gegen Marie Antoinettes Tochter ausgetauscht, kam dann im Zuge der Pariser Parteikämpfe ins Gefängnis, vermochte aber auszubrechen, noch ehe die Guillotine auch sein Schicksal wurde, und erhielt von Napoleon, der das ganze gärende Frankreich wieder zur Ruhe brachte, den Statthalterposten im heimatlichen Sainte-Menehould.

Dieser Drouet also tat mit einem Gefährten den Ritt seines Lebens durch den nächtlichen Argonnerwald, kreuzte sich im Finstern hin und wieder mit den Reitern des Herzogs von Choiseul und schaffte es, die Berline zu überholen, weil er nun fest überzeugt war, daß es sich tatsächlich um den König handle. Die große Berline und der Gepäckwagen mit ein paar Hofdamen hatten nämlich bei Clermont-en-Argonne die Hauptstrecke verlassen und sich nach Nordosten gewandt, nach Varennes. Und Drouet als Postmeister wußte, daß dies keine Poststrecke mehr war, daß es dort keine Pferdedepots gebe, daß ein Wagen, der sich auf diese Bergstrecke begab, andere Pferde-Reserven haben mußte – und dies konnten nach Lage der Dinge nur Armeepferde sein.

Man hatte in Varennes, in Dun und in Stenay tatsächlich Pferdedepots für die Flucht angelegt, die Tiere also waren vorbereitet, und sie waren geduldig, die Soldaten aber, bei denen noch immer auf jeden Mann hundert Bauern oder Dörfler kamen, die Soldaten wurden nervös in diesem endlosen Einsatz zwischen einer aufmüpfigen Bevölkerung, die eine drohende Haltung gegen die deutschen Söldner einzunehmen begann.

In Clermont waren noch immer keine Soldaten zu sehen, nur Oberst Graf Dalmas trat an den Wagenschlag und erklärte, daß die Leute ins Quartier geschickt worden seien, sie hatten sich nämlich in den Wirtshäusern mit der Bevölkerung so nachhaltig verbrüdert, daß sie nicht mehr auf den Beinen stehen konnten. Ludwig XVI. wurde blaß und sank in die Wagenpolster zurück: Die allzulang unbeschäftigte, durch die täglich wechselnden Gerüchte aus Paris verunsicherte Truppe erwies sich als das schwache Glied in der Kette der Vorbereitungen. Die Herren Offiziere hatten im wesentlichen ihre Lektion gelernt; sie arbeiteten an der Straße von Paris nach Osten so sicher wie im Sandkasten, aber die einfachen Soldaten machten nicht mehr mit. Soweit sie französisch sprachen, stammten sie aus der östlichen Champagne und dem Umland der Argonnen, die meisten aber kamen aus der Truppe des Generals Bouillé, die sich in dem breiten Oststreifen Frankreichs aufhalten durfte, weit genug von Paris, um die Versammlung von Versailles nicht einzuschüchtern, nahe genug der Grenze, um eine Invasion der Österreicher aufzuhalten.

Den Vorreiter der Berline machte ein Chevalier de Moustiers, so kurzsichtig, daß er in der Nacht als halbblind gelten mußte. Er traf in Varennes, auf den abschüssigen Straßen zum Flüßchen Acre mit Drouet zusammen, der die Brücke vor der Berline erreichte, ehe irgend jemand vom königlichen Konvoi die Lage auch nur erahnte. Nun waren alle Personen der Tragödie von Varennes beisammen, oder – um es ganz genau zu sagen – auf einem Platz zwischen Pfarrkirche und Gasthöfen verteilt. Im feineren Gasthof, dem *Grand Monarque*, warteten seit vierzehn Stunden (was an sich auffällig war) zwei besonders verläßliche Offiziere, nämlich der Sohn des Generals Bouillé und Monsieur de Raigecourt aus einer mit Madame Elisabeth, der Schwester des Königs, befreundeten Familie. Im anderen Gasthof, *Au Bras d'Or*, waren trotz der späten Stunde und vielleicht von der rätselhaften Unruhe dieser Nacht angesteckt, noch ein paar Patrioten beisammen; diese mobilisierte Drouet, der Posthalter aus Sainte-Menehould. Er sagte ihnen, was seit Monaten die große Angst der Franzosen war: »Wenn sie dann über die Grenze sind, der König und die Familie, dann machen sie gemeinsame Sache mit den Österreichern, und die Österreicher und General Bouillé mit der ganzen Armee marschieren nach Paris gegen die Revolution.«

Getrunken hatten um diese Zeit alle, sogar Drouet selbst, also wurden alle Ängste flugs zur Wirklichkeit: man schob einen Möbelwagen auf die Brücke, und die Berline, die in der engen Rue de la Basse Cour bei aller Kunst nicht wenden konnte, war gefangen . . .

Der König, völlig übermüdet und dementsprechend apathisch, schien dies alles, soweit er es wahrnahm oder soweit es ihm mitgeteilt wurde, noch für Mißgeschicke zu halten, für Schlampereien der Soldaten, für Zufälle, wie sie sich auf Reisen eben einstellen. Der Chevalier de Moustiers aber mußte ratlos und verzweifelt zusehen, wie sich eine langsam wachsende Menschenmenge auf die beiden Wagen zubewegte, ein Nachbar den anderen weckte, das Städtchen Varennes sich auf das Großereignis einstellte, das es für alle Zeiten in die Geschichte eingehen lassen sollte.

Ein junger Offizier, von dem man nur weiß, daß er den Tonfall des *Vexin normand* hatte, also aus der östlichen Normandie stammen mochte, sagte halblaut zu Moustiers: »Jetzt gibt es nur noch eines: König und Königin müssen reiten, den Dauphin und die Prinzessin müssen Offiziere vor sich in den Sattel nehmen. Was aus den Hutschachteln wird, ist jetzt gleichgültig . . .«

Es gab einen leisen Schrei, vielleicht, weil die Hofdamen die Bezeichnung Hutschachteln auf sich gemünzt wähnten; ein schlanker, wohlfrisierter Herr stahl sich aus dem Packwagen ins Dunkel, es war der Leibfriseur der Königin, der einzige der ganzen Gesellschaft, der die Grenze zu überschreiten vermochte. In der Nacht von Varennes aber begannen die quälenden Stunden im Haus des Gemischtwarenhändlers Sauce, ein alphafter Nacht-Rest, den die Kinder schlafend zubrachten, während die Königin, ihre Damen und Seine Majestät sich mehr tot als lebendig auf Stühlen hielten und die engen Zimmer des alten Hauses einen langsamen Reigen aufnahmen: Alte Frauen, die kamen, um den Majestäten die Hände zu küssen und die Kinder zu segnen, Honoratioren, die irgendwann einmal den König gesehen hatten und feststellen wollten, ob er es tatsächlich sei, und dann endlich, um fünf Uhr Früh des 22. Juni, das Eintreffen der Verfolger in Gestalt des Adjutanten von Lafayette und eines Begleiters, die von dem Eilritt kaum minder angeschlagen waren als die Familie des Königs.

Selbst Choiseul, Herzog und Regimentskommandant, schien in dieser Nacht, in der rundum die Sturmglocken geläutet wurden und das ganze Landvolk auf den Beinen war, mehr an das Schicksal geglaubt zu haben als an Zufälle, wenn er nach langen Darlegungen über die Planungen abschließend sagt:

»Der Weg durch den Argonnerwald ist äußerst mühsam und gefährlich; oft sind größere Steigungen zu überwinden; überdies hatte der Weg eine Länge von neun bis zehn Meilen. Die Nacht überraschte uns in den Wäldern, auf den schwierigsten Wegen, so daß wir oft zu Fuß gehen mußten, um das Terrain zu sondieren und nicht in tiefe Löcher zu fallen. Dennoch fiel ein Husar in eines; seine Kameraden wollten ihn nicht im Stich lassen, wir mußten nach ihm suchen, ihn herausholen und wieder zu Bewußtsein bringen; dieser Unfall, eine sehr merkwürdige Fügung, hielt uns drei Viertelstunden lang auf. Nach allen Arten von Hindernissen kamen wir endlich an das erste Haus von Varennes. Es war zwischen viertel und halb eins, der König war seit eineinhalb Stunden verhaftet.«

Auch Drouet hat natürlich das Ereignis seines Lebens ausführlich geschildert, wobei er merkwürdigerweise alles um einen Tag später ansetzt, so als sei zwischen Paris und Sainte-Menehould eine Art Datumsgrenze gezogen worden. Aus Drouets Bericht geht die Haltung der anderen Seite hervor, der Revolutionäre, die sich auch Patrioten nannten, und sie waren nach der Art einfacher Leute ungleich entschlossener als die wohl nur auf geplante Aktionen und Feldschlachten vorbereiteten Offiziere. Mit brennenden Lunten an ungeladenen Kanonen wurden Choiseuls Husaren so eingeschüchtert, daß die königliche Familie in der Berline und der Gepäckwagen schon um acht Uhr morgens den Rückweg nach Paris antraten, unter starker Bedeckung durch eilends bewaffnete Bauern, während die zu spät gekommenen Truppen Bouillés in sicherer Entfernung als Beobachter folgten, aber untätig blieben, hatten die Patrioten doch alle Geiseln!

Varennes ist mit seinen so ungemein bezeichnenden Einzelheiten – den rührenden und zugleich gefährlichen Erkennungsszenen unterwegs, den Gesprächen im Haus Sauce, den vor sich hin saufenden Soldaten, denen die hochgradige Nervosität der adeligen Offiziere gar nicht bewußt wird – das groteske und tragische Ende des *Ancien Régime,* das letzte Aufbäumen der alten Ordnung inmitten eines schon geweckten, sich seiner Kräfte und Möglichkeiten bewußten Volkes. Hatte Madame Vigée-Lebrun sich ein paar Jahre zuvor noch gewundert, daß die Bauern nicht mehr die Hüte zögen, inzwischen zogen sie Messer und Säbel und verbarrikadierten Brücken. Alles war ganz anders, und das seltsamste daran war, daß es niemand vorhergesehen, daß niemand die beteiligten Kräfte richtig eingeschätzt hatte. Wie sollten sie auch, die Herren Choiseul, Bouillé, Damas und wie sie alle hießen, gefangen in den Traditionen der eigenen Familien und den Vorstellungen ihrer Kaste.

Nur Lafayette, der in Amerika ein Volk in Bewegung gesehen hatte, wußte, was nun zu tun war, was er tun mußte, um nach seinem Lapsus, dem abermaligen Schlaf seiner Wachen, wenigstens die eigene Haut zu retten: Er agierte mit theatralischer Strenge und erließ einen Vorführungsbefehl gegen Ludwig XVI., noch ehe man wußte, wo der König sich hingewendet hatte. Damit waren in Paris und vor allen Abgeordneten der Nationalversammlung erstmals die Pfade des Rechts verlassen, denn wer wollte dem König verwehren, in seinem Reich zu reisen – und sei es in die Nähe der Grenze?

Es mutet wie ein trauriges Widerspiel zu diesen selbstherrlichen Maßnahmen an, wenn gleichzeitig, auf der Rückreise in der großen Berline, die Abgesandten der Versammlung sich zwischen die Bourbonen quetschten, um nicht im Staub der großen Räder dahinreiten zu müssen, und sich von Ludwig XVI. weinerlich versichern ließen, er habe nie daran gedacht, sein Land zu verlassen. Verdutzt von der ärmlichen Verkleidung der Königsfamilie, die in einem durchaus unglaubhaften Gegensatz zum Prunk des Reisewagens stand, berichtet der dicke Abgeordnete Pétion von dieser

Rückfahrt nach Paris, in der zu den Strapazen noch die allgemeine Trostlosigkeit kam: »Die Königin beklagte sich bitter über den Argwohn, den man ihr unterwegs entgegengebracht habe. ›Könnten Sie das glauben?‹, sagte sie zu uns, ›Ich will einem Nationalgardisten, der uns mit einiger Anhänglichkeit zu folgen schien, ein Geflügelbein geben. He! ruft man ihm zu, essen Sie nicht davon, seien Sie vorsichtig! Womit man wohl sagen wollte, das Stückchen Huhn könne vergiftet sein. Ich war empört über solch einen Verdacht, und das in dem Augenblick, da ich von diesem Geflügel gerade meinen Kindern gegeben und auch selbst davon gegessen hatte!«

Pétion, ein selbstsicherer Mann und passabler Redner, genoß diese Stunden, die ihm besondere Bedeutung gaben, denn wenn er auch ein Abgeordneter von einigem Ruf war, für die Schwarzen in den Kolonien eintrat und mit Robespierre rivalisierte, so läßt sein Bericht doch erkennen, daß die Hautnähe zur königlichen Familie ihn mit einer geradezu erotischen Hochstimmung erfüllte:

»Madame Elisabeth (die damals 28jährige Schwester des Königs) betrachtete mich mit jener Art Rührung, mit jener Art des Schmachtens, die das Unglück verleiht und die lebhafte Anteilnahme einflößt. Unsere Augen trafen einander in Anziehung und Einverständnis. Als es Nacht wurde, setzte Madame Elisabeth die Prinzessin halb auf ihre Knie und halb auf meines . . . die Prinzessin schlief ein, ich streckte den Arm aus, Madame Elisabeth legte den ihren auf meinen. Unsere Arme waren ineinander geschlungen, der meine berührte sie unter der Achsel. Ich spürte Bewegungen, die sich beschleunigten, eine Wärme, die durch die Kleider drang. In ihrer Haltung war ein gewisses Sichhingeben, ihre Augen waren feucht, Melancholie mischte sich mit einer Art Wollust . . . Ich glaube, wenn wir allein gewesen wären, wenn durch Zauberei alle anderen verschwunden wären, sie hätte sich in meine Arme gleiten lassen und sich den Regungen ihrer Natur hingegeben.«

Entschuldbare Tagträume während einer langen und heißen Reise in einem engen Gehäuse, die ihn jedoch nicht überkamen, als er während der nächsten Etappe neben der Königin saß und sich mit ihr stundenlang über Charakter- und Erziehungsfragen unterhielt. Er bekannte sich als Republikaner, er weigerte sich, an der Tafel des Königs zu essen – denn nun, auf der Rückreise, hatte man Zeit zu tafeln – und begleitet Madame Elisabeth auch quer durch die drohenden, vor allem die Königin schmähenden Pariser bis in die Tuilerien, wo die Prinzessin dem Erschöpften dann ein Glas Bier reicht.

Es ist ein Zug der Lemuren, denn schon ein, zwei oder drei Jahre später werden sie alle nicht mehr am Leben sein, Pétion wird für den Tod des Königs stimmen, wenn auch mit Aufschub, was vielleicht auf die nähere Bekanntschaft in der Berline zurückzuführen ist, und Madame Elisabeth wird jungfräulich aufs Schafott geführt werden, ohne je irgendein auch noch so kleines Verbrechen begangen zu haben. Pétion ahnt dies alles nicht in seiner ausschweifenden und selbstgefälligen Erzählung; niemand hat vor ihm den Schleier der Zukunft aufgerissen, vor dem Bild aus dem Jahr 1794, das ihn selbst zeigt, den dicken Jérôme Pétion de Villeneuve aus Chartres, wie er mausetot und von Wölfen angefressen in einem Wald bei Saint-Emilion liegt, ein Republikaner mit Gift im Leib, ein Exbürgermeister von Paris, der sich mitschuldig gemacht hat an den Septembermorden, ein Politiker aus der alten Kathedralenstadt, dessen höchster Augenblick eine lange Wagenfahrt mit Ludwig XVI. und Marie Antoinette war.

Tuileriensturm und Septembermorde

Zwischen dem 22. und dem 25. Juni 1791 kam es, kaum bemerkt, zu der ersten unmittelbaren Berührung zwischen der Königin und den Revolutionären, zwischen der bis dahin ihre Lektüre von Abbés und Salonlöwen empfangenden Marie Antoinette und den Wortführern eines neuen Frankreich. Sie waren an die vier Tage zusammengepfercht, die Vertrauensleute der Nationalversammlung, die großen Patrioten, und die königliche Familie, und während der dicke Pétion sich den Kopf darüber zerbrach, wie weit er in den Vertraulichkeiten mit Madame Elisabeth wohl gehen dürfe, hatten Marie Antoinette und Antoine Barnave, ein eben dreißig Jahre alt gewordener Advokat aus Grenoble, ausgiebig Zeit gehabt, eine gemeinsame Sprache zu finden. Das war nicht einfach gewesen, denn wiewohl sie nur sechs Jahre voneinander trennten, gehörten sie doch inzwischen verschiedenen Epochen an. Pétion, der nur halb zuhörte, fand alles, was die Königin sagte, oberflächlich und unwissenschaftlich, ein Wort, das man bis heute hören kann, wenn man sich einer anderen Sprache als der einer bestimmten Ideologie bedient. Aber man hatte einander immerhin kennengelernt, Mirabeau war tot, die Flucht war gescheitert, der eiserne Schrank noch nicht entdeckt: Neue Möglichkeiten mußten gefunden werden, neue Verbündete, neue Gesprächspartner.

Barnave und Pétion hatten eine erste Gelegenheit, den Majestäten das Leben zu retten, als Lafayette seine Gefangenen im Triumphzug durch eine zeitweise wütende, zeitweise aber auch nur drohend schweigende Menge führte; denn es gab immer wieder Augenblicke, wo irgend jemand gegen die Wagenfenster vordrang, hineinschrie, mit Piken hineinstieß oder gar mit Säbeln oder Steinen warf. Barnave wie Pétion steckten dann jedesmal brav die Köpfe aus den Wagenfenstern, wurden merkwürdigerweise auch jedesmal erkannt, und so wurde für diesmal Unheil abgewendet.

Natürlich trachteten die Jakobiner, die dumpfe Wut der Pariser über die heimliche Flucht für sich auszunützen und verlangten die Absetzung des Königs. Barnave und seine Freunde hatten eine konstitutionelle Verfassung ausgearbeitet, die den König brauchte. Setzte man ihn ab, so mußte alles von vorne beginnen, und das gefährliche, ja blutige Interregnum würde Jahre dauern. Barnave, der sich selbst dem Jakobinerclub zugezählt hatte, löste sich von der Linken mit der glanzvollen Sentenz: »Wer in diesem Augenblick, da alle Franzosen frei und gleich sind, noch mehr will, der gefährdet diese Freiheit und macht uns schuldig.« Ein ahnungsvolles Wort, das so viel Beifall fand, daß Robespierre gar nicht zu einer Erwiderung kam.

Barnave ist gewiß nicht die letzte Eroberung, die Marie Antoinette mit ihrem melancholischen Charme macht, auch im Temple und in der Conciergerie wird ihr noch mancher zu Füßen liegen. Aber Barnave ging es ganz ähnlich wie Mirabeau. Er trat in eine geheime Korrespondenz mit ihr ein, er traf sie, einmal mit seinem Freund, dem Grafen Lameth, einmal allein, und er bezahlte seine Sympathie für die Königin und die Versuche, die Bourbonen zu schützen, endlich mit dem Leben.

Das Ereignis, das diese Geheimverbindung ans Licht brachte, war die Erstürmung des Tuilerienpalastes, jener königlichen Wohnung mitten in Paris, die trotz aller Unruhen in der Stadt nur unzureichend geschützt war, so als hätte es Lafayette Freude bereitet, die königliche Familie immer wieder vor gefährliche Situationen zu stellen. Am 20. Juni 1792, also ein Jahr nach der Flucht nach Varennes, war das Volk schon einmal mit einer Petition in die Tuilerien eingedrungen, hatte nach einiger Bedrängnis – von Ludwig XVI. höflich und ruhig geführt – die Räume besichtigt, war der Königin gegenübergetreten, die Plakate »Hängt sie an die Laterne« in den Händen, und hatte sich endlich wieder zerstreut, als mit zweistündiger Verspätung der dicke Pétion, nun Bürgermeister von Paris, auf dem Schauplatz erschienen war.

Drei Wochen später, am 10. August, ist die Lage ungleich ernster. Der Krieg, den Preußen und Österreich nun endlich begonnen haben und den Kaiser Franz energischer führt als ihn Marie Antoinettes Bruder Leopold geführt hatte, nähert sich Paris. Der Herzog von Braunschweig hat jene berühmte und gewiß wohlgemeinte Erklärung veröffentlicht, in der er verspricht, Paris dem Erdboden gleichzumachen, wenn der königlichen Familie ein Leid geschehe. Mehr hatte es nicht gebraucht, die schlechten Nachrichten von der Front taten ein übriges, am 10. August läuten die Sturmglocken, und zwischen dem König und seinem Volk sind nur noch die tapferen Schweizer Garden. Pétion ist wieder nicht zur Stelle, aber der Generalprokurator des Départements Seine, der Lothringer Roederer, bringt den zaudernden König und die totenblasse Marie Antoinette mit den Kindern und Madame Elisabeth in die Nationalversammlung. In einer kleinen Loge hinter dem Stuhl des Vorsitzenden verbringen sie dort einen endlos langen Tag, während draußen Geschütze donnern und Gewehrfeuer den langen Widerstand der Schweizer verrät. Da sich die Wut der Pariser schon bei der ersten Invasion der Tuilerien gegen das Veto gerichtet hat, jenes Aufschubs-Recht, von dem Ludwig XVI. nur hinsichtlich der Priester und ihrer Nötigung zum Treueschwur auf die Revolution Gebrauch macht, in dem die Pariser aber einen Beweis für seine Unaufrichtigkeit sehen, wird nun das Staatsoberhaupt suspendiert und eine Exekutivregierung gewählt, deren starker Mann Danton ist.

Der Weg, den die Königsfamilie zurückzulegen hatte, ein Fußmarsch unter Bedeckung von den Tuilerien und am Nordrand der Gärten bis in die sogenannte Manège, wo die Nationalversammlung ihren Sitz hatte, war nicht lang, für einen König und die Seinen aber doch ein Schockerlebnis und in gewissem Sinn noch schlimmer als die Fahrt nach Varennes. Nun waren sie alle in ihrer eigenen Hauptstadt Flüchtlinge, nun konnte man sie ganz einfach von einer Schwelle weisen, die Macht lag in anderen Händen.

Spätestens in diesen Tagen, vermutlich aber schon Wochen vorher, vollzog sich jene Distanzierung der Königin von ihrem Gemahl, die sie fortan noch mehr als bisher und nun auch für unbefangene Beurteiler als die Hauptschuldige an der wachsenden Krise darstellen wird. Während Ludwig sich innerlich noch immer nicht von seinem Land löst und – obwohl schwer enttäuscht und tief verletzt – die Einbildung nährt, es gebe noch einen gemeinsamen Weg des Königs mit Frankreich, ist Marie Antoinette, unter den vielfachen Schmähungen und massiven Bedrohungen, entschlossen wieder zur Österreicherin geworden. Am 25. März hatte Dumouriez, jener Abenteurer, der damals immerhin Frankreichs bester militärischer Kopf war, seinen Feldzugsplan gegen die heranrückenden Hüter der Legitimität entwickelt. Die Sitzung hatte in den Tuilerien stattgefunden, Marie Antoinette hatte ihr beigewohnt, und am nächsten Tag ging ein Geheimkurier nach Belgien, zu Mercy, in dem die großen Züge des französischen Aufmarschplanes verraten wurden: »Dumouriez ist sicher, daß die Verbündeten den Vormarsch ihrer Truppen aufeinander abgestimmt haben. Er will zunächst in Savoyen einen Gegenschlag führen, aber auch im Raum Lüttich. Dort wird Lafayette den Angriff kommandieren.« Das ist klar und deutlich Hochverrat, soferne man die Revolution mit Frankreich identifiziert, aber von dieser Auffassung, die ihr Mann immer noch teilte, hatte Marie Antoinette sich eben damit ganz offen distanziert. Als zwei Tage vor dem Kriegsrat Dumouriez bei ihr zur Audienz weilte, hatte sie ihm ihre Haltung schonungslos dargelegt: »Sie sind in diesem Augenblick allmächtig, Monsieur, aber nur durch die Gunst des Volkes, und dieses ist sehr wankelmütig, was seine Götzen betrifft. Ihre Existenz hängt durchaus von Ihrem Verhalten ab . . . Weder der König noch ich haben die Absicht, uns mit all diesem neuen Kram der Konstitution und so weiter abzufinden, das wollte ich Ihnen mit aller Deutlichkeit gesagt haben, richten Sie sich danach!«

In dem Augenblick, da an den Grenzen die Waffen sprechen, läßt die Königin die Maske fallen. Ihre Kontakte mit Barnave werden als der Versuch erkennbar, Zeit zu gewinnen. Sie hatte zu diesem Zweck sogar um revolutionäre Literatur gebeten, sie hatte Barnave nahegelegt, sie in die neuen Gedanken einzuführen, ein Gedankengut, das sie so wenig interessierte wie alle anderen Philosophien oder schwierigeren Lesestücke. Aber sie hatte den Zweck erreicht, Barnave – wie man heute sagen würde – umzudrehen, einen der begabtesten Politiker der Gegenseite mit dem Zauber ihrer Person völlig auf ihre Seite zu ziehen. Ihr Irrtum hatte nur darin bestanden, daß ihr Bruder Leopold, angesichts der neuen Lage, allzuschnell auf eine friedliche Regelung in Paris vertraut hatte (oder sich dies zumindest einredete). Marie Antoinette hatte Zeit gewinnen wollen für eine militärische Intervention Habsburgs; die Lethargie Leopolds jedoch hatte diesen Plan durchkreuzt. Nun herrschte in Wien ihr Neffe Franz, ein Kaiser, der vielleicht am Leben seiner schönen Tante nicht so stark interessiert war wie an den militärischen Möglichkeiten, die ein Feldzug gegen ein in inneren Wirren befangenes Land verhieß. In den westlichen und südlichen Provinzen Frankreichs regte sich die Gegenrevolution, Gerüchte von Hungersnöten und Offiziersrevolten drangen nach Wien: Das waren einzigartige Voraussetzungen für einen Eroberungsfeldzug, den man obendrein als eine Rettungsaktion für die königliche Familie, für Frankreichs legitime Herrscher, tarnen konnte.

In der großen Stadt Paris hat in diesem Augenblick niemand so viel Mut, Phantasie und Klarsicht wie die Königin. Die unzureichend vorgebildete, höfisch-verspielte und zweifellos arrogante Erzherzogin zeigt den Kern, der in ihr steckt, die Unerschrockenheit ihrer Mutter, das Selbstvertrauen aus ihrer Herkunft. Während die Helden der Revolution das Weite suchen, während der glanzvolle Lafayette emigriert (!) und andere Abgötter der Straße angsterfüllt den Stahl am Nacken fühlen, beginnt in Paris die große Panik. Auf einmal ist ihnen vor ihren eigenen Großtaten bange. Jeder Festungskommandant, der kapituliert, soll von den Daheimgebliebenen vor ein Kriegsgericht gestellt werden, zugleich aber spricht Danton von 30 000 Verrätern in der Stadt Paris.

Das ist der Freibrief für den Blutrausch der ersten Septembertage, die Robespierre als einen spontanen Ausbruch des Volkes hinstellen wird und der doch nichts anderes ist als geplanter Terror, eine Blutorgie zur Einschüchterung und Ablenkung der Bevölkerung, die andernfalls zur Besinnung kommen könnte. Die königliche Familie hat man in das alte Temple-Schloß gebracht, einen mittelalterlichen Bau, der sich als Gefängnis gut eignet. Es gibt keine Verbrämungen mehr, keine Nationalgarde zwischen den Fronten; der König und die Seinen sind Gefangene, und die Jakobiner fordern seinen Prozeß.

In den anderen Gefängnissen von Paris sitzen seit einigen Wochen, vor allem aber seit den letzten Tagen mit den Katastrophennachrichten von den Festungen an der Ostfront, Männer und Frauen, die irgend jemand denunziert hat, die man als Priester, ehemalige Höflinge oder ganz einfach, weil sie mit dem Ausland Briefe wechseln (!) für Verräter und Spione hält. Bürgermeister Pétion und Justizminister Danton sind zweifellos eingeweiht und halten still; auch die Garnison von Paris steht Gewehr bei Fuß, als am 2. September 1792 die Sturmglocken in der Hauptstadt zu läuten beginnen und in den Vorhöfen der Gefängnisse die angeblich zu Verlegungen hinausgeführten Inhaftierten buchstäblich abgeschlachtet werden. Man hat ihnen schon am Vortag Messer und Gabeln abgenommen; die Gefängniswärter haben ihre Familien aufs Land zu Verwandten geschickt. Stanislas-Marie Maillard, der Aufseher aus dem Châtelet-Gefängnis, der schon den Dirnenmarsch nach Versailles organisierte, führt auch die angeblich spontane Aktion gegen die wehrlosen Gefängnisinsassen und etabliert sich als Schnellrichter vor dem Prison de l'Abbaye.

Die ersten, die unter den Äxten und Säbeln von etwa dreihundert Kriminellen aus dem Faubourg Saint-Antoine ihr Leben lassen müssen, sind hundertunddreißig Schweizer, deren Verbrechen darin bestand, die Tuilerien verteidigt zu haben. Hundertsiebzig waren bereits im Kampf gefallen, einige andere hatten es geschafft, sich aus dem Staub zu machen und die Franzosen ihre Affären unter sich abmachen zu lassen. Die toten Schweizer werden ihrer Uniformen beraubt und nackt auf die Quais geworfen. Die schaudernden Pariserinnen holen ihre Kinder in die Häuser, draußen aber geht das Morden weiter.

Da die Nationalversammlung sich gegen die *Lettres de Cachet* ausgesprochen hatte, die (sehr selten genutzten) königlichen Haftbefehle ohne richterliche Begründung, versuchen Pseudotribunale den Schein des Rechts zu wahren. Hinter den Tischen sitzen erprobte, aber nicht lange nüchterne Patrioten. Verteidiger gibt es nicht, mancher Angeklagter, der im Viertel bekannt ist, hat Glück und findet Fürsprecher aus dem Volk, Fremde haben keine Chance. Während aus den Höfen schon der Blutgeruch aufsteigt und die Schreie der Massakrierten hereindringen, soll solch ein Verzweifelter nun die richtigen Worte für seine Verteidigung finden. Alles ist Zufall, Augenblicks-Fügung, gelegentlich gibt es sogar eine Lebensrettung *per acclamationem,* wie wenn die schöne Tochter des Dichters Cazotte sich vor ihren greisen Vater stellt und schreit: »Wenn ihr zu meinem Vater wollt, müßt ihr erst mich umbringen« – es war freilich nur ein Aufschub, einen Monat später starb er von der Hand Sansons.

Die 1395 Pariser Toten jener Tage sind alle namentlich bekannt, und jeder von ihnen hat seine Geschichte, denn selbst die Soldaten und Offiziere der Schweizer Truppe haben, soweit sie überlebten, von den Ereignissen berichtet und ihren getöteten Kameraden Nachrufe gewidmet, und sie haben sich angesichts der unvorstellbaren Brutalität dieses Stadtpöbels, die alle Erlebnisse auf den Schlachtfeldern übertraf, auch nicht gescheut, die eigene panische Angst zu schildern, die Verzweiflung, die Fluchtversuche, wie es etwa sehr bewegend der Unterleutnant Good aus Mels in Briefen an seine Geschwister in der Schweiz getan hat.

Die Franzosen selbst aber haben sich mit einer Inbrunst über die Aufzeichnungen, Erinnerungen und Berichte aus den Septembermorden gebeugt, als hätten sie erst in diesen Tagen erkannt, mit welcher Art Mensch der Großstädter zusammenlebt, ohne es zu ahnen, ohne diesen Gruppen zu begegnen, die, bei Gelegenheiten wie dieser, jahrhundertealten Haß, nie befriedigte Gier und all jene niederen Gelüste ausleben, deren sie bis dahin stets die verdorbene Hofgesellschaft geziehen haben. Diese von Beaumarchais, Laclos, Voisenon, Crébillon und vielen anderen uns als so dekadent, verkommen, feige und verlogen geschilderte Gesellschaft aber zeigt bei dieser und anderen Gelegenheiten, mit welcher Haltung sie zu sterben versteht, da sie nun einmal das System, von dem sie so lange profitiert hatte, nicht mehr retten kann. Man könnte einen eigenen erregenden Band zusammenstellen aus letzten Lebenszeugnissen, Abschiedsbriefen, Abschiedsworten; man müßte des greisen Herzogs von Brissac gedenken, der mit anderen zum großen Schlachten nach Paris gekarrt wurde und sich mit einem simplen Messer noch mannhaft wehrte, oder jenes anderen, namentlich unbekannten jungen Adeligen, der durch zwei Pistolenschüsse die Qualen eines Mädchens beendete, das unter dem Johlen der Fischweiber von den Seine-Quais in einer großen Fischbratpfanne bei lebendigem Leib geröstet wurde: die wütenden Hüterinnen der Menschenrechte rissen ihn in Stücke, da er sie um ihr Vergnügen gebracht hatte.

Es gibt unendlich viele solcher Geschichten in der Geschichte, es gibt einen ganzen Band mit Fällen von falschen und echten Schwangeren, die sich dadurch der Guillotine entzogen haben, und es gibt minutiöse Chroniken der Geschehnisse in jedem dieser Gefängnis-Vorhöfe, die von Maillard und Konsorten in Schlachthöfe verwandelt worden waren.

Von den Personen, deren Schicksal wir bisher verfolgt haben, traf es in jenem blutigen September die schönste und stolzeste unter allen Freundinnen der Marie Antoinette, nämlich Marie-Thérèse de Savoie-Carignan, Princesse de Lamballe, zweiunddreißig Jahre alt und im La Force-Gefängnis inhaftiert, seit man die königliche Familie in den Temple geschafft hatte. Sie hatte sich in den abgelaufenen drei Wochen einigermaßen auf dieses neue Leben eingestellt und durch ihre ruhige und höfliche Art unter Wärtern und Mitgefangenen Sympathien erworben, die ihr das Leben ein wenig erleichterten. Als man ihr die angebliche Verlegung ankündigte, bat sie, in ihrer Zelle bleiben zu dürfen, vielleicht, weil man sie gewarnt hatte, vielleicht auch nur, weil sie sich denken konnte, daß es anderswo eher schlimmer sein würde.

Aber an jenem blutigen Sonntag gab es keine Ausnahmen. Man führte sie vor einen jener Tische, wo die selbsternannten Richter ihre Fragen stellten, und es gab einen mutigen Wachsoldaten, er war vielleicht bestochen oder ein wenig verliebt in die schöne Frau, der ihr die richtigen Antworten zuflüsterte und sie beschwor, alles zu sagen, was man verlangte, es gehe um ihr Leben. So bekannte sie sich denn ohne Zaudern zu den Prinzipien der Freiheit, Gleichheit und Brüderlichkeit und betonte, es koste sie keinerlei Überwindung. Wir dürfen es einer Frau glauben, die in eines der reichsten Häuser Frankreichs eingeheiratet hatte, die das Leben nur von der rosigsten Seite kannte: Sie war fromm und ohne Arg, aber zweifellos ohne wirkliche Kenntnis der Verhältnisse, die zur Revolution geführt hatten.

Dann aber verlangte man von ihr den Revolutionsschwur »Tod den Tyrannen« und die Verurteilung des Königs, dessen Prozeß damals noch gar nicht begonnen hatte. Der brave Wachsoldat beschwor sie flüsternd, doch die Formel zu sprechen, es habe ja nichts zu bedeuten. Aber die Lamballe sagte ganz ruhig, sie könne jenen Menschen, von denen ihr zeitlebens nur Gutes gekommen sei, auch in diesem Augenblick nichts Böses wünschen. Damit war sie verloren. Man stieß die Tür zum Gefängnisvorhof auf. Blutgeruch drang in den Raum, und die Prinzessin, die sah, wie dort Wehrlose mit Säbeln und Beilen niedergemacht wurden, wich mit einem leisen Schrei zurück. Man stieß sie hinaus, und wenige Sekunden später traf sie der erste Säbelhieb. Aus ihrem hochfrisierten Haar fiel der letzte Brief, den die Königin ihr geschrieben hatte, dort hatte sie ihn versteckt und stets bei sich getragen. Dann trennte man ihr den Kopf vom Rumpf und steckte ihn nach dem Brauch der neuen Ära auf eine Pike, um ihn im Triumphzug zum Temple-Gefängnis zu tragen.

Dort erreichte es eine Abordnung der Schlächter, daß die Intendanz des Gefängnisses die königliche Familie an die Fenster befahl, zu denen man den Kopf der Prinzessin hinaufreichte. Ja man hatte sogar verlangt, daß der kleine Dauphin und seine ältere Schwester sich den abgeschlagenen Kopf der ihnen gut bekannten Prinzessin ansehen sollten, aber der König hatte dies wortlos verhindert, indem er am Fenster einfach nicht Platz machte.

Der Leichnam der Lamballe blieb mit anderen zunächst auf einer kleinen Schutthalde gegenüber dem Gefängnistor liegen, von allen Kleidungsstücken entblößt, sonst aber nicht entstellt. Im Lauf des Tages sah man hin und wieder Männer, die einen Eimer Wasser darüber schütteten, um das Blut abzuwaschen, so daß der nackte Leib in der Septembersonne leuchtete, bis sie unterging.

Man kann nicht umhin, gerade bei dem, was aus den Septembermorden berichtet wird, an den Marquis de Sade zu denken, der am 4. Juli 1789 aus der Bastille nach Charenton verlegt worden war, was bedauerlich ist: die Revolution hätte sonst nämlich Sade als einen Befreiten im Triumphzug durch die Stadt geleitet. Am 3. September 1792, also mitten in dem großen Blutrausch, wird D. A. F. de Sade Sekretär der extremistischen *Section des Piques,* im Jahr darauf amtiert er sogar als Richter! Neben ihm aber muß in jenen Tagen so mancher andere namenlose Sadist am Werk gewesen sein. Die Schuld an den Vorgängen wird ihm freilich niemand in die Schuhe schieben können, so sehr es auch danach aussah. Die Mitschuld des Geschehenlassens trifft Danton und Pétion, den Bürgermeister; jeder von ihnen hatte genug Exekutive zur Verfügung, um die Gefängnisse zu schützen und die Lynchjustiz zu unterbinden. Statt dessen ließ Pétion in seiner Feigheit sogar noch Wein an die Schlächter ausgeben.

Die Drahtzieher, die Anstifter des Vorgangs waren Robespierre, der wenig später ja selbst auf der Guillotine endete, und der Jakobiner Jean Nicolas Billaud-Varenne aus La Rochelle, der diesem Schicksal leider entging. Er erkletterte an diesen Septembertagen immer wieder Haufen blutbedeckter, nackter Leichen und hielt den Mördern kurze Ansprachen, in denen er ihnen versicherte, sie hätten lediglich ihre nationale Pflicht getan. Er starb 1819 auf den Antillen. Diese grausigste Aktion der Französischen Revolution ist auch ihre geheimnisvollste. Die Lynchmorde, angeblich eine Reaktion auf den Fall von Verdun, begannen zu einem Zeitpunkt, da noch niemand in Paris von der Kapitulation der Stadt wissen konnte und schon gar nicht, daß die Bürger von Verdun den preußisch-österreichischen Siegern wie einer Armee von Befreiern entgegengezogen waren, mit Blumen und weißgekleideten Jungfrauen, was den besonderen Zorn der Pariser Freiheitsapostel einigermaßen erklärt hätte. Und wer organisierte die am ersten Schlacht-Tag einsetzenden Transporte aus den Provinzgefängnissen nach Paris? Wer bestellte die Mordbanden an die Stadttore, wo die Ankömmlinge ohne Verfahren von den Wagen gezerrt und auf offener Straße umgebracht wurden, bis auf jene wenigen, die von ihren Bürgermeistern begleitet worden waren und gerettet wurden?

Es bleibt ein Geheimnis, wie so vieles, was als großes Verbrechen historisch geworden ist, aber es hatte ganz offensichtlich die Folgen, die Robespierre und seine Gesinnungsgenossen sich von dem großen Schrecken erhofften: Die Pariser, die jeden Geretteten, jeden Entronnenen mit Hochrufen auf die Nation begrüßten (!) stürzten nicht die Regierung, die all dies hatte geschehen lassen, sondern eilten zu den Waffen, um nun außerhalb von Paris mehr Heldenmut zu beweisen als er gegen die Gefangenen in den Pariser Kerkern nötig gewesen war. Es kam zu der sensationellen Wende des Krieges gegen die besser ausgerüsteten Truppen aus Deutschland und Österreich und hatte ganz offensichtlich mit Napoleon noch nichts zu tun, denn er trat erst vierzehn Monate später in Erscheinung. Es war der revolutionäre Elan, der die Sansculotten bis nach Mainz und sogar nach Frankfurt führte – wo sie allerdings erheblich sicherer waren als im Umkreis der Guillotine . . .

Es war in eben jenem Arrondissement Sainte-Menehould, in dem die Flucht der Königsfamilie gescheitert war, daß sich das blutgeborene neue Frankreich zum erstenmal gegen die Armeen der Monarchen durchsetzte: Vor dem Dorf Valmy, wo die Franzosen unter ihren Generälen Kellermann und Dumouriez in aussichtsloser Position standen, während die Preußen ungleich bessere Stellungen hatten. Der Herzog von Braunschweig aber gedachte, die Sansculotten durch Geschützfeuer zur Kapitulation zu veranlassen, weil seine eigenen Truppen durch die Ruhr geschwächt und die Interessen Preußens inzwischen auf die polnischen Angelegenheiten gerichtet waren. Als die Franzosen schließlich, zur allgemeinen Überraschung, mit ihrem neuen Schwung und dem Ruf *Vive la Nation* angriffen, zogen sich die Preußen zurück.

Der Vorgang war an sich militärisch von geringer Bedeutung und wirkte erst durch die Folgen und die Diskussionen darüber. Da die Handlungsweise des Herzogs (damals noch) unbegreiflich erschien, man wußte ja nicht, wieviele Schlachten er in den nächsten Jahren noch verlieren würde, ging das Gerücht, Frankreich habe ihn bestochen. Doch muß man dem Herzog von Braunschweig so viel Ehre erweisen, zu sagen, daß dies gewiß nicht der Fall war: Bei Jena und Auerstädt war er garantiert nicht bestochen und verlor noch viel spektakulärer. Die große Überraschung über das neue Frankreich, aus dem Blut von Paris und dem Dauerregen von Valmy aufgestiegen, klingt auch aus den Zeilen des berühmtesten Augenzeugen, den jemals eine so unbedeutende Schlacht gehabt hat, aus den Aufzeichnungen Goethes:

»Die größte Bestürzung verbreitete sich über die Armee. Noch am Morgen [des 20. 9. 1792] hatte man nicht anders gedacht, als die sämtlichen Franzosen anzuspießen und aufzuspeisen, ja mich selbst hatte das unbedingte Vertrauen auf ein solches Heer, auf den Herzog von Braunschweig, zur Teilnahme an dieser gefährlichen Expedition gelockt; nun aber ging jeder vor sich hin, man sah sich nicht an, oder wenn es geschah, so war es um zu fluchen oder zu verwünschen. Wir hatten, eben als es Nacht werden wollte, zufällig einen Kreis geschlossen, in dessen Mitte nicht einmal, wie gewöhnlich, ein Feuer konnte angezündet werden; die meisten schwiegen, einige sprachen, und es fehlte doch eigentlich einem jeden Besinnung und Urteil. Endlich rief man mich auf, was ich dazu denke?, denn ich hatte die Schar gewöhnlich mit kurzen Sprüchen erheitert und erquickt; diesmal sagte ich: ›Von hier und heute geht eine neue Epoche der Weltgeschichte aus, und ihr könnt sagen, ihr seid dabeigewesen‹«.

Beginnt eine neue Epoche, so ist eine alte zu Ende gegangen. Sie tat dies in den dicksten Mauern, die Paris besitzt, im Turm des Temple, den die königliche Familie nach einer gewissen Wartezeit bezogen hatte, ein Gefängnis in einem kuriosen Teil der Stadt, der

Sonderrechte für Marktfuhren und zeitweise auch eine eigene Gerichtsbarkeit gehabt hatte, eine Art Zitadelle inmitten des neuen Paris, ein Stück Mittelalter, ein Relikt aus der Zeit jenes geheimnisvollen, die Franzosen bis heute beschäftigenden Ordens der Tempelritter.

Die Monate im Temple-Gefängnis genauer zu studieren, würde zeigen, daß die Herren Abgeordneten und Neu-Republikaner, die sich um die Formulierung der Menschenrechte bemüht und Freiheitsgöttinnen durch die Stadt geführt hatten, zugleich die Erfinder einer neuen, diabolischen Hinrichtungsmaschine geworden waren – nicht der Fallbeilkonstruktion des halbverrückten Doktors Guillotin, keineswegs, sondern der Kerkerhaft als *Garotte*. Goya hat sie uns gezeigt, diese grausamste aller Tötungstorturen, bei der dem Gewürgten immer weniger Luft zuteil wird, so daß er langsam und qualvoll, endlos und unter wachsenden Ängsten ersticken muß. Ganz so verfuhr man im übertragenen Sinn mit den wehrlosen Mitgliedern der königlichen Familie, Ludwig, Marie Antoinette, dem Dauphin, seiner Schwester und der Königsschwester Madame Elisabeth. Die Erzieherin der Kinder, die treue Madame de Tourzel, überlebte wie durch ein Wunder den 2. September, und Madame Campan wäre beim Tuileriensturm um ein Haar ums Leben gekommen, aber sie entrann dem schon gezückten Säbel.

Die Gefangenen im Temple wurden erst nach ein paar Wochen des einzigen Trostes beraubt, der ihnen noch verblieben war: beisammen zu sein. Sie beginnen das ungewohnte Leben auf allerengstem Raum mit einer kleinen Schar von Wächtern, die auch gewisse dienende Funktionen ausüben, aber immer wieder zu verstehen geben, daß nun eigentlich sie die Herren seien und der König nichts mehr zu sagen hätte. Die seelischen Grausamkeiten erreichen eine Perfidie, die zu der Primitivität des Wachpersonals in einem merkwürdigen Gegensatz steht, so als ob diese Figuren aus der Gosse ein Ingenium der Quälereien und der sadistischen Phantasien in sich entdeckt hätten, sobald sie die Gelegenheit dazu hatten.

Die fünfzehnjährige Prinzessin zum Beispiel, die spätere Madame Royale, muß, um zu ihren Eltern zu gelangen, stets durch eine kleine Kammer gehen, in der ein besonders brutaler Wächter beinahe den ganzen Tag in den obszönsten Positionen auf seinem Bett liegt, »entsetzliche Lieder« singt, wie die Prinzessin sich ausdrückt, dem König den Rauch seiner Zigarre ins Gesicht bläst und bei jeder Gelegenheit versichert, er werde alle umbringen, sollten sich die Österreicher und Preußen der Stadt Paris nähern.

Marie Antoinette finden wir in dieser Situation zunächst gefaßt, sie macht viele Handarbeiten und unterrichtet die Kinder, und sie sorgt dafür, daß der Dauphin Bewegung hat. Er bleibt das eigentliche Sorgenkind, eigenwillig, aber unselbständig, kränkelnd und sich den natürlichsten Pflegemaßnahmen widersetzend, von Ängsten erfüllt, über die er nicht zu sprechen wagt. Als die treue Madame de Tourzel den Temple verlassen muß – auch eine reine Schikane und vor allem gegen die Königin gerichtet – ruht die ganze Last der Fürsorge auf den Schultern Marie Antoinettes, denn Ludwigs Phlegma akzentuiert sich, er scheint sich völlig in sein Schicksal ergeben zu haben, er liest viel, ißt viel und schläft viel und überläßt alles übrige Marie Antoinette, die keinerlei Hilfe oder Stütze hat.

Nur Marie Antoinettes hübsche Schwägerin hat auch hier wieder einen Verehrer gefunden, während Pétion, dem sie sich auch nach der Rückkehr von Varennes bei jeder Gelegenheit zutraulich, ja kindlich nähert, sich im Temple kaum blicken läßt. Die Gespräche, die der Bürgermeister reportiert, lassen bei der jungen Frau jene hochgradige Naivität erkennen, wie sie mitunter bei sehr frommen, sehr reinen Charakteren auftritt; sie wirkt wißbegierig, zugleich aber ahnungslos, und der Gedanke, daß diese schöne Unschuld nun irgendwann hingerichtet, das heißt ermordet werden soll, bricht einem der jungen Gardisten das Herz. Er geht vor dem Schlüsselloch, hinter dem die Schöne lebt, weinend in die Knie und macht sich so verdächtig, daß er abgelöst wird, ehe er den Gefangenen von Nutzen sein könnte.

Die Weltpresse interessiert sich noch immer ein wenig für die königliche Familie, und seit der Prozeß gegen den König beginnt, seit abzusehen ist, daß dieser Bourbone das Schafott wird besteigen müssen, mehren sich auch die Stimmungsberichte aus dem Temple-Gefängnis, mit denen die Wächter und das Dienstpersonal offensichtlich ganz gute Geschäfte machen.

Die *Vossische Zeitung* läßt sich aus Paris melden: »Ludwig XVI. nimmt ein Buch, legt es weg, nimmt ein anderes, macht Anmerkungen mit einem Bleistift und läßt bisweilen seinen Sohn lateinische Stellen übersetzen. Marie Antoinette läßt ihre Kinder lesen und Dialoge hersagen. Madame Elisabeth lehrt ihre Nichte (Marie Thérèse) rechnen und zeichnen; alsdann liest sie. Hernach unterreden sie sich. Nach dem Essen spielt man einige Partien Piquet. Man spricht mit den Kommissaren der Stadt (es sind immer zwei zugegen). Man liest wieder oder geht im Garten spazieren. Abends liest Marie Antoinette aus den Briefen der Cäcilia u. a. vor, besonders auch Erzählungen von den Schicksalen unglücklicher Grafen und Prinzessinnen.«

Der Bericht deutet auch an, daß man sich in einer Kinder-Geheimsprache unterhielt, in der Ziffern eine große Rolle spielten, und Lenôtre fühlt sich in seinen Studien über diese Zeit an die Komödien von Trianon erinnert, wo die Mitglieder der Theatertruppe einander auch Spitznamen gegeben hatten. Was damals Spiel gewesen war, wurde nun Ernst. Die konkreten Hoffnungen waren geschwunden, den Schwedenkönig, der mit Fersen und seiner Schwester befreundet war, hatte eine Mörderkugel getötet, worüber alle Jakobiner in Paris gejubelt hatten, die Prinzessin von Lamballe, die nur zehn Tage im Temple hatte bleiben dürfen, war tot. Der Schrecken herrschte über Paris, und die Gefangenen fühlten sich in höherem Maß als je zuvor in der Hand des Schicksals, in einer Situation, in der sie die unsinnigsten Gerüchte glaubten, eben weil sie keinen Kontakt zur wirklichen Welt mehr hatten. Gab es Gerüchte von Aufständen in Westfrankreich, so hofften sie auf die Royalisten, welche die Seine heraufkommen würden, um ihren König zu befreien; und weil bei den Tuilerien und während der Septembermorde so viele Schweizer gefallen waren, hielt man es für denkbar, daß die kleine, aber militärisch tüchtige Schweiz einen rächenden Vorstoß nach Paris unternehmen werde!

Es gab, wenn auch selten, kleine Freuden. Es gab mitleidige Seelen, die in den eng von alten Häusern gerahmten Garten des Temple Nachrichten warfen, die Mut machen sollten, oder sie auf einen Karton schrieben und gegen ein Fenster legten, wie etwa die Meldung vom Fall von Verdun. Wäre der Betreffende dabei ertappt worden, er hätte den Tag nicht überlebt. Und es kamen zwei vertraute Diener, die es irgendwie erreicht hatten, den Majestäten wieder aufwarten zu dürfen, einer der sichersten Beweise dafür, daß weder Ludwig XVI. noch Marie Antoinette arrogant, herrisch oder ungerecht gewesen waren, so lange sie noch in Schlössern residierten. Denn sowohl der Kammerdiener Hue als auch sein Kollege Cléry riskierten mit diesem Ersuchen natürlich ihren Kopf: welcher brave Patriot drängte sich schon, einem Tyrannen zu dienen!

Es weckt auch unsere Anteilnahme, wenn man aus dieser oder jener Quelle erfährt, wie dankbar sie alle, die Königin vor allem und ihre junge Schwägerin, auf jedes Gespräch eingingen, das sie ein wenig ihre Lage vergessen ließ, Gespräche, in denen sich die Kommissare – die aus Sicherheitsgründen ja gewechselt wurden – oft als Männer von Takt und Bildung erwiesen, so daß für Augenblicke die frühere Welt wieder aufsteigen konnte, ein Schimmer des verlorenen Glücks die engen Räume im Temple erhellte.

Aber das waren die Ausnahmen, und seit wir das Tagebuch kennen, das die noch nicht fünfzehnjährige Tochter der Königin, von den Umständen früh gereift, im Temple geführt hat, seidem wissen wir auch, daß es eine romantische Vermutung war, anzunehmen, die Handwerker, die an der Renovierung des großen Turms arbeiteten, die Wachtposten und andere einfache Leute, die im Temple-Gefängnis zu tun hatten, »hätten eine gewisse Verlegenheit empfunden wegen der Rolle, die sie spielen mußten und wären – ohne es zuzugeben – selbst von Scham erfüllt gewesen über die Lage, in der sie ihren König und seine Familie sehen mußten« (Lenôtre). Die Wirklichkeit war anders; die kleinen Leute, denen es unter dem *Ancien Régime* ja nun wirklich nicht gut gegangen war, ließen ihre Unzufriedenheit mit den Zuständen an den Gefangenen aus, und selbst die ruhige Würde der Königin, selbst die Geduld des Königs brachten sie nicht dazu, ihre Beschimpfungen, ihre provozierenden Lieder, ihre abfälligen Bemerkungen einzustellen. Gartenmauer, Treppenhaus und Wände waren mit beleidigenden und teilweise obszönen Zeichnungen bedeckt; hatten die Herren Gärtner oder Maurer geeignete Handwerkszeuge in der Nähe, so bedeuteten sie der Königin, wie gerne sie ihr damit den Garaus machen würden, und die königlichen Eltern durften ihre Empörung und Kränkung nicht einmal zeigen, weil sich der Schock dann auch noch den Kindern mitgeteilt hätte.

Hoffnung konnte in dieser Lage nur noch von außen kommen, und deswegen war die Nachricht von der Niederlage bei Valmy und der ihr folgenden Rückzugsbewegungen der Preußen und Österreicher nicht nur für die Gefangenen im Temple schlimmer als jede aktuelle Erschwernis, jede der täglichen Beschimpfungen, sie traf auch jenen Mann ins Mark, der nahe den Fronten, aber nicht selbst kämpfend, das Schicksal der Königin verfolgte – den Grafen Fersen.

Sein königlicher Gönner in Schweden war einem Attentat zum Opfer gefallen. Fersen selbst war als Organisator der Flucht nach Varennes dem Tod nur entronnen, weil er als Ausländer des Landes verwiesen worden war. Als sich das Blatt des Krieges wendete, als der Herzog von Braunschweig, ein Mann von großer Erfahrung aus dem Siebenjährigen Krieg, gegen die *Sansculotten* so kläglich versagte, daß ihm selbst junge Offiziere aus der Emigration dies erbittert vorwarfen, da wuchs in Fersen ein Haß nicht nur gegen die Revolution, sondern gegen das ganze Frankreich, in dem er einen so großen Teil seines Lebens verbracht hatte. »Wenn es tatsächlich nur um wenige Stunden ging, als der Herzog von Braunschweig versäumte, die Rebellen (d. h. die französische Armee) anzugreifen und zu vernichten, dann scheint es, als walte wirklich ein unheilvolles Geschick über allem. Ich wäre mit ihm zugleich in Paris gewesen und ich hätte alles nur irgend Mögliche getan, damit diese nichtswürdige Stadt zerstört würde: Das wäre das einzige Heilmittel, und ich werde diese Meinung immer aufs neue vertreten!« (Brief vom 14. Oktober 1792 an seinen Freund Taube).

Der Königsmord

Seit jenem Oktobertag, an dem die Weiber aus den Markthallen und die versammelten Dirnen von Paris das Bett der Königin in Versailles zerstochen hatten, waren Pläne geschmiedet worden, Marie Antoinette gegen solche Anschläge zu schützen. Auch auf der Heimfahrt von Varennes hatte es bedrohliche Augenblicke gegeben, umsomehr, als es sich ja nicht um Milizen oder Truppen handelte, die zumindest größtenteils Befehlen gehorchten, sondern um den immer wieder durch Parolen und Wein und Rachegelüste aufgeputschten Pöbel der Riesenstadt, der nicht abwarten wollte, bis die Volksvertreter zu Entschlüssen über das Schicksal der Königsfamilie gekommen waren. Das Ergebnis dieser Überlegungen waren leichte Körperpanzer, die man unter den Kleidern tragen konnte; sie gewährten keinen völligen Schutz, mußten aber die Folgen zufälliger Angriffe mit Stich- und Hiebwaffen mildern.

Ludwig XVI. hatte diese nicht sonderlich bequeme Unterkleidung nur unter Protest angelegt, vor allem, um den Damen der Familie die Sache schmackhafter zu machen, und bei dieser Gelegenheit geäußert, er wisse, daß er sterben werde wie Karl I., jener englische König, an dessen Schauprozeß und Hinrichtung schon der vorausschauende Minister Turgot Ludwig XVI., leider vergeblich, erinnert hatte. Der König machte sich also keine Illusionen und gab sich keiner Hoffnung hin, obwohl er sich in seiner genauen Kenntnis der Geschichte und der Verfassung eigentlich sagen mußte, daß nach der Ausrufung der Republik kein Grund mehr bestand, seinen Kopf zu fordern. Am 22. und 23. September 1792 hatten die zum Teil unter Fackelzügen und auf den nächtlichen Straßen gefeierten Proklamationen begonnen, die Frankreich als Republik erklärten, und ein Dekret des Nationalkonvents, der nun die Geschicke des Landes lenkte, war unter Pauken und Trompeten bekanntgemacht worden.

War schon dieser Vorgang durch keinerlei rechtliche Prozedur abgesichert, so zeigte sich auch bald, daß der ganze Konvent, der inzwischen die Nationalversammlung abgelöst hatte, hinsichtlich aller weiteren Maßnahmen völlig uneins war. Es war schließlich leichter, zum Fenster hinaus zu predigen als abgesicherte, überlegte und tragfähige Verhältnisse zu schaffen. Der Königsfamilie waren bis dahin 500 000 Livres als Apanage ausgesetzt gewesen;

darüber machte sich nun auf einmal niemand mehr Gedanken, und es blieb dem Bürgermeister von Paris (!) überlassen, als künftiges Einkommen der Bourbonenfamilie das übliche Tagegeld von Häftlingen festzusetzen, einer der würdelosesten Streiche des dikken Pétion, der tief verärgert darüber war, daß ihn nicht seine Pariser in den Konvent gewählt hatten, sondern ein Département in Mittelfrankreich, und der sich durch diese Härte auf Kosten Unschuldiger wieder beliebt machen wollte.

»Es ist unglaublich«, schreibt die Berliner *Vossische Zeitung,* »unter welchem Freudengeschrei von mehr als 6000 theils in, theils außerhalb der Reitbahn *(Manège)* versammleten Sans-culottes das Dekret des Nationalkonvents, welches die Königswürde abschafft, von Herrn Pétion ausgesprochen worden ist. Alles, was sich in dem Saale befand, hob die Hände gen Himmel und blieb lange in dieser Stellung, als wenn man dem Himmel danken wollte, daß Frankreich nun von den Königen befreyet sey. Man schrie: ›Es lebe die Nation!‹, ›Es lebe die Republik‹. Man warf die Hüte in die Luft und beging viele andere Seltsamkeiten.«

Für Ludwig, der sein Königtum ja sehr ernst genommen hatte, der niemals arrogant, aber doch stets sehr bewußt seine Würde und seine Aufgabe hochgehalten hatte, war es der erste Tag, an dem er die Fassung verlor. Statt wie Fersen und wie insgeheim auch schon lange Marie Antoinette sich innerlich von Frankreich zu lösen und dieses der Revolution verfallene Volk sich selbst zu überlassen, empfand Ludwig XVI. Krönung und Salbung als eine untrennbare Verbindung seiner Person mit diesem Land, obwohl es ihm so deutlich zeigte, daß es ihn nicht mehr wollte. Er beklagte den Vorgang in leisen, zusammenhanglosen Worten, war auch für seine nächsten Angehörigen nicht ansprechbar und aß den ganzen Tag nichts, was bei seinem sprichwörtlich guten Appetit einiges heißen mochte. Diese schlechte Stimmung, eine tiefe Niedergeschlagenheit, hielt tagelang an, obwohl der Kriegseintritt Spaniens nun immerhin zeigte, daß die Revolution sich an allen ihren Grenzen werde verteidigen müssen. Um das Eindringen dieser und anderer Nachrichten durch Schrifttafeln vor den Fenstern zu verhindern, drehten die Herren im Konvent wieder einmal an der *»Garotte«* und mauerten die Fenster im Temple-Gefängnis so weit zu, daß Licht und Luft nur noch von schräg oben einfallen konnten – und das am Ende eines Jahrhunderts, das sich auch auf dem Gebiet des Strafvollzugs und der Folter bedeutender Fortschritte zu menschlichen Verfahren rühmen durfte. Man kann zu Ehren der Volksvertreter höchstens annehmen, daß nicht jede dieser schäbigen und überflüssigen Maßnahmen dem ganzen hohen Haus bekannt geworden war, sondern auf die persönliche Nichtswürdigkeit eines Sonderbeauftragten zurückging. Sie stehen in einem sehr bezeichnenden Gegensatz zum Verhalten des Königs, dem der unbestechliche Larousse in seinem *Dictionnaire de la Révolution et de l'Empire* bescheinigt:»Während der fünf Monate, die sein Leben noch währte, bewies der König die Tugenden der Selbstverleugnung und der Noblesse im höchsten Maß.« Nach dem *savoir vivre* war nun das *savoir mourir* an der Reihe, und das *Ancien Régime* verabschiedete sich auch in dieser sinistren Domäne höchst eindrucksvoll.

Im Konvent gab es zwei große Gruppierungen, die *Girondisten,* die als gemäßigte Erneuerer ihre Anhänger vor allem in den Provinzen hatten, und die *Montagnards* oder *Jakobiner* mit den scharfzüngigen Fanatikern an der Spitze, die hinter sich die Mordmaschinerie der Guillotine hatten und die Mordlust des Pöbels. Robespierre, der gefürchtete Wortführer der *Montagnards,* hatte eine primitive, aber wirksame Formel gefunden, die man auch auf der Straße verstand. Sie lautete: Wir haben den König abgesetzt. Wenn das richtig war, so heißt es, daß er schuldig war. War es unrichtig, dann wären wir die Schuldigen. Wozu also einen Prozeß? Wir dekretieren einfach seinen Tod.

Die *Girondins* hingegen bemühten sich, den Kopf des Königs und damit natürlich auch seine Familie zu retten. War er nicht mehr König, war Frankreich eine Republik, dann bestand nach Meinung der Gemäßigten kein Anlaß, das gesamte Ausland durch eine Hinrichtung des Königs zu provozieren und den Aufmarsch der Mächte gegen Frankreich indirekt zu rechtfertigen.

Angesichts der breiten ländlichen Basis, welche die *Girondins* besaßen, angesichts aber auch der wachsenden Unzufriedenheit in den Provinzen hatte eine glimpfliche Lösung im Sinn einer menschenwürdigen Haft der Königsfamilie irgendwo in Frankreich gewisse Chancen, vor allem auch, weil es den Krieg gab, den das verarmte und hungernde Land zwar bravourös führte, aber doch nicht lange durchhalten konnte.

In diesem Augenblick der Entscheidungen meldete sich vor dem Konvent ein einfacher Mann, ein Schlosser namens Gamain, und nun begann eine jener vielen Revolutions-Anekdoten, die bis heute in verschiedenen Versionen erzählt werden, obwohl sie längst Geschichte geworden sind.

Die erste Fassung lautet: François Gamain sei mit dem König schon lange bekannt gewesen, da er bereits vor 1774 dem handwerklich interessierten Dauphin nicht nur die Schlosserei beigebracht, sondern eine ganze Werkstatt mit einer kleinen Schmiede in Versailles eingerichtet habe. Als dann in den Tuilerien die Überwachung der Königsfamilie sehr eng und die Geheimkorrespondenz lebenswichtig wurde, habe sich Ludwig an Gamain erinnert und ihm den Auftrag gegeben, einen sicheren Stahltürenschrank zu konstruieren, den kein Unbefugter öffnen könne. Schon sechs Monate später sei Gamain zu dem girondistischen Innenminister Roland gegangen und habe alles entschleiert, Roland aber habe, um den Kopf des Königs zu retten, geschwiegen.

Nach der zweiten Version nahm Gamain die Enthüllung dieser Fakten selbst vor, indem er 1793 behauptete, der Schrank sei bei ihm kurz vor der Verbringung der Königsfamilie in den Temple bestellt worden. Andernfalls hätte man ihm ja das lange Schweigen zur Last gelegt. Zugleich tischte er die Räuberpistole auf, Marie Antoinette habe ihn nach Beendigung der Arbeit vergiften wollen, damit das Geheimnis des Eisenschrankes gewahrt bleibe. Von dem vergifteten Croissant habe er noch immer ein schweres Magenleiden . . .

Da der Konvent alles glaubte, was Marie Antoinette belastete, wurde dem kranken Gamain (der übrigens schon 1795 starb) eine Pension von 1200 Livres jährlich bewilligt. Um den König aber war es nun geschehen, denn die ganze Korrespondenz mit Mirabeau, dem Grafen de la Marck, mit Barnave und anderen, die Ludwig und die Seinen hatten retten wollen, wurde natürlich als hochverräterisch eingestuft, ohne Rücksicht darauf, daß der König schließlich ein gewisses Recht hatte, sein eigenes Leben und das seiner Familie zu retten, so daß die Verräter im eigentlichen Wortsinn lediglich unter den mit ihm korrespondierenden Abgeordneten zu suchen gewesen wären.

Eine unbefangene Prüfung aller Korrespondenzen hätte zwar das eine oder andere bedenkliche Detail ergeben – man war natürlich in allem um Geheimhaltung bemüht und hinterging mit jedem Brief die Volksvertreter – hätte aber auch klar gemacht, daß Ludwig XVI. persönlich eine geringere Schuld auf sich geladen habe als alle anderen Persönlichkeiten, deren Politik nun in einem neuen Licht erschien. »Der von Vaterlandsliebe durchdrungene und auf seine Art bemerkenswert tapfere König war völlig unfähig, sich eine eigene Politik auszudenken«, schreibt der Mirabeau-Biograph Oliver J. G. Welch und gelangt zu der Überzeugung, daß die »grenzenlose Entschlußunfähigkeit [des Königs] nachgerade das Ausmaß einer geistigen Behinderung angenommen« hatte.

»Die einzige Möglichkeit für ihn, diesem Dunstkreis zu entrinnen, lag in seiner ständigen Beeinflussung durch eine Person, die dank äußerer Umstände einen sanften Druck auf ihn ausüben konnte. Nun war der einzige dafür prädestinierte Mensch seine Gemahlin, und sein Schicksal wurde nicht zuletzt durch die Tatsache besiegelt, daß sie, obzwar viel entschlossener als er, an politischer Auffassungsgabe hinter ihrem Mann zurückstand. Von ihm steht fest, daß seine tieferen Instinkte in nationalen Empfindungen wurzelten; dagegen beschränkten sich diejenigen der Königin auf mütterliche und dynastische Gefühle. Anfänglich hatte Mirabeau geglaubt, sie werde ihm den Weg zum Vertrauen des Königs erschließen – ein folgenschwerer Irrtum, denn in Wahrheit bildete sie eine unüberwindliche Schranke für seinen Einfluß . . . Dem Monarchisten Mirabeau fehlte ein Monarch von Format.«

Aber man schrieb eben die Jahre, in denen die Männer von Format mit der gleichen Promptheit untergingen wie die anderen, und in denen jene am Leben blieben, die völlig unberechenbar waren wie Lafayette. Ihn belasteten die Schriftstücke im *armoire de fer* am meisten, erstens, weil Mirabeau schließlich schon tot war und man nur noch sein Grab hätte schänden können, zweitens aber, weil Lafayette sich in einem dezidierten Fluchtplan am weitesten vorgewagt, ja eigentlich jeden Rückweg abgeschnitten hatte. Zwar hatte er schon einmal, in einem offenen Brief, den Jakobinern die Schuld an allen Ausschreitungen gegeben und zum Heil der Revolution die Auflösung ihres Clubs, also ihrer Fraktion gefordert. Aber das war politischer Kampf, kein Verrat. Wenn er hingegen vom König die Zustimmung zu einer Flucht nach Compiègne erbat, unter der militärischen Bedeckung sicherer Bataillone und im Einverständnis mit dem bayerischen Baron Luckner, der die französische Rheinarmee kommandierte, dann war das schon mehr als Hochverrat, es war der Staatsstreich.

Das uns erhalten gebliebene Konzept dieser Aktion, die inmitten der Feierlichkeiten zur Wiederkehr des 14. Juli vor sich gehen sollte, erweist den militärischen Teil als schlüssig. Lafayette hat aus Varennes gelernt, die königliche Familie hätte nur wenige Kilometer riskanter Strecke zurückzulegen gehabt, sogar die gefährlichen Vororte wären vermieden worden. Am Morgen des 15. Juli 1792 wollten dann Lafayette, Luckner und der König, im Schutz ihrer Armeen, nach Paris zurückkehren und die Monarchie wieder herstellen, wenn auch konstitutionell, also mit Garantien der Mitbestimmung. Der Plan, dessen kuriose Schlußsätze die beinahe delirierende Eitelkeit Lafayettes verraten, setzte die Verläßlichkeit der Truppen voraus und ihre Bereitschaft, unter den feiernden Parisern ein Blutbad anzurichten, und das sah wohl auch Ludwig XVI., ohne es in seiner Ablehnung offen zu sagen: Er berief sich in seiner kurzen Antwort vom 10. Juli 1792 darauf, daß ihm eine Flucht zur Nordarmee nicht behage, weil man dann sagen könnte, er habe sich in den Schutz der (im heutigen Belgien stehenden) Österreicher begeben.

So wie dieses eine Beispiel, das wir ausführlicher behandelten, weil es wenig bekannt ist, mußte auch die Korrespondenz im Ganzen eine zumindest Frankreich gegenüber loyale Haltung des Königs ergeben; für Marie Antoinette hingegen mußte sich die Auffindung dieser Geheimkorrespondenzen desaströs auswirken, hatte sie doch in ihrer grenzenlosen Verachtung für die Revolutionäre offen mit Royalisten, Zwischenträgern, dem in Belgien weilenden Mercy und anderen Feinden der Revolution korrespondiert und aus ihren Gefühlen kein Hehl gemacht.

Am 11. und am 26. Dezember 1792 erschien Ludwig XVI. vor dem Konvent, der für den Prozeß eine eigene Kommission gebildet und vergessen hatte, daß die gleiche Versammlung schon zu Beginn ihrer Tätigkeit den Grundsatz proklamiert hatte, der König könne für seine Regierungszeit nicht zur Verantwortung gezogen werden. Seit den blutigen Septembertagen fühlten sie alle, die mehr als siebenhundert Volksvertreter, den Tod im Nacken, den kalten Stahl der Guillotine. Gewiß ist der Prozeß eines Königs Stoff der Geschichte; im Ablauf dieser von ein paar hundert Provinzadvokaten verratenen Volkserhebung hatte er keine besondere Bedeutung mehr, wurden doch selbst die Blumenmädchen von Verdun guillotiniert, die Jungfrauen, die angeblich den Einmarsch der preußischen Truppen festlich begrüßt hatten, wurde doch auch der Soldat hingerichtet, der Marie Antoinette bei einem Schwächeanfall vor Fouquier-Tinville ein Glas Wasser reichte, und so weiter. Sie waren alle unschuldiger als der König, und es war eine selbstverständliche Unschuld, denn die Opfer von Verbrechen brauchen mit Fragen nach ihrer Schuld oder Unschuld schließlich nicht zu rechnen.

Ludwig hatte Rechtsbeistand verlangt und erhalten; ein Anwalt hatte sich vor der ehrenvollen Aufgabe gedrückt, er hieß Target und hatte ein paar Jahre vorher keine Bedenken gehabt, den Kardinal von Rohan im Halsband-Prozeß zu verteidigen: Nun schützte er sein Alter vor. Zwei Ältere hingegen, der Abgeordnete François-Denis Tronchet (1726-1806) und der einstige Minister Malesherbes übernahmen die heikle Aufgabe, sekundiert von dem jungen Romain de Sèze (1758-1828). Unternimmt man den etwas frivolen Versuch, die Französische Revolution nicht als politisches Ereignis, sondern als geistesgeschichtlichen Ausklang des Jahrhunderts anzusehen, so gewinnt das blutige Schauspiel neues Interesse durch die Vielzahl bemerkenswerter Randfiguren. Als wollten sie nicht sang- und klanglos im sicheren Hafen der Emigration verwelken, eilen sie wieder auf den gefährlichen Schauplatz, und wenn auch die Dubarry und die Lamballe ihr schreckliches Ende vielleicht nicht für möglich hielten und darum nach Paris zurückkehrten, Chrétien Guillaume de Lamoignon de Malesherbes, der Mann aus alter *Noblesse de Robe,* wußte genau, was ihn erwartete, als er aus der Emigration nach Paris zurückkehrte und dem Konvent erklärte, er bitte als Verteidiger Seiner Majestät nominiert zu werden. Auch während des ganzen Prozesses blieb er bei dieser Anrede, sagte *Sire,* wenn er sich an seinen Mandanten wandte, und *Seine Majestät,* wenn er vom König sprach und brachte Robespierre so in Wut, daß dieser sich eine gefährliche Blöße gab: Er fragte, ob Malesherbes denn gar keine Angst habe, ein Einschüchterungsversuch, eine Bedrohung der Verteidigung, die allein schon zeigt, welcher Art dieser Prozeß war.

Malesherbes aber hatte keine Angst, er war über siebzig, er war neben Voltaire und den Enzyklopädisten der Mann, dem die Revolution ein Denkmal hätte setzen müssen, so liberal und fortschrittlich hatte er seine hohen Staatsämter in der Kulturverwaltung stets gehandhabt. Voltaire hatte von ihm gesagt »er erweist dem menschlichen Geist unablässig wertvollste Dienste, und niemals war die Presse freier als heute«. Ludwig XV. hatte ihn ungnädig entlassen, Ludwig XVI. ihn wieder geholt. Aber diese wirklichen Vorkämpfer der Freiheit und der Gleichheit waren wegen ihres Idealismus und ihrer sauberen Hände inzwischen längst zu den gefährlichsten Anklägern der Jakobiner geworden, weswegen Malesherbes noch im Todesjahr des Königs verhaftet und bald darauf hingerichtet wurde.

Die eigentliche Schwerarbeit des Plaidoyers mußten die beiden alten Herren dem jungen de Sèze überlassen, der in gewissem Sinn bereits ein Kind neuer Zeiten war, denn er begann als überzeugter Anhänger der Revolution, wurde in sensationellen Prozessen schnell berühmt, vertrat 1787 die Königin gegen den Erzbischof von Paris und das Haus Orléans, kämpfte unerschrocken gegen Robespierres Kampagne der Verdächtigungen, erzwang den Freispruch des Barons Besenval, der die Schweizer Garden befehligt hatte, und übernahm es, binnen acht Tagen die siebenundfünfzig Anklagepunkte gegen den König zu studieren. Die Verteidigungsrede, die er am 26. Dezember 1792 hielt, wurde vom ganzen Konvent beinahe bis zum letzten Satz in andächtigem Schweigen angehört, aber es war de Sèzes Landsmann Vergniaud, der mit seinem Votum für den Tod Ludwigs die Stimmung wieder herumriß und die Versammlung einschüchterte: die Jugendfreunde waren zu Rivalen geworden. De Sèze protestierte vergeblich unter Hinweis auf den *Code Pénal*, der in diesem Fall eine Dreiviertelmehrheit für die Verurteilung forderte, während sich trotz mehrfacher Versuche nur eine einfache Mehrheit ergeben hatte. Auch de Sèze wurde noch im Todesjahr Ludwigs verhaftet, ins berüchtigte La Force-Gefängnis geworfen, wo die Lamballe gestorben war, wurde aber durch den Sturz von Robespierre gerettet und nach der Restauration der Bourbonen zum Grafen und Pair von Frankreich gemacht. Mitglied der *Académie Française* war er bereits seit 1786, also mit achtunddreißig Jahren geworden, sein Fauteuil war jener Voltaires gewesen.

Neben diesen öffentlichen Kämpfen für das Leben des Königs gab es natürlich auch geheime Aktivitäten; das Jahrhundert der großen Reden war schließlich auch das der eifrigsten Konspirationen, wenn sie auch ebenso erfolglos blieben, ja oft auf rätselhafte Weise scheiterten wie die Rettungsversuche vor aller Augen: Varennes, der Lafayette-Plan, die ungeheuren Bestechungssummen des Herzogs von Penthièvre zur Rettung seiner Schwiegertochter, der Prinzessin von Lamballe, dies alles war in schicksalhaften Augenblicken gescheitert, und so bleibt denn auch die Verschwörung des Barons de Batz oder Baz im Grunde ein Kuriosum der Geschichte: Seine dreihundert Entschlossenen sollten Ludwig XVI. von den Stufen des Schafotts weg entführen, aber sie gingen einfach nicht hin. Nur der Alleswisser dieser Zeit, Louis Léon Théodore Gosselin Lenôtre hat sich dieses geheimnisvollen Mannes angenommen, an dem eben dieses Geheimnis wohl das Bemerkenswerteste war. Der Baron aus der Gascogne hat zweifellos dem Grafen d'Artagnan des großen Dumas wesentliche Züge geliehen, versuchte nach Ludwig auch noch Marie Antoinette zu retten, konspirierte unentwegt und entging allen Verfolgungen (1761-1822).

Es steht alles nebeneinander in diesen Monaten und Jahren, da eine scheinbar festgefügte Ordnung zerbricht und zerschlagen wird; es gibt die Heroen der Revolution, die Heroen der Königstreue, eine heroische Königsfamilie und gegen sie jenen Fanatismus, dem die beschworenen Werte, die antike Moral und die Menschenrechte auf einmal gleichgültig sind, wenn Wut, Haß, Ressentiments und Rachegefühle sich melden. Wie erhaben wäre das Schauspiel gewesen, hätten einige jener altrömischen Charakterzüge im Prozeß gegen Ludwig XVI. Auferstehung gefeiert oder die vielberufene Galanterie des Jahrhunderts zur Gnade für Marie Antoinette geführt. Nichts von alledem geschah, und die närrischen Zufälle, die tragikomischen Fügungen machen das Geschehen vollends zum Sujet des *Grand Guignol*. Als Ludwig XVI., tapfer, ruhig und würdig die Stufen zum Hochgericht hinaufsteigt, versucht er, an die brüllende Menge gewendet, ein paar Worte zu sagen, aber er kommt nicht weit. Als wäre er imstande, noch in diesem Augenblick die allgemeine Stimmung zu wenden und die Schaulustigen dazu zu bringen, das ungeheure Aufgebot an Soldaten zu überwältigen, deckt plötzlicher Trommelwirbel seine Worte zu; Ludwig resigniert nach einem Leben der Resignation ein letztes Mal und stirbt am 21. Januar 1793.

Drei verdienten Generalen war die Ehre zuteil geworden, den Mord militärisch abzuschirmen: Berruyer, der später gegen die Aufständischen der Vendée den Kürzeren zog, Santerre, ein Brauer aus dem Faubourg Saint-Antoine und Offizier der Nationalgarde, und dem Grafen Louis-Charles-Antoine de Beaufranchet d'Ayat (1757-1812), dem man den historischen Einfall mit dem Trommelwirbel zuschreibt. Er war, was wenige wußten, ein Onkel des sechzehnten Ludwig, denn es war Louison O'Murphy, die den später bei Valmy hochausgezeichneten Mann in die Welt gesetzt hatte, die junge irische Geliebte Ludwigs XV., die man dank Boucher beinahe so gut kennt wie ihr König sie gekannt hat.

Die letzten Worte, die Ludwig noch im Temple-Gefängnis gesprochen hatte, in jenem Turm, in dessen verschiedenen Etagen er mit seiner Familie untergebracht war, die sind hingegen unüberhörbar durch die ganze Welt gegangen, weil der treue Kammerdiener Cléry sie aufgezeichnet hat, jedes Detail, jede Bestimmung, die Ludwig noch traf, auch die bemerkenswerte Vorkehrung, der Familie nach zwei Stunden der Tränen für den nächsten Tag einen allerletzten Abschied zu versprechen, ihn aber nicht mehr zu gewähren, um alle Beteiligten zu schonen. Man findet Ludwig auch in diesen letzten Stunden so, wie er immer war, bedächtig, ja behäbig, so ruhig, daß man an einen Defekt zu glauben versucht ist, weil diese seltsame Verdichtung und Verdickung eines Temperaments bei den Franzosen eben nicht verstanden werden konnte.

Und man erkennt, daß die wirkliche Annäherung der Gatten, jene Einheit der Gefühle, die ihnen bis dahin verwehrt gewesen war, im Temple Wirklichkeit geworden war, als die stolze Erzherzogin in der Beschränkung eines Kerkers die inneren Vorzüge und die erstaunliche Kraft dieses so wenig glanzvollen Mannes erkannte und zu schätzen lernte.

Durch Cléry kennen wir den genauen Ablauf bis zum Verlassen des Gefängnisses, bedeckt von den Truppen Santerres. Die weiteren Schritte sah die Welt mit an, alle großen Zeitungen berichteten von jeder Handreichung des Scharfrichters, daß dem König die Hände auf den Rücken und schließlich auch noch die Füße gebunden wurden, daß er sagte »Ich befehle Gott meinen Geist« und daß dann das Beil herniederfuhr. »Es herrschte«, schreibt die *Vossische Zeitung*, »eine gräßliche Stille«, ein inspiriertes Wort, das uns wünschen läßt, den Namen des Korrespondenten zu kennen. »Der Scharfrichter nahm nun den Kopf auf, ging zweimal damit auf dem Schafott herum und zeigte ihn dem Volke. Jetzt riefen viele Stimmen, aber gewiß nur die gedungenen Banditen des Verbrechers Egalité, ›Es lebe die Nation! Es lebe die Republik . . .‹ Ein junger Mensch, der wie ein Engländer aussah, gab einem Kinde (!) fünfzehn Livres, daß es ein sehr feines, weißes Schnupftuch in das Blut tauchen sollte; ein anderer bezahlte 24 Livres für den Haarzopf. Der tote Leichnam (*sic*) ist nicht gemiß-handelt worden.«

Der König wurde nicht in Saint-Denis bestattet wie seine Vorfahren, sondern in einer Grube auf dem Magdalenenfriedhof, zwischen den Opfern des Feuerwerks auf der Place Louis Quinze und den Schweizern, die ihn am Tuilerientag verteidigt hatten. Es war Meister Sanson selbst, der den Leichnam dorthin geleitete, damit ihm nicht widerfahre, was mit der toten Prinzessin von Lamballe geschehen war. Damit sind wir bei einem anderen Kristallisationspunkt der Legenden, bei Henri Sanson, ehrfürchtig-scheu *Monsieur de Paris* genannt, dem Scharfrichter, der den gesalbten König zu richten hatte. Das Amt war in seiner Familie seit 1688 und sollte es bis 1847 bleiben; es machte die Sanson zur berühmtesten Dynastie ihrer Art, und so, wie der große Galgen von Montfauçon ein Dutzend Gehängter nebeneinander im Wind baumeln lassen konnte, so war Sanson kein geächteter Henker, sondern ein Unternehmer mit Bildung und Würde, der vierzehn Personen beschäftigte. Man hat behauptet, er sei aus Gram über Ludwigs Tod von seiner Hand kurz nach der Hinrichtung gestorben, andere wieder verfielen ins Gegenteil und warfen ihm vor, mit den Kleidungsstücken des toten Königs Handel getrieben, den Leichnam also entblößt und entweiht zu haben.

Weder das eine noch das andere ist richtig. Die ins Blut der Gerichteten getauchten Tücher hat es in England und Deutschland ebenso gegeben wie beim Tod Ludwigs XVI.: Das Blut galt als Mittel gegen die Fallsucht, jeder Henker hatte das Recht, es zu verkaufen, doch blieb es meist den Henkersknechten überlassen, sich auf diese Weise eine Art Trinkgeld zu verdienen (es gab Hinrichtungen, bei denen sogar Blut aus Bechern getrunken wurde). Sanson hat in einer kurzen, sehr bestimmten Nachricht an eine Pariser Zeitung den Verdacht, Handel mit Kleidern und Knöpfen oder Schnallen des Königs getrieben zu haben, von sich gewiesen. Er schien aber von den Aufregungen um diese Hinrichtung doch ziemlich mitgenommen zu sein und bat ein halbes Jahr nach dem Ereignis, sich zurückziehen und seinem Sohn das Amt übergeben zu dürfen – nach immerhin 43 Jahren dieses schaurigen Dienstes. Und es ist richtig, daß Sanson, obwohl er nicht in besten Verhältnissen lebte, sondern beim Konvent um eine Alterspension von tausend Livres jährlich eingekommen war, Geld genug stiftete, um alljährlich am 21. Januar eine Seelenmesse für Ludwig XVI. lesen zu lassen. Dies geschah bis 1840, als Sansons Sohn Henri starb.

Einer der Männer, die für den Tod Ludwigs gestimmt hatten, wurde zugleich mit ihm zu Grabe getragen: Louis-Michel Lepeletier de Saint-Fargeau, Abgeordneter des Adels, der nach der Abstimmung in einem Speiselokal nahe dem Konvent von einem Mann namens Pâris wegen seiner Stimmabgabe mit einem Säbel verwundet wurde und wenig später starb. Sein Begräbnis war ungleich feierlicher als das des Königs; die Todeswunde blieb unbedeckt und leuchtete rot in den Wintertag, aus den Fenstern wurden Lorbeerkränze auf den Kondukt geworfen.

Nach dem Heiligen Römischen Reich und Österreich, die sich bereits im Krieg mit Frankreich befanden, wies nun auch England den französischen Gesandten und seinen Adlatus aus, also den Marquis de Chauvelin und den Prinzen Talleyrand, der durch die Korrespondenzen im Eisernen Schrank so belastet war, daß er nicht nach Frankreich zurückkehrte, sondern nach Amerika ging. Auch Spanien ging nun zu offenen Kriegshandlungen über, worunter man sich freilich in jener Zeit keine ungeheuren Offensiven vorzustellen braucht. Die Initiative blieb, seit dem Sieg von Valmy, bei den Revolutionären, und während ganz Europa so starr vor Schrecken war wie der royalistische Teil der französischen Bevölkerung, fand Danton, der zu den Septembermorden geschwiegen hatte, das Wort der Stunde:

»Die verbündeten Monarchen bedrohen uns, wir aber schleudern ihnen als Fehdehandschuh den Kopf eines Königs vor die Füße.« Zu diesem Zweck also war aus dem Bürger Capet wieder ein König geworden.

VIERTES BUCH
Verlassen und verloren

Das Jahr der Entscheidungen

Nach den blutigen Septembertagen von 1792 hatte eine Bewegung eingesetzt, wie wir sie vorher und nachher auch in anderen Diktaturen erkennen können: Da in Paris niemand mehr seines Lebens sicher war, da die Dauerdenunziation der *Suspects*, der Verdächtigen, zum Gesetz erhoben worden war und die Guillotine gar nicht mehr abgebaut wurde, sondern täglich mehr Köpfe rollen ließ, wurde die Armee zu einer Art Zufluchtsstätte. Hier gab es die alte, harte, aber einigermaßen berechenbare Rechtsordnung, hier wußte man, was zu tun war und wo der Feind stand. Und dieser Feind, von hochadeligen Herren bedächtig angeführt, war weit weniger zu fürchten als die blitzschnelle Vernichtungsstrategie der Jakobiner.

Gewiß, das Vaterland war bedroht, die Patrioten eilten zu den Waffen, die Armeen des neuen Frankreich empfingen ihren Schwung von den neuen Ideen. Ihre Mannschaften und Offiziere aber kamen aus einer Schreckenskammer, in die sich vor allem die Kommandeure gar nicht mehr zurückbegeben konnten, wollten sie nicht riskieren, daß ihnen die Juristen des Konvents scharfsinnig, unerbittlich und ohne alle militärische Erfahrung nachweisen würden, welch todeswürdige Verbrechen sie an der Front begangen hatten.

Aber auch aus anderen Gründen war das Leben in Paris nicht mehr nach jedermanns Geschmack. Die Preise für die Lebensmittel hatten sich erheblich erhöht, und wer murrte, geriet in Lebensgefahr. Aus den reichen westlichen Provinzen wie der Vendée und der Loire kam keine Versorgungsfuhre mehr in die Hauptstadt, dort tobte der Bürgerkrieg der Royalisten und Katholiken gegen die Jakobiner. In Paris sagte jeder zu jedem Du, man sprach einander mit *Citoyen* und *Citoyenne* an (Bürger respektive Bürgerin), und stand auch so mancher *Grisette* die neue Bezeichnung recht wohl zu Gesicht, so war es doch nicht jedermanns Sache, sich nun gleichbehandeln zu lassen und denunziert zu werden, wenn man seine Indignation zu erkennen gab.

Der Tod des Königs, der Krieg gegen Österreich, England und Spanien, die Kriegserklärungen der Türkei (!) und des Papstes verstärkten den Eindruck, daß Frankreich isoliert sei, und wenn man es auch hinnehmen konnte, daß Katharina II. im fernen Rußland um Ludwig XVI. Trauer trug, so bröckelten inzwischen auch vom eigenen Vaterland Randgebiete ab wie das Katholikenland im Südwesten oder Toulon im Süden.

1793, das Jahr, zu dessen Beginn der König ohne jeden stichhaltigen Schuldvorwurf geköpft worden war, erschien allen, die den Kopf noch frei hatten, als das Jahr der Entscheidung, und einige Herren nahmen auch an, diese Entscheidung für oder gegen die Revolution beeinflussen zu können. In Paris waren dies die Girondisten, also die gemäßigte Abgeordnetengruppe, die ihren letzten Kampf gegen die Jakobiner kämpfte und dabei das flache Land zur Hilfe aufrief. An den Rändern Frankreichs aber war das die Armee, deren bester Kopf, nämlich der ehemalige Geheimagent Dumouriez, sich den preußischen und österreichischen Armeeführern wiederholt als überlegen erwiesen hatte. Seine Erfolge im Norden gestatteten der jungen Republik, die Annexion der Niederlande zu proklamieren; Dumouriez aber war der Meinung, diese für sich selbst in eigener Person erobert zu haben und wollte sich angesichts der wenig verlockenden Verhältnisse in Paris sein privates Königreich der Niederlande oder doch Hollands aufbauen, wie hundertfünfzig Jahre zuvor Bernhard von Weimar im Elsaß oder Wallenstein in Mecklenburg.

Ehe Dumouriez auf diese Weise resignierte, hatte er freilich auch patriotischen Ideen Raum gegeben, sich mit den Girondins und Danton verbündet, ja hatte es noch im Februar 1793 für möglich gehalten, mit seinen Truppen Paris zu erobern, die Jakobiner zum Teufel zu jagen und, wenn schon nicht die Bourbonen so doch das Haus Orléans auf den Thron zu bringen, in der Gestalt des jungen Herzogs von Chartres, Sohn von Philippe Egalité.

Im Temple herrschte nach der Hinrichtung Ludwigs, dessen ruhige Würde und kalmierende Gleichgültigkeit den Frauen und Kindern fehlte, tiefste Niedergeschlagenheit. Die neunundzwanzigjährige Elisabeth, Ludwigs schöne Schwester, betete mehr denn je und begriff weniger als je zuvor, und Marie Antoinette, nun ganz auf sich gestellt, suchte verzweifelt Wege, um mit der Außenwelt in Verbindung zu kommen und ihren Neffen Franz zu einer rettenden Aktion antreiben zu können. Intensiver und aussichtsreicher aber waren die Kontakte im Temple hinsichtlich einer Flucht hinaus in die Riesenstadt Paris, die schließlich auch ein Robespierre nicht in allen Winkeln durchsuchen lassen konnte, weswegen diese Möglichkeit von den Kerkermeistern auch am meisten gefürchtet wurde. Die Durchsuchungen winziger Gegenstände, von denen Cléry und andere berichteten, das Aufbrechen von Brot oder gar Teigwaren, gingen offensichtlich auf verdächtige Gerüchte zurück, und tatsächlich sind die aus jener Zeit bekanntgewordenen Nachrichten der Königin so kurz, daß sie sich gut verbergen ließen.

Jede dieser Aktionen ist als Sujet für Novellen oder Dramen geeignet, und es stimmt nicht, daß sie alle dilettantisch und von vornherein chancenlos waren. Denn der Mord an Ludwig XVI. hatte doch bei vielen Zweifel an der Rechtschaffenheit der neuen Machthaber geweckt, und andere, die erprobte Revolutionäre gewesen waren, wechselten ihre Einstellung zumindest hinsichtlich der Königsfamilie, deren Leiden in dem alten Turmgefängnis durch nichts mehr gerechtfertigt erschien.

Einer dieser durch die beispielhafte Haltung der Königin Bekehrten war der aus Südfrankreich stammende Buchhändler François-Adrien Toulan. Er war einer der 82 Kommissare, durch die am 10. August 1792 die legale Stadtverwaltung ersetzt worden war, somit als Person unverdächtig und für die Überwachung des Temple vorgeschlagen. Hier rührte ihn das Schicksal der Königin so sehr, daß er fortan für sie Kopf und Kragen riskierte. Weiters spielten in dieser Fluchtverschwörung ehemalige Hofdamen namens Jarjayes und Thibaut eine Rolle, ein Bankier namens de Laborde, bei dem Marie Antoinette Geld deponiert hatte, und als wichtigster Jacques-François Lepître, ein junger, aber kleiner und dicker Professor der Rhetorik, der als Präsident des Komitees der Pässe (damals lief alles über Komitees) für den zweiten Teil der Flucht, aus Paris über die Grenze, unentbehrlich war. Obwohl insgeheim Royalist, ließ sich Lepître, den das Komplott ja mindestens die Stellung kosten mußte, nur durch eine sehr hohe Geldsumme bewegen, mitzumachen.

Da die königliche Familie auch im Temple noch Gegenstand der allgemeinen Neugierde war, glaubte der allabendlich erscheinende Laternenanzünder an dieses harmlose Motiv, als ihn Toulan bat, seinen Platz für einen Abend an den verkleideten Monsieur de Jarjayes abzutreten. Dieser konnte sich somit überzeugen, daß die Familie noch am Leben war und daß Toulan tatsächlich Einfluß und Möglichkeiten besaß, womit die Voraussetzungen für das Komplott gegeben waren. Die Königin und Madame Elisabeth sollten Männerkleider erhalten und breite Trikolore-Schärpen, so daß sie den Temple verlassen konnten. Die Königskinder sollte der Laternenanzünder hinausschmuggeln; er erschien oft von zweien seiner Kinder begleitet, so daß dies möglicherweise nicht aufgefallen wäre, außerdem war er nun, da er Jarjayes seinen Platz einmal überlassen hatte, erpreßbar geworden und hatte wohl keine andere Möglichkeit mehr, als mitzumachen.

Die Verschwörung ist weniger bekannt als die sogenannte Nelkenverschwörung fünf Monate später, hatte aber offensichtlich die größeren Chancen. Wie so vieles, was damals begonnen wurde, scheiterte sie im letzten Augenblick: Nach Verzögerungen, für die vor allem der ängstliche und geldgierige Lepître verantwortlich war, hatte man den 8. März als Fluchttag angesetzt (das Geld zu beschaffen hatte viel Zeit gekostet, weil Laborde nicht in Paris selbst lebte). Am 7. März aber brachen jene bis zum 11. währenden Unruhen in Paris aus, die verschiedene Ursachen hatten und zur Einführung des Revolutionstribunals führten, dem Fouquier-Tinville vorstand. Die hohen Preise, die schlechte Versorgungslage, die alarmierenden Nachrichten von den Fronten mochten zusammengewirkt haben, um jene Unruhen hervorzurufen, die Robespierre nicht nur zu einer seiner schärfsten Reden nötigten, sondern auch zu einer Intensivierung der Gesamtüberwachung, was die Verschwörer bewog, die Fluchtplanung zu revidieren. Man hielt es fortan für unmöglich, die ganze Familie zu retten und bat die Königin, als Hauptgefährdete allein von der Fluchtmöglichkeit Gebrauch zu machen. Marie Antoinette antwortete im März 1793 an Jarjayes:

»Wir haben einen schönen Traum gehabt, das ist alles. Aber wir haben dabei viel gewonnen, weil auch diese Gelegenheit uns einen neuen Beweis Ihrer großen Ergebenheit für mich geliefert hat« (sie spielt auf die Verhandlungen an, die Régnier de Jarjayes schon vor dem Tod des Königs mit verschiedenen Persönlichkeiten geführt hatte, um die Königsfamilie zu retten). »Mein Vertrauen zu Ihnen ist ohne Grenzen. Sie werden immer und bei jeder Gelegenheit Charakter und Mut in mir finden; aber das Interesse meines Sohnes ist das einzige, das mich leiten muß: und wie glücklich ich auch gewesen wäre, von hier zu entrinnen, so kann ich doch nicht einwilligen, mich von ihm zu trennen . . . ich könnte an nichts Freude haben, wenn ich meine Kinder zurücklassen müßte. Und dieser Gedanke läßt bei mir nicht einmal ein Bedauern aufkommen.«

Der Dauphin im Temple war inzwischen von den Emigranten unter dem Grafen von Provence als Ludwig XVII. proklamiert worden; der Graf, nächst jüngerer Bruder des toten Ludwig, hatte die Regentschaft beansprucht. Ihm übersandte Marie Antoinette kleine Erinnerungsstücke an Ludwig XVI., die dieser bei sich getragen hatte und die ihr ebenfalls durch Toulan zugekommen waren. Der Bote war Jarjayes, so wie die Königin ihn auch bat,

nach Wien zu Franz II. zu reisen und zu einem ehemaligen Schatz-
meister der Krone, der nach London emigriert war und Jarjayes
die Ausgaben für die gescheiterte Flucht, also vor allem die Beste-
chungsgelder, ersetzen sollte.

Bemerkenswert ist, daß die Verschwörer zumindest zum Teil
mit dem Leben davonkamen. Madame de Jarjayes und Toulan
wurden zwar verhaftet, kamen aber wieder frei. Toulan, der un-
eingeschüchtert weiter für Marie Antoinette tätig war, obwohl
man ihn inzwischen natürlich unter die Verdächtigen eingereiht
hatte, starb am 30. Juni 1794 auf der Guillotine, das Ehepaar Jarjayes und Lepître überlebten, obwohl Jarjayes gefährlichste Missionen ausführte: Er brachte einen Siegelabdruck der Königin mit
der Devise »Alles führt mich zu dir« (»Tutto a te mi guida« neben
einer Taube im Flug) aus dem Gefängnis, eine Botschaft für den
Grafen Fersen, die diesen jedoch erst nach der Hinrichtung Marie
Antoinettes erreichte. Madame de Jarjayes wurde durch den 9.
Thermidor gerettet, den Sturz Robespierres am 27. Juli 1794; für
den tapferen Toulan, der Marie Antoinette wohl heimlich liebte,
kam dieses befreiende Ereignis um vier Wochen zu spät . . .

Eine Republik, die ihre Hauptstadt nicht ernähren und einen Bau-
ernaufstand nicht niederwerfen kann, muß notwendigerweise
auch die Kriegsanstrengungen vernachlässigen. Obwohl Dumouriez längst andere Pläne hat, als für Robespierre zu siegen, braucht
er doch Nachschub an Geld, Lebensmitteln, Munition und Kleidung. Bei Tirlemont, am 16. März 1793, kann er noch siegen, aber
bei Neerwinden ist der Ausgang beinahe mit einer Niederlage
gleichzusetzen, jedenfalls muß Dumouriez zurückgehen, gibt beinahe das ganze heutige Belgien preis und bezieht bei Tournai eine
Position, die seine Unentschlossenheit verrät: Für Paris ist er bereits ein toter Mann, denn nichts ist einfacher, als einem erfolglo-
sen General den Kopf vor die Füße zu legen – sobald er erst einmal
in Paris ist. Der unglückliche Verteidiger von Verdun hat sich angesichts dieser Tatsache selbst entleibt, andere Generale werden in
den folgenden Monaten in der Conciergerie auf ihren Tod warten.
Dumouriez verhandelt nach allen Seiten und erhält die erste Ab-
sage von Danton: Der Mann der großen Worte und blendenden
Formulierungen hat schon im September 1792 zu den Metzeleien
geschwiegen, er schweigt auch jetzt, weil Dumouriez der Erfolg
verlassen hat. Dumouriez schreibt an seinen Kriegsminister mit
Beschwerden, die ihn exkulpieren sollen, aber statt einer Antwort
kommt ein Verhaftungskomitee, bestehend aus vier namhaften

Abgeordneten und dem Minister selbst. Und Dumouriez verhandelt mit den Österreichern, die mit 45 000 Mann den Hauptteil jener Nordarmee stellen, die unter dem Prinzen von Coburg langsam vorrückt, und bietet dem Prinzen an, die Monarchie in Frankreich wieder herzustellen, falls dem Land die Invasion durch die Truppen der Legitimen erspart bliebe – eine zu schöne Lösung, um Chancen zu haben. Denn die Militärs in Berlin und Wien wittern einen Siegfrieden, Landgewinn, Annexionen. So wie die Revolution die Niederlande und das unter seinen Fürsten höchst zufriedene Ländchen Salm annektiert hat, so dringen die Generale der alten Mächte nun in der Pfalz ebenso vor wie in Belgien. Der Graf Custine muß Mainz seinem Schicksal überlassen und wird dafür die Guillotine besteigen, an der Mosel und am Rhein wendet sich das Blatt ebenso wie im Norden.

Am 1. April präsentieren sich Pierre Riel de Beurnonville und seine vier Begleiter im Hauptquartier des Generals Dumouriez und laden ihn vor die Schranken des Konvents. Die Revolutionäre, die an allen Fronten Barone und Grafen für sich kämpfen lassen, spekulieren auf die Offiziersehre, aber sie haben einen ehemaligen Geheimagenten vor sich, der das Spiel besser beherrscht als sie. Obwohl er seiner Truppen nicht mehr sicher sein kann, gelingt es Dumouriez, die fünf Herren gefangennehmen zu lassen und gleichsam als Morgengabe den Österreichern zu übergeben. Mit ihm gehen nur sein Thronkandidat, der Herzog von Chartres, und ein Dutzend Offiziere, dazu ein Husarenregiment als einziger Truppenteil von einer 70 000 Mann starken Armee.

Acht Monate zuvor hatte sich das alles schon einmal ereignet, der Konvent hatte Lafayette von der Front nach Paris beordert, Lafayette hatte die Abgesandten verhaften lassen und wollte mit seinen Freunden, dem Grafen Lameth und anderen, über die Niederlande in die Vereinigten Staaten, wo ihm noch immer alle Türen offenstanden. Die Österreicher aber hatten die illustre Gruppe verhaftet; sie werden als Rebellen in harter Haft gehalten, bis Napoleon (!) im Frieden von Leoben die Freilassung erreicht.

Dumouriez jedoch kommt nicht mit leeren Händen, und er hat nicht die sinistre Rolle eines Lafayette gespielt, der wiederholt Gelegenheit gehabt hätte, die Königsfamilie zu retten. Unendlich langsam, so wie sich all diese großen Herren noch bei Jena und Auerstedt bewegen werden, beginnen Gespräche, wird der langsam denkende Kaiser in Wien informiert, während Marie Antoinette im Temple noch gar nicht ahnt, wie nahe diesmal die Rettung ist. Sind auch die Truppen ihrem konterrevolutionären General nicht gefolgt, so sind sie doch geschlagen und führerlos. Zudem steht für die Jakobiner fest, daß Dumouriez derlei nur wagen konnte, wenn er heimliche Verbündete im Konvent hatte, und als diese kommen nur die Gemäßigten, die Girondisten in Frage.

Während der österreichische General Mack den Waffenstillstand für beendet erklärt, weil der General, der ihn unterzeichent hat – nämlich Dumouriez – nicht mehr kommandiert, hat auch der Prinz von Coburg mit einem zaudernden Vormarsch begonnen. 45 000 Österreicher, 13 000 Engländer, 12 000 Hannoveraner, 8 000 Hessen und ebensoviele Preußen marschieren an der Seite von 15 000 Niederländern gegen die nordfranzösischen Städte, »avec une extrême lenteur«, wie die Berichte sagen, mit äußerster Langsamkeit, aber ohne auf Gegenwehr zu stoßen. So marschiert man, wenn man auf einen Friedensschluß wartet, auf Verhandlungen, kurz: auf ein Ereignis. Und dieses Ereignis liegt tatsächlich in der Luft: Der Austausch der fünf prominenten Vertreter der Revolutionsregierung, eines Ministers also und der vier Abgeordneten, gegen die im Temple gefangene Familie.

Es begann ein seltsamer Wettlauf, seltsam deswegen, weil ihn damals niemand überblicken konnte und weil es offensichtlich allen Beteiligten, die Generale Mack und Dumouriez ausgenommen, an Phantasie fehlte, um sich das, was man nicht wissen konnte, zu ergänzen, vorzustellen, auszumalen. In Paris herrschte nach dem Schock über die Nachrichten von der Nordfront jene Atmosphäre der Erbitterung, wie sie Verratshandlungen und Treuebrüche bei jenen auslösen, die nur eine begrenzte Aktion sehen und nicht die Hintergründe. Robespierre nutzte die Stimmung, um sich seiner letzten Konkurrenten im Machtkampf zu entledigen. Die Girondisten wurden gejagt, die Immunität der Abgeordneten aufgehoben und jenes Wohlfahrtskomitee geschaffen, das sich trotz seines friedfertigen Namens vor allem mit der Reorganisation der Armee befaßte und wenige Wochen später unter Lazare Carnot die ersten Erfolge hatte.

Im österreichischen Hauptquartier aber tat man, als habe man unendlich viel Zeit. Obwohl Dumouriez von seinen eigenen Truppen beschossen worden war, als er die Fronten wechselte; obwohl Davout und andere entschlossene Offiziere keinen Zweifel daran aufkommen ließen, daß die neuen Ideen eine breite Basis nicht nur im Volk, sondern auch in der Armee hatten, spukte in den Hirnen der kaiserlichen Diplomaten und Offiziere das Beispiel des eben geteilten Polen und die Versuchung, es mit Frankreich ganz ähnlich zu machen, schließlich hatte man sich über dieses Land schon lange genug geärgert.

Natürlich war man höflich. Erzherzog Carl, der spätere Sieger von Aspern, gab Dumouriez Anfang April 1793 ein Diner in Mons, an dem auch der Herzog von Chartres, weitere französische und österreichische Generale und die Adjutanten der Herren teilnahmen. Der Gedanke, die Monarchie mit einer konstitutionellen Verfassung in Frankreich wieder zu errichten, stieß beim Prinzen von Coburg und beim Erzherzog, dem Statthalter der Niederlande, durchaus auf Sympathien, wenn man auch nicht mehr glaubte, daß dies ohne Waffenhilfe möglich sein werde. Eine entsprechende Proklamation wurde ausgearbeitet, aber schon am 9. April war die Versuchung, war der Appetit auf das östliche Frankreich so gewachsen, daß die Diplomaten es auf einmal als unerträglich bezeichneten, die Königsmörder unbestraft zu lassen und statt des alten Frankreich ein gefährliche neue Freiheiten praktizierendes Land zu errichten. Mack, der einzige aus der Truppe selbst kommende, seine Soldaten kennende General resümierte mißmutig: Wenn die vereinigten Monarchen die Wiederherstellung des Königtums und der Ordnung in Frankreich begehrten, so sei das beste Mittel dazu eine Unterstützung des Generals Dumouriez; habe man jedoch eine Aufteilung Frankreichs im Auge, so werde man ohne Dumouriez auskommen müssen und es werde noch manchen Feldzugs und vieler Belagerungen bedürfen.

Mit der Entscheidung für einen kompromißlosen Feldzug nicht nur zur Niederwerfung der Revolution, sondern zur Bestrafung des ganzes Volkes der Königsmörder und zur Aufteilung seines Landes war auch ein Sonderabkommen gefährdet, das der französische General Dampierre im Auftrag des Konvents mit dem Prinzen von Coburg abgeschlossen hatte: Paris hatte die Freilassung der königlichen Familie angeboten, im Austausch gegen den Kriegsminister Marschall Beurnonville und seine vier Politkommissare!

Der wenig bekannte und oft gar nur als Gerücht behandelte Vorgang ist seit den Archivforschungen des Historikers und Biographen Viktor Bibl (1870-1947) nicht mehr zweifelhaft und natürlich auch nicht dadurch zweifelhaft geworden, daß Bibl in seinen letzten Lebensjahren nationalsozialistische Sympathien in seine Arbeiten einfließen ließ. In der Belgica-Sammlung des Wiener Haus-, Hof- und Staatsarchivs wird unter Nr. 331 der Brief aufbewahrt, in dem Franz Georg Graf Metternich, bis zur Betrauung des Erzherzogs Carl mit der Statthalterschaft mächtigster Mann in den österreichischen Niederlanden, unter dem 2. Mai 1793 dem Grafen Ferdinand Trauttmannsdorff darüber berichtet.

Auch der Mann, der in einer heute unbegreiflich erscheinenden Borniertheit das schon geschlossene Abkommen zum Scheitern brachte, ist bekannt: Es war der erst am 27. März, also wenige Tage vor diesen Ereignissen an die Spitze der österreichischen Außenpolitik berufene Baron Johann Amadeus Thugut aus Linz, ein bürgerlicher Dolmetsch, dessen Familie Thunichtgut geheißen hatte und von Maria Theresia 1771 als Freiherrn von Thugut geadelt worden war.

»Die Anträge des Dumouriez« liest man in dem Vortrag, den Thugut am 7. April vor Kaiser Franz II. hielt, »scheinen nicht so beschaffen zu sein, daß sie Vertrauen einflößen könnten und nicht vielmehr besorgen ließen, es möchten die Unterhandlungen, welche derselbe mit dem Herrn Prinzen von Coburg zu eröffnen suchte . . . hinausgehen auf ein Blendwerk, um Zeit zu gewinnen. Sind die jetzigen Umstände in Frankreich so beschaffen, daß sie zu einer Contrerevolution reif sind, so hat man es bloß allein den Fortschritten des Prinzen Coburg zu danken. Ihr Ausbruch könnte durch eine Nachlassung in den Fortschritten bei dem großen Leichtsinn der Nation nur gehemmt, durch eifrige Fortsetzung derselben aber befördert werden. Denn Vermehrung der Ursache muß die Wirkung vergrößern. Zudem wird dem erlauchtesten Urteil Eurer Majestät nicht entgehen, daß die mindeste Nachlassung von unserer Seite und insonderheit die Bezeugung einer Neigung für ähnliche indirekte Unterhandlungen, dem preußischen Hof ein sehr gefährliches und leicht zu mißbrauchendes Beispiel abgeben dürfte. Meinem geringen Dafürhalten nach wäre es also höchst dringend, daß der Weg zu was immer für einer Unterhandlung, die den Lauf der Operation (ver)zögerte, platterdings abgeschnitten und daher dem Prinzen von Coburg mit aller möglichen Präzision aufgegeben werde, daß er sich unter keinem Vorwand noch Bedingung bereden lasse, mit tunlichster Betreibung der Operationen (auch nur) einen Augenblick innezuhalten.«

Dieser in der Gruppe »Vorträge« unter Nr. 226 abgelegte Text enthält bereits das Todesurteil für Marie Antoinette, Monate bevor sie vor dem Revolutionstribunal erscheinen mußte. Ein Orientalist aus Linz, dessen politische Erfahrung sich auf Dolmetscherdienste und Missionen am Bosporus beschränkte, hat es mit der Schreibtischlogik eines beflissenen Kanzlisten verfaßt, noch ehe er das Urteil des Erzherzogs Carl über Dumouriez kennen konnte (das Diner war ja erst am 6. gewesen und Carl hatte sich über Dumouriez sehr positiv geäußert). Thugut wußte nichts und konnte nichts wissen, allenfalls waren ihm die allgemeinen Urteile über den Prinzen von Coburg bekannt, auf denen auch Stefan Zweig fußt, wenn er ihn einen »schwächlichen und vor allem fürchterlich dummen Menschen« nennt, ein »ödes Kommißgehirn«. Da der greise Kaunitz natürlich nicht aus dem Amt entfernt werden konnte (er starb 1794) war Thugut im Augenblick dieses Vortrags noch nicht Außenminister, sondern »Generaldirektor der Staatskanzlei«, hatte aber schon die polnischen Affären weitgehend an Kaunitz vorbeigeleitet, was diesen bitter gekränkt, Thugut aber zu einem Preußenhasser gemacht hatte.

Die Sorge wegen der bekannten Langsamkeit des Prinzen Coburg und der Argwohn, Preußen könnte bei Sonderverhandlungen mit Frankreich die gleichen Rechte für sich in Anspruch nehmen, waren die politischen Rücksichten, die schließlich Marie Antoinette zum Opfer werden ließen, weil sie alle Unterhandlungen über einen Austausch zu Fall brachten. Zum Unterschied von dem Grafen Metternich, der in seinem Brief natürlich offener sein kann, erwähnt Thugut die Erzherzogin nicht. Wäre sie zu einem Gegenstand des Vortrags geworden, dann hätte der Kaiser wohl handeln müssen. Die Wendungen »unter keinem Vorwand« oder auch: »zu was immer für Unterhandlungen« lassen jedoch erkennen, daß es keineswegs nur um militärische Operationen im Verein mit Dumouriez ging. Thugut wußte, was auf dem Spiel stand und brachte das Damenopfer. Daß eine konkrete Möglichkeit bestand, daß man auch mit Revolutionären verhandeln konnte und daß auch sie die internationalen Gepflogenheiten der Diplomatie achteten, wird – allerdings erst nach dem Tod der Königin – dadurch bewiesen werden, daß ihre Tochter, die sogenannte *Madame Royale*, im Austauschweg freikommt und noch bis 1844 lebt.

Aber Thugut konnte an derlei eben nicht glauben. Seine Verhandlungspartner vor der Berufung nach Wien waren Türken, Walachen und Levantiner gewesen, und die Jakobiner von Paris haßte er beinahe noch mehr als die Preußen, vor allem, seit in Mainz deutsche Jakobiner an der Seite französischer Revolutionstruppen die Stadt gegen die Soldaten der Monarchien heldenhaft verteidigt hatten. Da tat sich für den Lehrer aus Linz eine Welt auf, die er nicht mehr verstand.

Er war mit diesen Fehleinschätzungen übrigens nicht allein. Auch der treue de la Marck und der alt, krank und müde gewordene Mercy sahen das Heil für Marie Antoinette nur in einem möglichst schnellen Vormarsch der Österreicher auf Paris, als hätten sie alle vergessen, was sich ein Jahr zuvor ereignet hatte, als mit Verdun die letzte Bastion vor der französischen Hauptstadt gefallen war: Sie alle, diese Fürsten, Grafen und Diener eines altersstarren Systems hatten mit dem Volk, den Massen und gar dem Großstadtpöbel nie zu tun gehabt. Sie konnten nicht glauben, daß die Emotionen und ihre Macht in dem Maß zunehmen, wie sich die Entscheidungen nach unten, auf die Straße verlagern. Längst beherrschten in Paris doch die Demagogen das Feld; wer die Menge am besten aufzuputschen verstand, hatte sie hinter sich. Verstärkter militärischer Druck aus dem Norden hätte nichts anderes bewirkt als eine Wiederholung der Septembermorde. Konnte man sich die Tuilerienstürmerinnen vorstellen, wie sie die verhaßte Marie Antoinette an die Österreicher ausliefern, nur weil sich diese der Hauptstadt nähern? Eher hätten sie die Königin noch im Angesicht der feindlichen Heere massakriert, wie sie es ja schon wiederholt versucht hatten.

Der unaufhaltsame Vormarsch, die »tunlichste Betreibung«, die Thugut durch den Mund seines Monarchen gefordert hatte, bringt die Verbündeten trotz ihrer Überlegenheit erst am 10. Juli in den Besitz der Stadt Condé an der Schelde; man hat in dem Vierteljahr, das seit dem Übertritt des Generals Dumouriez verstrichen ist, also ganze dreißig Kilometer Terrain gewonnen, und das, obwohl die französische Armee auch ihren zweiten Oberkommandierenden, den tapferen Dampierre, verloren hat und seit dessen Tod von dem in der Pfalz geschlagenen Custine kommandiert wird. Dreißig Kilometer in hundert Tagen – da wäre es auf einen Waffenstillstand zum Gefangenenaustausch wohl nicht mehr angekommen. Und der Fall der alten Stadt Condé, deren Namen alle kennen, provoziert in Paris keineswegs, wie de la Marck, Mercy und andere vermuten, eine gewisse Verhandlungsbereitschaft, ganz im Gegenteil. Es geht alles so vor sich wie ein Jahr zuvor: Die Menge brüllt »Wir wollen die Girondisten«. Um kein neues Massaker entstehen zu lassen, werden alle Gemäßigten in ihren Häusern konfiniert, so daß einige sich noch retten können, und Custine wird, um den Volkszorn in Bahnen zu lenken, nach Paris befohlen und vor Gericht gestellt. Mainz fällt nach langer Belagerung, Valenciennes geht verloren, und Robespierre erklärt die Girondisten, wie er sagt allesamt Helfer des Generals Dumouriez, als vogelfrei. Paris hat wieder seine Menschenjagd. Gewiß, sie hatten noch immer Angst vor dem royalistischen Strafgericht, noch größer aber war die Wut.

Als die Girondisten gefangen waren, als sie nicht einzeln, sondern gleich karrenweise zum Richtplatz gefahren worden waren, verlangten die Abgeordneten den Prozeß gegen Marie Antoinette und das Wohlfahrtskomitee die sogenannte *Levée en masse*, also die Mobilmachung auch der letzten Reserven an Kämpfern. Robespierre ist in das Komitee eingetreten, in dem Lazare Carnot mit überzeugender Kompetenz den Ton angibt und Hébert sich so extrem gebärdet, daß man nicht nur ihn, sondern die ganze von ihm geführte Gruppe für verrückt hält. Aber das scheint schon nichts mehr auszumachen. Nur Marie Antoinette erschrickt: sie hat zum erstenmal ein Tier in Menschengestalt erblickt . . .

Die kannibalischen Orgien, die er mit ihr und ihren Kindern vornehmen wollte und in seiner Zeitschrift, dem *Père Duchesne* beschrieb, hatte sie nicht lesen müssen; das war der Vorteil ihrer Abgeschlossenheit. In Versailles und auch noch in den Tuilerien hatte man ihr jedes Pamphlet zugetragen. Aber daß Hébert nach seiner Art unangemeldet und nächtlicherweise in ihr Zimmer stürmen und mit seinen Schergen das Unterste zuoberst kehren konnte, das zeigte ihr deutlicher als alles andere, daß sie nicht nur ungerechten Maßnahmen ausgeliefert war, sondern auch der Willkür jedes einzelnen Jakobiners, mochte er auch in den Augen seiner Mitmenschen längst als verrückt gelten. Die Königin, ihre Schwägerin und ihre Tochter mußten sich neben den Männern ankleiden; der Dauphin wurde aus dem Schlaf gerissen und lag in den Armen seiner Mutter, die, selbst vor Kälte zitternd, ihn zu wärmen suchte. Die Prozedur dauerte vom späten Abend bis vier Uhr morgens und förderte so gut wie nichts zutage, kein Fetzchen eines Briefes, nicht einmal taugliches Schreibgerät, und als sie von den wütend-enttäuschten Jakobinern bald darauf wiederholt wurde, war das Ergebnis noch kläglicher, aber es half der Königin nichts: Hébert hatte sie entdeckt, und seit dem Tod Marats, den Charlotte Corday in seiner Badewanne erstochen hatte, war Hébert der einflußreichste Journalist der Revolution. Sein 1790 gegründetes Blatt mit dem volkstümlichen Titel *Père Duchesne* (die deutsche Entsprechung wäre etwa *Papa Eichinger*, der Stil aber war der des *Stürmers*) wurde auch außerhalb von Paris viel gelesen, weil Hébert sich, zum Unterschied von den Advokaten und Philosophen der Clubs, für jedermann verständlich ausdrücken konnte. Das hatte ihm mindestens einmal das Leben gerettet, und jedesmal, wenn er in Gefahr geriet, protestierten alle Sektionen der Pariser Jakobiner, kurz, er war modern gesprochen das Sprachrohr nicht nur der Basis, sondern der Extremisten und hatte damit genau jene Leute hinter sich, vor denen sich nicht nur Danton, sondern auch Robespierre fürchteten.

Ich weiß nicht, ob die Pathographie dieses Logenschließers aus

Alençon schon geschrieben wurde. Jedenfalls muß er im Théâtre des Variétés, wo er jahrelang tätig gewesen war, eine Menge Ressentiments angesammelt haben, ehe er wegen *indélicatesse* entlassen wurde. Was das im Zusammenhang mit Theaterlogen bedeutet, läßt sich immerhin vermuten.

Als er die Königin zum Ziel seiner ungesunden Grausamkeit erkor, war er eben wieder einmal verhaftet und vom Volk befreit worden, und er traf Marie Antoinette an ihrer verwundbarsten Stelle – durch den kleinen, ewig kränkelnden Charles-Louis, nunmehr Louis XVII. Es war am 3. Juli 1793, daß abermals Männer der Exekutive bei den Gefangenen im Temple eindrangen. Diesmal waren die Damen noch nicht zu Bett gegangen, nur der kleine König schlief schon. Man kündigte Marie Antoinette an, der Wohlfahrtsausschuß habe beschlossen, »der kleine Capet« sei von seiner Mutter zu trennen. Marie Antoinette schrie auf und warf sich über das Bett, in dem ihr Sohn, eben aufgeschreckt, die Augen aufschlug. Dann stellte sie sich davor und sagte (in etwa, die Quellen sind nicht ganz in Übereinstimmung) »So tötet mich doch erst« oder:»Tötet mich doch gleich«.

Es gab immerhin eine Stunde der Tränen, Bitten und Verhandlungen, man brauchte also keine Gewalt. Dann aber besannen sich die Schergen doch auf ihr eigenes Los, wenn sie mit leeren Händen zurückkehrten und drohten, das Kind töten zu müssen, wenn sie es nicht mitnehmen dürften. Da erst gab Marie Antoinette nach und fiel kraftlos auf einen Stuhl, während ihre Tochter und ihre Schwägerin Charles-Louis ankleideten. Der Achtjährige weinte herzzerreißend, als man ihn wegführte, und Marie Antoinette erlitt den schwersten Schock seit dem Tod des Königs. Sie war tagelang völlig apathisch, ließ sich – was sie sonst nie tat – von den beiden Damen bedienen, aß nichts und las nicht.

Damit hatte das düsterste Kapitel ihres Schicksals begonnen, aber auch die Eigengeschichte ihres Sohnes, der als Ludwig XVII. zu einem der bis heute nicht überzeugend gelösten Rätsel der neueren Geschichte werden sollte. Die Diskussionen haben auch den Mann berühmt gemacht, dem man ihn nun anvertraute, dem überzeugten Jakobiner Antoine Simon aus Troyes, einem Schuster. Er kam durch die Pflege des Königskindes zu einem gewissen Wohlstand, verdient im übrigen aber nicht die Anschuldigungen von royalistischer Seite. Er hegte schließlich in seiner primitiven Art eine gewisse Neigung zu dem schwächlichen Jungen, und alles, was er tat, um ihn zu verderben, war, daß er ihm ordinäre Worte und Schimpfworte beibrachte und dann brüllend lachte, wenn

Charles-Louis Capet sie ahnungslos nachsprach. Als man dem noch keineswegs pubertierenden Knaben später auf Kosten des Konvents Dirnen zuführte, war Antoine Simon längst tot: Man hatte ihn im Januar 1794 guillotiniert, ein Schicksal, das ihn gewiß nicht ereilt hätte, wäre er bei seinem Leisten geblieben.

Auch für Fersen waren die Hoffnungen zerronnen. Er konnte sich seit den Tagen von Varennes in Paris, ja in ganz Frankreich nicht mehr zeigen; seine hohe, schlanke Gestalt, sein doch etwas skandinavisch gefärbtes Französisch hätten ihn sofort verraten, also hielt er sich meistens in Brüssel auf wie der Graf Mercy d'Argenteau, den er ja aus glücklicheren Tagen gut kannte und mit dem ihn die gemeinsame Sorge um Marie Antoinette täglich enger zusammenführte.

In Brüssel war er den Ereignissen von Tournay und Mons sehr viel näher als Robespierre in Paris oder Thugut in Wien und hatte naturgemäß die Hoffnung genährt, Marie Antoinette habe nur noch wenige Tage Haft vor sich. In seinem Ungestüm eilten seine Gedanken schon voraus zu der neuen Situation, wo es wieder um die Rivalität zwischen Bourbon und Orléans gehen würde und um die Ansprüche des Comte de Provence, der ja schon zu Lebzeiten seines Bruders Ludwig aus seinen Ambitionen kein Hehl gemacht hatte.

»Die Stellung, in welche Sie geraten werden«, schrieb Fersen am 8. April, also zwei Tage nach dem Diner von Mons, an seine Freundin nach Paris, »wird sehr schwierig sein. Sie werden große Verpflichtungen auf sich laden gegenüber einem schlechten Menschen (gemeint war Dumouriez), der eigentlich nur der Notwendigkeit nachgegeben hat . . . das ist Ihnen gegenüber sein ganzes Verdienst. Aber dieser Mann ist nützlich, man muß sich seiner bedienen. Sie müssen tun, als glaubten Sie, was er von seinen guten Absichten sagt. Sie müssen sich sogar hinsichtlich der Dinge, die Sie wünschen, offenherzig zeigen.«

Ähnlich überzeugt vom nahen guten Ausgang waren die Weltmächte. Katharina II. hatte zwar in echt weiblicher Eifersucht für die schöne Erzherzogin nie Sympathien empfunden, und Fersen verrät uns, daß sie einen Brief der gefangenen Königin unbeantwortet ließ. Ihr Geheimsekretär Krapowitzki jedoch notierte in seinem Tagebuch, der Graf von Artois, also des toten Königs jüngster Bruder, sei sehr unzufrieden mit der Übereinkunft zwischen dem Prinzen von Coburg und Dumouriez, weil auf diese Weise Marie Antoinette schwerlich von der Regentschaft auszuschließen sei.

Das ist, im ganzen genommen und brutal charakterisiert, das übliche Emigrantengeschwätz und Geklatsche. Europa wird es noch bis zum Überdruß zu hören bekommen, und die Arbeits- und Nutzlosen von Koblenz, Brüssel und London werden weiter fortfahren, das Fell des Bären zu verteilen und die alten Streitereien wieder aufleben zu lassen, während die echten Chancen ungenützt bleiben.

Diese echten Chancen bestanden darin, daß auch die Männer der Revolution anfällig waren für Besitz und Wohlstand, mit anderen Worten für Bestechungssummen. Wir kennen aus der herrlichen Pariser Häuserchronik von Hillairet eine ganze Reihe von Fällen, wo die unversehens in Paris zu Ehren gekommenen Scharfmacher aus der Provinz nicht gerade die Witwen der Geköpften heiraten, aber doch in sehr wohlhabenden und keineswegs jakobinischen Kreisen auf Brautschau gehen, und die erstaunlichen Erfolge der Herren Jarjayes oder Batz erklären sich ja auch nur zum einen Teil aus der Sympathie, welche die Königin jedem einflößte, der noch ein gesundes Urteilsvermögen und intakte Gefühle hatte: Mehr bedeutete vielen Helfern zweifellos das Geld, das bei solchen Gelegenheiten den Besitzer wechselte.

Weder Fersen noch der Graf de la Marck oder Mercy (der in dieser Phase wie gebrochen wirkt) nehmen die Chance wahr, die sich aus dem Gegensatz zwischen Robespierre und Danton anbietet. Danton hat eine sehr junge und sehr hübsche Frau geheiratet, die sein Herz mehr beschäftigt als die ganze Revolution. Dem Girondistenmassaker ist er so knapp entronnen wie der Anklage wegen Komplizenschaft im Falle Dumouriez, und der Advokat aus Arcis-sur-Aube lebt auf großem Fuß. Seit dem Tod des ihm überlegenen Grafen Mirabeau hat man ihn wiederholt den »Mirabeau des Pöbels« genannt, und diese Anhängerschaft bei der Masse, für die Robespierre zu kalt und zu intellektuell ist, macht Danton noch immer mächtig. Warum nicht einen zweiten Mirabeau aus ihm machen, auch was die Rettung der Königin betrifft? Danton war aus der Sicht der *Incorruptiblen* um Robespierre mehrfach kompromittiert. Ihm nahestehende Herren hatten sich bei der Liquidation der *Compagnie des Indes* die Taschen gefüllt, sein Freund Westermann hatte an der Seite von Dumouriez gekämpft und dann gegen die Royalisten aus der Vendée schmerzliche Niederlagen einstekken müssen, und Danton selbst war in der schweren Krise durch den Frontenwechsel des Generals Dumouriez mit seiner jungen Frau in seine hübsche Heimatstadt Arcis-sur-Aube gereist, als ginge ihn die Revolution nichts mehr an, in das idyllische Dorf, das hundert Jahre später die Impressionisten entdecken werden. Danton war reif für eine entscheidende Aktion, das Blutvergießen hatte er längst satt, und sein eigener Kopf saß nicht mehr allzu fest auf den Schultern.

»Ein Versuch, diesen mächtigen Feind zu kaufen, war durch Freunde von Fersen unternommen worden«, behauptet Alma Sjöderhelm in ihrem Buch über Fersen und Marie Antoinette. »Ein gewisser Ribbes war beauftragt worden, mit Danton zu verhandeln, aber noch ehe der Plan in seine entscheidende Phase geriet, änderte sich die politische Lage schon wieder.«

Alma Sjöderhelm, der wir die Texte aus Fersens Tagebüchern verdanken, sieht die Hauptursache für das Scheitern so vieler Rettungsversuche im Geldmangel, eine Ansicht, der man nur bedingt beipflichten kann. Denn wenn es auch stimmt, daß England und Österreich im Krieg standen und Franz II. bekannt sparsam war, so gingen doch andererseits mindestens drei Befreiungsversuche – zwei aus dem Temple und einer aus der Conciergerie – nicht aus Geldmangel schief, von der Flucht nach Varennes ganz zu schweigen, die eher zu aufwendig inszeniert war und in kleinerem Maßstab vielleicht gelungen wäre.

Es ist sein Tagebuch, in dem Fersen sich am offensten gehen läßt, dem er seine Wut und seinen Schmerz ungehemmt anvertraut, vor allem, wenn ihn der Zufall mit einem jener Menschen zusammenführt, die er für das Unglück der Geliebten verantwortlich machen kann. Einer von ihnen ist der Postmeister Drouet aus Sainte-Menehould, der von den Österreichern bei Maubeuge gefangengenommen wurde und dem Grafen Metternich vorgeführt wird. Dort lernt Fersen den Mann kennen, der die Flucht der Königsfamilie in Varennes scheitern ließ. Fersen vergißt, daß er Offizier ist und daß es um einen Kriegsgefangenen geht; er bittet Madame Metternich (!), man möge Drouet besonders schlecht behandeln, was ohnedies geschah – der Mann wurde in Ketten vorgeführt – und dann gibt Fersen eine Aussage Drouets wieder, die alles bestätigt, was weiter oben über die Austauschaktion rund um den Kriegsminister Beurnonville gesagt wurde:

»Drouet war hier, beim Grafen Metternich, und wurde verhört. Er erklärte, aussagen zu wollen, doch wenn es eine schwache Stelle im Verteidigungsring um Maubeuge gebe, so würde er diese nicht nennen. Was die Königin betraf, sagte er aus, ihr Leben hänge an einem seidenen Faden. Würden die Verbündeten energisch gegen Paris vorstoßen, so wäre das für Marie Antoinette der sichere Tod (!), aber selbst wenn dies nicht geschehe, sei ihr Leben bedroht.

Der junge König habe hingegen wenig zu fürchten: Es gebe zwar ein paar haßerfüllte Menschen (»gens féroces«, also eigentlich wild), die ihn abschlachten wollten, daß dies aber nicht der Meinung der großen Masse entspreche. Einen Austausch seiner eigenen Person gegen die Königin halte er nicht für möglich; hätte man aber seinerzeit konsequent verhandelt, so wäre ein Austausch der ganzen noch übrigen Familie im Temple gegen Beurnonville und die Kommissare möglich gewesen, »die Sache galt als ausgemacht«.

Drouet, der zeitweise Kommissar im Temple war, weil man sich denken konnte, daß er, der die Flucht in Varennes vereitelt habe, Marie Antoinette auch nun nicht entfliehen lassen werde, Drouet also berichtete vor Metternich und Fersen über die Situation im Temple und rühmte sich, einiges zur faktischen Erleichterung des täglichen Lebens der Gefangenen beigetragen zu haben durch bessere Betten, frische Wäsche und ähnliches. Fersen glaubt ihm dies, Fersen entdeckt widerwillig, daß dieser Mann, der an dem ganzen Unglück so viel Mitschuld hat, gut aussieht, gut spricht, sich gut hält und daß er für ihn doch ein Ungeheuer ist. Während Fersen sich kaum zurückzuhalten vermag, für seine Fassung fürchtet, wenn er Drouet gegenübersteht, sieht Wien auch diesen Fall mit amtlicher Kühle an: 1795 wird Drouet mit einigen Gefährten gegen *Madame Royale*, Marie Antoinettes Tochter, ausgetauscht werden . . .

Anders als Fersen durfte Gouverneur Morris im Land bleiben. Er war als Botschafter der befreundeten Vereinigten Staaten von Amerika und Vertreter der vorbildlichen Republik jenseits des Ozeans in allen Wechselfällen der Pariser Entwicklungen *persona grata*, und seine unleugbaren Sympathien für die Königin und andere Damen des Hochadels mögen zwar als unvorsichtig erscheinen, wurden ihm aber eher nachgesehen, als wenn er etwa für die Girondisten Partei ergriffen hätte. Die Revolution verfolgte lange Zeit die Feinde in den eigenen Reihen ungleich schonungsloser und erbitterter als zum Beispiel den still und zurückgezogen auf seinen Gütern lebenden Landadel. Der heiße und trockene Sommer 1793 sah Morris in dem Uferdorf Seine-Port, heute durch seine Regatten berühmt und trotz der Nähe des schnell wachsenden Melun noch immer ein Ort reizendster Villen und Gärten. Hoffnungen hegte Morris keine mehr; sein Tagebuch hatte er zum Jahresbeginn geschlossen, weil jede Zeile, die er schrieb, irgend jemanden gefährden konnte, und für Frankreich sah er nichts anderes mehr voraus als Kriegswirren, Hungersnot und Seuchen. Er agiert mit größter Vorsicht, nicht seinetwegen, sondern wegen der Freunde, die er sich inzwischen erworben hat. Er berichtet in Briefen von den Bittprozessionen um Regen, die das Landvolk durchführt, während Hébert in Paris eine nackte Schauspielerin als Göttin der Vernunft präsentiert.

Draußen an der Seine gewinnt Morris Distanz, während im brodelnden Paris nach der Ermordung von Marat die letzten Gemäßigten aus dem Konvent verjagt werden und die Zahl der Verhaftungen in ganz Frankreich die absurde Zahl von 300 000 erreicht. (Es gibt Schätzungen, die noch erheblich höher liegen.) Nun ziehen auch die Aristokraten auf dem Land die Köpfe ein; die in Frankreich gebliebenen Frauen von Emigranten lassen sich scheiden, um wenigstens einen Teil des Besitzes zu retten und das Leben. Gouverneur Morris versteckt in Seine-Port die geschiedene Gräfin Damas d'Antigny, die nun wieder de Langeron heißt, aber was der einen die Nachtigal ist, wird ihrer Familie zur Eule: Die wütenden Schergen, die sich durch die Scheidung nicht täuschen lassen, verhaften statt der Ex-Gräfin ihre Schwester und ihren Schwager, der im Jahr darauf hingerichtet wird als eines der vielen Beispiele für die Sippenhaftung, wie die Jakobiner sie praktizierten.

Die Gemahlin des geflüchteten und von den Österreichern eingekerkerten Lafayette hat sich in die Auvergne zurückgezogen, jenes bis heute so wunderbar stille und abgeschiedene Bergland im Herzen Frankreichs, aber der elegante, ja glanzvolle General hat den Seinen nichts zurückgelassen als Berge von Schulden. Da sie als Frau eines Hochverräters natürlich keinen Sou Unterstützung erhält, wendet sie sich an Morris, der ihr mit einer auch für ihn beträchtlichen Summe hilft, mit 100 000 Livres, seinen Bezügen als Botschafter für zwei Jahre; und er tut es privat, weil er schon ahnt, daß die Vereinigten Staaten in solche Affären besser nicht hineingezogen werden. Lafayette kann in Amerika ein Held sein und bleiben, für Frankreich ist er doch ein Verräter.

Und dann nimmt die Mission von Gouverneur Morris trotz aller Vorsicht doch ein Ende, durch eine jener bizarren Gestalten, an denen die Epoche so reich ist: Die Republik Frankreich hat als neuen Botschafter natürlich nicht einen Aristokraten in die Vereinigten Staaten geschickt, sondern einen glühenden jungen Patrioten, der außer diesem revolutionären Feuer und guten Englischkenntnissen nicht viel mitbringt, nämlich Edmond Charles Genet, in jenem Schicksalsjahr eben dreißig geworden. Der Zufall will es, daß sein Schiff, die *Embuscade*, eines Sturmes wegen in Charleston, also in South Carolina, landen muß, und Genet verteilt, auf der Küstenfahrt nach Norden, eifrig Kaperbriefe, die amerikanische Seeleute und damit die Vereinigten Staaten selbst früher oder später in den offenen Krieg mit England hineinziehen mußten – einen Krieg, den man erst ein Jahrzehnt zuvor endlich überwunden hatte. Während sein Vorgänger in Washington D. C., der Chevalier de Ternant, sich darauf beschränkt hatte, ein Versorgungsschiff nach dem anderen ins hungernde Frankreich zu schicken, will Genet die Vereinigten Staaten in den Krieg verwickeln, weil Frankreich doch der Pate der amerikanischen Unabhängigkeit gewesen sei. Das stimmt natürlich, auch Kanada für Frankreich zurückzuerobern war eine großartige Idee, die den jungen Genet für alle Zeiten berühmt gemacht hätte. Aber George Washington ist alt; der junge Staat hat einen Berg von Problemen, und so muß Morris die französische Regierung bitten, ihren Feuerkopf aus Amerika zurückzurufen, womit – nach den diplomatischen Gepflogenheiten – auch seine eigenen Tage in Frankreich gezählt sind. Ähnlich wie Dumouriez folgt Genet den vier Jakobinern nicht, die ihn über den Ozean eskortieren wollen, sondern sucht sich eine neue Existenz, 7 000 Kilometer von der Pariser Guillotine entfernt: Er heiratet eine Tochter des Gouverneurs von New York, jenes Mr. Clinton, der zweimal Vizepräsident der USA sein wird und Genet einen soliden Rückhalt in einer Republik bieten kann, die der Guillotine nicht bedarf.

Genet also wird zur Ursache dafür, daß Marie Antoinette auch Gouverneur Morris verliert, einen Fürsprecher, den sie nicht oft gesehen hat und der sie doch nie vergessen konnte. Aber das Glutjahr 1793 bindet auch ihm die Hände; es ist, als wage sich niemand mehr von außen nach Paris, als verfolge die Welt angstvoll und beklommen das Schauspiel, das sich in der Seinestadt vorbereitet, ein Schauspiel, von dem man sagen muß, daß zumindest ein Teil der Akteure seine Vernunft auf dem Altar der neuen Göttin geopfert zu haben scheint. Die nun allein herrschenden Jakobiner wirken wie verwundete Raubtiere, die wild um sich beißen, weil Toulon rebelliert, weil Lyon von der Revolution abgefallen ist und die Feldzüge gegen die Katholiken und Royalisten in der Vendée die innere Schwäche dieser Republik tagtäglich offenbaren.

Die Angst um den eigenen Kopf macht aus ehemaligen Priestern und sogar aus den einstigen *Habitués* von Versailles gnadenlose Henker, ein Vorgang, der sich in diesen Tagen vielfältig belegen läßt, eine Wandlung unter Druck, die auch Marie Antoinette betrifft, als Louis-Félix Roux im Konvent den Vorschlag, die ganze Königsfamilie strafweise zu deportieren, eifrig bekämpft – einen nicht ungeschickten Versuch, Marie Antoinette zu retten.

Roux (nicht zu verwechseln mit dem »Prediger der Sansculotten« gleichen Nachnamens) ging in Versailles, in Trianon und im Landhaus der Campan ein und aus, weil er lange Zeit der Geliebte der feinen, kleinen und später so ehrpusseligen Hofdame gewesen war. Fersen hatte ihn dort kennengelernt und kommentiert in seinem Tagebuch unter dem 3. Juni 1793 erbittert die Gegnerschaft des früheren Abbés gegen den Deportationsplan. Daß er im übrigen aber kein Murren im Konvent auslöste, gibt andererseits Hoffnung, und Fersen, der auch in der Ferne nur für die Geliebte lebt, wiegt sich nach dem Ärger mit Drouet nun wieder in jenen Erwartungen, die erstaunlicherweise rund um den Temple immer wieder auftauchen, so regelmäßig, als würden sie von jemandem ausgestreut:

»Die Nachrichten von überall her sind gut«, schreibt Fersen am 9. Juni an seine Schwester Sophie, »auch jene, welche die verehrten Gefangenen betreffen, klingen immer beruhigender. Bis zum Augenblick ist keine allgemeine Stimmung gegen sie entstanden, und ich schöpfe ein wenig Hoffnung, sie eines Tages aus dieser langen Gefangenschaft befreit zu sehen. Wenn ich das erlebte, welch ein Labsal für mein Herz! Ich weiß, daß es ihnen gut geht, ausgenommen die kleine Madame (Royale), die sich in einem schlechten Gesundheitszustand befindet.«

Vorher war der kleine König krank gewesen, wochenlang und so ernst, daß Marie Antoinette gebeten hatte, man möge den Leibarzt, der ihn schon in Versailles behandelt hatte, in den Temple rufen. Hébert hatte abgelehnt, das verstieße gegen den Grundsatz der Gleichbehandlung aller Gefangenen. Doch war der Gefängnisarzt, der geschickt wurde, ein verständiger Mann. Er besprach seine Eindrücke und Verordnungen allabendlich mit dem früheren Leibarzt, und Ludwig XVII. genas – ein Detail, aber auch ein Beispiel dafür, daß man menschlich bleiben konnte, auch wenn man den neuen Machthabern verantwortlich war.

Wie schnell die Hoffnungen des Grafen Fersen dann wieder zerrannen, spiegelt sein Tagebuch, in das er nach stets wiederkehrenden Bemerkungen über das Wetter die neuesten Nachrichten und Gerüchte einträgt, gepeinigt von der Tatsache, daß sie ihn mit großer Verspätung erreichen. Der Graf de la Marck und der alte Mercy sind seine Klagemauer, wobei Mercy in auffälliger Weise oft besser informiert ist als der Graf, und de la Marck mit steigender Nervosität zu immer radikaleren Rettungsversuchen neigt. Vergleicht man die Haltung dieser drei ehrenwerten, aber chancenlos von den Ereignissen abgeschnittenen Herren, die in Brüssel beisammen sitzen und die Köpfe hängen lassen, dann scheint Mercy d'Argenteau, der erfahrene Diplomat und Mann der vielen Verbindungen, noch immer als der Vernünftigste, was freilich auch heißt: Er macht sich die wenigsten Illusionen.

Fersen hingegen zittert im Auf und Ab der Meldungen aus Paris und aus der Vendée, in einem ähnlichen Wunschdenken, wie man es bei de la Marck feststellen muß. Er hatte offenbar angenommen, die zunächst erfolgreichen Rebellen gegen Paris, die vom Grafen von Larochejacqelin befehligt wurden, könnten nach der glanzvollen Eroberung von Saumur tatsächlich loireaufwärts vorstoßen und Paris erreichen, weswegen ihn die Juni-Meldungen über die schweren Verluste der Rebellen umso tiefer trafen. Die *Vendéens*, die zu Hause wirklich eine gute Basis hatten, katholische Bauern und adelige Anführer, erfuhren, je näher sie Paris kamen, daß die Bevölkerung der Touraine und der Ile de France schon zu sehr eingeschüchtert war und keine Chance mehr sah, das Joch der Jakobiner abzuschütteln. Die Truppen aus dem Südwesten hatten kaum noch Zulauf und verloren auch immer wieder tapfere Anführer, weil die Emigranten im sichern Port sitzenblieben, statt zur See in die Vendée zu eilen und dort eine echte zweite Front gegen die Jakobiner zu eröffnen, was durchaus möglich gewesen wäre: England hätte ihnen den Rücken gedeckt.

Das sind jene Wenn und Aber, jene Erwägungen über das Mögliche und die versäumten Gelegenheiten, zu denen kaum eine andere Lebensgeschichte ähnlich viel Anlaß bietet wie die der Marie Antoinette, und eben darum haben diese Abläufe, die sich schließlich, am Ende des Jahrhunderts des Lichtes, vor zahllosen Zeugen vollzogen, nicht selten auch mystische Deutungen gefunden, ja sie geradezu herausgefordert. Es ist ein Verlangen, das harte und unleugbare Geschehen noch nachträglich mit einem gnädigen Nebel zu umgeben, das schließlich am ungewissen Schicksal Ludwigs XVII. einen gewissen Halt fand. Und vieles, was sich in diesen letzten Lebensmonaten der Marie Antoinette in Form von Wünschen, Hoffnungen und Gerüchten über die Entwicklungen in Paris breitet, beginnt so wie Fersens Eintragungen vom 15. Juni 1793, einem Montag: »Schön und warm. Augeard erzählte uns, daß Monsieur de Maulde ihm erzählte(!). . . daß man der Königin bald den Prozeß machen werde. Nur daß es, sehr zum Unglück der Ankläger, keinerlei Anklagematerial gegen sie gebe, im Gegensatz zu Madame Elisabeth.«

Eine kurze Eintragung, die beweist, daß Fersens Urteilsfähigkeit unter den Aufregungen, in der beinahe panischen Erwartung des Endes, ebenfalls gelitten hatte. Die Unterredung zwischen den beiden Herren, die uns nicht weiters zu interessieren braucht, hatte schon im Januar 1793 stattgefunden, kurz nach der Hinrichtung des Königs, die Maulde noch abgewartet hatte, um ihr beiwohnen zu können, ehe er nach Den Haag reiste. Inzwischen waren also sechs Monate verstrichen, und es gab noch immer keinen Prozeß. Fersen irrt auch hinsichtlich der Tatsache, daß man gegen Marie Antoinette als Königin, wenn man wollte, allein aus ihren Beziehungen zu Mercy allerlei Anklagepunkte konstruieren konnte, keinesfalls aber gegen Madame Elisabeth, die Schwester des Königs, ein Geschöpf, das so frei von Sünden und Vergehen war, wie ein Erwachsener nur sein konnte. Man stößt an Unbegreifliches, es wird dichter und verwirrender, je tiefer wir eindringen, und so, wie manche Kinder in ihrer Unschuld geheime Kräfte schneller erahnen als die abgestumpften Erwachsenen, so wird auch an Madame Elisabeth der große Wahnsinn dieser Jahre deutlicher als an den Akteuren und ihren Schicksalen, wenn sie, den Blutgeruch nicht fürchtend, sich Pétiot an die Brust wirft, wenn sie die Schergen im Temple mit ihrem Engelslächeln beglückt und dem Bruder, als er zur Hinrichtung geführt wurde, ihren Katechismus mitgibt auf den letzten Weg in einem Glauben, der wohl nie bitterer enttäuscht wurde als bei eben dieser Gelegenheit.

Bruder und Schwester rücken in dieser Situation erstaunlich nahe zusammen, näher als Ludwig und Marie Antoinette. Denn bei ihm siegte in der Krise die gleiche hilflos-ergebene Naivität über den rettenden Verstand. In seinem Tagebuch, in dem er jeden erlegten Hirsch festhielt, berichtete er über die Tage von Varennes auf nur einer halben Seite. Über den Juli 1792 in den Tuilerien, die neue Lage nach der Rückkehr aus Varennes, äußert er sich mit den Worten: »Den ganzen Monat nichts; die Messe in der Galerie«, und im August lautet die Eintragung: »Der ganze Monat war wie der Juli.« Womit er recht hat, man war in den Tuilerien, man erlitt den Massenansturm, man war gefangen und fühlte sich verloren. Aber welches Phlegma, im Angesicht entscheidender Entwicklung, das erste Dokument des eigenen Lebens mit solch einer Eintragung abzuschließen und unter dem 31. Juli mit dem Wort Nichts!

Gosselin Lenôtre kommentiert diese Aufstellung mit den Worten: »Unwiderstehlich wendet der Geist sich Marie Antoinette zu, die gezwungen war, an der Seite dieses Mannes zu leben.«

Nun war Ludwig XVI. tot; auf den eisigen Januar, in dem er von ihrer Seite genommen wurde, ist einer der heißesten Sommer gefolgt, an die sich Paris erinnern kann. Ist es möglich, daß ihr die königliche Ruhe, dieses unbegreifliche Phlegma nun doch beneidenswert erscheinen, die Ludwig XVI. noch in der Nacht vor der Hinrichtung ruhig schlafen und die letzten Minuten so gefaßt ertragen ließen? Ihr berühmtester Biograph berichtet aus dem Temple immer wieder, daß sich die Augen der Königin mit Tränen füllen, daß ihr die Knie zittern, daß sie erblaßt. Wir wissen es nicht. Eingeschüchtert von der Guillotine, von der brutalen Schnelligkeit, mit der das neue Revolutionstribunal seine Urteile fällt, verstummen die Augenzeugen. Alles, was Fersen erfährt, ist im Grunde nur ein *on dit*: Der eine erzählt, daß ihm ein anderer erzählt habe. Inzwischen späht Marie Antoinette durch Ritzen und Spalten nach ihrem Sohn, der in einem anderen Stockwerk von dem Schuster Simon bewacht wird und angeblich sogar belehrt, denn die Dokumente der Bestallung Simons nennen ihn nicht *Gouverneur*, also Erzieher, sondern *Instituteur*. Eine Frau, die Marie Antoinette nicht nur bedienen und bewachen, sondern vor allem ausspähen soll, wird verrückt, was niemanden wundert, und Marie Antoinette wendet ihr noch einmal jene berühmte Milde zu, die einst die Campan nicht genug rühmen konnte und die doch völlig nutzlos blieb, weil Wohltaten gegenüber einem Halbdutzend von Menschen eben untergehen mußten in der Not der Millionen. Einer der ehrlichsten Chronisten jener Zeit, ein Mann, der zu viel Geist hatte, um lügen oder betrügen zu müssen, der Fürst von Ligne, schrieb über Schuld und Unschuld der Marie Antoinette in der Erinnerung an schönere Tage: »Auf Spazierritten, wo ich mit der Königin trotz des sie umgebenden prächtigen Hofstaates allein war, erzählte sie mir tausend interessante Anekdoten über sich und schilderte mir, wie tückisch man danach strebte, sie in Liebeshändel zu verwickeln. Einmal war es dieses Haus, welches ihre Huld für eines seiner Mitglieder ersehnte, dann wieder die Familie Choiseul, die ihr Biron (d. h. Lauzun) zudachte.

Wenn die Marquise de Duras Wochendienst hatte, begleitete sie uns zu Pferde. Aber wir ließen sie meist bei den Reitknechten zurück, und aus diesem Leichtsinn verstand man, eines der größten Verbrechen zu machen. Niemals hat Marie Antoinette andere begangen . . . Ich glaube behaupten zu können, daß die Königin, angefangen von ihrer Vermählung mit dem gutartigsten, aber nicht gerade appetitlichsten Mann des Königreichs, nicht *einen* wirklich glücklichen Tag genossen hat.«

Die Nelkenverschwörung

Während in der Gluthitze des Pariser Sommers alle Hoffnungen zerrannen, während der Graf de la Marck verzweifelte Planspiele mit Kavallerievorstößen nach Paris entwickelte und Fersen sich erzählen ließ, der General Wimpffen stünde (mit welcher Armee?) neun Meilen vor Paris, reduzierte sich die tatsächliche Lage rund um den Temple auf eine Situation, die von den Goncourts sehr treffend mit den Worten gekennzeichnet wird: »Nun gab es an Hoffnungen nur noch den Herrgott und Baron Batz.«

Der in so ehrende Nachbarschaft gerückte Gascogner – wir haben ihn schon kurz erwähnt – taucht zwischen erlegten Hirschen und zahlreichen Messen auch im Tagebuch Ludwigs XVI. auf, und zwar mit der lapidaren Bemerkung »Rückkehr und treffliches Benehmen des Herrn von Batz, dem ich wieder 512 000 Francs schulde.« Auch in den geheimen Anweisungen des sogenannten Wohlfahrtsausschusses ist der Baron erwähnt, mit vielsagenden Verhaltungsmaßregeln für die Schergen:

»Dir, Bürger, schärft der Ausschuß ein, alle Anstrengungen zu verdoppeln, um den schädlichen Batz zu entdecken. Versäume in deinen Verhören keinen Umstand, scheue keine Geldversprechungen und dergleichen, verlange von uns die Freiheit jedes Verhafteten (!), der sich verpflichtet, ihn zu verraten oder der ihn uns tot oder lebendig bringt. Der Ausschuß wiederholt, daß Batz vogelfrei ist, daß auf seinen Kopf ein Preis gesetzt ist, und daß sein Signalement überall aufliegt, so daß er nicht entwischen kann. Er muß entdeckt werden, und es wird keine Gnade geben für jene, die ihn anzeigen konnten, ohne es getan zu haben. Das heißt also, daß wir diesen Verbrecher um jeden Preis haben wollen.«

Die Prämie auf den Kopf des Barons hatte zunächst 100 000, dann 300 000 Francs betragen, wie man jetzt sagte, weil das alte Wort *Livre* zu vornehm klang und mit zu vielen höfischen Erinnerungen belastet war. Damit wird der Baron zum Staatsfeind Nummer eins der jungen Republik, die längst erkannt hat, daß die Emigranten mit den großen Namen sich auf das Lamento, die Intrige und die Fortsetzung ihrer gesellschaftlichen Aktivitäten unter einem anderen Himmel beschränken.

Am 26. Januar 1754 geboren, ist Jean Baron de Batz aus Tartas nun neununddreißig Jahre alt. Französische Nachschlagewerke sagen ein wenig abschätzig, er habe »gewisse Kenntnisse im Finanzwesen« besessen, aber das reicht nicht aus, um diese einzigartige Mischung aus Finanzgenie und Verschwörer zu charakterisieren. Schon in jungen Jahren gründete Batz eine Versicherungsgesellschaft, ein Wirtschaftszweig, der damals neu war und der ihm darum schnell große Summen einbrachte. Er wurde dank alten Adels und bester Adelsverbindungen Groß-Seneschall des Herzogtums d'Albret. 1789 zog er als einer der Abgeordneten des Adels in die Versammlung der Generalstände ein und war im Finanzkomitee tätig, emigrierte aber 1792 und organisierte einen internationalen Ring von Finanzleuten, die mit zum Teil dubiosen Geschäften auf Kosten der Republik Geld für die militanten Royalisten heranschafften. Bei dem großen Schwindel mit den Anteilscheinen französischer Kolonialgesellschaften, um die sich in der hektischen Pariser Atmosphäre zunächst niemand gekümmert hatte, war Batz zumindest beteiligt, wenn nicht überhaupt der führende Kopf, und gewann wichtige Verbindungen in revolutionären Kreisen der Hauptstadt.

Die große Summe, die er dem König zur Verfügung stellte, ist durch den Zeitpunkt unmittelbar vor der Überstellung in den Temple als Bestechungsfonds für eine neue Flucht ausgewiesen, andere Ausgaben hatte die Königsfamilie zu dieser Zeit nicht mehr. Eine halbe Million Francs, ein Vermögen, zeigt aber auch, daß Batz sich nicht scheute, seine Gewinne und seine Vermögensbasis rücksichtslos einzusetzen, eine Haltung, die Marie Antoinette hätte retten können, wäre sie zum Beispiel beim Wiener Hof anzutreffen gewesen. Sie erklärt sich, was Batz betrifft, aus einer Königstreue, die zweifellos zumindest zeitweise seine Urteilsfähigkeit trübte, wie der gut belegte Versuch der Befreiung Ludwigs noch am Hinrichtungstag beweist. In einem Augenblick zu handeln, wo dichte Truppenspaliere den König sehr viel wirksamer schützen als die 270 Wächter aus dem Temple, einfach vorzubrechen und zu schreien: »Wer den König retten will, zu mir!«, das war so verrückt, daß man sich wundern muß, immerhin drei weitere Männer an seiner Seite zu sehen. Es sollen an die dreihundert Getreue in der Menge verteilt gewesen sein, und wenn sie auch nicht mitmachten, so hat Batz doch offensichtlich ihnen den kaum begreiflichen Umstand zu danken, daß er trotz seines auffälligen Versuchs entfliehen konnte: sie schoben sich zwischen ihn und die Verfolger, eine scheinbar absichtslose Mauer, die in dem herrschenden Gedränge keinen Verdacht erweckte.

Nach diesem Ereignis im Januar 1793 hielt Batz notwendigerweise eine Weile still, tauchte unter, war zweifellos auch durch den Tod seines geliebten Monarchen tief deprimiert. Manaud III., Baron de Batz, hatte im Jahr 1577, bei der Belagerung von Eauze, Heinrich IV. das Leben gerettet, als dieser bei einem Ausfall in eine Gruppe der Feinde geraten war und verloren zu sein schien. Diese historische Tat des Urgroßvaters vor dem kleinen Armagnac-Städtchen wollte Batz nun offensichtlich wiederholen, und würde man ihn und seine Aktivitäten genauer verfolgen, als wir es hier können, man gewönne zweifellos die Überzeugung, daß er zumindest gelegentlich im Besitz einer Tarnkappe gewesen sein müsse. Indes verfügte er über andere Hilfen, die bis heute ähnlich wirken: Er setzte sein Geld mit einer halbirren Großzügigkeit ein, und das sprach sich herum, und er hatte ähnlich gestimmte Helfer unter berühmten Clans wie dem der Rochefort, der Marsan, der Saint-Maurice, der Montmorency und anderer alter Geschlechter. Hätte sein treuer Freund und Adjutant, der Marquis von Guiche, die Biographie des Barons geschrieben, sie wäre *das* große Abenteuerbuch des hinabgehenden Jahrhunderts geworden.

»Batz hatte seine Vertrauensleute in den Sektionen [der Jakobiner], unter den Gemeindebeamten, bei den Behörden, in den Gefängnissen, in den Seehäfen und den Grenzstädten . . . Er ging durch die Straßen, in die Gefängnisse, in die Cafés und nahm unerkannt an den Orgien der Konventsmitglieder teil. Hier säte er Worte, dort Gold, ermutigte die Getreuen, kaufte die Käuflichen, warb die Unschlüssigen. Ja er kaufte ganze Büros, ein Département der Stadt Paris (!) und Polizisten, trieb Handel mit der Revolution und wurde zum Schrecken für die Akteure der *Terreur*, der Schreckensherrschaft« (Goncourts).

Zum Glück für die Royalisten verfügten die Mitglieder des Wohlfahrtsausschusses nicht über jene Polizeigenies, wie sie unter Ludwig XIV., Ludwig XV. und unter Napoleon Paris beherrschten. Man schlug mit der großen Klappe zu, ließ lieber zu viele Köpfe als zu wenige rollen, begab sich aber eben dadurch der Chance, die gefährlichsten Einzelkämpfer zu finden und unschädlich zu machen, ehe sie, wie Batz und einige wenige andere, zu einem Mythus werden und die Jakobiner lächerlich machen konnten.

Trotz der großen Mittel, die Batz einsetzen konnte und auch tatsächlich einsetzte, bestand die Hauptchance seiner Versuche darin, daß sie so kühn, ja eigentlich sogar frech waren, und man muß sich wundern, daß er nie auf den Gedanken kam, während des Spaziergangs im Garten – den die Königin trotz aller Schmähungen durch das Personal und Wachen doch immer wieder auf sich nahm, weil sie die Luft brauchte – eine Montgolfière landen und die Gefangenen an Bord nehmen zu lassen: das Luftgefährt war inzwischen mehrfach erfolgreich erprobt worden, ja es hatte in der Charlière, die mit Gas gefüllt wurde, sogar bereits einen leistungsfähigeren Rivalen erhalten und bei mindestens einer Feldschlacht das Artilleriefeuer geleitet.

Batz war als Gascogner von der gleichen eiskalten Todesverachtung wie Toulan, der einmal dem Lärm einer umfallenden Flasche die Gelegenheit zur Flucht zu verdanken gehabt hatte. Dies zeigte sich bei dem letzten Befreiungsversuch im Temple-Gefängnis, für den Batz gleich drei Dutzend Männer bestochen hatte – wie sich zeigen sollte, mindestens einen zu viel.

Sein Hauswirt kommandierte als Hauptmann eine Abteilung Nationalgarde und hatte einen der Geschworenen des Revolutionstribunals bestechen können, gemeinsam mit einem schon gekauften Stadtfunktionär namens Michonis im Temple eingeteilt zu werden. Aber es mußten noch etwa dreißig Wachen gekauft werden, und der Plan, die ganze gefangene Familie, in Militärmäntel gehüllt, einfach zwischen den dreißig Verschwörern herausmarschieren zu lassen, den kleinen König aber unter einem Mantel zu verdecken, war von echt gascognischer Verrücktheit.

Er gelang insofern, als Batz glatt ins Gefängnis hineinkam; die dreißig umgaben ihn schützend, und vielleicht hatte er auch sein Äußeres ein wenig verändert. Aber ein Wachsoldat hatte kalte Füße bekommen, was nicht sehr verwunderlich ist: Robespierre oder Hébert hätten bei einem Gelingen der Flucht keinen Augenblick gezaudert, alle eingeteilten Wachen unter die Guillotine zu schicken, und wenn man erst einen Kopf kürzer ist, dann nützen einem die schönen Goldstücke des Barons Batz auch nichts mehr.

So steckte einer der Wachsoldaten dem Schuster Simon einen Zettel zu, nur ein paar Worte, daß sich etwas vorbereite. Simon begab sich alarmiert zu dem Hauptmann, dem er voll vertraute, und zeigte sich beruhigt, als er diesen seinen Dienst antreten sah: Dann sei die Warnung wohl eines der vielen Gerüchte oder einfach ein dummer Scherz. Aber Batz und die Seinen wußten nun, daß sie einen Verräter in ihren Reihen hatten. Batz soll einen Augenblick geplant haben, da er nun schon im Temple war und ein paar entschlossene Freunde bei sich hatte, mit Waffengewalt auszubrechen, aber jenes Sich-den-Weg-Freischießen, wie es heute nicht mehr ganz selten ist, war mit den Feuerwaffen jener Zeit doch nicht so einfach, und so gab Batz auf. Er hoffte, an einem günstigeren Tag die an sich gut geplante Aktion wiederholen zu können. Dieser Tag jedoch kam nicht, weil doch etwas durchgesickert war. Simon war natürlich am nächsten Tag zu seinen Vorgesetzten gelaufen und hatte von einem Fluchtversuch berichtet, ja er hatte sogar Michonis beschuldigt, aber eben darum wenig Glauben gefunden. Das Gerücht, daß vielleicht etwas geplant gewesen sei, genügte aber, um Hébert zu alarmieren. Dazu kam, daß der Wohlfahrtsausschuß, besorgt wegen der schlechten Lage an den Fronten und der Hungersnot im heißen Paris, das Volk ablenken mußte, Zeit gewinnen mußte, bis Lazare Carnot seine frischen Bataillone an die Nordfront entsenden konnte. Und solch ein Ablenkungsmanöver sollte wohl zunächst der Prozeß gegen die Königin sein, ein Entschluß, den man sich lange überlegte, weil man sich damit einer wichtigen und kostbaren Geisel begab. Selbst der verhaßte Dumouriez hatte ja den Gedanken gehabt, durch die Auslieferung der Königsfamilie Frankreich vor einem Einmarsch fremder Truppen zu bewahren. Begann man nun aber einen Prozeß vor dem Revolutionstribunal, dann mußte er mit der Verurteilung der Königin enden, und eine Verurteilte mußte hingerichtet werden, sonst wurde der Prozeß zu einem Sieg der Royalisten. Stand Marie Antoinette also vor Fouquier-Tinville, dann war sie keine Geisel mehr, dann war es so gut wie ausgeschlossen, noch über sie zu verhandeln. Im Temple hingegen waren sie Staatsgefangene gleichsam in Schutzhaft, man warf ihnen ja noch gar nichts vor, es sei denn in Pamphleten.

Während die Hitze des August drückend über Paris lag, fielen die wichtigsten Entscheidungen des Jahres. Die französischen Truppen, die in Mainz gegen Gelöbnis kapituliert hatten, konnten gegen die Preußen und Österreicher nicht mehr eingesetzt werden, also marschierten sie gegen die Bauern der Vendée. Lyon, in hellem Aufruhr gegen die Jakobiner, wurde eingeschlossen und belagert, und ein furchtbares Strafgericht zeichnete sich ab. Die Aushebung aller Wehrfähigen, ein letztes Aufgebot, erfolgte gleichsam in einem Atemzug mit der Ankündigung eines Prozesses gegen Marie Antoinette. Es war das einzige Stimulans, das noch zur Verfügung stand, denn mit der Ermordung der Königskinder konnte man selbst die Fischweiber von den Seinequais nicht begeistern.

Vor allem aber gestattete der Prozeß, die Königin aus dem Temple-Gefängnis in die Conciergerie zu verlegen, jene Verliese im Rathausviertel, in denen seit Jahren der eingekerkerte Adel auf den Abtransport zur Guillotine wartete. Fand der Prozeß statt, war diese Verlegung eine Selbstverständlichkeit und man mußte nicht gestehen, daß sich im Temple-Gefängnis höchst undurchsichtige Dinge ereignet hatten und daß der allgegenwärtige, aber unauffindbare Baron Batz hinein- und wieder herausspaziert war, ohne daß ihm ein Haar gekrümmt wurde. Schnell beschlossen, wurde die Verlegung der Königin in die Gewölbe der Conciergerie am 2. August durchgeführt.

Schon am 1. August hatte François Hanriot, Stadtkommandant und einer der eifrigsten Hébertisten, die Wache rund um den Temple inspiziert, die Bestände an scharfer Munition auffüllen lassen und abends dann Zündschnüre für die Artillerie ausgegeben. Marie Antoinette wurde natürlich wieder mitten in der Nacht geweckt – Héberts bekannter Psycho-Terror – und um viertel zwei Uhr morgens aufgefordert, sich anzukleiden und sich von Schwägerin und Tochter zu verabschieden. In einer Droschke, die von zwanzig Gendarmen eskortiert wird, fährt sie durch das nächtliche Paris, unter lastenden Gewitterwolken, über den Pont Notre-Dame und durch die Rue de la Lanterne in die Conciergerie, wo ein enges Gewölbe ihr neues Gefängnis wird.

Im allgemeinen bedeutete die Überführung in ein Gefängnis eine Warte-Situation vor dem so gut wie sicheren Tod durch die Guillotine, und wäre das nicht so gewesen, die Gefängnisse der Revolution hätten weniger Schrecken verbreitet als selbst unsere modernen Zuchthäuser. Denn die Revolution hatte so manche Ordnung aufgelöst, auch die des alten barbarischen Strafvollzugs, so wie ja auch die Guillotine im Vergleich etwa zur Hinrichtung eines Damiens oder des Johann Reinhold von Patkul, aber auch verglichen mit dem Elektrischen Stuhl oder der Gaskammer, weniger grausam genannt werden muß. Die Vielzahl der Gefängnis-Insassen, die Unfähigkeit, zu organisieren auf Seiten der in vielen praktischen Dingen völlig hilflosen Fundamentalisten dieser Revolution, dies ließ Arrangements zustande kommen, die ohne den Tod im Nacken an die Gefängnisszene in der Operette *Fledermaus* erinnert hätten: Berühmte Maler wie Hubert Robert oder Dichter wie André Chenier, Exminister, Ex-Polizeikommandanten, der ganze Adel, sie alle lebten dank der Allmacht des Geldes in den letzten Wochen oder Monaten ihres Erdendaseins nicht viel schlechter als vorher, nur daß sie eben ihre Promenaden auf Besuche in den anderen Zellen beschränken mußten und nicht fliehen konnten.

Es ist ein bekanntes Detail der Sittengeschichte jener Zeit und für die blutigen Jahre so charakteristisch wie die Massenmorde, daß sich in den Gefängnissen nicht etwa nur Orgien abspielten oder – wie dies Madame Roland in ihren Memoiren andeutet – Damen der Gesellschaft sich den Wärtern und Bewachern ergaben, sondern daß es auch zu berühmten und im Angesicht des Todes tröstlichen Liebesbeziehungen kam wie zwischen dem Philosophen La Harpe und der Comtesse de Hautefort oder zwischen Madame de Custine und dem Comte de Beauharnais. Frauen, die ein Leben lang ihrem Gatten treu geblieben waren wie eben die Custine oder die Gräfin d'Arvaux erlagen der entschuldbaren Versuchung, die letzten Wochen ihres Lebens noch auf diese sinistre Weise zu erfüllen.

Marie Antoinette blieb es freilich erspart, an diesem Treiben in irgendeiner Form teilzunehmen. Sie wurde abgesondert untergebracht, wofür der erfolglose Armeeführer Custine eine Zelle räumen mußte, und streng bewacht. Ihr Schicksal unterschied sich auch insofern von dem der anderen, als ihr Tod – was sie allerdings nur vermutet haben mochte – noch keineswegs feststand. Da alle Entscheidungen in Komitees und unter der Einwirkung von Augenblicksstimmungen fielen, da es keine Pläne, ja nicht einmal feststehende Ziele gab und die Verantwortlichkeiten stets wechselten, war auch nach der Überführung der Königin in die Conciergerie noch alles möglich – nur daß niemand mit Sicherheit etwas voraussagen konnte. Noch einen Monat nach Marie Antoinettes Überstellung in die Conciergerie gab es eine starke Partei im Wohlfahrts-Ausschuß, die in der Königin eine wertvolle Geisel sah. Die Umrüstung der Armee war in vollem Gang; jeder Franc wurde gebraucht, und in ganz Frankreich fehlte es angesichts der wachsenden Desorganisation auf unvorstellbare Weise an Geld. »Es scheint sicher zu sein«, schreibt Lenôtre, »daß die Verlegung in die Conciergerie keinen anderen Zweck verfolgte, als die bevorstehende Aburteilung der Gefangenen glaubhaft zu machen. Ja mehr noch: Von diesem Augenblick an bemühte man sich, das Gerücht einer unmittelbar bevorstehenden Hinrichtung zu verbreiten. Man hoffte auf diese Weise, die fremden Mächte aus ihrer Lethargie aufzurütteln (»à se départir de leur indifférence«), und man war so gut wie sicher, daß die Feindmächte sich nun endlich, angesichts der Guillotine für Marie Antoinette, zu jenen Angeboten entschließen würden, auf die man seit drei Monaten vergeblich wartete. In den Vorstellungen und Überlegungen des Wohlfahrts-Ausschusses – denn die Masse der Konventsabgeordneten zählte ja nicht – war das Dekret der Verlegung in die Conciergerie nichts anderes als eine Drohung. Was die faktische Auslieferung der Königin an Fouquier-Tinville betraf, so war niemand bereit, dafür die Verantwortung zu übernehmen.«

Soweit Gosselin Lenôtre, der zwar kein Carlyle und kein Michelet ist, aber ohne jeden Zweifel der beste Kenner aller Details jener Jahre. Seine Darstellung ist aber auch durch das Faktum eines letzten Rettungsversuches bestätigt, durch die am wenigsten aussichtsreiche und dennoch besonders bekannt gewordene Verschwörung, die Marie Antoinette selbst aus den festen Gewölben der Conciergerie und gleichsam im letzten Augenblick befreien wollte.

Ihre Bekanntheit verdankt die dilettantische Aktion dem Gedanken, Geheimbotschaften in Nelken zu verbergen, die ein Besucher scheinbar achtlos fallen ließ, so daß die Königin in ihren Besitz kam. Der Besucher war Gonsse, Chevalier de Rougeville (1760-1814), den die Königin kannte und erkannte, aber sich zu beherrschen vermochte. Er hatte die Nelken hinter den Ofen geworfen, wo sie unbemerkt geblieben waren, und Marie Antoinette, die keinerlei Schreibmaterialien hatte, war auf den Gedanken verfallen, mit einer kurzen Botschaft in gestichelten Buchstaben zu antworten, daß sie pausenlos und genauestens überwacht werde und von sich aus nichts tun könne. Eine Denunziation verhinderte alle Weiterungen, aber de Rougeville entrann allen Verfolgungen und konspirierte so eifrig weiter, daß ihn manche Autoren für halb verrückt halten. Napoleon war jedoch offensichtlich anderer Meinung, er ließ den Chevalier, der einfacher Herkunft war, wegen geheimer Verbindung zu den Alliierten im Jahr 1814 hinrichten. Als Held des Romans Le Chevalier de Maison-Rouge des älteren Dumas wurde er schließlich unsterblich.

Die Verschwörung hatte also das Problem des Wohlfahrts-Ausschusses nicht gelöst, und die Feindmächte blieben bei ihrem Alibi, man tue militärisch ohnedies das Menschenmögliche und werde bei der Eroberung von Paris dann auch Marie Antoinette befreien, die ja noch nicht alt sei. Wie schließlich die Entscheidung für Anklage, Prozeß und Tod der Königin fiel, ist allerdings nicht sehr überraschend. Ein Sekretär des Wohlfahrts-Ausschusses, der von den Engländern bestochen worden war, lieferte verschiedene Berichte an den Staatssekretär des Auswärtigen, an William Wyndham Baron von Grenville. In der Niederschrift einer Nachtsitzung vom 2. September 1793 finden sich jene Äußerungen Héberts, die ihn als den Hauptverantwortlichen für die Hinrichtung der Königin erweisen. Joseph Cambon, der zum Unterschied von den anderen Mitgliedern des Wohlfahrts-Ausschusses sehr genaue

Vorstellungen über die Finanzlage und den Geldbedarf hatte, regte an, die Königin gegen eine hohe Summe an die Österreicher auszuliefern und berief sich dabei auf Kontakte, die ein Unterhändler namens Forgues zu diesem Zweck in Brüssel und Wien angeknüpft hätte, ja sogar mit den Preußen(!). Würde man ein wenig Druck machen (»en effrayant«), so sei aus dieser Operation viel zu gewinnen.

Der Vorschlag stieß auf die wütende Opposition der Scharfmacher, unter denen uns Hébert schon bekannt ist; ihm sekundierte in Barère de Vieuzac einer der besten Redner der Jakobiner und, pikanterweise, Hérault de Séchelles, ein Verwandter der Familie Polignac.

Sie argumentierten, daß der kleine Capet, also Ludwig XVII., den Feindmächten zweifellos wichtiger sein würde als die Österreicherin, so daß man für ihn mindestens ebenso viel Lösegeld erhalten werde, was einerseits stimmte, andererseits aber nicht sehr logisch war: Für beide zusammen hätte man gewiß noch erheblich mehr erlöst, sofern überhaupt solche Verhandlungen zu einem Abschluß gebracht werden konnten.

Es kamen aber auch Imponderabilien ins Gespräch, die nicht uninteressant sind: Der Tod des kleinen Capet gehe vor allem den Konvent an, der Tod der Königin hingegen sei eine Angelegenheit der Pariser, der Stadt und ihrer Bürger. »Ich habe«, sagte Hébert in Anspielung auf die blutrünstigen Artikel in seinem *Père Duchesne*, »den Parisern den Kopf von Marie Antoinette versprochen, und ich werde ihn eigenhändig abschneiden, wenn man zögert, ihn mir zu geben. Ich habe ihn in eurem Namen den Sansculotten versprochen, die ihn verlangt haben und ohne die es kein Wohlfahrts-Komité mehr geben würde«.

Von seinem eigenen Temperament sichtlich hingerissen, verstieg sich Hébert zu Visionen des Untergangs und des Sieges der Gegenseite für den Fall, daß man der Republik und der Revolution das Opfer Marie Antoinette nicht darbringen würde. Der Gedanke, durch die Schonung Marie Antoinettes eine Art Rückversicherung eingehen zu können, sei irrig: Selbst im Fall einer Amnestie würden die Könige und der Kaiser dafür sorgen, daß die Revolutionäre entweder durch Meuchelmord oder durch Gift stürben. (*Historical Manuscripts Commission, Fortescue-Papers;* Verwahrungsort: Dropmore).

Die Angelegenheit bleibt gleichwohl etwas mysteriös, schließlich gab es zu allen Zeiten erfundene oder nachkonstruierte Agentenberichte, und es bleibt ebenso rätselhaft, daß Fersen und Mercy, die in Brüssel nichts anderes taten als in Richtung Paris zu horchen, von der Anwesenheit dieses Unterhändlers nichts erfahren haben sollten. Die Nachricht von der Überführung der Königin in die Conciergerie mit all jenen makabren Details, die absichtlich verlautbart wurden, um die Feindmächte zu einem Angebot zu bewegen, sie hatte Fersen tief getroffen. Die treue Eleonore Sullivan mußte ihn trösten, eine schöne und wohlhabende Frau, die Fersens Liebe zu Marie Antoinette nicht nur duldete, sondern an seiner Seite mitkämpfte und auch ihr Vermögen einsetzte, wenn dies nötig war.

Am 11. August, einem schönen und warmen Sonntag, besprachen sich Fersen und la Marck über die Möglichkeiten, die Königin zu retten, ohne daß der Unterhändler Forgues erwähnt wird. Die beiden Offiziere gelangen zu der Einsicht, daß nur noch ein massiver Kavallerie-Vorstoß unmittelbar auf Paris den Hinrichtungstod von Marie Antoinette abwenden kann, das also, was man 1940 dann einen Stoßkeil schneller Kampfverbände nennen wird. »Dies wäre umso einfacher, als es zwischen der aktuellen Frontlinie und Paris praktisch keine französischen Armeen mehr gibt und alle Depots voll gefüllt sind mit Proviant und Munition.« Die beiden begaben sich zu Mercy, um ihm den Plan vorzutragen, aber der alte und kränkelnde Diplomat winkte ab: Die Niederlage von Valmy würde sich wiederholen, das wäre alles, die königliche Familie sei nicht mehr zu retten.

Damit hatte er gewiß recht, wenn auch nicht in der Beschwörung von Valmy, wo die Angreifer tagelang im Schlamm lagen und der Regen die Truppen zermürbt hatte, sondern weil es allzuleicht gewesen wäre, die mitten in der Stadt inhaftierte Königin zu töten, ehe die Kavallerie bis zur Conciergerie vordringen konnte. Paris war schließlich kein Fort, das man im Handstreich nehmen konnte, sondern auch in jenem Jahr 1793 bereits eine riesige und schwer zu passierende Stadt, angefüllt von einer gegen Marie Antoinette eingestellten, fanatisierten Bevölkerung.

So nahmen also die Dinge ihren Lauf. Marie Antoinette wurde nach der Nelkenverschwörung in ein kleines und dunkles Verlies gebracht und tatsächlich unausgesetzt bewacht, mit jenen Schikanen, in denen Hébert Meister war: Selbst wenn sie sich umzog, wenn sie sich wusch, ja wenn sie zur Toilette mußte, wichen die Gendarmen nicht von ihrer Seite, Vorgänge, die eine feinnervige Frau mit der Zeit töten mußten, auch wenn es bei der Haft geblieben wäre.

Das aber sollte eben nicht sein; selbst das elende Zimmer mit den drei Betten – eins für Marie Antoinette, eines für ihre Dienerin und eines für die sich abwechselnden Gendarmen – galt noch als ein zu mildes Los. Bereit, jederzeit zu sterben, trug Marie Antoinette nur Schwarz und schlief angekleidet. Daß sie Wäsche zum Wechseln erhielt, verdankte sie Michonis, der schon an zwei Fluchtversuchen beteiligt gewesen war, sich aber immer wieder hatte herausreden können und für die Frau, die auch er inzwischen liebte, alles riskierte. Es sind nun schon einige: Toulan, Rougeville, Michonis, von Fersen ganz zu schweigen, und zumindest die zuerst Genannten hatten Marie Antoinette ja erst kennengelernt, als sie schon nicht mehr schön war. Die Mittdreißigerin war außerordentlich abgemagert, völlig grau, schwach zum Umfallen und nur noch notdürftig frisiert. Die Haare waren über der Stirn brüsk quer abgeschnitten – und dennoch hatte sie Männer gefunden, die mehr für sie wagten als all die Höflinge von Trianon, die Marie Antoinette gekannt hatten, als sie im vollen Glanz ihrer Schönheit und ihres Charmes einem Hof vorstand. Sie hatte im Unglück, in ihrem Leiden, eine Ausstrahlung, die stärker waren als der *éclat* ihrer Jugend und der Reiz ihrer Erscheinung bei Hof, aber die Frauen von Paris, die diese Königin mit so wütendem Haß verfolgten, erkannten ihre wahre Natur und ihre innere Größe erst, als es zu spät war – in den wenigen Stunden jenes lächerlichen, widerlichen und absurden Prozesses.

Fouquier-Tinville, ein Jurist aus der Picardie und seit einigen Monaten Haupt-Ankläger beim Revolutionstribunal, hatte sich an den Konvent mit der Bitte gewandt, ihm Material gegen die Königin zur Verfügung zu stellen; er hatte in seinem Akt kein einziges belastendes Papier(!). Die Antwort des Konvents ist historisch, wenn man auch ein wenig verwundert ist, Fouquier-Tinville nicht mit dem revolutionären Du angeredet zu sehen: »Wir haben Ihnen keine Beweise zu liefern, Bürger: Die Republik zählt auf Ihren Eifer *(zèle)*, um dem abzuhelfen.«

In dieser Notlage, die keine war, weil man schließlich seit zehn Monaten den Inhalt des Eisernen Schrankes kannte, verfiel Hébert – wer sonst – auf die infame Unterstellung, die Königin habe mit ihrem Sohn, dem schwächlichen, kränkelnden Ludwig XVII., blutschänderische Beziehungen unterhalten. Der Gedanke, so absurd er an sich war, wurde auch noch weiter verfolgt, wurde durch Verhöre der im Temple Zurückgebliebenen gestützt, wobei die Tochter Ludwigs XVI. am stärksten unter Druck gesetzt wurde.

Es bereitete den Verhörbeamten offensichtlich besonderes Vergnügen, einer Prinzessin von eben fünfzehn Jahren immer wieder die gleichen obszönen Fragen zu stellen, Fragen, die das Mädchen kaum begriff und auf die sie nur mit fassungslosem Erschrecken reagierte. Noch härter verhörte man den kleinen König, ein durch die Einsamkeit bei Simon, die Trennung von der Mutter und eine auch bis dahin schon sehr unglückliche Erziehung aufs schwerste geschädigtes Kind, dem man praktisch alles in den Mund legen konnte, was man es sagen lassen wollte.

Wieviel Marie Antoinette von diesen Vorbereitungen erfuhr, läßt sich schwer beurteilen, sie war ja auch innerhalb der Conciergerie so isoliert, daß Gerüchte kaum zu ihr dringen konnten. Ein Abbé namens Magnin und die seither berühmte Mademoiselle Fouché nahmen sich der Königin an, aber auch ganz einfache Leute wie das Hausmeisterehepaar Richard und, als man Richard ablöste, der Concierge Bault.

Es war ein permanentes Heldentum der Kleinigkeiten, die aber alle wichtig geworden waren, seit es nichts mehr gab, was man noch hätte weglassen können: Ein menschenwürdiges Bett für die hohe Gefangene, eine Bespannung für die kalte und feuchte Wand, an der sie schlief. Bettwäsche zum Wechseln. Als Bault ein frisches Leintuch für die Königin verlangte, bedrohte Fouquier-Tinville ihn mit der Guillotine . . .

In der Conciergerie selbst hatte es freilich Sensation gemacht, daß nun die Königin in der Mitte der Gefangenen weilte. Man zirkulierte nach wie vor, aber die Gegenwart der unglücklichen Monarchin, der stets in Schwarz gekleideten Witwe des sechzehnten Ludwig, mahnte doch zu einem anderen Verhalten, als man es sich im Angesicht einer nur noch kurzen Lebensstrecke angewöhnt hatte. Und wie hätten auch diese Herren und Damen von Stand sich von den Gendarmen beschämen lassen können, die ihre Pfeifen nur noch vor dem Tor rauchten, weil der Rauch die Königin inkommodierte, oder von den Marktfrauen, die ihre schönsten Früchte hervorsuchten, wenn Madame Richard für Marie Antoinette einkaufen ging. Waren das noch die Frauen, die auf ihrem Zug nach Versailles den Kopf der Königin gefordert hatten? Waren es damals andere gewesen, eine ganz andere Schicht der Pariser Bevölkerung, oder hatten sie inzwischen selbst die große Ernüchterung über sich kommen gefühlt angesichts der Guillotine im täglichen Volksfest der rollenden Köpfe?

Die ausgedehnten Gewölbe der Conciergerie – wir atmen noch heute nur beklommen in ihnen – waren überall bedrückend, den sogenannten Frauenhof aber mieden die Promenierenden, denn hier war es zu den grausamen Abschlachtungen vom 2. September 1792 gekommen. Man hatte Theateraufführungen geprobt, denn niemand hatte etwas dagegen, wenn Bücher gebracht wurden, nun aber wurde nur noch geflüstert und getuschelt, gerade daß man wagte, den Bücherstapel zu besichtigen, den die Königin sich hatte bringen lassen, die Reisen des kühnen Captains Cook und andere abenteuerliche Geschichten. Man wußte auch, was jeder, der dazu in der Lage war, für die Königin tat oder zu tun versuchte, um ihr die Tage erträglicher zu machen, in denen sie sich auf den Prozeß vorbereitete. Dabei soll sie, wie wir aus dem Bericht des Dienstmädchens Rosalie Lamorlière wissen, immer noch sicher gewesen sein, daß ihr Neffe in Wien oder aber Fersen in Brüssel sie freikaufen würden. Vielleicht hatte sie immerhin so viel mit de Rougeville sprechen können, daß sie von den großen Summen wußte, die im Spiel waren, ja daß von privater Seite – nicht etwa aus Wien oder London – eine Million Francs für ihre Freilassung oder aber ihre Befreiung geboten worden waren.

Fest steht, daß sie gefaßt war und ruhig: »Ich hörte niemals, daß sie sich beklagte«, erzählte Rosalie im Alter in dem Gespräch mit Madame Simon-Vouet, »weder über ihr Schicksal noch über ihre Feinde. Die Ruhe, mit der sie sprach, war die ihrer ganzen Haltung, und es gab in dieser ruhigen Gefaßtheit etwas so Tiefes und Imponierendes, daß Madame Richard, der Hausmeister Lebeau und ich, wenn wir den Haftraum betraten, zunächst stets respektvoll an der Türe stehenblieben und erst näherzutreten wagten, wenn sie uns mit ihrer sanften Stimme und einem freundlichen Blick dazu aufforderte.«

Nachts war es freilich anders. Rosalie Lamorlière hörte die Königin leise weinen, leise und anhaltend. Dabei küßte sie die Locke vom Haupt ihres kleinen Sohnes, die sie in einem Medaillon mit seinem Porträt trug und in einem Kinderhandschuh aus gelbem Leder verbarg, wenn sie durchsucht wurde. Daß sie ihre Kinder hatte verlassen müssen, daß diese den Kerkermeistern überlassen waren, beschäftigte die Königin am meisten und war der Hauptgrund ihrer Trauer.

Am 14. Oktober, einem Montag, begann das, was Fouquier-Tinville und seine Auftraggeber den Prozeß der Marie Antoinette nannten, ein Prozeß jener Art, wie wir sie zwischen Cromwell und Freisler nur zu oft kennengelernt haben, und es gab Zeitgenossen, die sogar Jeanne d'Arc erwähnten, die mutige Heilige der französischen Nation, die gegen ihre Richter und die Beisitzer ebensowenig Chancen hatte wie die Österreicherin auf Frankreichs Thron. Man hatte Marie Antoinette Verteidiger gestellt, diesen aber erst im letzten Augenblick und für kurze Zeit Einblick in die Anklageschrift gewährt. Marie Antoinette mißtraute naturgemäß den beiden Männern, die ja – selbst wenn sie nur einen Achtungserfolg erzielten – mit dem sicheren Tod rechnen mußten, was ihre Aktivitäten und ihre Einsatzfreude naturgemäß einschränken würde. Am meisten vertraute sie noch Tronçon-Ducoudray, dem Mann, der auch schon an der Verteidigung Ludwigs XVI. mitgewirkt hatte (er wurde nach dem Prozeß verhaftet, dann freigelassen und endlich deportiert), aber auch dem zweiten Verteidiger gelang es schließlich, die Köngin von ihrem Mißtrauen zu befreien. Es war der noch nicht vierzigjährige Claude-François Chauveau-Lagarde, einer der mutigsten Kämpfer für Gerechtigkeit in jenen Jahren. Er hatte es gewagt, Brissot, also einen der führenden Girondisten, zu verteidigen, danach Charlotte Corday, die Mörderin des frenetisch verehrten Marat. Nach Marie Antoinette verteidigte er noch ihre Schwägerin, »den Engel«, wie man Ludwigs XVI. Schwester genannt hat, wurde daraufhin natürlich verhaftet, aber durch den Sturz Robespierres im letzten Augenblick vor der Guillotine gerettet.

Auf Bitten der Verteidiger wandte sich Marie Antoinette an den Präsidenten des Konvents in einem Brief, der hinreichende Zeit für das Aktenstudium verlangte: Der im letzten Augenblick benachrichtigte Chauveau-Lagarde war am Abend des 13. Oktober in Paris eingetroffen, am 14. morgens begann der Prozeß. Das Gesuch der Marie Antoinette wurde nie beantwortet.

Trotz der aufopfernden Pflege durch Rosalie hatte Marie Antoinette in der Conciergerie nur noch sehr wenig zu sich genommen. Bault, der sich nach außen bärbeißig gab, hatte zwar verhindern können, daß die Köngin aus der Gefängnisküche verpflegt wurde, wie es angeordnet worden war: er hatte einfach erklärt, unter diesen Umständen für nichts garantieren zu können, Vergiftungen seien möglich, um Marie Antoinette den Tod auf der Guillotine zu ersparen. Danach hatte Rosalie dann freie Hand gehabt, das zu besorgen, was Marie Antoinette noch zu sich nahm, hin und wieder eine Bouillon, kleine, feine Brötchen, Mignonettes genannt, gutes Brunnenwasser, manchmal auch ein Hühnchen und oft Obst. Von allem aber hatte sie so wenig gegessen, daß sie in dem großen, lärmenden Saal und gegenüber dem brutalen Fouquier-Tinville ständig von Ohnmachten bedroht war. Ihre Schönheit, der ganze

Glanz ihrer Erscheinung waren zu einer stillen Würde abgeklungen, die auf die im Gerichtssaal auf den besten Plätzen thronenden Fischweiber und die Frauen aus den Hallen besonders herausfordernd wirkte. Mit der Routine, die sich diese Megären der Revolution auf den Galerien des Konvents erworben hatten, wo sie alles niederbrüllten, was nicht ultrajakobinisch war, versuchten sie während des ganzen Prozesses auch das Gericht niederzubrüllen und vor allem natürlich die Verteidiger. Bei Fouquier-Tinville rannten sie ohnedies offene Türen ein.

Marie Antoinette blieb ruhig und beherrscht auch angesichts der unsinnigsten Vorwürfe, die vor allem aufgetischt wurden, um die Zuschauerscharen zu johlenden Kundgebungen zu ermuntern und den Eindruck zu erwecken, das Volk von Frankreich stünde hinter diesen Anklagen. Sie wurde nicht nur des mehrfachen Ehebruchs bezichtigt – Vergehen, über die dieses Gericht gewißt nicht zu befinden hatte – sondern eben auch des geschlechtlichen Umgangs mit ihrem Sohn Charles-Louis, der ganze acht Jahre alt gewesen war, als man ihn von ihrer Seite riß. Sie und Madame Elisabeth sollten gemeinsam den Knaben zu unzüchtigen Spielen mißbraucht haben, wie Hébert behauptete und der Kleine gestanden hatte . . .

Marie Antoinette würdigte diesen Anklagepunkt keiner Erwiderung; erst auf eine Bemerkung eines Beisitzers hin und nachdem die Frage ein zweites Mal gestellt worden war, sagte sie:

»Wenn ich diese Anklage nicht beantwortet habe, so geschah dies, weil die Natur sich weigert, eine solche Anschuldigung gegen eine Mutter überhaupt zuzulassen.« Sie hatte sich von dem eisernen Stuhl erhoben, den man ihr zugebilligt hatte, drehte sich zur Zuhörerschaft um, die verstummt war, und schloß: »Ich berufe mich dabei auf alle Mütter, die hier im Saal sind.«

Sie war ganz in Schwarz, mit einer weißen Haube; vom vielen Weinen und von der Kerkerluft waren ihre Augen gerötet. Der Zorn jedoch hatte in ihr blasses Gesicht eine flüchtige Röte steigen lassen, und ihr Blick hatte an Glanz gewonnen, als sie diese Worte dem Vorsitzenden des Revolutionstribunals entgegenschleuderte.

Während der Saal wohlweislich mit fanatischen Anhängern der Revolution besetzt worden war, hatte sich vor dem Gericht ein kleines Grüppchen von Royalisten gebildet. Sie waren zwar seit Wochen eingeschüchtert, weil das neue Gesetz über die *suspects,* die Verdächtigen, der Regierung die Möglichkeit gab, auf simple Denunziationen oder Vermutungen hin zu verhaften. Man lebte also gleichsam auf Abruf in diesem Paris des Herbstes 1793, und

wer immer persönliche Feinde oder auch nur Neider hatte, mußte jeden Tag damit rechnen, in Todesgefahr zu geraten. Das alles dämpfte naturgemäß die Anteilnahme am Prozeß der Königin, aber es kamen doch immer wieder Frauen aus dem Gerichtssaal, wo sie vielleicht sogar die Revolutions-Hyänen gespielt hatten, und flüsterten den draußen Wartenden Berichte zu. Eine dieser Frauen – eine, die aus guten Gründen namenlos bleiben wollte – sagte laut zu den Umstehenden: »Fürchtet nichts für die Königin, sie kommt frei. Ich habe sie gehört, sie antwortet wie ein Engel!«

Tatsächlich gab es zwar ernstzunehmende Vorwürfe wie den des Landesverrats, hatten doch drei Generale, mit denen die Königin korrespondiert und wiederholt verhandelt hatte, das Verbrechen der Desertion begangen. Sie hatten zwar nicht die Front gewechselt, weil die Österreicher weder für Dumouriez, noch für Lafayette oder Bouillé Sympathien hegten, aber sie hatten ihre Truppenteile verlassen, ganz zu schweigen von so prominenten Royalisten wie Fersen oder de la Marck, mit denen die Königin noch aus dem Temple-Gefängnis heraus Kontakt gesucht hatte.

Aber die Frau, die so wenig zu ihrer Rettung hatte tun können, so lange ihr sanftmütiger Gatte alles über sich ergehen ließ, gewann aus den Vorwürfen und aus der Situation Kraft zum Widerstand und nach und nach die Oberhand über den blinden Fanatismus eines Fouquier-Tinville. Das war am deutlichsten zu erkennen, als er zu dem widerlichsten Anklagepunkt gekommen war, der in seiner absurden Konstruktion die anderen, konkreten Anklagen im Grunde entkräftete. Welches Gericht, das solides Anklagematerial besaß, hätte zu solchen Ungereimtheiten seine Zuflucht genommen?

Überdies hatte sich unter den Frauen im Saal im Lauf des Prozesses eine erstaunliche Wandlung vollzogen. Waren sie zunächst als Jakobinerinnen gekommen, so hatte sich in der Abfolge der Fragen und der Antworten eine spontane weibliche Solidarität entwickelt, die Marie Antoinette zugute kam, weil das Gericht durchwegs männlich besetzt war. Durch die Revolution in ihrem Selbstbewußtsein gestärkt, von Théroigne de Méricourt, von Madame Roland und anderen Vorkämpferinnen ihres Geschlechts geweckt, entdeckten die Fischhändlerinnen und Marktweiber aus den Hallen in der abgesetzten Königin die Frau. Abgehärmt, viel älter aussehend, entkräftet und zerstört, würde diese Frau, die sie so gehaßt hatten, auch ohne die Guillotine nicht mehr lange zu leben haben. Sie war für ihre Geschlechtsgenossinnen die Witwe Capet, die schlechter behandelt wurde als alle ihre Mitgefangenen. Und diese

Frau, die kaum Kraft zu sprechen hatte, die sollte es mit ihrem kleinen Sohn getrieben haben? Das konnten nur so perverse Querköpfe annehmen und auch noch zu Papier bringen, wie diese verklemmten Juristen aus dem Konvent.

Gewöhnt, auf die Stimme des Volkes zu lauschen, noch ehe sie sich artikulierte (weil davon in dieser Zeit das Leben abhängen konnte) wurden zunächst die Beisitzer nervös. Eine neue Taktik wurde erwogen, die dahin ging, Marie Antoinette möglichst wenig sprechen zu lassen: Jedes ihrer Worte machte zu viel Eindruck, sie war den Anklagen zu sehr überlegen. Man ließ Zeugen aufmarschieren, man inszenierte eine Geschichte der Französischen Revolution seit dem 14. Juli 1789 mit jener Ausführlichkeit, die das Entzücken aller Theoretiker ist. Aber es zeigte sich, daß der ganze Prozeß tot war und niemanden interessierte, wenn die Königin nicht sprach, wenn nur Tiraden vorgetragen wurden, die man aus dem *Ami du Peuple* Marats und aus dem *Père Duchesne* Héberts genugsam kannte. Niemand hörte wirklich zu; Fragen und Antworten des Gerichts und der Zeugen folgten aufeinander in einem grauen Ritual, dessen Ergebnis schon viel zu lange feststand, um noch Ereignis werden zu können.

Was blieb, was auf allen lastete und nicht einmal für Sekunden zerstob, das war die Angst: Als die Königin, nach vielen Prozeßstunden, um ein Glas Wasser bat, wagten nicht einmal die anwesenden Offiziere, ihr diesen selbstverständlichen Dienst zu erweisen. Einer der Wachsoldaten, der sie aus der Conciergerie in den Gerichtssaal begleitet hatte, ermannte sich schließlich und besorgte ihr die Erfrischung.

Als sie endlich in ihr dunkles Gewölbe zurückgebracht werden sollte, erlitt sie einen Schwächeanfall. Der Soldat, der ihr das Wasser gebracht hatte, bot ihr den Arm, da sie erklärte, die Stufen nicht mehr zu sehen. Das genügte, um ihn auszutauschen: Am zweiten Prozeßtag fehlte er, wenig später wurde er hingerichtet.

Zuhörer, die am ersten Prozeßtag so unvorsichtig gewesen waren, ihr Mitgefühl oder auch nur ihre Achtung für die Angeklagte zu offen zu zeigen, oder aus deren Reaktionen zu erkennen gewesen war, daß die Antworten Marie Antoinettes sie beeindruckten, wurden am zweiten Tag gar nicht erst in den Verhandlungssaal gelassen, ja einige wurden sogar gefesselt fortgeführt. Nach den Erfahrungen, die das Revolutionstribunal gemacht hatte, gab man der Königin nicht mehr viel Gelegenheit zu sprechen und konzentrierte den Prozeß auf die Frage des Landesverrats. Ihn konnte Marie Antoinette schwer entkräften, weil es letztlich um die Frage ging, welches Frankreich verraten worden war und durch wen, ob die Königsmörder Frankreich repräsentierten oder die Königswitwe. Ebenso war es Auffassungssache, wie die Zahlungen zu bewerten waren, die nach vertraglichen Vereinbarungen über die Niederlande und die Scheldemündung an Marie Antoinettes Bruder, den Kaiser Joseph II. geleistet worden waren, Gelder, wie sie ständig durch ganz Europa flossen, von England nach Sachsen, von Österreich nach Spanien, von den Niederlanden nach Bayern und so fort. Im Licht der augenblicklichen Situation, da Frankreich im Krieg mit Österreich war, sah diese Vereinbarung aus Josephs letzten Lebensjahren und unmittelbar vor dem Ausbruch der Revolution natürlich ganz anders aus.

Im Grund stand es, rein rechtlich gesehen, nicht schlecht um die Königin, denn auch ein Fouquier-Tinville mußte natürlich wissen, daß man König und Königin nicht den Druck antirevolutionärer Schriften vorwerfen oder gar anlasten konnte; das war innenpolitischer Kampf, in dem ein Pamphlet gegen das andere stand. Aber es ging ja längst nicht mehr um Recht und Vernunft, sondern nur noch um die Befriedigung der Straße, jener Menschen, die nichts zu beißen hatten und durch Hetzblätter wie den *Père Duchesne* nur im gemeinsamen Haß von ihrem leeren Magen abgelenkt werden konnten. Der Stil dieses Blattes wirkte auch in die Anklage hinein, wenn Marie Antoinette gefragt wurde, ob sie sich dazu bekenne, die Hälfte der Abgeordneten auf eine Todesliste gesetzt zu haben, und was sie zu sagen habe zu dem gemeinsam mit ihrem Schwager Artois ausgeheckten Plan, den Tagungssaal des Konvents in die Luft zu jagen.

»Die Königin«, schreiben die Goncourts, »war bewunderungswürdig in ihrer Geduld und ihrer Kaltblütigkeit. Sie zwang die eigene Hoheit zur Demut. Sie unterdrückte mit Energie ihre Entrüstung. Sie antwortete auf die Verleumdungen mit einer Silbe der Verneinung, auf die Albernheiten mit Stillschweigen, auf das Gemeine mit Majestät. Wenn sie sich rechtfertigte, geschah dies stets nur, um andere zu rechtfertigen oder zu schonen, und selbst während der längsten Debatte entschlüpfte ihr kein Wort, das einen ihrer Anhänger hätte gefährden oder das Gewissen ihrer Richter beruhigen können.«

Am 15. Oktober spät abends kündigte der Präsident des Tribunals den Verteidigern an, daß in etwa einer Viertelstunde die Zeugeneinvernahme zu Ende sein werde. Dann kämen ihre Plädoyers an die Reihe. Sie hatten also ganze fünfzehn Minuten, um diese Verteidigungsreden vorzubereiten. Chauveau-Lagarde sprach über den außenpolitischen Komplex, Tronçon-Ducoudray über die Anklagepunkte aus der Innenpolitik. Das kurze Schlußwort der Angeklagten lautete:

»Ich kannte die Zeugen nicht und wußte nicht, was sie aussagen würden. Nicht einer von ihnen hat eine haltbare Tatsache vorzubringen gewußt. Ich schließe mit der Feststellung, daß ich die Frau Ludwigs XVI. war, und daß ich mich ganz nach seinem Willen richtete.«

In der Wiederholung der Anklage, die Fouquier-Tinville vortrug, fehlte der Inzestvorwurf, vermutlich weil man der Meinung war, nun genug andere Anklagepunkte zu haben; dann wurden den Geschworenen vier Fragen vorgelegt, die sich ausschließlich auf die Verbindung mit den fremden Mächten und auf royalistische Verschwörungen im Innern bezogen. Sie wurden nach einer Beratungszeit von einer Stunde von allen Geschworenen mit dem Schuldspruch beantwortet, worauf Fouquier-Tinville die Todesstrafe beantragte.

Der Vorsitzende verurteilte die Angeklagte, die nun Marie Antoinette de Lorraine-d'Autriche, also von Lothringen-Österreich genannt wurde, zum Tode und erklärte den Verfall ihres ganzen Besitzes zugunsten der Republik. Es war Armand Herman, ein Mann aus dem Artois und Vorsitzender des Revolutionstribunals im Pas de Calais, den Robespierre nach Paris gerufen hatte. (Er wurde im Prozeß gegen Danton später als zu lax verurteilt, was ihn jedoch nicht rettete: Er mußte nach dem Sturz Robespierres mit Fouquier-Tinville das Schafott besteigen.)

Damit war es vier Uhr morgens geworden. Alle Versammelten waren erschöpft, nur die Königin schien etwas erleichtert zu sein, daß die Prozedur nun überstanden sei. Sie öffnete sich selbst das Gitter und ließ sich, aufrechter gehend als am Tag zuvor, in die Conciergerie zurückbringen. Die beiden Verteidiger waren unmittelbar nach den Plädoyers ebenfalls verhaftet worden und wurden gefesselt weggebracht(!).

Als Rosalie am Morgen in das Gefängnis zur Königin ging, sah sie zwei Kerzen neben der Schlafenden brennen; man hatte sie ihr also, abweichend von der sonstigen Praxis, gelassen. Nach langem Bitten nahm Marie Antoinette ein paar Löffel Bouillon zu sich, mehr um Rosalie nicht zu kränken, als weil es sie danach verlangt hätte. Dann mußte sie sich umkleiden, weil man ihr befohlen hatte, nicht in Schwarz auf den Karren zu steigen, das könnte die Erinnerung an den König heraufbeschwören und zu Zornesausbrüchen unter der Bevölkerung führen. Marie Antoinette versuchte, sich zwischen Bett und Mauer ein wenig gegen die Blicke eines jungen Offiziers zu decken, ja sie bat ihn sogar, ihr zu gestatten, ohne Zeugen die Wäsche zu wechseln, aber der junge Lümmel trat noch einen Schritt näher, stützte beide Ellbogen auf und glotzte nun erst recht. Da trat Rosalie dazwischen, nahm ihm die Sicht, und Marie Antoinette konnte sich nicht nur ungesehen umkleiden, sondern auch einige Wäschestücke in einer Mauervertiefung verbergen, die von den Blutstürzen, die sie in ihrer großen Schwäche erlitt, beschmutzt worden waren.

Es galt nun noch, an Elisabeth zu schreiben, ihre junge Schwägerin, die durch die Aussagen des kleinen Capet auf die gleiche furchtbare und zugleich unsinnige Weise belastet worden war wie Marie Antoinette selbst. Es wurde ein langer Brief, den die Königin, wohl vom Prozeß noch zu erregt, um schlafen zu können, um halb fünf Uhr morgens begonnen hatte, ein Brief, der Elisabeth aber nie erreichte, weil Bault ihn an Fouquier-Tinville auslieferte und dieser ihn nicht weiterleitete. 1816, als Elisabeth längst selbst hingerichtet worden war, tauchte der Brief wieder auf und befindet sich heute in den *Archives nationaux*. Marie Antoinette erbittet Verzeihung für ihren kleinen und schwachen Sohn, der schließlich gar nicht begriffen hatte, was er mit seiner Kinderschrift unterfertigte, und bittet Elisabeth, sich der beiden Kinder im Temple anzunehmen, da sie sich nicht vorstellen konnte, daß irgend jemand den Tod der jungen und grundgütigen Schwester des Königs wünschen oder gar betreiben würde.

»Leben Sie wohl, meine gute und zärtliche Schwester«, schließt dieser vermutlich längste Brief, den Marie Antoinette jemals eigenhändig geschrieben hatte. »Möge Sie dieser Brief erreichen. Denken Sie immer an mich. Ich küsse sie von ganzem Herzen, ebenso wie diese armen und teuren Kinder. Mein Gott, wie herzzerreißend ist es, sie für immer zu verlassen! Leben Sie wohl, leben Sie wohl! Ich will mich nur mehr mit meinen geistlichen Pflichten befassen. Da ich in meinen Handlungen nicht frei bin, wird man vielleicht einen Priester zu mir bringen; aber ich beteure hier, daß ich ihm nicht ein Wort sagen werde, sondern ihn wie einen völlig fremden Menschen behandeln.«

Diese Ablehnung galt den sogenannten Konstitutionellen Priestern, jenen, die den Eid auf die revolutionäre Verfassung abgelegt hatten. Marie Antoinette hatte sich geweigert, den Priester Girard zu empfangen, den man ihr geschickt hatte, und sie hatte den Segen des Pfarrers von Sainte-Marguerite empfangen, der in einer nahen Zelle, der Königin gegenüber, gefesselt an der Wand saß. Es scheint sogar, daß sie einem Priester ihres Vertrauens, also einem anderen Gefangenen, hatte beichten können; Rosalie hat es entweder nicht bemerkt, da sie ja nicht zu allen Zeiten im Gefängnis war, oder aber, sie hat dieses Geheimnis der Königin auch noch für sich behalten, als für den Priester keine Gefahr mehr bestand, eben weil man von einer letzten Beichte nicht leichthin spricht.

So laßt uns Mörder sein

Der von vielen tausend Augen verfolgte letzte Weg der Königin begann am Vormittag des 16. Oktober 1793 und währte fünfviertel Stunden, obwohl die Conciergerie auf der Ile de la Cité von der Hinrichtungsstätte, der heutigen Place de la Concorde, in der Luftlinie keine drei Kilometer entfernt war. Man hatte einen einfachen Karren bereitgestellt, der ungefedert auf hohen, verschmutzten Rädern über das Kopfsteinpflaster holperte. Auf einem quergelegten Sitzbrett hielt sich Marie Antoinette, der man die Hände auf den Rücken gefesselt hatte, mühsam aufrecht. Neben ihr saß der bestellte Pfarrer, den die Königin ignorierte, weil er den Eid auf die Revolution geschworen hatte.

Vor dem Gericht hatte sie sich – trotz des wütenden Geschreis von Hébert – als Erzherzogin von Österreich bezeichnet und als Witwe des früheren Königs von Frankreich, was andeutet, daß in diesen letzten Stunden ihre Gedanken häufiger nach Wien gingen als früher, nach Wien, das sie ebenso verraten hatte wie ihr eigenes französisches Volk.

Der abtrünnige Priester bewältigte seine schwierige Aufgabe, eine zum Tod verurteilte Königin auf ihrem letzten Weg zu trösten, mit einer gewissen Höflichkeit; nur als ihm der Gemeinplatz unterlief, der vielgeprüften Frau zu erklären, daß sie nun Mut brauchen werde, antwortete Marie Antoinette kühl, es sei sehr unwahrscheinlich, daß sie jetzt noch die Fassung verlieren werde.

Dabei geschah alles, um ihr schon vor der Hinrichtung manche Pein zu bereiten. Zwar waren die dreißigtausend Soldaten nicht zuletzt auch aufgeboten worden, um sie gegen die Volkswut zu schützen – sie hatte bis zuletzt befürchtet, von den Pariserinnen in Stücke gerissen zu werden – aber was halfen Soldaten gegen geschleuderte Steine oder Wurfgeschosse aus den Fenstern, deren man in der engen und alten Stadt Hunderte passieren mußte. Als zu erkennen war, daß Marie Antoinette unter dem Gerüttle litt, riefen die Frauen im Spalier hohnvoll: »Das ist nicht so weich wie die Kissen von Trianon«, und der Schauspieler Gramont (ein wohlklingendes Adelspseudonym), der als Offizier der Nationalgarde mitritt, hob sich im Sattel, um mit dem Degen auffordernd auf Marie Antoinette zeigen zu können, die er ja eskortieren sollte. Es blieb trotz dieser würdelosen Tat bei wenigen Rufen und

Schmähungen aus den Bäumen, von den Fenstern und Laternen, und man rief angesichts der blassen, in ihrer Haube noch älter wirkenden schmalen Frau vereinzelt auch »Es lebe die Republik.«

Näher an dem Platz, auf dem seit etwa einem Jahr die Guillotine errichtet war, zwischen der Statue der Freiheit und dem Portal des Tuileriengartens, wurden die Schmähungen seltener; die Menge schwieg beklommen angesichts des Hinrichtungsapparats, der schließlich allein in Paris mehr als zweieinhalbtausend Menschen getötet hatte. Drei Wochen nach Marie Antoinette wird Manon Roland diesen Weg gehen, nachdenklich die Freiheits-Statue neben der Guillotine mustern und das denkwürdige Wort finden »Freiheit, wie viele Verbrechen begeht man in deinem Namen!«

Der Scharfrichter – es ist nicht mehr Sanson-père, sondern sein Sohn – erwartet die Königin auf der Plattform, die Guillotine und Henker weithin sichtbar macht. Erst auf der obersten Stufe strauchelt Marie Antoinette, tritt Sanson Junior auf den Fuß und entschuldigt sich bei ihm mit größter Höflichkeit. Der kleine Schuh, den sie dabei verliert, wird für einen der Umstehenden zur Reliquie.

Dann wandte sie einen letzten Blick in die Richtung des Temple-Gefängnisses, also nach Osten, zu dem düsteren Bau, in dem sie ihre Kinder wußte, kniete zu einem letzten Gebet nieder und wurde, wie neun Monate vorher ihr Gemahl, auf das Brett geschnallt. Man will bemerkt haben, daß der Henker dabei zitterte, und man weiß, daß sein Vater in Erwartung dieser Hinrichtung demissioniert hatte. Dann fiel das Beil, und um 12 Uhr 45 hob Sanson den Kopf hoch, um der Menge zu zeigen, daß er seines Amtes gewaltet habe.

Die letzte Gemeinschaft, in der Marie Antoinette gelebt hatte, war die Conciergerie gewesen, und wie überall, hatte sie auch hier sogleich Freunde, Verehrer, ergebene Diener gefunden, selbst unter jenen, die ausgesucht worden waren, weil sie als besonders hart und unbeugsam galten wie der Kerkermeister Bault: Schließlich hatte er Marie Antoinette frisiert, sie hatte ihm mit kleinen Worten für seine Güte gedankt und ihn *Bon* genannt statt Bault, und Madame Richard, die täglich die Karren mit den Verurteilten davonholpern sah, hatte die Besucher gebeten, mit der Königin vor allem nicht von ihren Kindern zu sprechen, das sei für sie das Schlimmste.

Als Marie Antoinette weggebracht worden war, wurde es in der Conciergerie sehr still; selbst die Plappermäulchen der Dirnen verstummten, die vordem die Königin so oft geschmäht hatten. Es war unglaublich, aber eine Tatsache: selbst an diesem düsteren Ort war es noch düsterer geworden, und die kleine Rosalie weinte so anhaltend und bitterlich, daß die Gendarmen sie in gutmütigem Spott Mademoiselle Capet nannten. Bault wurde noch schweigsamer als sonst, und die anderen Gefangenen warfen scheue Blicke zu den zwei kleinen Hoffenstern, hinter denen die Zelle der Königin lag.

Von den Zeitungen, die über die Hinrichtung berichteten, gaben der *Moniteur* und Prudhommes *Les révolutions de Paris* relativ sachliche Schilderungen, ja Louis-Marie Prudhomme gab unumwunden zu: »Die Pariser sahen ziemlich ruhig zu, als sie vorüberzog. An einzelnen Stellen klatschte man in die Hände, im allgemeinen aber schien das Volk alle Übel vergessen zu haben, die durch dieses Weib über Frankreich gekommen waren, und dachte nur noch an ihre gegenwärtige Lage.«

Am schaurigsten malte der Korrespondent der *Vossischen Zeitung* die Hinrichtung aus, mit Details, die selbst der *Père Duchesne* nicht gebracht hatte, und schließt seinen Bericht, der fünf Tage nach den Ereignissen in Berlin erschien, mit den Sätzen: »Als der Kopf der Königin dem Volke auf allen vier Seiten des Blutgerüsts gezeigt worden war (was bei anderen Hinrichtungen nur auf einer Seite zu geschehen pflegt), ward er nebst dem übrigen Körper nach dem Magdalenen-Kirchhofe gebracht und daselbst in einem Grabe mit viel Kalk beschüttet . . . Abends hielten Furien und Kannibalen Freudentänze an der Grabstätte [ab]; auch waren viele Straßen, besonders die Gebäude des Louvre, erleuchtet.«

Am 20. Oktober, einem kühlen und grauen Tag, war die Nachricht auch in Brüssel, durch den Privatkurier eines Bankiers, der ein natürliches geschäftliches Interesse an schneller Information hatte, und damit bei Fersen, für den sie nicht mehr unerwartet kam. Was ihn am meisten peinigte, war, daß seine Freundin in den letzten und schwersten Stunden keinen Beistand gehabt hatte; in seinem Tagebuch steigert er sich in Rachegelüste hinein, wußte aber wohl, daß sich dazu keine Möglichkeit bieten würde. (Abgesehen davon, daß Marie Antoinette in ihrem freilich jahrelang unbekannt gebliebenen Brief an ihre Schwägerin gebeten hatte, Ludwig XVII. zu einem Verzicht auf jegliche Rachehandlung zu verpflichten. Zweifellos hatte sie dabei die britischen Hinrichtungsorgien gegen die Königsmörder im Sinn oder Maria die Katholische, die in der Geschichte Maria die Blutige genannt wird, ein Beiname, den sie ihrem Sohn ersparen wollte.)

Fersen berichtet von ihn beruhigenden Gesprächen mit de la Marck und Mercy, in denen ein merkwürdiges Detail auftaucht: Mercy scheint sich nach dem Tod der Marie Antoinette, in dem Resumé, das er über ihr Leben zieht, von ihr distanziert zu haben. Jedenfalls betont er gegenüber Fersen, alles, was er für Marie Antoinette getan habe, sei aus Verehrung und Dankbarkeit für deren Mutter geschehen. Sollten diese Gefühle Mercy im Alter tatsächlich beherrscht haben, so würden sie seine an sich schwer zu erklärende Untätigkeit in Brüssel (mit-)motivieren, eine gewiß auch durch Krankheit bedingte Untätigkeit, obwohl er zweifellos an einer Schaltstelle saß.

Wirkt Fersen in diesen Szenen und in seinem Tagebuch relativ gefaßt, so läßt er in einem Brief an seine geliebte Schwester seinen Gefühlen freien Lauf:

»Meine zärtliche und gute Sophie, beklage mich, beklage mich. Der Zustand, in dem ich mich befinde, ist nur für Dich verständlich. Ich habe nun also alles verloren, was ich auf der Welt besaß . . . Sie, die mein Glück war, sie, für die ich lebte – ja, liebe Sophie, denn ich habe nie aufgehört, sie zu lieben, und ich hätte ihr auch alles geopfert, das empfinde ich ganz deutlich in diesem Augenblick . . . Ach, mein Gott, warum belastest du mich so, womit habe ich deinen Zorn in diesem Maße verdient? Sie lebt nicht mehr! . . . Für mich ist alles vorbei. Warum bin ich nicht an ihrer Seite gestorben! Warum habe ich nicht mein Blut für sie vergossen!«

Ja, warum hatte er nicht? Die Mörder hatten ihre Absichten schließlich lange genug und laut genug angekündigt. Hébert hatte von der »großen Freude des Vaters Duchesne« gesprochen, »die österreichische Wölfin endlich abgeschlachtet zu sehen«. Er verlangte nach dem Tod der Wolfsbrut, fürwahr eine Bezeichnung, die auf die geschwächten, leidenden, schwer geschädigten und verstörten Kinder im Temple nicht zutraf, und als einer der Zuträger, die Anklagematerial heranschaffen sollten, keine Beweise für seine Erzählungen vorlegen konnte, weil sie allesamt erfunden waren, hatte Hébert jenen berühmten Wutausbruch, in dem er etwa sagte: »Wir sitzen hier und nehmen unser Mittagsmahl, und sie lebt noch immer.«

Es war diese Stimmung einer ohnmächtigen Ungeduld, in der ein Abgeordneter namens Drouet den bezeichnenden Ausruf tat: »Nun gut, so laßt uns Mörder sein, wenn es denn sein muß«, das heißt, wenn Beweise für ihre Schuld nicht beizubringen sind. Das wurde am 5. September gesagt, beinahe sechs Wochen vor ihrer Hinrichtung, etwa gleichzeitig mit Héberts Ausbruch, der in dem

Fluch gipfelte: »Man verlangt Beweise, während, wenn ihr gerecht getan würde, sie wie Pastetenfleisch zerhackt werden müßte.« Wenn sie alle wußten, daß es keine Fakten gab, woher kam dann dieser unbändige und unflätige, ja besinnungslose Haß? Konnte eine Frau einzig durch ihre natürliche Hoheit den Vernichtungswillen dieser Kreaturen in solchem Maße mobilisieren? Wurde sie durch Adel und Schönheit zum Inbild des hinabgegangenen Systems, das der träge und so gar nicht glanzvolle Monarch nicht hatte vertreten können?

Fest steht, daß die Mörder schließlich zur Tat schritten, da niemand den Versuch machte, sie daran zu hindern und weil das Volk oder die eigene Niedrigkeit sie zu der Untat drängten. Fest steht auch, daß alle Freunde der Königin, zum größten Teil Offiziere, die gewohnt waren, ihre eigene Sicherheit gering zu achten und ihr Leben einzusetzen, schwatzend beisammensaßen und, als nichts mehr zu retten war, gemeinsam das große Lamento anstimmten.

In Paris war alles vor sich gegangen, auf Paris hatte die ganze übrige Welt wie gebannt gestarrt und keinen Finger gerührt. In Paris hatte ein Hébert mit Schaum vor dem Mund schreiben können, daß alle Könige und deren Verwandten das Unheil der Erde seien und ausgerottet werden müßten (wenn er auch nicht alle in seine Pastete hacken wollte), und in der gleichen Stadt hatte ein Dienstmädchen, das nicht lesen und nicht schreiben konnte, tagtäglich den Tod unter der Guillotine riskiert, um das Los der Königin ein wenig zu erleichtern, einer Frau, von der sie nie zuvor irgend etwas Gutes gehört oder empfangen hatte, einer Frau aus einer anderen Welt. Mit dem Mut, den die kleine Rosalie brauchte, um mit frischer Wäsche, einem Hühnchen oder einer Bouillon an den Wachen vorbeizukommen, die das hübsche Kind tagtäglich in Reichweite hatten, mit diesem Mut wäre Marie Antoinette zu retten gewesen, hätte er sich in den Mächtigen der Zeit als Gewissen manifestiert, sie aus ihrem Kanzlistendämmern geweckt.

Da dies nicht sein sollte, da die Mörder auch nach dem Tod der Königin durch keinerlei Sanktionen, ja nicht einmal durch eine Intensivierung des Feldzugs bestraft worden waren, konnte Héberts Konzept, die Erde von den Tyrannen zu befreien, weiter verwirklicht werden, naturgemäß an den wehrlosesten Opfern zuerst. Da der Wiener Hof zwar möglicherweise an den Kindern, gewiß aber nicht an der Schwägerin der Marie Antoinette interessiert war, schlug für Madame Elisabeth schon wenige Monate später die Todesstunde. Diese junge Frau, für die sich außerhalb Frankreichs kaum jemand interessiert hat, ist eines der vielen Opfer der Revolution, bei denen man selbst mit der größten Phantasie irgendeine Schuld nicht erkennen kann. Sie wurde sogar das unschuldigste aller Opfer genannt, wobei man freilich vergaß, wie viele Adelsfamilien mit ihren halberwachsenen Kindern das Schafott besteigen mußten. Sicher aber ist, daß Elisabeth, die schöne junge Königsschwester, tief gläubig, liebenswürdig und zu ihren wenigen Untergebenen stets herzlich und gütig gewesen war. Da es sich mit ihrer tiefen Frömmigkeit nicht vertrug, am höfischen Leben allzu intensiv teilzunehmen, hatten ihr Ludwig und Marie Antoinette ein kleines Landgut unweit von Versailles geschenkt, wo sie unter der fachlichen Anleitung eines Schweizer Agronomen-Ehepaares eine kleine Musterwirtschaft aufzog, die ihr viel Freude bereitete. Warum sie, deren stille Schönheit gerühmt wird, nicht heiratete, ist eine Frage, die durch die Revolution illusorisch wurde. Vermutlich hatte in den Jahren der Finanzkrisen, in denen Elisabeth das Heiratsalter erreichte, niemand den Mut, eine Mitgift auch nur einzukalkulieren, ein Schicksal, das seit dem vierzehnten Ludwig so mancher Frau aus dem Königshaus zuteil wurde.

Im Mai 1794, Elisabeth war am 3. des Monats dreißig geworden, holte man sie nachts aus dem Temple und stellte sie vor Gericht, wobei sie sich die üblichen Tiraden gegen ihren Bruder anhören mußte, den zu seinem eigenen Unheil sanftmütigsten Monarchen des ganzen Jahrhunderts.

»Ihr nennt meinen Bruder einen Tyrannen«, antwortete Elisabeth auf die Anklagen und schloß, zu Fouquier-Tinville und den Richtern gewandt, mit dem bekannt gewordenen Satz: »Wäre er der Tyrann gewesen, für den ihr ihn haltet, so würdet ihr nicht hier sitzen und ich nicht vor euch stehen.«

Selbst der abgebrühte Fouquier-Tinville, eine Natur, die unter die großen Monstren der Menschheitsgeschichte einzureihen ist, sagte nach Abschluß der Verhandlung widerwillig-anerkennend: »Man muß zugeben: sie hat mit keinem Wort gejammert!«

Damit sie sich nicht zu beklagen habe, hatte das Gericht in seinem Zynismus dafür gesorgt, daß Elisabeth inmitten eines kleinen Hofstaats von Leidensgenossen zur Hinrichtung geführt würde, aber der Vorgang, der als eine mörderische Veranstaltung des Hohnes und der Schmähung gedacht war, wurde den Opfern noch im letzten Augenblick zum unerwarteten Trost:

In dem kleinen Saal der zum Tod Verurteilten traf man einander, er liegt dank der sinnigen Veränderungen in der Conciergerie heute hinter dem Buffet, sowie auch die Zelle der Marie Antoinette heute mit der Robespierres zusammengelegt ist, womit möglicherweise absichtslos angedeutet ist, daß in jenen Jahren zwischen 1792 und 1795 Mörder und Opfer nur zu oft das gleiche Schicksal erlitten.

Die zwei Dutzend Herren und Damen, die hinter einem dicken Gitter auf die Karren zum Schafott warteten, konnten tatsächlich aus einem der Salons des *Ancien Régime* kommen, sie trugen alte Namen, aber es waren Familien, die verhältnismäßig wenig von sich reden gemacht hatten wie die Senozan oder die Croslus, und sie hatten auch keine anderen Verbrechen begangen als die Ungnade ihrer adeligen Geburt.

»Man verlangt von uns nicht, unserem Glauben abzuschwören wie es den Märtyrern der Antike geschah«, sagte Madame Elisabeth zu den Leidensgefährten, »man will nichts anderes, als daß wir auf dieses elende Erdenleben verzichten. Laßt uns mit Fassung dieses kleine Opfer bringen.«

Die junge Frau, in den vergangenen Jahren nicht selten von einer erschreckenden Naivität und mit unbegrenzt gutem Glauben in die neue Welt der Revolution hineingegangen, hatte im Temple eine entscheidende Wandlung durchgemacht. Noch wußte sie nichts vom Schicksal der Königin, mußte aber nun wohl in der Conciergerie davon gehört haben, und die Monate mit Marie Antoinette hatten das königliche Mädchen ganz offensichtlich stärker gefördert als die Jahre, die sie gleichsam am ländlichen Rand des Versailler Hofes zugebracht hatte.

Elisabeth bestieg den ersten Karren, ihr folgte die greise Marquise de Senozan. Im Angesicht der Guillotine stellte man alle Verurteilten in einer Gruppe dem Volk zur Schau, das der Hinrichtungen noch nicht müde geworden war und wohl auch erfahren hatte, daß Ludwigs Schwester an diesem Tag den Kopf unter das Fallbeil schieben werde. Sie hatten sie alle geliebt, den »Engel von Versailles« genannt, und waren nun gekommen, einen Engel sterben zu sehen.

Als die Comtesse de Croslus als erste aufgerufen wurde, versank sie vor Madame Elisabeth in einem tiefen Hofknicks und bat um die Ehre, Ihre königliche Hoheit umarmen zu dürfen: dann wäre sie am Ziel ihrer Wünsche. Elisabeth antwortete: »Sehr gern, und von ganzem Herzen.« Die Damen umarmten einander und die Gräfin bestieg getröstet das Treppchen zu Meister Sanson.

Niemand hatte gelacht, niemand den Vorgang als grotesk empfunden, es waren eben zwei Welten, die einander begegneten, und die eine brachte die andere um, nicht, weil von ihr noch irgendeine Gefahr drohte: Längst waren die Armeen des genialen Carnot erstarkt, Mainz war wiedererobert worden, der Sieg von Jemmappes errungen. Man fürchtete sich nicht mehr, und wenn die Furcht vor der Vergeltung durch die Emigranten ein Vorwand gewesen war, so stand er nun nicht mehr zur Verfügung. Héberts Doktrin hatte ihn ersetzt, die Überzeugung, die in schreienden Blättern verbreitete Behauptung, daß man die Nation von den Parasiten der Vergangenheit befreien müsse. Die Köpfe, die nach Jemmappes noch fielen, waren die Opfer jenes Sendungsbewußtseins, wie es Revolutionäre so gerne proklamieren, wenn sie mit ihrem Latein am Ende sind.

Madame Elisabeth umarmte eine wie die andere ihrer Schicksalsgenossinnen, den Herren reichte sie die Hand zum Kuß. Es war ein letzter Auftritt der *Ci-devants*, eine tiefschwarze Komödie, und dann kam als letzte Madame Elisabeth selbst. Sie sprach ein paar leise Worte vor sich hin, ein Gebet vielleicht oder aber die Bitte an den Himmel, mit jenen vereint zu werden, die vor ihr hier standen, ihr Bruder, ihre Schwägerin, der sie so nahe gekommen war. Als man ihr die Hände auf den Rücken schnürte, fiel ihre Stola zu Boden und sie stand mit bloßen Schultern vor der Menge. Im Ansatz ihrer Brüste glitzerte ein Medaillon, und einer der Henkersknechte wollte es ihr vom Hals reißen, wohl nicht, um es zu rauben, sondern weil Kettchen dieser Art den Fall des Beils schon wiederholt gehemmt hatten.

Elisabeth aber empfand nur das tiefe Dekolleté jener Zeit als unwürdig im Angesicht ihres Todes und flüsterte: »Im Namen Ihrer Mutter, Monsieur, bitte ich Sie, mich zu bedecken . . .«

Das waren ihre letzten Worte. Auf das Brett gestoßen, entschwand sie den Blicken, dann fiel ihr Kopf und der schon bekannte auffordernde Ruf »Es lebe die Republik« scholl über den Platz. Diesmal aber schwieg die Menge. Niemand antwortete. Das silberne Medaillon mit dem Bild der Heiligen Jungfrau ist heute in dem kleinen Museum der Conciergerie zu sehen.

Von dem Augenblick an, da man auch Madame Elisabeth aus dem Temple-Gefängnis weggeführt und hingerichtet hatte, waren die beiden überlebenden Kinder des Königspaares allein mit den Wächtern. Simon, der *Instituteur* Ludwigs XVII., hatte im Januar 1794 auf dieses einträgliche Amt verzichtet, teils, weil im freien Wettbewerb der Jakobiner und angesichts der vielen Todesurteile in den Adelswohnungen des Faubourg Saint-Germain mehr zu gewinnen war als ein festes Salär, teils aber wohl auch, weil die Mission, Frankreichs König zu bewachen, doch sehr heikel war. Man konnte dabei vieles falsch machen, und wer auch nur wenig falsch machte, der verlor in jenen Jahren den Kopf.

Charles-Louis, der nun neunjährige König, hatte mit Simon den säuerlichen Rotwein des kleinen Volkes getrunken und die Gassenhauer der Revolution singen müssen; er war auch so angefaßt worden, wie Madame Simon und ihr Mann eigene Kinder angefaßt hätten, in den rauhen Formen kleinbürgerlicher Erziehung im Haus eines Trinkers. Bewußte oder gar befohlene Quälereien waren nicht vorgefallen, die kamen erst nach Simon, und es ist glaubhaft, daß der verlassene Junge nach Simon verlangte, der immerhin eine Bezugsperson gewesen war. Das kränkelnde, unsichere und verschreckte Kind wurde fortan sich selbst überlassen, in einem kleinen, schlecht gelüfteten und schwach erhellten Raum, den niemand reinigte, auch der Eimer für die Notdurft wurde kaum je geleert. Über die Nahrung, die man dem kleinen König durch einen Türspalt zuschob, ohne mit ihm zu sprechen, fielen Mäuse und Ratten oft her, ehe Ludwig sie zu sich nehmen konnte.

Seine Schwester Marie Thérèse hatte es besser. Sie war länger, eben bis zum 9. Mai 1794, in guter Obhut gewesen und von Madame Elisabeth, der Tante, die sie liebte, auf das Leben allein vorbereitet worden. Sie war auch in der Entwicklung durch die Ereignisse nicht entscheidend gestört worden, denn sie zählte nun fünfzehn Jahre, sehr früh für ein schweres Schicksal, andererseits aber ein Alter, in dem man zu begreifen und zu reagieren fähig ist. Die Verpflegung wurde schlecht, Gelegenheiten, Luft zu schöpfen, bot nur der Turm, dessen Zinnen mit Brettern verschlagen waren, so daß die Prinzessin zwar frei atmen und in den Himmel starren, von ihrer Umwelt aber nichts wahrnehmen konnte. Was sie am meisten peinigte – die Ungewißheit über das Schicksal ihrer Mutter und der geliebten Tante – belastete sie, wie sie in ihren wertvollen Erinnerungen ausführt, mehr als alles andere, aber keine der Wachen, die dreimal am Tag nach ihr sahen, sie duzten und unangemeldet bei ihr eindrangen, beantwortete eine Frage.

Nach dem großen Morden an den Girondisten, nach der Hinrichtung Dantons und seiner Anhänger, hatte Robespierre am 26. Juli 1794 neue Massenhinrichtungen gegen Gemäßigte und Abweichler angekündigt, aber der Kreis der Abgeordneten, Ausschußmitglieder, Mitstreiter und Funktionäre war nun gewarnt und nicht mehr bereit, kampflos in den Tod zu gehen. Am 26. Juli 1794 bildete sich angesichts der Todesdrohungen, die beinahe jeden betreffen konnten, ein fester Kern von Verschworenen aus einer großen Gruppe geheimer Opponenten, und es kam zu den heute kaum vorstellbaren Wirren des 9. und 10. Thermidor (27./28. Juli), während derer Gefängnisse geöffnet und wieder verschlossen wurden, Hanriot, der Kommandant von Paris, bald verhaftet, bald wieder befreit wurde und man mindestens zwei Mal die Brüder Robespierre miteinander verwechselte. Es war ein zwanzigjähriger Gendarm, »notre brave gendarme«, wie Carnot sich ausdrückte, der mit der Linken seine Pistole zog und auf Robespierre schoß, statt der Brust aber den Unterkiefer traf. Vorher hatte ein Schuß Robespierres ihn verfehlt (ein Schuß, von dem oft angenommen wird, daß Robespierre sich mit ihm entleiben wollte, wofür es angesichts seiner ganzen Haltung und der unentschiedenen Situation aber keinen Grund gab). Der entschlossene Gendarm hieß Charles-André Merda, was er in Méda geändert hatte, wofür man angesichts der Bedeutung des französischen Wortes *merde* Verständnis haben muß. Napoleon adelte ihn, nachdem er ihn zum Oberst gemacht hatte, und Merda fiel in der Schlacht von Borodino.

Für die Kinder im Temple kamen nun bessere Zeiten. Haupt der Verschwörung gegen Robespierre war der provenzalische Vicomte de Barras, der für den Tod des Königs gestimmt und das Terror-Regime jahrelang mitgetragen hatte. Es war eine gute Tat, sicherlich aber auch ein Versuch, den Selbstvorwürfen zu begegnen, daß er sogleich, als der Sturz Robespierres feststand, im Temple erschien und sich den Raum aufschließen ließ, in dem Ludwig XVII. inmitten von Schmutz und Ungeziefer dahinvegetierte. Barras befahl die sofortige Reinigung des Raumes und ließ den halb irren und halb toten Knaben ärztlich versorgen. Sein Schicksal wandelte sich zum zweiten Mal in diesen Tagen, da sein Lehrer Simon mit siebzig anderen Jakobinern und Anhängern Robespierres hingerichtet wurde.

In der Sitzung, die der Ausschuß für Öffentliche Sicherheit am 9. Juni 1795 abhielt, wurde mitgeteilt, daß »der Sohn Capets«, also Ludwig XVII., an Geschwülsten am linken Knie und am rechten Handgelenk gestorben sei. In dem Bericht, den das Ausschußmitglied Sévestre im Konvent erstattete, wurden daraus das rechte Knie und der linke Arm. Am 13. Juni brachte der *Moniteur* den Leichenbefund, den vier Ärzte unterschrieben hatten, nicht aber der behandelnde Arzt des jungen Capet. Er hieß Desault und war am 1. Juni plötzlich verstorben, wie seine Familie und einer seiner Schüler später behaupteten: an Gift. Er habe nämlich sogleich erkannt, daß der Kranke im dritten Stock des Temple-Gefängnisses nicht der Bourbone sei. Auch die vier signierenden Ärzte sagen nicht, wessen Tod sie festgestellt hatten, sondern nur, daß ihnen das tote Kind als Ludwig Capet bezeichnet worden sei.

Damit hatte ein Rätsel die Gemüter zu beschäftigen begonnen, das bis heute nicht gelöst ist und wegen der Fülle der inzwischen geäußerten Meinungen und der unabsehbaren Literatur hier auch nicht annähernd befriedigend behandelt werden kann. »Jene, welche diese Frage nicht interessiert, vermögen sich nicht vorzustellen, mit welcher Erbitterung die Adepten einander bekämpfen, denn man kämpft mit harten Bandagen zwischen Evasionisten, Naundorfisten, Survivantisten, Neo-Evasionisten usw . . . Der Weise schwebt über den Wassern dieser Hypothesen in der Erwartung sensationeller neuer und entscheidender Enthüllungen . . . und es gibt nur eine verurteilenswerte Meinung: jene, daß ohnedies alles klar sei und daß es gar kein Rätsel um den siebzehnten Ludwig gebe« (Gosselin Lenôtre im dreizehnten Band seiner Sammlung *La Petite Histoire*, in dem er die Ansprüche des preußischen Uhrmachers Karl Wilhelm Naundorf aus Potsdam in genauer Analyse zurückweist). Marie Thérèse, die überlebende Schwester Ludwigs XVII., berichtet in ihren Memoiren, daß sie, als sie später in Paris lebte, beinahe täglich von Männern belästigt wurde, welche vorgaben, als ihr Bruder im Temple gesessen zu sein und von ihr Anerkennung begehrten. Und es ist ein grausamer Wortwitz der Geschichte, daß einer der aussichtsreichsten dieser Prätendenten François Henri Hébert hieß . . .

So ausgebreitete Diskussionen, so heftige Polemiken durch nunmehr beinahe zwei Jahrhunderte haben so manchen Biographen der Marie Antoinette begreiflicherweise dazu veranlaßt, die eigene Meinung über das Schicksal des kleinen Charles-Louis de Bourbon für sich zu behalten. Denn gebildet hat sich solch eine Meinung wohl jeder, der sich mit der unglücklichen Königin befaßte und mit dem tragischen Ausklang ihres Lebens.

Bewegt man sich bei den Überlegungen zu diesem Spezialthema aus dem Temple-Gefängnis und aus Paris hinaus in die allgemeine politisch-militärische Situation, dann ergeben sich einige auffällige Koinzidenzen:

Schon wenige Monate nach der Heeresreform durch Carnot und der Ernennung junger, hochbegabter Generale wie Marceau und Jourdan hatte sich die militärische Lage entscheidend zugunsten der jungen französischen Republik gewandelt. Wenn auch das von keinem Feind betretene England ebenso weiterkämpfte wie die

Großmacht Österreich, so zeigten sich bei Preußen und Spanien umso deutlichere Ermüdungserscheinungen. Zu Beginn des Jahres 1795 hatte Preußen in Basel jenen Sonderfrieden mit der Revolutionsregierung in Paris geschlossen, den Österreichs Minister Thugut hatte verhindern wollen (und um ihn zu verhindern, hatte er wie berichtet, die Austauschverhandlungen zur Befreiung der Marie Antoinette und ihrer Kinder platzen lassen). Im Frühjahr 1795 begannen Friedensverhandlungen mit Spanien, in denen der oft unterschätzte König Karl IV. die Herausgabe der Königskinder zu einer Bedingung für das Schweigen der Waffen machte. War Frankreich auch militärisch im Vorteil, so war das Land durch den langen Kriegszustand an allen seinen Grenzen doch finanziell ruiniert und wirtschaftlich ausgeblutet, politisch isoliert und durch die immer wieder aufflackernden Unruhen im Innern zu Friedensschlüssen sehr geneigt. Andererseits bedeutete der kleine Charles-Louis, nunmehr Ludwig XVII., sobald er ins Ausland gelangte, eine ungeheure Gefahr. Um ihn konnten sich die verstreuten Emigranten sammeln, die in den Königsbrüdern Provence und Artois keine echten Zentralfiguren gefunden hatten. Eine Exilregierung konnte gebildet werden, die Aussicht, als Republik anerkannt zu werden und Frieden und Zusammenarbeit zu finden, wären für Frankreich auf Null gesunken. Es mußte also eine Lage geschaffen werden, in der Spanien durch eine Auslieferung befriedigt, Frankreich aber nicht mehr gefährdet war. Der kleine König, von dessen schwacher Gesundheit ganz Europa wußte, mußte vor dem Friedensschluß oder doch vor dem Auslieferungs-Akt sterben, den man ja durch die Gegenforderung nach Auslieferung prominenter Revolutionäre oder anderer Gefangener hinauszögern konnte.

Ohne ins Detail einzutreten, muß man aus diesen Notwendigkeiten politisch-militärischer Natur folgern, daß das ohnedies schwache Lebensflämmchen Ludwigs XVII. durch Gewalt oder Gift zum Erlöschen gebracht wurde, und daß man den Ärzten, welche den Tod festzustellen hatten, einen in der großen Stadt Paris zur gleichen Zeit eines natürlichen Todes gestorbenen Jungen zur Autopsie überantwortete (bei der ein gewaltsamer oder ein Gift-Tod andernfalls entdeckt worden wäre). In diesem Zusammenhang haben kleine Erinnerungsstücke, von denen in den letzten Korrespondenzen der Königin und ihrer Schwägerin, aber auch in den Erinnerungen der Rosalie, die Rede ist, an Bedeutung gewonnen, und André Castelot hat aus modernen Analysen von Haupthaar-Partikeln des jungen Königs und des jungen Toten vom Temple mit Hilfe der modernen Gerichtsmedizin den Nachweis führen können, daß die beiden zwar etwa gleich alt, aber eben nicht identisch waren.

Nach jeweils monatelangen Verhandlungen wurden am 5. April der Sonderfrieden mit Preußen geschlossen, am 16. Mai jener mit den Niederlanden und am 22. Juli endlich jener mit Spanien, sechs Wochen nach der Proklamation über den Tod von Charles-Louis Capet aus der Herrscherfamilie der Bourbonen.

In Hinblick auf den nach dem Tod des Königs nun nicht mehr gefährdeten Friedensschluß mit Spanien hatte der Konvent am 30. Juni 1795 erklärt, »daß im gleichen Augenblick, da die von Dumouriez dem Prinzen von Coburg ausgelieferten Hauptgefangenen . . . freigelassen werden und auf das Hoheitsgebiet der Republik zurückkehren, die Tochter des letzten Königs der Franzosen derjenigen Person übergeben werden wird, welche die österreichische Regierung zu ihrer Übernahme bestimmt.«

Jene Hauptgefangenen waren Drouet, der Held von Varennes, die Kommissare Maret und Sémonville und ihre Begleitung. Sobald sie einträfen, würden auch weitere Personen des Hochadels wie der alte Prince de Conti und die Söhne von Philippe-Egalité aus dem Haus Orléans ungekränkt Frankreich verlassen dürfen.

Eine elegante Lösung, dank Karl IV. und dem viel geschmähten Godoy, dem Günstling der spanischen Königin, aber Thugut war auch damit nicht glücklich. In seiner provinziellen Engstirnigkeit sah er abermals nur Ausgaben: »Das Ganze wird gewisse Ausgaben nach sich ziehen in einem Zeitpunkt, da jede Ausgabe ins Gewicht fällt«, schrieb er an Franz Graf Colloredo. *Madame Royale*, eine Sechzehnjährige, die ganz Europa bedauerte und bemitleidete, war für den Lehrer aus Linz nichts anderes als eine Person, »die nichts Anderes als Verlegenheiten bereiten wird« und die man am besten in ein Kloster stecke, das sei am billigsten.

Von den Mauern des Temple in die Mauern eines Prager Klosters! Man ist fassungslos angesichts solcher bürokratischer Unmenschlichkeit, man begreift es nicht, daß dieser traurige Berater eines traurigen Herrschers offensichtlich keinen Augenblick von der Möglichkeit berührt wurde, an der Tochter gutzumachen, was er an der Mutter verbrochen hatte. Glücklicherweise dachte nicht die ganze Welt so: Spanien und Neapel boten sich als Refugium für die gedemütigte Prinzessin an, die sich auf eine rührende Weise trotz aller erlittenen Unbill als Französin fühlte und vier Jahre später ihren Jugendfreund und Vetter, Louis Herzog von Angoulême heiratete. (Der Austausch war wegen all dieser Querelen erst zu

Ende des Jahres 1795, am 24. Dezember, in der elsässischen Festungsstadt Hüningen vollzogen worden.) Wie sehr in ihr die prachtvolle Courage ihrer Großmutter lebendig wurde, deren Namen sie trug, bewies sie zu Beginn der *Hundert Tage*, als sie in Bordeaux den Widerstand gegen den gelandeten Napoleon zu organisieren versuchte, von den Garnisonstruppen, ja ihrem eigenen Regiment (Angoulême) verraten wurde und gefallen wäre, hätte Napoleons General Clauzel nicht nach dem bemerkenswerten Grundsatz gehandelt: »Ich konnte mich nicht entschließen, auf die Prinzessin feuern zu lassen, während sie eine der schönsten Seiten ihrer Geschichte schrieb. Die erste Pflicht eines Soldaten war, so großen Mut zu respektieren.«

Napoleon, der seinen Einzug in Paris absichtlich verzögert hatte, um den kläglichen Bourbonen die Flucht zu ermöglichen, sagte, als er von den Ereignissen Kenntnis erhielt: »Sie ist der einzige Mann in dieser Familie.«

Es war der Mut einer jungen Frau, die in den prägenden Jahren das Beispiel ihrer tapferen Mutter in nächster Nähe vor Augen gehabt hatte, und es war die Selbstbewährung eines Mädchens, das mit dem Leben hatte abschließen müssen in einem Augenblick, da sich für ihre Altersgenossinnen die Fülle des Daseins vor den staunenden Augen ausbreitet.

Es war aber auch die Härte einer Frau, die inzwischen wußte, was die Schwäche von Herrschern an Unheil über die Völker bringen kann, die das Beispiel ihres Vaters vor Augen hatte und Ludwig XVIII., den früheren Grafen der Provence, an der Seite. Angesichts seiner Schwäche und Unentschlossenheit wurde Marie Thérèse von 1815 bis 1830 zu einer beherrschenden Kraft in der französischen Innenpolitik. Als Anführerin der Vergeltungs-Partei war sie für eine Reihe von Todesurteilen verantwortlich, unter denen das bekannteste das gegen Ney ist. Selbst den General Clauzel, der sie so ritterlich geschont hatte, ließ sie zum Tode verurteilen, aber man ließ ihn wie so manches andere ihrer Opfer aus dem Gefängnis entfliehen.

Marie Antoinette hatte in ihrem letzten Brief ihren kleinen Sohn bitten lassen, ihren Tod nicht zu rächen; daß es ihre Tochter sein würde, die als »einziger Mann in der Familie« diese Rache vollzog, war ihr nicht in den Sinn gekommen, und Ludwig XVIII., der ein erheblich leichteres Leben gehabt hatte als Marie Thérèse, die *Madame Royale*, mußte sich mitunter die Kehle heiser brüllen, um sie aus ihrem Racherausch zu wecken.

So zeugten die große Gewalt und die erschreckende Menschen-
verachtung der Großen Revolution neue Gewalt und neue Un-
menschlichkeiten; die Frau Marie Thérèse schritt durch die Bitten
und Klagen kniender Damen, die wußten, daß sie bald Witwen
sein würden, und ließ schließlich die Tore besetzen, damit keine
dieser Verzweifelten mehr zu ihr vordringen könne. Niobe ver-
steinerte der Schmerz über den Tod ihrer Töchter. In Marie Thérèse, Herzogin von Angoulême, hatte der Tod der Mutter die
Tochter versteinert.

Zeittafel

1715	Tod Ludwigs XIV., des Sonnenkönigs. Ihm folgt sein Urenkel als Ludwig XV. (zunächst unter der Regentschaft Philipps von Orléans, *La Régence*)
1717-1780	Maria Theresia, vermählt mit Franz Stephan von Lothringen (als Kaiser: Franz I.) Sie wird von Ludwig XV., in allen Korrespondenzen der Zeit und darum auch in diesem Buch »die Kaiserin« genannt.
1729-1796	Katharina II. von Rußland, Zarin seit 1762
1732-1799	George Washington (1789-1797 erster Präsident der USA)
1740-1786	Regierungszeit Friedrich II., d. Gr., von Preußen
1749-1791	Honoré Gabriel Riqueti, Comte de Mirabeau
1753-März 1792	Wenzel Anton Graf (später Fürst) von Kaunitz österr. Staatskanzler, stirbt 1794
1754-1793	Ludwig XVI., Enkel Ludwigs XV., herrscht ab 1774
2.11.1755-16.10.1793	Marie Antoinette, Erzherzogin von Österreich
1756-1763	Der Siebenjährige Krieg (Österreich, Frankreich, Sachsen und zeitweise Rußland gegen Preußen; England neutral)
1757-1834	Gilbert Motier, Marquis de Lafayette (1792-1797 in österr. Kerkern)
1763	Frankreich verliert im Frieden von Hubertusburg Kanada und frz. Indien an England, Louisiana an England und Spanien
1765	Tod Franz I.; Joseph II. (geb. 1741) deutscher Kaiser bis 1790
1768-1835	Franz II. deutscher Kaiser von 1792 bis 1804, dann Kaiser von Österreich (ein Enkel Maria Theresias)
1769-1821	Napoleon Bonaparte
16. Mai 1770	Ludwig, Dauphin von Frankreich, heiratet Erzherzogin Marie Antoinette

1771-1792	Gustav III., Kg. von Schweden, Freund des Grafen Axel v. Fersen, Geliebter seiner Schwester, Gegner der Französischen Revolution
1774	Ludwig XV. stirbt an den Pocken. Seine letzte Maitresse, die Gräfin Dubarry, muß den Hof verlassen. Marie Antoinette Königin von Frankreich
1774-1790	Florimund Graf Mercy d'Argenteau, Berater Maria Theresias und Günstling des Staatskanzlers Kaunitz, nimmt Einfluß auf die frz. Politik. Stirbt 1794 als Botschafter in London.
1777-1781	Erste Amtsperiode des Finanzreformers und Bankiers Necker
1778	Geburt von Marie Thérèse, genannt *Madame Royale*, der späteren Herzogin von Angoulême (gest. 1844)
1780	Maria Theresia, Kgn. von Böhmen u. Ungarn, Erzherzogin von Österreich, gestorben. Ihr Sohn Joseph II. folgt ihr (gest. 1790)
1781	Marie Antoinettes Sohn Louis geb. (gest. 1789), der erste Dauphin
1783	Versailler Friede zwischen den USA und England, ein Erfolg auch für Frankreich, das Washington durch Truppen und Offiziere (Lafayette, Rochambeau, Grasse) unterstützt hatte
27.3.1785	Geburt des zweiten Dauphin Charles-Louis, der spätere »kleine Capet« bzw. Ludwig XVII. Gestorben angeblich am 8.VI.1795 im Temple-Gefängnis
1786	Die Halsband-Affäre (Prozeß gegen den Kardinal de Rohan)
1787	Tod des Grafen von Vergennes, der die frz. Außenpolitik seit 1774 bedächtig, aber sehr umsichtig leitete
Aug. 1788 bis Sept. 1790	Zweite Amtsperiode von Jacques Necker (gest. 1804 in Coppet bei Genf, Vater der Madame de Staël) Einsetzender publizist. Kampf für eine Verfassungsreform Einberufung der Generalstände für den Mai 1789

14.7.1789	Nach Unruhen in ganz Frankreich und in Paris Belagerung und Kapitulation des Bastille-Gefängnisses. Die Besatzung, der freier Abzug zugesichert war, wird vom Pöbel massakriert
August 1789	Beginn der Emigration, vornehmlich nach Belgien, ins Rheinland und nach England Proklamation der Menschenrechte durch die Nationalversammlung
5./6. Okt. 1789	Vom Herzog v. Orléans organisierter Marsch der Frauen nach Versailles. Die kgl. Familie fortan praktisch in den Tuilerien gefangen
1791	Der Comte de Provence, späterer Ludwig XVIII., verläßt Frankreich. Gleichzeitig scheitert die Flucht der kgl. Familie (20.-25.VI) in Varennes. Rückkehr in die Tuilerien
2. April 1791	Tod des Grafen Mirabeau (möglicherweise durch Gift)
20.6.1792	Erster Sturm auf die Tuilerien, wiederholt sich am 10.8. Schwere Verluste der Schweizer Garden, Plünderungen, die kgl. Familie seit 13.8. im mittelalterlichen Temple-Komplex gefangen Vormarsch der Preußen und Österreicher in Ostfrankreich, Flucht des Marquis von Lafayette. Beim Fall von Verdun die sog. Septembermorde in Paris (Abschlachtung von Gefangenen in den Gefängnishöfen, Ermordung der Prinzessin Lamballe u.v.a. Gesamtzahl der Opfer in Frankreich ca. 15 500) Dumouriez siegt bei Valmy über die Preußen. Frankreich wird zur Republik erklärt. Anklage gegen Ludwig XVI.
21.1.1793	Hinrichtung Ludwigs XVI. England, die Niederlande und Spanien im Krieg mit Frankreich; Aufstände und Anfangserfolge der Bauern in der Vendée. General Dumouriez (1739-1823), bei Neerwinden geschlagen, entzieht sich der Verhaftung und geht zu den Österreichern über. Beginn der Verhandlungen über eine Auslieferung der kgl. Familie an die Österreicher

August 1793	Nach Befreiungsversuchen Marie Antoinette in die Conciergerie überstellt. 14.10. Prozeß gegen die Königin, 16.10. Hinrichtung der Marie Antoinette
19.12.1793	Einnahme des britisch besetzten Toulon durch Napoleon Bonaparte
1794	Massenhinrichtungen (Girondisten und Gemäßigte); 10. Mai: Hinrichtung von Elisabeth, der jüngsten Schwester Ludwigs XVI. 27.7. (9. Thermidor) Sturz und (28.7.) Hinrichtung Robespierres und seiner aktivsten Anhänger. Ende der Schreckensherrschaft (*La Terreur*). Fortan besseres Los der Königskinder im Temple
8.6.1795	Amtl. Bekanntmachung des Todes von Charles-Louis Capet (für die Emigranten Ludwig XVII.) an Geschwulsterkrankungen zweier Gelenke
18.12.1795	Abreise von Marie Thérèse, Tochter der Marie Antoinette, aus dem Temple zum Austausch in der elsässischen Stadt Hüningen (gegen Drouet und die Kommissare, die 1793 Dumouriez verhaften sollten)
1810	Axel Graf von Fersen, Großmarschall der Krone von Schweden, wird während eines Aufruhrs in Stockholm von der Menge ermordet
1822	Jeanne Genet, Madame Campan, die ergebene Kammerfrau der Marie Antoinette, stirbt in Mantes-la-Jolie an der Seine
1832	Tod von Louise-Elizabeth de Croy-d'Havrès, Herzogin von Tourzel, der treuen und unerschrockenen Gouvernante der Königskinder. Sie erlebte Varennes und die Tuilerienstürme mit, begleitete die kgl. Familie in den Temple und entrann im La Force-Gefängnis den Septembermorden nur durch die Protektion des Konventsabgeordneten Hardy. Ihre Memoiren und die Erinnerungen der Kammerfrau Rosalie Lamorlière an die Gefängniszeit in der Conciergerie sind wichtige private Quellen zum Leben der Marie Antoinette.

Literatur

Obwohl die Geschichte der Marie Antoinette genau genommen nicht einmal vierzig Jahre umfaßt, berührt sie sich mit so vielbehandelten Themen wie dem Rokoko, der Aufklärung, der Französischen Revolution und spielt selbst in die Anfänge Napoleons I. hinein. Die Literatur zu unserer Heldin ist darum längst unübersehbar geworden, für einen Einzelnen weder zu bewältigen, noch auch nur zu verzeichnen.

Eine kurze, aber hilfreiche Einführung mit reichen Literaturangaben enthält das Vandenhoeck-Taschenbuch *Der Adel vor der Revolution* (Göttingen 1971).

Die untenstehend gegebene kurze Auflistung maßt sich nicht an, die wichtigsten einschlägigen Titel zu nennen, ist doch vor allem die französische Forschung zu unserem Thema in bis heute heftigen Polemiken immer noch im Fluß. Ich bemühe mich lediglich, jene Bücher und Quellensammlungen zu nennen, denen diese Arbeit am meisten verdankt oder jene, die auch auf unserem schnellebigen Buchmarkt als leicht zugänglich gelten können, so daß sie für den interessierten Leser ergänzende Informationen liefern.

Bei der Durcharbeitung älterer und archivalischer Materialien war mir wieder Frau Dr. Gabriela Asmera, Wien, eine wertvolle Hilfe. Meinem Bruder Georg, der 1986 dem Vater der Marie Antoinette eine Biographie gewidmet hatte, bin ich für zahlreiche Einzelauskünfte verpflichtet.

Neben den bekannten Groß-Lexika, die in den Auflagen vor dem Ersten Weltkrieg noch reiche historisch-biographische Aufschlüsse geben, waren folgende Nachschlagewerke mir besonders nützlich:

Dictionnaire des Lettres Françaises. XVIIIe siècle. Zwei Bände. Paris, Librairie Arthème Fayard 1960

Engler, Winfried: *Lexikon der französischen Literatur*. 2. verb. und erweiterte Auflage. Stuttgart (Kröner) 1984ff.

Melchior-Bonnet, Bernardine: *Dictionnaire de la Révolution et de l'Empire*. Paris, Librairie Larousse 1965

Mourre, Michel: *Dictionnaire encyclopédique d'Histoire*. Acht Bände. Paris (Bordas/Delarge) 1978

Einzeltitel:

Arneth, Alfred Ritter von (Hrsg): *Marie Antoinette, Joseph II. und Leopold II. Ihr Briefwechsel.* 2 Bde. Leipzig (K. F. Köhler) 1866

Arneth, Alfred Ritter von (Hrsg): *Maria Theresia und Maria Antoinette. Ihr Briefwechsel.* Leipzig (K. F. Köhler) 1866 (enthält auch Briefe des Abbé de Vermond an den Grafen Mercy)

Beaucourt (Le Marquis de, Hrsg): *Captivité et derniers moments de Louis XVI. Récits originaux et documents officiels.* Paris (Alphonse Picard) 1892

Belloc, Hilaire: *Marie Antoinette.* Zürich (Diana Verlag) 1952 (Temperamentvolles Kuriosum einer mystisch-deterministischen Biographie)

Bibl, Viktor: *Kaiser Josef II.* Wien und Leipzig (Joh. Günther Verlag) 1943

Erzherzog Karl. Wien u. Leipzig (Joh. Günther Verlag) o. J. (nach 1938)
Kaiser Franz. Der letzte römisch-deutsche Kaiser. Leipzig und Wien (Joh.
Günther Verlag) o. J. (nach 1938)
Campan, Madame: *La Cour de Marie Antoinette.* Hrsg. von C. Lalloué. Paris
(Union Générale d'Editions) 1971
Carré, Henri: *La Noblesse de France et l'Opinion publique au XVIIIe siècle.*
Genf (Slatkine Reprints) 1977
Casanova, Jacques de Seingalt: *Histoire de ma Vie.* Edition intégrale, 12 Bde
Paris (Editions Plon) 1962 (In Band 8 seine Beziehung zu der Tänzerin Ca-
therine Renaud, die in erster Ehe mit dem Juwelier Böhmer verheiratet war)
Castelot, André: *Madame Royale. Das abenteuerliche Leben der Tochter Ma-
rie Antoinettes.* Wien (Paul Neff Verlag) 1957
Castelot/Decaux: *Histoire de la France et des Français au jour le jour.* Bd VI.
1764-1814. Paris (Librairie Académique Perrin) 1977
Chaussinand-Nogaret, Guy: *La Noblesse au XVIIIe siècle.* Paris (Hachette) 1976
Christoph, Paul (Hrsg): *Die letzten Briefe Marie Antoinettes.* Wien (Cesam-
Verlag) 1950
Christe, Oskar: *Erzherzog Carl von Österreich. Ein Lebensbild im Auftrag sei-
ner Enkel.* Wien und Leipzig (Wilhelm Braumüller) 1912ff.
Conches, F. Feuillet de: *Louis XVI, Marie Antoinette et Madame Elisabeth.
Lettres et Documents inédits.* Paris (Henri Plon) 1865ff.
(Die berühmte vielbändige Sammlung, die der große Kenner der Materie und
Verehrer der Marie Antoinette leider um selbst gefertigte Briefe der Königin
vermehrt hat)
Cronin, Vincent: *Ludwig XVI. und Marie Antoinette.* Düsseldorf (Claassen)
1975 (Sehr ausführlich, verwertet viele angelsächs. Quellen)
Dupeux, Georges: *La Société française 1789-1970.* Paris (Armand Colin) 1972
(Mit wertvollen bibliogr. Hinweisen)
Fay, Bernard: *Ludwig XVI. Der Sturz in den Abgrund.* München (Wilhelm
Heyne Verlag) Hardcover-Ausg. bei Callwey 1976
Fiechter, Jean-Jacques: *Un diplomat américain sous la Terreur (Les années
europénnes de Gouverneur Morris).* Paris (Libraire Arthème Fayard) 1983
Fleischmann, Hector: *Les Maitresses de Marie Antoinette.* Paris (Les Editions
des Bibliophiles) o. J. Verwertet die Sammlung von Otto Friedrichs, eines
Spezialforschers über Ludwig XVII.)
Fleischmann, Hector: *Les Pamphlets libertins contre Marie Antoinette.* Paris
(Les Publications modernes) o. J. (um 1910)
Gabler, Dr. Wilhelm: *Ludwig XVII.* Prag (Verlag von Fr. Rivnac) 1897
Gautherot, Gustave: *Les suppliciés de la Terreur.* 3. Aufl. Paris (Librairie Aca-
démique Perrin) 1926
Goncourt, Edmond und Jules de: *Geschichte der Marie Antoinette.*
Deutsche Ausgabe Wien (Verlag von Hermann Markgraf) 1865.
Sympathische Darstellung, reich an instruktiven Details vor allem für die hö-
fische Zeit.
Hensler, A.: *Frankreichs Lilien. Die Schicksale der Kinder Ludwigs XVI.* 3.
Aufl. Einsiedeln (Benziger) 1907. (Gibt im dokumentarischen Anhang eine
Liste der Adeligen, die mit Madame Elisabeth hingerichtet wurden)
Herold, Christopher: *Madame de Staël. Herrin eines Jahrhunderts.* München
(Paul List Verlag) 1950

Isenburg/Loringhoven: *Stammtafeln zur Geschichte der europäischen Staaten*, 4 Bde. Marburg (Stargardt) 1965 ff.

Laclos, Choderlos de: *Oeuvres Complètes*, hrsg. von Laurent Versini. Paris (Bibliothèque de la Pléiade im Verlag Gallimard) 1979

Lamberg, Max Graf: *Briefe an Casanova aus dem Schloßarchiv zu Dux*, hrsg. von Gustav Gugitz. Wien (Bernina-Verlag) 1935 (Darin die nicht mehr haltbare Vermutung, die Tanten Ludwigs XVI. hätten auf ihrer Flucht bereits den Dauphin ins Ausland gebracht)

Las Cases: *Le Mémorial de Sainte-Hélène*. Mit einem Vorwort von André Maurois. 2 Bde. Paris (Bibliothèque de la Pléiade im Verlag Gallimard) 1948

Lenôtre, Gosselin: *La Petite Histoire*. Collection im Verlag Bernard Grasset, Paris 1950 ff.

La Captivité et la Mort de Marie Antoinette. Paris (Perrin & Cie) 1897. (Darin das Gespräch von Mme Simon-Vouet mit Rosalie Lamorlière)

Das Drama von Varennes (Juni 1791). Deutsche Ausgabe Wien und Leipzig (A. Hartlebens Verlag) 1908

Der Baron von Batz. Der große Unbekannte der Großen Revolution. Wien und Leipzig (Manz Verlag) o. J. (1921)

Marion, Marcel: *Dictionnaire des Institutions de la France aux XVIIe et XVIIIe siècles*. Paris (Editions A & J. Picard & Cie) 1972

Morris vgl. Fiechter

Mühlbach, Luise (eigtl: Klara Mundt): *Kaiser Joseph und Marie Antoinette*. (Dokumentarischer) Roman in 3 Bdn. Berlin (Otto Janke) 1860

Pangels, Charlotte: *Die Kinder Maria Theresias. Leben und Schicksal in kaiserlichem Glanz*. München (Callwey) 1980

Pasquier: *Souvenirs*. Hrsg. von Lacour-Gayet (*Souvenirs du Chancelier Pasquier 1767-1815*), Paris (Hachette) 1964

Poisson, Georges: *Cette curieuse famille d'Orléans*. Paris (Librairie Académique Perrin) 1976 (In der von Castelot herausgegebenen Collection *Présence de l'Histoire*. Gut lesbare Gesamtdarstellung über die Dauerrivalen der Familie Bourbon)

Schreiber, Georg: *Franz I. Stephan. An der Seite einer großen Frau*. Graz (Styria Verlag) 1986 (Die Biographie des Vaters der Marie Antoinette)

Söderhjelm, Alma: *Fersen et Marie Antoinette*. Paris (Editions Kra) 1930 (Verwertet das Tagebuch Fersens und Familienpapiere seiner Schwestern)

Tschudi, Clara: *Marie Antoinette und die Revolution*. Aus dem Norwegischen von Heinrich von Lenk. Leipzig, (Verlag von Ph. Reclam) o. J. (ca. 1897. Die Verfasserin schrieb auch *Marie Antoinettes Jugend*, ein Jahr vorher. Anspruchslose, aber faktengetreue und durch ihre Patina reizvolle Biographie)

Vigée-Lebrun, Elisabeth: *Erinnerungen*. Deutsche Ausgabe von Martha Behrend (Übers.) und Paul Ortlepp (Vorwort). 2 Bde. Weimar (Alexander Duncker Verlag) 1912 (Briefe und Memoiren, gut lesbar und bewegend geschrieben, voll Sympathien für Marie Antoinette)

Wahl, Adalbert: *Vorgeschichte der Französischen Revolution*. 2 Bde. Neudruck (Scientia-Verlag) Aalen 1971

Zweig, Stefan: *Marie Antoinette. Bildnis eines mittleren Charakters*. S. Fischer Verlag Frankfurt (Seit 1932 in vielen Auflagen u. Ausgaben. Neben dem Buch über Miguel Serveto Zweigs stärkste biographische Leistung)

Namenregister

Um die Benützung dieses Registers zu erleichtern, sind bei häufig genannten Personen nur die Hauptstellen angeführt.

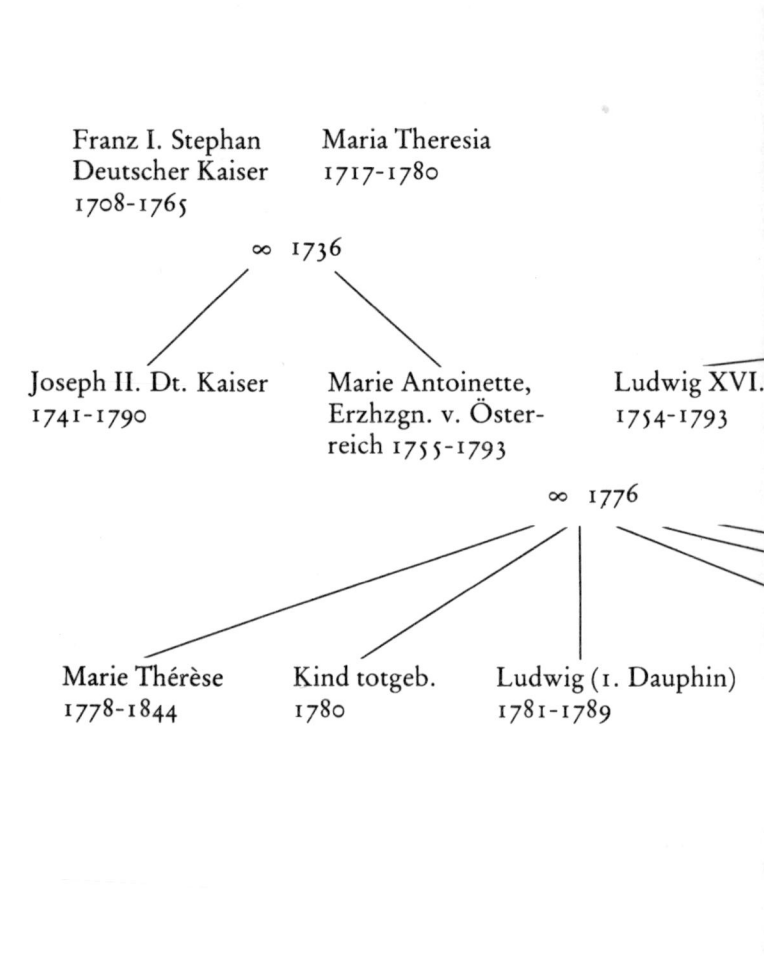

Franz I. Stephan
Deutscher Kaiser
1708-1765

Maria Theresia
1717-1780

∞ 1736

Joseph II. Dt. Kaiser
1741-1790

Marie Antoinette,
Erzhzgn. v. Öster-
reich 1755-1793

Ludwig XVI.
1754-1793

∞ 1776

Marie Thérèse
1778-1844

Kind totgeb.
1780

Ludwig (1. Dauphin)
1781-1789

Die Bourbonen (vereinfacht!)

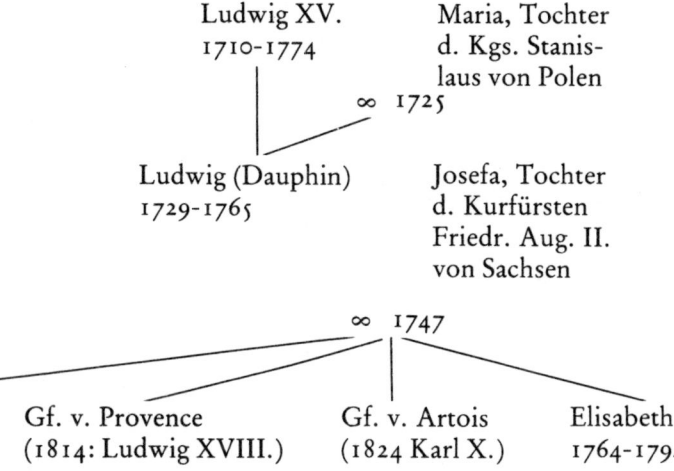

Ludwig XV.
1710-1774

Maria, Tochter
d. Kgs. Stanis-
laus von Polen

∞ 1725

Ludwig (Dauphin)
1729-1765

Josefa, Tochter
d. Kurfürsten
Friedr. Aug. II.
von Sachsen

∞ 1747

Gf. v. Provence
(1814: Ludwig XVIII.)

Gf. v. Artois
(1824 Karl X.)

Elisabeth
1764-1794

Kind totgeb.
1783

Charles-Louis (2. Dauphin)
1785-1795
(seit 1793 Ludwig XVII.

Sophie Hélène
1786-1787